AS GRANDES AGÊNCIAS SECRETAS

JOSÉ-MANUEL DIOGO

Os segredos, os êxitos e os fracassos dos serviços secretos que marcaram a História

O livro é a porta que se abre para a realização do homem.

Jair Lot Vieira

AS GRANDES AGÊNCIAS SECRETAS

JOSÉ-MANUEL DIOGO

Os segredos, os êxitos e os fracassos
dos serviços secretos que marcaram a História

VIA LEITURA

As Grandes Agências Secretas
Os segredos, os êxitos e os fracassos dos serviços secretos que marcaram a História

José-Manuel Diogo

© LEVOIR, Marketing e Conteúdos Multimédia, S. A. (www.levoir.pt)
Editora: Silvia Reig
© desta edição: Edipro Edições Profissionais Ltda. – CNPJ nº 47.640.982/0001-40

1ª Edição 2013

Editores: Jair Lot Vieira e Maíra Lot Vieira Micales
Coordenação editorial: Fernanda Godoy Tarcinalli
Editoração: Alexandre Rudyard Benevides
Adaptação e revisão de texto: Lindsay Gois
Diagramação e Arte: Heloise Gomes Basso e Karine Moreto Massoca

Dados Internacionais de Catalogação na Publicação (CIP)
(Câmara Brasileira do Livro, SP, Brasil)

Diogo, José-Manuel

As grandes agências secretas : os segredos, os êxitos e os fracassos dos serviços secretos que marcaram a história / José-Manuel Diogo – São Paulo : Via Leitura, 2013.

ISBN 978-85-67097-00-8

1. Agentes secretos 2. Espionagem 3. Espionagem – História 4. Informações confidenciais 5. Segredos de Estado 6. Serviço secreto I. Título.

13-07818   CDD-327.12

Índices para catálogo sistemático:
1. Serviços secretos : Agências de espionagem : Política internacional 327.12

EDITORA AFILIADA

VIA LEITURA

São Paulo: Fone (11) 3107-4788 – Fax (11) 3107-0061
Bauru: Fone (14) 3234-4121 – Fax (14) 3234-4122
www.edipro.com.br

Sumário

Prefácio	9
Introdução	13
I – CIA (Serviços Secretos Americanos)	19
1. Espiões *fast food*	19
2. Um compasso de espera	21
3. Espiões em tempo integral	24
4. A CIA começa a engatinhar	26
5. Porca miséria	35
6. *Apocalypse now*	40
7. A CIA vai a todas	43
8. A culpa não é do mordomo, é do Saddam	47
9. Andar aos gambozinos	53
II – KGB (Serviços Secretos Soviéticos)	59
1. Fortes, feios e maus	59
2. A *Cheka* mata	62
3. O arquipélago de Felix Dzerzhinsky	66
4. O feitiço vira-se contra o feiticeiro	69
5. Lavrentiy Beria e a morte aos espiões	71
6. Morre Stalin, nasce o KGB	75

7. O KGB não bebe mojitos 82

8. Quem faz o cerco acaba cercado 90

9. Levantada dos mortos? 97

III – MI6 (Serviços Secretos Britânicos no Exterior) 101

1. Os avós do James Bond 101

2. De olho no *Kaiser* 103

3. Espiões atolados nas trincheiras 105

4. Escaramuça de classes 108

5. Entre Belfast e Berlim 111

6. Por baixo da cortina 118

7. Mau tempo no canal 121

8. A morte do velho inimigo 127

9. Na mira da *jihad* 130

10. Esqueleto no armário 133

11. Espiões de papel 136

12. O tigre e o espião 137

IV – MOSSAD (Serviços Secretos Israelitas) 143

1. O nascimento de uma nação 143

2. A incubadora da Mossad 149

3. A banalidade do mal 152

4. Asas pelos ares 157

5. Diferentes vinganças 159

6. A nova pedra de David 166

7. África nossa 169

8. O Osama Bin Laden da Mossad 174

9. Uma história incompleta 177

V – DGSE (Serviços Secretos Franceses) 181

1. Do alto destas pirâmides espiões nos contemplam 181

2. Cercados por inimigos 188

3. O primeiro apocalipse do século 192

4. Stalin mau, Hitler ainda pior 196

5. Nação ocupada, espiões divididos 201

6. Espiões perdidos na selva 206

7. Espiões perdidos no deserto 210

8. Do embaraço ao genocídio? 216

9. *Et maintenant…* 219

VI – MSS (SERVIÇOS SECRETOS CHINESES) 223

1. A pré-história da espionagem 223

2. O Dzerzhinsky chinês 225

3. As ondas da espionagem 230

4. Espiões no coração da América 239

5. Na cama com o FBI 246

6. Espiões que não o eram 252

7. O MSS rouba areia 258

VII – RAW (SERVIÇOS SECRETOS INDIANOS) 261

1. James Bond no *British Raj* 261

2. Dos escombros do Império: o RAW 264

3. Espiões com rédea solta 267

4. A toupeira da CIA 276

5. Dos escombros do império: o ISI 280

6. Frankenstein no deserto 287

7. E agora? 296

VIII – SIS (SERVIÇOS DE INFORMAÇÃO PORTUGUESES) 299

1. O príncipe perfeito das informações 299

2. Ninguém vigiava os regicidas 305

3. O Estoril de Humphrey Bogart 307

4. Operação Dulcineia 311

5. Os Flechas e o turismo de Angola 314

6. SIS, SIED e Luís Vaz de Camões 317
7. Péricles e as informações militares 323
8. O que se passa na Ameixoeira fica na Ameixoeira 325
9. *Al-Qaeda* no Euro 2004 330
10. Uma fábrica de bombas da ETA em Óbidos 335
11. O mundo em que vive o SIS 337

Epílogo 343

Principais acrônimos e Agências citados na obra 347

Prefácio

Quando numa das minhas viagens a Lisboa encontrei este livro nas estantes das maiores livrarias portuguesas, não resisti a adquiri-lo. E foi lendo-o que me encontrei viajando no tempo. Está escrito com desconcertante simplicidade e simultaneamente com um rigor assinalável. E, muito raro num livro histórico, apresenta uma narrativa dotada de um ritmo entusiasmante.

As Agências Secretas sempre foram uma das minhas paixões e o livro de José-Manuel Diogo respondia pela primeira vez à minha vontade de encontrar num único volume o que é preciso saber de essencial sobre o mundo misterioso e aventureiro dos espiões.

Estando em Lisboa, não pude deixar de me imaginar caminhando por um Rossio diferente; achando-me no meio de inúmeros espiões e agentes secretos, lutando uma guerra obscura num mundo de pseudoneutralidade, onde posso confundir aquele turista alemão sentado e tomando uma cerveja portuguesa no Café Nicola com um agente da *Gestapo*...

Nos anos 1930 e 1940, Lisboa é o centro mundial da espionagem. Em plena Segunda Guerra Mundial, é sob a presença magnânima da estátua do nosso imperador D. Pedro, o Fundador que morreu Rei de Portugal, que, sentado no Café Avenida, me imagino observando todo o jogo de espiões que pululou pelas ruas, praças, hotéis, pensões e cafés das redondezas... é aí que, ele mesmo, James Bond, sentado ao meu lado, pede ao empregado da esplanada um vodca martíni – *shaken, not stirred*...

Pela palavra de José-Manuel Diogo, continuo a minha viagem aos meandros das intrincadas situações, intrigas, maquinações, das questões cubano-americano-sino-

-soviéticas, que vão dar origem a uma nova ordem mundial que então, tal como agora, começava a surgir. Respiro fundo, mudo a página e sigo para o Vietnã, de lá para a América do Sul; depois a guerra das Coreias; a complexa questão entre Índia e Paquistão, que ainda hoje perdura, e a entrada em cena do Novo Gigante da Modernidade: a Temível China.

Sinto-me em perigo quando dou uma passada pela França e visito amigos da Legião Estrangeira, mas o mundo se transforma muito rápido e é num ápice que a aparente paz da Guerra Fria se desmorona na forma de muro em Berlim, e uns anos depois a hegemonia americana cede lugar ao terrorismo no bestial ataque às Torres Gêmeas em Nova Iorque.

Mais tarde, quando conheci o autor, no seu escritório no coração de Lisboa, avistando a Estátua do Marechal Saldanha, general de campo do nosso Imperador D. Pedro e a quem, seu irmão e rival, D. Miguel se rendeu incondicionalmente na localidade portuguesa de Évora Monte, conversamos longamente sobre a história recente do Brasil e foi entre uma rua Histórica de Lisboa e um episódio da espionagem brasileira que José-Manuel Diogo me sugeriu a honra de prefaciar a edição brasileira do seu livro.

O livro *As Grandes Agências Secretas*, escrito por um especialista português em *media intelligence* e comunicação empresarial, é inovador no mercado editorial, ao reunir num só volume os segredos e os meandros dos temidos e obscuros serviços secretos que marcaram a História.

José-Manuel Diogo nos guia numa "perigosa viagem ao submundo das obscuridades, das falsidades, das movediças areias de fatos coletados por meios perversos", que não há como saber qual é a verdade, porque nesse trajeto – que não é um caminho – não há luz, apenas penumbras, sombras do oculto de coisas que não são, acontecimentos que jamais aconteceram e, quando acontecidos, tidos por inexistentes, como que desaparecem imperceptíveis envoltos em névoas e brumas de ardis malévolos.

A princípio, a espionagem é um conjunto de ações organizadas e coordenadas para investigar, com o escopo de se obter informações de caráter secreto ou confidencial sobre países, governos, instituições ou organizações, mesmo privadas, sem suas autorizações, com a finalidade de, com tais informações, obter "vantagem", vantagem estratégica, vantagem militar, econômica, política, mercadológica, em tecnologia, *know-how*, ou qualquer outra. Vantagem que não se obteria sem essas informações, nem mesmo informações que seriam fornecidas de bom grado e sem resistência. Daí os "Espiões" usarem de todos os estratagemas e subterfúgios para a obtenção ardilosa, de meios mais ocultos e nada legais.

A espionagem se confunde com as operações de "inteligência", que é a coleta de informações que sofre um processo de "análise" e, só aí, servem aos propósitos estratégicos para o qual foram obtidas. Mas a inteligência, por si só, não leva essa carga de algo "obscuro" ou de "oculto", que mais parece uma força das trevas que usa de todos os meios malignos e cruéis para extrair de quem resiste a dar as tão preciosas e queridas informações ao "espião". Também não é aquela romântica "vida de espião" que os filmes relatam, como um 007 ou um cenário de amor de *Casablanca*.

Não! O mundo da espionagem é um mundo de truques sujos, meios ardilosos, crueldade, brutalidade e maldade, onde os degenerados, os psicopatas e todas aquelas pessoas "más, loucas e perigosas-de-se-conhecer" transitam, o limbo da escuridão das trevas onde habitam as mentiras, as falsidades e as inverdades, os demônios de carne e osso. É o mundo das omissões propositais, das invencionices, das maquinações, da manipulação.

As Agências de países democráticos e mais desinteressados em controles mundiais se resumem a um órgão composto por agentes públicos, o mais das vezes publicamente concursados, impedidos de usar uma arma, que não tem poder de polícia, muito menos condições de obter informações pela força, porque não podem usar a força, dependem da cooperação de outros órgãos do Estado. Mas não é dessas Agências que trata este livro.

Ele nos traz um mundo não descoberto, o grande centro mundial da espionagem. Nos traz uma perspectiva histórica, desde os agentes secretos dos reis portugueses e as consequências sobre os Descobrimentos até os dias de hoje, passando pelas Polícias Políticas da época da Ditadura Salazarista. A tão competente CIA, seus problemas e suas espetaculares ações no estrangeiro. O excepcional MI-6 e a sua reconhecida eficácia, inspiradora dos romances de 007 "com licença para matar"; a brutal KGB, desde sua origem e suas transmutações, até a sua criação e suas famosas operações; a objetivíssima Mossad, que "não brinca em serviço"; a DGSE, que desde os tempos de Napoleão Bonaparte espia em favor da França; as estranhas RAW e ISI, cuja missão é espiarem-se uma à outra na Índia e no Paquistão; e a poderosa MSS Chinesa, que faz de cada chinês espalhado pelo mundo um colecionador de informação.

É com este escopo que vejo como indispensável a leitura de *As Grandes Agências Secretas*. Leitura recomendada para todos aqueles que almejem ter da história uma perspectiva completa e envolvente, que seja mais do que aquilo que vem escrito nos manuais comuns. Este livro contribui para transformar os leitores em espectadores mais atentos e sábios, melhores conhecedores da verdadeira natureza dos homens públicos e dos meandros da Realpolitik.

M. A. Miranda Guimarães[*]
Presidente do Instituto dos Advogados do Mercosul

---

[*] MARCO ANTÔNIO MIRANDA GUIMARÃES é advogado brasileiro especializado em Direito Internacional, escritor, professor e conferencista. É atualmente presidente do Instituto dos Advogados do Mercosul, conselheiro da Ordem dos Advogados do Brasil – RS. Foi representante do Brasil na ONU na Conferência para o Desenvolvimento em Monterrey, no México, em 2002. Associou-se e participou de diversos organismos internacionais, dentre eles: *American Bar Association, International Bar Association, Inter-American Bar Association, British Institute of International and Comparative Law, International Chamber of Commerce – Brazilian Committee, American Society of International Law, Associación Latinoamericana de Magistrados, Funcionarios, Profesionales y Operadores de Niñez, Adolescencia y Familia, Asia-Pacific Lawyers Association* e *The Law Association for Asia and The Pacific.*

Introdução

Tenha cuidado. Tudo neste livro é perigoso. Se insistir, pode até meter-se em problemas. Por isso, pondere se não é melhor fechá-lo e devolvê-lo ao seu lugar.

A minha sugestão é que tenha bom senso. Não se meta em coisas que não conhece. Pode correr-lhe mal.

Ainda está lendo? Bom, então não olhe para trás, já não vale a pena. Está agora por sua conta e risco. Boa sorte. E certifique-se de que fala mais baixo da próxima vez que atender o seu telefone.

Tudo o que vai ler nestas páginas é secreto, mas corresponde à mais absoluta verdade. Desde os tempos de Pêro da Covilhã, que foi espiar para o Egito a mando do rei D. João II no longínquo século XV, aos inúmeros protagonistas dos atentados nas Torres Gêmeas em Nova Iorque, passaram mais de cinco séculos. Num aspecto, porém, nada mudou: os espiões estiveram sempre presentes. Foram muito ativos e influenciaram de forma permanente história das nações.

Mais a leste, na grande Mãe Rússia, vamos conhecer com detalhe e arrepiarmo-nos com a principal característica dos espiões do leste: a brutalidade. Num país como a URSS, condicionada por fórmulas de controle totalitárias, nunca o KGB (*Komitet Gosudarstvennoi Bezopasnosti*) sentiu necessidade de se esconder do olhar público: pelo contrário, a visibilidade pública dos seus métodos era um dos pilares da própria sociedade totalitária e repressiva soviética. Quem, conhecendo os métodos do KGB, ousaria dentro da URSS opor-se a ele? Desde o longínquo século XVI, durante o reinado do czar Ivan IV, até os tempos modernos, a inteligência russa oferece histórias plenas de crueldade e barbárie. Os próprios nomes das organizações e dos protagonistas, mesmo em cirílico, parecem sugerir isso mesmo; Grozny,

Oprichniki, Cheka, Gulag, Katorga e Okhrana são nomes que inspiram tanto terror como os seus líderes; Romodanovsky, Dzerzhinsky, Beria, Rachkovsky são dignos de figurar em qualquer galeria de horrores, encimada, sem margem de dúvida, por Josef Stalin, o responsável por uma das mais sistematizadas operações de limpeza social da História da Humanidade.

Mas se tivéssemos de eleger uma língua oficial para a espionagem, esta seria o inglês. O MI6 e a CIA são a principal fonte de informação do imaginário coletivo sobre espionagem, informação e inteligência. No entanto, o MI6 não é uma organização muito conhecida do grande público. Porém, se tivermos em conta que a primeira função dos serviços secretos de qualquer país é serem... secretos... não podemos deixar de considerar o MI6 como a mais eficaz e mais pura agência de espionagem do mundo.

E isso é ainda mais notável porque não estamos a nos referir aos serviços secretos de um país com pouca relevância no concerto internacional das nações, mas da Grã-Bretanha, um dos mais influentes territórios do mundo que, durante as primeiras décadas de existência do MI6, criado em 1909, foi mesmo o mais importante.

Tudo sobre o MI6 se reveste de quase absoluto secretismo. Foram necessários quase 80 anos para que Margaret Thatcher, em 1988, reconhecesse finalmente que o MI6 existia e lhe concedesse forma jurídica e constitucional.

Já nos EUA, a CIA (*Central Intelligence Agency*) não necessitou de se escudar num manto do mais opaco secretismo, pois a sua atividade sempre foi conhecida do público norte-americano. Ao contrário da NSA (*National Security Agency*), cuja existência foi negada durante bastante tempo pelos sucessivos governos norte-americanos (ao ponto de a sigla NSA ser sarcasticamente considerada nos EUA como significando "*No Such Agency*", ou seja, "essa agência não existe"), os diferentes presidentes sempre usaram a CIA para oferecer à população norte-americana um sentimento de segurança. Raras agências terão sido acusadas de terem participado em tão grande quantidade de operações como a CIA, desde a suposta participação no assassinato do presidente John F. Kennedy a ligações à máfia ítalo-americana de Sam Giancana, passando por acusações mais ou menos pitorescas, como a participação no encobrimento da presença extraterrestre no planeta Terra, o chamado e bastante propalado, até hoje, caso Roswell.

Poucas histórias de agências de inteligência se confundem tanto com a do seu próprio país como a *Ha-Mosad le-Modi'in u-le-Tafqidim Meyuhadim* (Instituição para Inteligência e Operações Especiais), conhecida apenas como Mossad (Instituição). A Mossad nasce praticamente com a criação do Estado de Israel e, desde o início, os governantes israelitas viram a agência como um ator privilegiado, se não mesmo essencial, na luta pela sobrevivência da nova e pequena nação. David Ben-Gurion, o primeiro chefe de Governo israelita, tinha essa noção bastante clara na sua mente quando disse "desde a sua criação, o nosso Estado está cercado por inimigos, a espionagem constitui a primeira linha de defesa: temos de aprender a reconhecer bem o que se passa à nossa volta".

A ideia de um Estado constantemente ameaçado pelos seus vizinhos está gravada não apenas no âmago da nação israelita, mas também nos corações dos seus serviços secretos, cujo lema "Pelo engano, farás a guerra" traduz de forma desassombrada a maneira como a Mossad se entende a si própria: não uma agência apenas responsável por obter informações em tempo de paz ou de guerra, mas uma organização em diário estado de guerra contra os inimigos de Israel, onde quer que eles se encontrem.

Os serviços secretos chineses, ou pelo menos a maior aproximação chinesa ao que no Ocidente costumamos entender como uma agência de inteligência e espionagem, chamam-se *Guojia Anquan Bu* (Ministério da Segurança do Estado), mais conhecidos no país pelo acrônimo *Guoanbu* e, em todo o mundo, pela sigla em inglês (que por razões operativas utilizaremos neste livro), o MSS.

Como se pode perceber pelo nome, não estamos lidando com uma agência no sentido tradicional do termo, independente do regime político, muitas vezes em contradição com ele, como a CIA. Nem tampouco de uma agência subordinada ao regime político, mas que de alguma forma apresenta uma importância tal que se torna quase independente desse e muitas vezes o substitui, como o KGB na antiga URSS. Na realidade, o MSS é, como o nome indica, um ministério, dependente da política e estratégia do Partido Comunista da China. Se no caso da CIA, do MI6 ou da Mossad, por exemplo, os seus diretores são independentes do partido político no poder, e noutras agências, como o KGB, esses poderiam estar subordinados ao poder político mas não terem uma ligação direta com a elite governante (poucos diretores do KGB, antes de serem nomeados para o cargo, faziam parte do Politburo), no caso do MSS, o seu diretor é um ministro, com tudo o que isso significa na China de partido único: toda uma vida e carreira passadas nos estreitos corredores do poder em Pequim.

Ao contrário das agências secretas ocidentais, mais ou menos escrutináveis pelos eleitores por meio do poder político democraticamente eleito e pela comunicação social privada, a inteligência chinesa está envolta na névoa de secretismo que rodeia *todos* os aspectos da política no país.

E, numa época em que a China voltou a acordar, após longos séculos de isolamento autoimposto, quando o gigante chinês se esforça por substituir os EUA na supremacia política global, convém, mais do que nunca, perceber como são e funcionam os serviços secretos chineses, pelos quais passa, muitas vezes, esse esforço de hegemonia política e redefinição da geoestratégia regional do Pacífico e mesmo mundial.

A análise sobre os serviços secretos indianos não se limita ao *Research & Analysis Wing* (RAW), mas trata também do grande rival vizinho, *Inter-Services Intelligence* (ISI).

Desde a sua criação, o principal interesse do RAW é o Paquistão, e o principal interesse do ISI é a Índia. No fundo, poder-se-ia dizer que o RAW não existiria sem o ISI e vice-versa. Essa esquizofrenia da inteligência indiana e paquistanesa tem levado ao longo dos anos a perturbações no funcionamento de ambas as agências, muitas vezes acusadas de incúria, incompetência ou pura e simples má-fé por parte das respectivas populações.

Em teoria, a análise de duas agências de inteligência que quase limitam as suas funções a espiarem-se mutuamente e a espiarem as próprias populações não parecia ter muito interesse ao leitor ocidental, pois nunca se colocaram como uma ameaça aos seus países. Não se conhecem, por exemplo, espiões indianos ou paquistaneses que se tenham infiltrado na CIA, no MI6 ou na Mossad, pondo em causa o interesse nacional dos EUA, do Reino Unido ou de Israel. No entanto essa visão é enganadora. Apesar da esquizofrenia de que falamos, a atuação do RAW no que concerne ao Paquistão e do ISI no que concerne à Índia é importante a vários níveis para o resto do mundo, ainda que muitas vezes de forma involuntária. Não apenas porque falamos de dois países com armamento nuclear que vivem permanentemente à beira do conflito, arriscando-se assim a redefinir todo o xadrez regional e, no limite, a causarem um conflito nuclear mundial, como também as missões que as agências fazem uma contra a outra acabam por lhes escapar ao controle e influenciar os EUA e a Europa. Nesse ponto, por exemplo, o apoio original do ISI à *Al-Qaeda* de Osama bin Laden e aos talibãs afegãos, e a maneira como foi incapaz de os manietar na sua fúria antiocidental, são paradigmáticos.

Voltando ao Ocidente, pode-se dizer que, ao longo dos séculos, a importância da França no mundo mudou. Dos tempos dominadores do Rei Sol, quando o país era o centro cultural, econômico e militar do mundo, até os dias de hoje, quando a França luta por manter uma posição de destaque no novo mundo globalizado, a inteligência francesa sempre acompanhou os esforços do país em protagonizar um papel dominante no concerto das nações. Obviamente, a inteligência francesa não nasceu com a DGSE, em 1982. A DGSE é apenas o último degrau de uma longa escada que, de uma forma ou de outra, tem influenciado a História da Europa e do mundo. Desde os tempos de Napoleão Bonaparte até Charles de Gaulle, os espiões franceses sempre foram dos mais ativos que se conhecem.

Por fim, os espiões portugueses... O SIS (Serviço de Informações de Segurança) tem pouco menos de 30 anos de existência. Quando comparado com os seus congêneres e parceiros da mesma área geopolítica, muitos deles com o lastro de décadas de atividade e várias guerras no currículo, percebemos que o SIS está ainda trilhando o seu caminho e mal saiu da primeira infância. Com má imprensa e ainda pior opinião pública, a polícia secreta portuguesa queixa-se de ver a sua ação fortemente condicionada pela lei e de muitas vezes estar reduzida a funções que poderiam ser desempenhadas por um mero gabinete de estudos que tratasse da informação aberta. Ou seja, aquilo que é conhecido por meio da comunicação social, de documentos não publicados ou conversas informais.

Parte dessa má imagem resulta do espectro marcante da PIDE e da DGS, as polícias políticas do Estado Novo, que continua a assombrar a atividade das secretas portuguesas, e da sensação muito enraizada na opinião pública de que o SIS é instrumentalizado politicamente para servir aos objetivos corriqueiros de quem ocupa o poder em determinado momento. É na lei fundamental, na constituição portuguesa, que nasce o lugar-comum tantas vezes citado de que não há liberdade sem segurança. No entanto, por manifesto fatalismo histórico, teme-se sempre que a exigência da segurança coloque ameaças inaceitáveis à liberdade.

O conceito das informações traduz a famosa expressão *intelligence*: conhecimento e análise profunda sobre os fatores que condicionam a segurança nacional e que fazem dos serviços secretos a primeira linha de defesa e segurança de um país. O SIS português, fundado em 1985, é o último elo de uma cadeia secular de guardiões que abraçaram esse papel, com altos e baixos, ora ilustre, ora reprovável. São as sentinelas.

Russos, ingleses, americanos, israelitas, chineses, indianos, paquistaneses, franceses e mesmo os portugueses investiram muito dinheiro e competência nas suas agências de inteligência e nos seus espiões. Muitas vezes eficientes, outras vezes desastrados, muitas vezes honrados e patriotas, outras vezes conspiradores e pouco escrupulosos, homens e mulheres dedicaram a sua vida, às vezes literalmente, a tentar saber de forma dissimulada o que lhes estava vedado.

Sempre sob a aparência de gente normal, os espiões reais vivem entre nós sem o *glamour* das estrelas de cinema que os tornaram famosos. São o vizinho do lado, o colega de trabalho ou o diretor do hospital.

Se alguma vez o confundiram com outra pessoa; se viu o rato do computador mover-se sozinho sem que ninguém lhe mexesse, ou a palavra-chave do seu computador mudou sem explicação; se perdeu a carteira com documentos e ela apareceu misteriosamente algum tempo depois; se recebeu uma carta das Finanças ou da Segurança Social a pedir-lhe coisas absurdas que não lhe eram destinadas; se o seu celular fez ruídos estranhos parecidos com interferências de rádio; se o mesmo carro está estacionado muitas vezes à sua porta – o mais provável é que a sua vida tenha se cruzado com o mundo paralelo dos espiões. E se alguma dessas coisas lhe acontece com frequência, então não tenha dúvidas: foi apanhado na teia. Ou pode vir a ser recrutado. Os estados e as empresas gastam muito dinheiro, energia e mão de obra tentando saber, sem autorização, coisas sobre outros estados e outras empresas. Códigos secretos, fórmulas químicas, identidades falsas, documentos desconhecidos, planos de guerra, esquemas nucleares, armas escondidas, viagens misteriosas, fármacos valiosos e todo o resto que puder significar uma vantagem.

Já tocou o seu telefone? Ainda não? Espere um pouco.

A sua viagem está prestes a começar. Se chegou até aqui, agora já não pode desistir. Mas cuidado: depois de virar a página, este livro vai se autodestruir em 5, 4, 3, 2...

José-Manuel Diogo
Lisboa, 31 de agosto de 2012

I - CIA
(Serviços Secretos Americanos)

1. Espiões *fast food*

> "O que raio é que fazem aqueles palhaços lá em Langley?"
> Richard Nixon, referindo-se à CIA

Tudo no OSS (*Office of Strategic Services*) denunciava o caráter apressado e quase amador com que se decidira fazê-lo, a começar pela pessoa apontada pelo presidente para o criar, William Donovan. Herói da Primeira Guerra Mundial (fora condecorado com a Medalha de Honra do Congresso), William Donovan foi escolhido por Franklin D. Roosevelt para organizar os serviços secretos norte-americanos antes de tudo, porque, milionário com ligações comerciais à Europa, era visto como um homem do mundo. E pouco mais nele o apontava como idôneo para se responsabilizar pela inteligência da maior potência industrial em tempo de guerra. Para mais, não deixa de ser estranho que a criação dos serviços secretos norte-americanos, que deveriam por consequência ser uma agência de informações cautelosa que atuasse na sombra, fosse entregue a alguém que tinha como alcunha Wild Bill (Bill Selvagem), pela maneira corajosa mas estabanada como se portara durante a Primeira Guerra Mundial. Naturalmente, quase nenhum general norte-americano confiava em William *Wild Bill* Donovan, e menos passaram a confiar quando perceberam que o seu OSS era formado por uma estranha amálgama de corretores da Bolsa, estudiosos das universidades da Ivy League, publicitários, jornalistas, mercenários, duplos de Hollywood, jogadores de basebol e aldrabões das ruas de Nova Iorque e Chicago.

Como seria de esperar com esses agentes, a atuação do OSS durante a Segunda Guerra Mundial foi espetacular, ainda que nem sempre no bom sentido da palavra. Liderados por um impetuoso William Donovan (que, segundo o seu próprio braço direito, David K. E. Bruce, tinha uma "imaginação sem limites" que o levava a planos delirantes, como destruir Tóquio usando bombas transportadas por morcegos suicidas), os agentes do OSS notabilizaram-se por serem lançados para trás das linhas inimigas, onde se infiltravam nos movimentos de resistência e os ajudavam a cometer atos de sabotagem contra os nazistas, explodindo estradas, pontes, caminhos de ferro, basicamente explodindo tudo o que lhes surgisse à frente. Para tudo o mais, ou seja, para obter informações, o OSS dependia por completo do MI6 britânico (cujo diretor, Stewart Menzies, nem se dava ao trabalho de esconder o desprezo que sentia pelos agentes norte-americanos). Tanto assim que, quando o corajoso agente George Musulin foi lançado de paraquedas nos Balcãs para ajudar o movimento de resistência sérvio do general Draza Mihailovic a lutar contra os nazistas, os serviços secretos britânicos começaram a informar o OSS de que suspeitavam que o espião norte-americano de origem sérvia estaria defendendo mais os interesses de Draza Mihailovic do que os interesses dos EUA, levando a que William Donovan o exonerasse de imediato do OSS, sem sequer o questionar. Apenas alguns anos mais tarde, quando um inquérito provou que as informações dos britânicos tinham como fonte os *Cambridge Five* (os espiões do MI6 que atuavam como agentes duplos a serviço do NKVD soviético) é que George Musulin veria a sua reputação restabelecida e integraria a CIA.

Apesar de ter um orçamento muitas vezes superior ao do congênere MI6, faltava ao OSS bom senso. Inspirado pelas missões de sabotagem que os seus homens haviam com sucesso levado a cabo na França, na Iugoslávia (pelo menos até George Musulin ser demitido), no Norte de África e na Ásia, um demasiadamente confiante William Donovan decidiu lançar de paraquedas 42 agentes em pleno coração da Alemanha, apenas tendo sobrevivido um. Os métodos inusitados de William Donovan e o fato de liderar o OSS como se fosse uma força de guerrilha pessoal começaram a levantar dúvidas em Franklin D. Roosevelt e, com o final da guerra aproximando-se e a inevitável derrota da Alemanha e do Japão, mandou o coronel Richard Park Jr., o conselheiro militar da Casa Branca, realizar um inquérito secreto em relação à atuação do OSS durante o conflito. Os militares – sempre rancorosos para com William Donovan – que realizaram a investigação foram responsáveis por fugas de informação exageradas ou mesmo falsas para o influente jornal *Chicago Tribune*, e, quando Franklin D. Roosevelt se apercebeu, William Donovan era acusado de querer formar "uma *Gestapo* americana". O relatório final, em cuja redação colaborou o todo-poderoso J. Edgar Hoover (que via no OSS um rival do seu FBI), garantia que o OSS tinha causado "sérios danos ao interesse nacional", que os seus agentes eram "broncos mal organizados" que não tinham passado de "joguete nas mãos" do MI6 e dos nacionalistas chineses de Chiang Kai-shek, que o OSS estava infiltrado em todos os níveis por espiões nazistas e japoneses e, em resumo, que era impossível calcular a quantidade de vidas norte-americanas que se haviam perdido devido "a estupidez por parte do OSS". Franklin D. Roosevelt morreu antes de ler o relatório. O OSS não lhe sobreviveria muito tempo.

2. Um compasso de espera

A violência do relatório de Richard Park Jr. deveu-se, em grande parte, a William Donovan ter defendido que, ao contrário do que era certo entre os militares, o OSS deveria continuar a existir após a guerra. Segundo William Donovan, não era concebível que a maior potência industrial – e agora militar – do mundo não tivesse permanentemente serviços secretos atuando, como acontecia nos principais países europeus. Além do mais, estava convencido de que o antigo aliado dos EUA durante a guerra, a URSS, tomaria rapidamente o lugar da Alemanha e do Japão como principal inimigo dos norte-americanos. Os EUA, defendia William Donovan, não podiam se dar ao luxo de ficar às escuras quanto às intenções militares dos soviéticos, ainda mais quando era do conhecimento comum que os serviços secretos russos, o NKVD, atuavam em grande número no território norte-americano. William Donovan defendia ainda que o estatuto excepcional decorrente da guerra, que colocara o OSS respondendo unicamente ao presidente dos EUA, então principal responsável militar na nação, deveria continuar em tempos de paz. Porém, na opinião dos militares, uma agência de inteligência civil que respondia exclusivamente a outro civil era "um dos maiores perigos que enfrenta a democracia" norte-americana.

Apesar de tudo, Franklin D. Roosevelt apoiava a ideia de William Donovan, até porque o nomeara pessoalmente *coordinator of information* (COI) quando os EUA ainda não estavam sequer em guerra, mas a morte do presidente colocava o projeto em discussão. E mais ficou quando o novo presidente, Harry S. Truman, assinou, no dia 1o de outubro de 1945, a dissolução do OSS, tendo alguns dos seus departamentos sido integrados nos diferentes ramos militares, enquanto a maior parte deles desapareceu. A maioria dos agentes voltou então à sua vida normal, e os que haviam permanecido, como Allen Dulles e Richard Helms, os homens fortes do OSS na Europa durante o conflito mundial, regressaram aos EUA, mas não sabiam o que pretendiam deles. Farto de esperar por uma definição sobre o lugar da espionagem norte-americana no pós-guerra, Allen Dulles voltou à sua firma de advogados em Nova Iorque.

Mas o *secretary of the Navy* de Franklin D. Roosevelt, James Forrestal, tinha encomendado ao respeitado advogado nova-iorquino Ferdinand Eberstadt um relatório sobre as necessidades futuras dos EUA em espionagem e contraespionagem. As conclusões do relatório – entregue a Harry S. Truman – mostravam-se inequívocas: os serviços secretos norte-americanos eram esparsos, não se comunicavam, não estavam centralizados e, sem essa organização central, outro Pearl Harbor seria inevitável a curto prazo. O novo presidente aconselhou-se então, em 1946, com William Donovan e com o almirante William D. Leahy, decidindo criar uma nova agência de informações que fosse civil mas que, ao mesmo tempo, não tivesse poder quase nenhum: o *Central Intelligence Group* (CIG). O CIG, que herdaria alguns (poucos) agentes do OSS, não tinha autorização para realizar manobras de sabotagem e contraespionagem, tal como nem sequer tinha direito a obter autonomamente informações, devendo apenas coligir, analisar, organizar e depois distribuir entre os diferentes departamentos militares e governamentais as informações que lhe chegassem desses departamentos. E, mesmo assim, a escassa atividade do CIG seria escrutinada e controlada pela nova *National Intelligence Authority* (NIA), que consistia em um representante da Casa Branca e em três representantes dos diferentes ramos militares.

A maneira no mínimo descontraída com que Harry S. Truman encarava a espionagem revelou-se em todo o seu esplendor ao almirante Sidney W. Souers, o primeiro diretor do CIG. Reservista retirado da vida militar, Sidney W. Souers era, nessa época, um empresário que se tornara rico com a sua cadeia de supermercados, a primeira nos EUA (ou em qualquer outro lado do mundo) a ser *self-service*, chamada Piggly Wiggly. Sidney W. Souers aceitara participar no relatório encomendado por James Forrestal, mas apenas para emprestar alguma da sua experiência, tendo voltado aos seus afazeres empresariais. Agora, em 24 de janeiro de 1946, via-se convocado, sem saber muito bem por que, para a Casa Branca, descobrindo com espanto ao chegar lá que Harry S. Truman pretendia nomeá-lo diretor do novo serviço de informações dos EUA, coadjuvado pelo almirante William D. Leahy, até então *chief of staff* do presidente. O espanto de Sidney W. Souers não diminuiu quando os funcionários da Casa Branca lhe entregaram, e a um igualmente atônito William D. Leahy, capas pretas, chapéus pretos e espadas de pau, antes de entrarem na Sala Oval. Uma vez na presença de Harry S. Truman, este pediu-lhes que se ajoelhassem e, colocando cerimoniosamente uma espada de pau nas suas cabeças, e referindo-se a dois super-heróis de banda desenhada então populares, entronizou-os oficialmente como "*Cloak and Dagger* dos bisbilhoteiros" e, a Sidney W. Souers em particular, como "Diretor da Bisbilhotice Centralizada".

O CIG começara, sem dúvida, com o pé esquerdo, mas acabaria por crescer com a direção de Sidney W. Souers, e este se tornaria assessor principal de Harry S. Truman para assuntos de inteligência, autonomizando assim, de certa forma, o CIG do Exército, sendo o exemplo seguido e aumentado pelo seu sucessor, o tenente-coronel Hoyt Vandenberg, que, quanto às supostas funções do CIG, declarava publicamente não acreditar em "nenhuma porra de coordenação" de informações, defendendo que o CIG, à semelhança do OSS, deveria obter a sua própria inteligência.

Para tal, Hoyt S. Vandenberg começou por comprar uma guerra particular com o FBI, responsável (mesmo durante a Segunda Guerra Mundial) pela espionagem dos EUA na América do Sul, funções que, segundo o diretor do CIG, tinham de passar para a sua organização, conseguindo que Truman consentisse ao seu desejo. Depois, exigiu à *National Intelligence Authority* que os poderes do CIG fossem estendidos ao controle de toda a espionagem e contraespionagem fora dos EUA, o que também lhe foi concedido. E como os ramos militares que compunham a *National Intelligence Authority* não tinham jurisdição sobre as atividades norte-americanas no estrangeiro, isso significava que doravante o CIG não teria de reportar nada à *National Intelligence Authority*, respondendo apenas ao presidente dos EUA. Literalmente, o apoio de Harry S. Truman ao CIG se tornou vital ao ponto de a primeira reunião do dia na Casa Branca, todas as manhãs, ser com os seus responsáveis. Aliás, segundo o próprio Truman, esse fora o seu único propósito ao aceitar a criação de uma agência de informação norte-americana em tempos de paz: ter alguém que o informasse de forma sucinta e constante do que acontecia no mundo em geral e na URSS em particular, mais do que fomentar o nascimento de uma agência de espionagem propriamente dita.

Ao mesmo tempo, o *Strategic Services Unit* do Pentágono considerava que uma organização que se envolvesse em operações clandestinas de inteligência teria de "quebrar todas as regras de uma forma constante" e atuar de tal forma à margem delas que estaria sempre a um passo da ilegalidade, por isso nunca poderia caber ao Pentágono nem ao Departamento de Estado, cuja função era precisamente cuidar que essas regras fossem cumpridas, conduzir esse trabalho dúbio e pouco honroso (razão pela qual a cúpula do Pentágono nem se dignificava a falar com Sidney W. Souers, a quem não concedia qualquer legitimidade oficial). Mas Harry S. Truman sabia que algo tinha de ser feito, até porque o embaixador norte-americano em Moscou, Walter Bedell Smith (futuro diretor da CIA), enviava à Casa Branca telegramas cada vez mais alarmistas sobre as intenções soviéticas em relação aos EUA, e o agente do CIG estacionado em Berlim, Richard Helms, queixava-se de estar limitado a comprar informações sobre a URSS a ex-agentes dos diferentes serviços secretos europeus, cada um, segundo Helms, menos fiável do que o outro, estimando que metade de toda a informação sobre os Soviéticos coletada pelos serviços de informação norte-americanos fosse completamente falsa.

Perto de Helms, Frank Wisner, o agente do CIG estacionado por Hoyt S. Vandenberg em Bucareste para espiar as movimentações expansionistas soviéticas e impedir que o país caísse sob alçada de Stalin, queixava-se, por sua vez, de estar rodeado de fascistas, comunistas, nobres e revolucionários, todos eles dissimulados, ladrões e mesmo assassinos, com os quais não estava, como norte-americano, habituado a lidar. Em 1947, Hoyt S. Vandenberg enviou em seu auxílio dois agentes, Ira Hamilton e Thomas Hall, que o ajudaram a organizar e financiar o *Partidul National Taranesc* (Partido Camponês da Roménia), resistente às forças de ocupação comunista, usando um agente recrutado durante a guerra ao Exército romeno, Theodore Manacatide. Com ele, Hamilton e Hall armaram o *Partidul National Taranesc* e, na primeira operação da renomeada *Central Intelligence Agency*, conseguiram exilar os dirigentes do partido e o ex-primeiro-ministro romeno, enfiando-os em sacos de correio, na esperança de formarem um governo democrático no exílio semelhante ao que os Polacos haviam tido, na Inglaterra, durante a Segunda Guerra Mundial. Mas o NKVD descobriu a operação, e Hamilton, Hall, Manacatide e Helms tiveram de abandonar a Roménia às pressas, temendo pelas suas vidas, enquanto todos os militantes do *Partidul National Taranesc* acabavam presos e executados pelos serviços secretos soviéticos. A nova CIA não começava propriamente bem.

3. Espiões em tempo integral

A CIA tinha sido criada no dia 18 de setembro de 1947 por meio do *National Security Act* do presidente Harry S. Truman, substituindo o CIG. Também a tutela do CIG, a *National Intelligence Authority*, foi substituída pelo novo *National Security Council* (NSC). Durante a comissão do Congresso que levou à aprovação do *National Security Act*, uma das principais questões debatidas foi o tamanho da nova CIA. Allen Dulles opinou que deveria ser pequena, pois "grandes polvos" não funcionavam bem. Mas não foi isso que aconteceu com os primeiros agentes da CIA a brincarem com a situação, dizendo que a agência era *"bigger than State by Forty-eight"*, ou seja, "maior que o (Departamento) de Estado em quarenta e oito" homens, o que rapidamente se tornou verdade. Nos anos que se seguiram, o número de funcionários e agentes da CIA cresceria seis vezes mais, passando de 302, divididos por sete delegações no estrangeiro em 1947, com um orçamento de 4,7 milhões de dólares, para 2.812 agentes e funcionários, divididos por 47 delegações no estrangeiro em 1952, com um orçamento de 82 milhões de dólares. Mas, no início da CIA, ainda lhe faltava o que os ex-agentes do OSS que agora a integravam mais queriam: a autorização para realizar ações de espionagem e contraespionagem no estrangeiro, como haviam feito durante a Segunda Guerra Mundial. Os ex-agentes do OSS não se conformavam de terem sido despromovidos a meros reobtentores de informações, como burocratas anônimos num escritório qualquer.

Mas o diretor do CIG, Hoyt S. Vandenberg, garantira ao desconfiado Congresso que a nova agência apenas faria precisamente isso: coligir e coordenar informações. A CIA dividia-se assim entre os ex-agentes oriundos dos serviços de inteligência militares, para quem a missão da agência era descobrir o que o inimigo andava fazendo, e os ex-agentes do OSS, que pretendiam não apenas descobrir o que o inimigo andava fazendo, como *impedi-lo* de o fazer. Ficou decidido que a CIA deveria ser uma agência de informações que, caso o *National Security Council* assim achasse necessário, poderia fazer ocasionalmente "as tais outras funções". Assim que nasce a CIA e o almirante Roscoe Hillenkoetter é nomeado primeiro diretor da organização, o NSC pede-lhe uma dessas "outras funções".

Após a guerra, a Itália, que a perdera, transformara-se num caos político, e existia a possibilidade real de o Partido Comunista Italiano de Palmiro Togliatti, que integrava a coligação governamental provisória, tomar conta do poder (o fato de Togliatti ter convencido a FIAT a instalar na URSS uma nova fábrica destinada a produzir o automóvel soviético Lada era um sinal preocupante para o NSC) nas primeiras eleições gerais que se avizinhavam, o que a Casa Branca não podia permitir, pois controlar a Itália permitiria a Stalin dominar toda a bacia do Mediterrâneo. A CIA, e principalmente o seu *Office of Special Operations* – responsável pelos chamados "serviços clandestinos" –, ficou encarregada da melindrosa questão. James Angleton, o homem do CIG em Itália, criou um *Special Procedures Group* (SPG) para cuidar do assunto. Antes de iniciar a operação, a CIA consultou os seus advogados a respeito da legalidade de interferirem nas eleições de um Estado estrangeiro soberano. Os advogados opinaram que a operação seria ilegal. Roscoe Hillenkoetter e James Angleton ignoraram-nos.

Pela primeira vez, os impetuosos ex-agentes do OSS não participavam de uma operação que envolvesse sabotagens e assassinatos políticos, mas em pacientes e diligentes ações de propaganda, que passavam, por meio de panfletos e notícias falsas plantadas nos jornais, por desacreditar o Partido Comunista Italiano perante à população local, além de financiar as campanhas eleitorais dos partidos anticomunistas com 75 milhões de dólares. Palmiro Togliatti perdeu as eleições para a Democrazia Cristiana. Os eleitores italianos haviam começado a perceber as reais intenções de Stalin quanto aos países que caíam na influência soviética, e Harry S. Truman tinha ameaçado publicamente cortar todo o financiamento à Itália destruída pela guerra caso os comunistas ganhassem as eleições, mas Roscoe Hillenkoetter reclamou para a CIA o sucesso pela derrota dos comunistas ante um eufórico Harry S. Truman, que se decidiu de imediato pela existência de um grupo de operações permanente no estrangeiro, criando o *Office of Policy Coordination* (OPC) em 18 de junho de 1948, que seria, ainda assim, independente da CIA e reportaria apenas ao *National Security Council*. Porém, com o OPC a ser dirigido pelo ex-agente do OSS, Frank Wisner, essa instituição começou cedo a fundir a sua ação com o *Special Procedures Group* e em pouco tempo era oficialmente integrada à CIA, tornando-se esta, assim, uma agência de espionagem e contraespionagem de corpo inteiro.

Seria no OPC que tomaria forma o conceito de *plausible denial* (negação plausível), que orientaria, a partir dessa época, toda a CIA, ficando estabelecido que as suas "atividades têm de ser planejadas e executadas com tanto cuidado, que qualquer responsabilidade por elas do Governo dos EUA não seja evidente a pessoal não autorizado; e que, se descobertas, o Governo dos EUA possa plausivelmente negar qualquer responsabilidade por elas". Para que tal fosse possível, Harry S. Truman concedia à CIA, por meio do *Central Intelligence Agency Act* de 1949, não apenas um alargamento das suas funções, como a possibilidade de não divulgar, nem ao *National Security Council*, nem a mais ninguém, as "funções, nomes, cargos, salários ou número dos funcionários empregados pela agência", que ainda por cima passavam a poder "gastar dinheiro sem atenção às determinações da lei e regulamentos concernentes à aplicação de fundos governamentais". Roscoe Hillenkoetter vencera onde William Donovan falhara: a CIA tornava-se oficialmente uma agência secreta à margem do próprio Estado norte-americano.

4. A CIA começa a engatinhar

Depois da Itália, a nova CIA, reforçada nos seus poderes, virou as atenções para um país próximo, mas que, segundo os relatórios da agência, a maioria dos norte-americanos nem sequer sabia onde ficava: a Albânia. Liderada pelo rei Zog até a invasão nazista, a resistência a Hitler havia sido feita, antes demais, pelo líder comunista Enver Hoxha, com o apoio do *partisan* iugoslavo Josip Tito, que manteve a sua ascendência sobre Hoxha após a guerra, quando este subira ao poder e o rei Zog fora forçado ao exílio, de onde supostamente dirigiria milhares de anticomunistas monárquicos, prontos a derrubar os comunistas, que os serviços secretos britânicos tentaram apoiar, mas que nunca chegaram sequer a encontrar. A situação não era considerada grave, devido à influência moderadora que Tito tinha sobre Hoxha, mas quando a nacionalista Iugoslávia enfrentou a tentativa de Stalin se intrometer nos assuntos internos do país, e quando um furioso Stalin expulsou a Iugoslávia do *Cominform*, Hoxha traiu a lealdade a Tito e apoiou o secretário-geral da URSS, deixando-se atrair pela sua influência. Tendo vivido da ajuda financeira da Iugoslávia, a Albânia caía agora na mais absoluta miséria e, para conquistar o apoio soviético, estava decidida a exportar a Revolução Comunista à vizinha Grécia e, quem sabe, à Itália. Isso a CIA já não podia tolerar. Os serviços secretos britânicos decidiram derrubar Enver Hoxha, porém, como já o haviam tentado antes sem sucesso, pediram dessa vez ajuda à CIA. Frank Wisner foi encarregado da missão e ficou deliciado com ela.

Para começar, mudou a sede da operação da base militar britânica em Malta para uma base militar norte-americana na Líbia, tomando assim o controle da operação teoricamente conjunta. Depois tratou de perceber com que albaneses poderia contar, sendo que os principais líderes resistentes – Midhat Frasheri, Abas Ermenji, Said Kryeziu e o rei Zog – não se suportavam uns aos outros por razões religiosas. Ainda assim, Frank Wisner conseguiu que se unissem num governo militar provisório, cujos homens, após serem treinados pelo MI6, foram lançados de barco pela CIA na costa albanesa para realizarem um golpe de Estado, acabando uma parte deles mortos e a outra em debandada. Roscoe Hillenkoetter começou a ponderar se valeria a pena o esforço da sua agência na questão albanesa, tanto mais que, com a URSS agora em posse da bomba atômica, corria-se sempre o risco de causar uma deflagração nuclear entre os EUA e os Soviéticos. Nos EUA, porém, Joseph McCarthy tinha iniciado uma cruzada anticomunista, que contagiara rapidamente todos os norte-americanos, e nem o FBI nem a CIA pretendiam parecer menos anticomunistas e patrióticos do que o voluntarista senador. A operação continuou.

Uma segunda unidade de guerrilheiros albaneses foi treinada para entrar na Albânia, dessa vez pela Grécia. Acontece que a CIA esquecera-se de dizer à Casa Branca para avisar o Governo grego da operação, e, portanto, assim que as centenas de albaneses penetraram em solo helênico, numa época em que Atenas temia precisamente a infiltração de guerrilheiros comunistas albaneses no seu país, foram todos presos. A questão foi esclarecida e os guerrilheiros prosseguiram, tendo conseguido entrar na Albânia por mar, apenas para perceberem que a CIA tinha subvalorizado a força dos serviços secretos albaneses treinados pelo NKVD, o onipresente *Drejtoria e Sigurimit të Shtetit* (Diretório de Segurança do Estado), mais conhecido por *Sigurimi*. Todos os guerrilheiros enviados pela CIA para a Albânia seriam capturados e executados. Nessa época, os serviços secretos britânicos abandonaram a operação, continuando a CIA sozinha.

Frank Wisner apostou tudo em Hamit Matjani, recrutado pela CIA para penetrar na Albânia, o que conseguiu com sucesso em 1952, integrando a resistência e transmitindo durante um ano e meio valiosas informações por rádio. A primeira operação internacional da CIA ao melhor estilo do OSS era um sucesso. Até que, no final de 1953, o regime de Tirana anunciou com jactância, pela rádio, que Hamit

Matjani tinha sido capturado pelo *Sigurimi* assim que entrara em território albanês, 18 meses antes, e passara todo esse tempo transmitindo informações falsas a Frank Wisner. Toda a operação tinha sido divulgada à URSS por Kim Philby, o agente duplo do MI6 responsável, no início, pela logística britânica. O diretor da CIA, Walter Bedell Smith, sempre desconfiara que Kim Philby era um agente soviético, enfrentando os serviços secretos ingleses e exigindo mesmo que fosse expulso dos EUA, onde estava estacionado como representante do MI6 na Embaixada britânica, mas a vontade da CIA em derrubar Enver Hoxha fora tal, que havia negligenciado as suas próprias desconfianças.

Entretanto, Nikita Khrushchev acabaria eleito secretário-geral do PCUS, iniciando o seu famoso processo de desestalinização da URSS. Enver Hoxha, mostrando ao falecido Stalin a lealdade que não mostrara a Josip Tito, recusou-se a reconhecer os erros de Stalin, e Khrushchev ostracizou a Albânia, tendo esta, sem apoios regionais, de fazer uma inusitada aproximação ao regime comunista de Pequim, também ele ostracizado pela URSS. A Albânia não caíra assim na área de influência soviética, mas a CIA, ao contrário do que fizera com a derrota dos comunistas em Itália, desta vez não podia chamar a si os créditos pelo desfecho dos acontecimentos.

Nessa época, as tentativas da CIA em apoiar a resistência anticomunista polaca, lituana e ucraniana, em ações que seguiram o mesmo *modus operandi* da operação albanesa, falharam estrondosamente. O objetivo principal – penetrar na URSS – parecia cada vez mais uma utopia. A CIA não conseguia colocar nenhum agente infiltrado no temido KGB, dependendo dos poucos dissidentes soviéticos que fugissem para o Ocidente e consentir em informar a agência norte-americana sobre o que se passava para lá da inexpugnável Cortina de Ferro. Ocasionalmente, a CIA recorria a alguns *agent-in-place* (oficiais do KGB recrutados pelos dissidentes antes de fugirem da URSS) e a meia dúzia de *walk-in* (oficiais do KGB que se prontificavam a servir como agentes duplos), mas havia sempre a desconfiança, normalmente fundada, de que eram iscas lançadas pelo próprio KGB.

Confiando nos *agent-in-place* e nos *walk-in*, os dirigentes da CIA tinham estimado em quantos anos (muitos, segundo os seus cálculos) a URSS conseguiria obter a bomba atômica, apenas para descobrirem no dia 29 de agosto de 1949, estupefatos, que a URSS já realizara o seu primeiro ensaio nuclear. Essa enorme falha de previsão causara a demissão de Roscoe Hillenkoetter e a sua substituição pelo mais arguto Walter Bedell Smith. Mas ainda havia a questão de como a URSS tinha construído a bomba atômica em tempo recorde, quando, ao contrário dos EUA, não dispunha de cientistas capazes de o fazer. Era óbvio que os segredos nucleares norte-americanos haviam sido roubados pelos serviços secretos soviéticos nas barbas da CIA. Quando o espião soviético Igor Gouzenko, estacionado no Canadá, se torna dissidente e denuncia a maneira como Julius Rosenberg, Ethel Rosenberg, David Greenglass e Klaus Fuchs tinham passado informações do programa nuclear norte-americano ao NKVD, a CIA percebe que apenas desconfiara dessas pessoas, mas nunca chegara a reunir provas suficientes para ter a certeza das suas atividades. Como se não bastasse, a CIA descobriu que o NKVD se infiltrara no incipiente programa nuclear nazista ainda antes da guerra e, não fora pela invasão alemã da URSS, muito provavelmente os Soviéticos teriam construído a bomba atômica *antes* dos EUA. O poder dos serviços secretos soviéticos era imenso, e o desconhecimento da CIA sobre a real extensão dele era ainda maior.

Ainda assim, o poder da própria CIA aumentava. O diretor, Walter Bedell Smith, tinha sido recrutado pelo novo presidente dos EUA, Dwight D. Eisenhower, para o *staff* da Casa Branca. Em sua substituição, Eisenhower nomeou o chefe do *Special Procedures Group*, Allen Dulles, cujo irmão era secretário de Estado da nova administração norte-americana, por isso a CIA estava agora, direta ou indiretamente, representada em peso na Sala Oval.

A escolha de Allen Dulles revelara-se merecida, pois não apenas era um ex-agente do OSS durante a Segunda Guerra Mundial como já fora espião, na época a serviço do Exército norte-americano, na Primeira Guerra Mundial. Mas se, por um lado, Dulles, homem de ação, podia caracterizar-se por ser um grande espião (até hoje é considerado o maior de todos os espiões norte-americanos), mostrava-se, por outro lado, um fraco líder administrativo, tendo transformado a CIA numa desorganização total em menos que nada. Apesar disso, levou a agência aos seus primeiros sucessos, pois decidira abortar todas as operações de infiltração nos países socialistas e apostar tudo na propaganda e contraespionagem por meio da Radio Free Europe e da Radio Liberty, que fundou como empresas-fachada da CIA. Além disso, deixou de financiar grupos de emigrados russos anticomunistas e colocou os fundos da agência no apoio a grupos de jovens e sindicatos descontentes com o Pacto de Varsóvia (decisão que não teria efeito imediato, mas que traria resultados duradouros a longo prazo, como se veria, anos mais tarde, com o *Solidarnosc* de Lech Walesa). Por fim, Allen Dulles reconheceu que a CIA nunca conseguiria penetrar na URSS, e, de forma pragmática, desistiu de sequer o tentar, preferindo minar o poder soviético somente na sua área de influência, em confrontos de "baixa intensidade", o que levaria os agentes da CIA, com a sua orientação, aos quatro cantos do mundo.

A primeira parada foi no Irã. O país era governado pelo primeiro-ministro Mohammad Mossadegh, servindo o xá Reza Pahlavi de mera figura decorativa na política iraniana. O social-democrata (ou socialista, no entender da Casa Branca) Mohammad

Mossadegh tinha, em 1951, nacionalizado a Anglo-Iranian Oil Company, levando a Inglaterra a decidir invadir o Irã e a pedir ajuda aos EUA para fazê-lo, apenas para Harry S. Truman declinar a proposta e consentir, quando muito, em estabelecer sanções comerciais ao Irã. Mas com Dwight D. Eisenhower na Sala Oval e Allen Dulles na direção da CIA, a Inglaterra encontrou dois aliados de peso.

Kermit Roosevelt, veterano do OSS e neto do ex-presidente Theodore T. Roosevelt, foi enviado ao Irã para, com um fundo de dois milhões de dólares, formar uma milícia que derrubasse Mohammad Mossadegh e colocasse no seu lugar o general Fazollah Zahedi, ministro do Interior, restabelecendo o poder do xá Reza Pahlavi, pró-ocidental. O plano tinha tanto de simples como de ligeiramente louco, mas funcionaria. Kermit Roosevelt e a sua equipe da CIA instalaram-se em Teerã sem avisarem a Embaixada norte-americana e convenceram o monarca Reza Pahlavi a anunciar a destituição imediata de Mohammad Mossadegh e a sua substituição por Fazollah Zahedi. Obviamente, a simplicidade do plano era excessiva: Mossadegh não aceitou a exoneração e, em retaliação, com o apoio do Exército, acusou o xá de atentar à Constituição, levando-o a fugir para Bagdade, e do Iraque para a Itália, onde expressou a Allen Dulles o receio de que as coisas talvez não viessem a ser tão simples como haviam pensado.

Mas, no Irã, Kermit Roosevelt e o seu braço direito, Donald Wilbur, não desistiram, usando os seus dois milhões de dólares para subornar vários membros do Exército e do Parlamento iranianos, que, da noite para o dia, se tornaram pró-ocidentais (e ricos). Tal como a CIA tinha feito alguns anos antes a Palmiro Togliatti, Kermit Roosevelt lançou ainda uma massiva e bem-sucedida campanha de descrédito de Mohammad Mossadegh. Disfarçados de nacionalistas e socialistas, agentes da CIA ameaçaram líderes religiosos de morte, caso não apoiassem o primeiro-ministro, virando assim a população iraniana, predominantemente sunita, contra o laico Mossadegh. Quando Kermit Roosevelt calculou que o momento certo tinha chegado, os militares subornados pela CIA organizaram um golpe de Estado, que, apesar da resistência dos militares fiéis ao primeiro-ministro, teria sucesso. E, tal como a CIA desejava, Mohammad Mossadegh caiu e Fazollah Zahedi foi nomeado primeiro-ministro, voltando o xá Reza Pahlavi do exílio para dirigir o Irã. Não estranhamente, uma das suas primeiras decisões foi restabelecer o contrato de exploração petrolífera da Anglo-Iranian Oil Company com a Inglaterra, e agora também com os EUA, que ficaram com 40% do total dos barris obtidos pelo período de 25 anos. Além disso, Reza Pahlavi autorizou o estabelecimento de bases militares norte-americanas na fronteira do Irã com a URSS e um acordo para que os agentes da CIA treinassem os seus congêneres da *Sazeman-e Ettela'at va Amniyat-e Keshvar*

(Organização de Segurança e Informação Nacional), os serviços secretos iranianos conhecidos como SAVAK. A brutalidade dos agentes da SAVAK sobre a população e a postura pró-ocidental de Reza Pahlavi, que o levaria a antagonizar os *ayatollah*, acabariam por criar entre os iranianos um forte sentimento antiamericano que, mais de duas décadas depois, levaria à destituição de Pahlavi e à instauração do regime teocrático de Ruhollah Khomeini. Mas, em 1953, a CIA estava longe de prever as consequências das suas ações.

Ao mesmo tempo que interferia na política iraniana, Allen Dulles virou a sua atenção para outro país, mais insignificante em termos geoestratégicos, mas cuja ação da CIA nele viria a marcar uma tendência pela qual a agência ficaria sempre conhecida: o golpe de Estado numa república das bananas. O país em causa era a Guatemala, e tinha sido pensando nele e nas Honduras que o escritor O. Henry cunhara a expressão *"banana republic"* no início do século XX, referindo-se a pequenas nações tropicais, pobres e instáveis, cuja única fonte de rendimento era a venda de matérias-primas – nomeadamente bananas – a multinacionais das potências coloniais, que colocavam no poder os políticos-fantoches que melhor servissem os seus interesses.

No caso da Guatemala, essa empresa era a *United Fruit Company* e, em 1951, quando Jacobo Árbenz subiu ao poder, iniciando uma reforma agrária de pendor socialista e autorizando a criação de sindicatos no país, os interesses da *United Fruit Company* estavam em risco. Para piorar a situação de Jacobo Árbenz, a sua ligação aos comunistas punha-o na mira não apenas da multinacional como de Dwight D. Eisenhower, que não desejava, de todo, um eventual governo-satélite da URSS no "quintal" dos EUA. O responsável pela deposição de Jacobo Árbenz seria Frank Wisner, o chefe dos "serviços clandestinos" da agência. Este escolheu o coronel Carlos Castillo Armas para liderar a revolução "espontânea" contra o Governo, que seria organizada na Nicarágua de maneira a parecer provir de militares guatemaltecos exilados sem ligação aos agentes da CIA no terreno. O agente David Phillips ficou encarregado da já tradicional campanha de desinformação e descredibilização do Governo, acusando, com uma enorme ponta de ironia, as Forças Armadas, que Jacobo Árbenz tutelava, de colaborarem com a CIA. Quando Árbenz pediu explicações ao comandante das Forças Armadas, este ficou indignado, demitiu-se e acabou, em retaliação, por se juntar, de fato, à CIA, deixando o primeiro-ministro ainda mais desamparado.

Na primavera de 1954, a operação estava pronta a entrar na sua fase final, e o próprio presidente Eisenhower avisou Allen Dulles de que uma eventual falha da CIA, semelhante ao que ocorrera na Albânia, não seria admissível, pois com a agência seria "a bandeira dos Estados Unidos a falhar" também. Eisenhower não precisava estar preocupado. No dia 18 de junho de 1954, Carlos Castillo Armas e o seu exército treinado pelos homens de Frank Wisner entraram na Guatemala de forma bombástica, com a rádio transmitindo aos cidadãos guatemaltecos a maneira como os resistentes ligados ao Governo estavam sendo desbaratados sem misericórdia por Armas (não estavam, mas a emissão de rádio dirigida por David Phillip convenceu toda a gente). O embaixador da Guatemala acusou os EUA de estarem por trás do golpe militar, mas Frank Wisner tinha preparado toda a operação de forma tão meticulosa no respeito pela política de *plausible denial*, que o Governo norte-americano negou sem hesitar e garantiu, de forma confiante, que tudo não passava de uma "revolta de guatemaltecos contra guatemaltecos". No dia 27 de junho, Jacobo Árbenz demite-se e entrega o poder ao comandante das Forças Armadas, o coronel Carlos Díaz, que promete continuar a resistência. Nesse mesmo dia, Frank Wisner manda Castillo Armas bombardear o quartel-general das Forças Armadas e, poucas horas após ser nomeado primeiro-ministro, Carlos Díaz demite-se e é finalmente substituído por uma junta militar, que elege, dias depois, Castillo Armas presidente da Guatemala. Tal como no caso de Reza Pahlavi, Armas cumpriu a missão que lhe fora encomendada, proibindo os analfabetos de votarem (o que impedia que outro político popular nas comunidade pobres, como Jacobo Árbenz, fosse eleito), proibindo a existência de sindicatos e devolvendo todos os terrenos que tinham sido nacionalizados à *United Fruit Company*. Mais uma vez, Allen Dulles vencia os seus opositores (ou, mais concretamente, aqueles que a Casa Branca designara como os seus opositores), ainda que para tal tivesse de violar todas as regras conhecidas do Direito Internacional. E, de repente, tudo muda. Ainda mal refeitos de terem visto a URSS detonar a sua própria bomba atômica, em 1953, os EUA, em geral, e a CIA, em particular, olham com consternação como os soviéticos detonavam com aparato a primeira bomba de hidrogênio, tecnologia que os norte-americanos ainda não dominavam à época. Agora, pela primeira vez (e única, no decorrer de toda a Guerra Fria), o equilíbrio de forças alterava-se: os EUA com as suas bombas atômicas confrontarem a URSS com as suas bombas atômicas e as suas bombas de hidrogênio seria como atacar com lanças um inimigo que tem metralhadoras. Confronto que deixara de parecer acadêmico quando a URSS mostrou ao mundo, um ano depois, os seus novos bombardeiros de grande alcance, não apenas superiores aos B-52 norte-americanos como o dobro deles em quantidade; e cada um tinha autonomia e capacidade de carga suficiente para transportar (e descarregar) bombas nucleares no território norte-americano. Outro *Pearl Harbor* estava no horizonte, mas dessa vez muito mais devastador.

O sistema de radares *Distant Early Warning* poderia perceber a entrada dos bombardeiros soviéticos no espaço aéreo dos EUA, mas não a tempo de a Casa Branca e o Pentágono prepararem a defesa. Um comitê de estudo foi organizado para analisar as possíveis maneiras como os EUA poderiam prever um ataque nuclear inimigo, e a conclusão foi espiar a URSS constantemente com aviões secretos de reconhecimento. O problema é que eles não existiam. Mas poderiam existir, pois Clarence Johnson, o presidente da Lockheed Aircraft, responsável pela construção do famoso bombardeiro *Hercules*, havia desenhado um revolucionário avião capaz de voar a altitudes nunca antes vistas e a mais de 600 quilômetros por hora, o ideal para entrar e sair da URSS sem ser captado pelos radares soviéticos. O avião começou a ser usado pelo Exército, mas, com as novas e assustadoras circunstâncias internacionais, a CIA de Allen Dulles chamou para si o projeto e entregou-o a Richard Bissel.

Richard Bissel era um novato na CIA que tinha apenas colaborado no golpe de Estado da Guatemala, mas vinha das universidades da Ivy League e era rico, duas das qualidades essenciais, na época, para entrar na agência. E, ao contrário do seu rival interno, Richard Helms (um sulista da classe média), não acreditava que o futuro da CIA passasse pelo HUMINT (*Human Intelligence*, a obtenção de informações com base em informantes), mas pela espionagem eletrônica, por isso parecia a pessoa certa para liderar o novo projeto. E era.

O projeto deveria ser uma *joint venture* entre o Exército e a CIA, mas a incapacidade do primeiro em assegurar um absoluto secretismo fez com que, na prática, a CIA o tomasse a seu cargo, com Richard Bissel liderando uma pequena equipe de agentes, que, mesmo dentro da CIA, quase ninguém sabia o que estavam fazendo. Trabalhando em conjunto com Clarence Johnson, Richard Bissel deu à operação o nome Aquatone, mas para a posteridade ficaria conhecida pelo acrônimo do nome dado ao avião experimental (*Utility-2*), ou seja, U-2. Com a construção do avião avançando num hangar secreto em Burbank, Bissel devia agora prover que tivesse tecnologia que lhe permitisse de fato espiar. Para tal, a sua equipe e a Hycon Corporation desenvolveram uma enorme câmara fotográfica com uma inovadora lente que permitia captar a imagem de uma bola de tênis a mais de 10 quilômetros de altitude, algo nunca visto, ou sequer pensado, naquela época. Para posteriormente os agentes da CIA conseguirem interpretar as imagens e descortinarem nelas traços de aviões ou mísseis, Richard Bissel pediu a ajuda do maior especialista norte-americano na matéria, o Dr. Art Lundahl, da prestigiada Universidade de Chicago, que consentiu em colaborar com a CIA. Mas a agência ainda tinha de lidar com a parte da colaboração no projeto que oficialmente cabia ao Exército, e no Pentágono continuavam com dúvidas em autorizar a operação, pois estimavam que demoraria, no mínimo, quase uma década para conseguir-se construir o avião. O Pentágono mudou de ideias quando, em 1955, enquanto ainda pensava se devia ou não apoiar a onerosa construção, Clarence Johnson e Richard Bissel apareceram com um protótipo já feito. Bastava agora pensar em quem o conduziria.

Alguns militares da Força Aérea tinham as capacidades militares, mas a política da *plausible denial* impedia que os pilotassem, uma vez que, em caso de serem capturados na URSS, dificilmente a Casa Branca poderia argumentar que não tinha conhecimento de um projeto do Pentágono. Como tal, a CIA começou a recrutar pilotos civis que não se importassem de embarcar em missões arriscadas e pilotar um avião experimental, que, na verdade, poderia não ser seguro e despenhar-se. Os pilotos foram treinados pelos militares nas imediações ultrassecretas de uma base da Comissão para a Energia Atômica, em pleno deserto do Nevada. Os primeiros pilotos assustaram-se quando perceberam que, devido ao U-2 ser despido ao essencial para ser o mais leve possível, as cabinas nem sequer seriam pressurizadas e, por isso, teriam de usar fatos semelhantes aos que, mais tarde, usaram os astronautas da NASA. Além do mais, o motor a jato tinha a preocupante tendência a incendiar-se, mas os pilotos resolveram o problema quando notaram que as asas do avião eram tão grandes e todo o aparelho tão leve que bastava-lhes levantar voo e depois planarem nos céus, em segurança e silêncio. Quando resolveram o problema de como fazê-lo aterrar, Richard Bissel avisou o presidente Dwight D. Eisenhower: a CIA estava pronta para espiar a URSS.

No início de 1956, Bissel já tinha uma equipe de pilotos e aviões U-2 estacionados na base norte-americana de Incirlik, na Turquia, onde começaram a fazer voos secretos de reconhecimento à fronteira com a URSS. Eisenhower ficou deliciado com as notícias que lhe foram transmitidas por Bissel e Allen Dulles, ordenando imediatamente que os U-2 cumprissem a missão para a qual haviam sido construídos: penetrar o espaço aéreo soviético. Logo na primeira missão, Richard Bissel não esteve com meias-medidas e, alarmando o diretor Allen Dulles, enviou um avião para sobrevoar as duas maiores, mais populosas e mais bem protegidas cidades soviéticas: Moscou e Leningrado. Porém, o sistema de alerta soviético era muito mais eficaz do que a CIA calculava; então o avião foi detectado pelos radares do Exército Vermelho assim que atravessou a fronteira, mas voava tão alto que era intocável aos mísseis de defesa russos, por isso a operação foi considerada um sucesso estrondoso. Podia já não ser secreta, mas o ponto principal estava feito: Nikita Khrushchev passava a saber que aviões norte-americanos poderiam entrar e sair do espaço aéreo soviético a seu bel-prazer.

No espaço de meses, a CIA conhecia todas as bases militares, todos os aviões, todos os mísseis, todos os navios e todos os submarinos soviéticos. Ao contrário do que a CIA e a Casa Branca temiam, afinal a URSS não tinha batalhões inteiros de bombardeiros nucleares, mas apenas meia dúzia, que eram mostrados continuamente na tradicional parada do 1º de Maio, para dar a ilusão de que eram muitos. Porém, haveria uma época em que os soviéticos aprenderiam a confrontar e abater o revolucionário U-2. Demorou mais de quatro anos, mas aconteceu, quando o piloto Gary Powers foi abatido nos céus de Sverdlovsk, quebrando duas regras básicas do projeto: primeiro, não acionou o mecanismo de autodestruição, impedindo o avião de cair em mãos do inimigo; segundo, não se suicidou, impedindo de ser ele próprio capturado e usado como troféu político pelos soviéticos. Julgado em direto pela televisão russa e condenado à morte, demoraria algum tempo até que o clima desanuviasse e o piloto fosse trocado pelo famoso agente duplo do NKVD, Rudolph Abel, capturado nos EUA. Com o fim do Projeto Aquatone, os EUA perderam para sempre a capacidade de penetrar o espaço aéreo soviético. Mas, nessa época, Richard Bissel já tinha colocado em marcha um ainda mais ambicioso programa, operacional em pouco tempo: espiar a URSS por satélite.

5. Porca miséria

Em 1957, Frank Wisner, o enérgico chefe dos "serviços clandestinos", sofrera um esgotamento cerebral. Em vez de o atribuírem ao seu esgotante trabalho, a CIA preferiu assumir que a causa tinha sido uma intoxicação alimentar, o que já não serviu de justificativa possível quando, meses após regressar ao serviço, sofreu uma crise mental de tal ordem que teve de ser amarrado à força na sede da agência e transportado compulsivamente para um hospício, onde seria submetido a choques elétricos. Em 1961 abandonaria a agência e, menos de quatro anos depois, cometia suicídio. Para o substituir, em detrimento do seu braço direito e ponderado amigo Richard Helms, Allen Dulles escolheu o visionário Richard Bissel. Ninguém o censurou. Mas a mentalidade visionária de Bissel trazia com ela uma dose de inconsciência. Como se veria, logo depois, em Cuba.

Um antigo aspirante a jogador de basebol, que chegara a prestar provas nos New York Yankees, conseguira depor em 1959, contra todas as expectativas, o ditador Fulgencio Batista, tomando o poder na pequena ilha caribenha. Chamava-se Fidel Castro e aliou-se à URSS de Nikita Khrushchev com o ambicioso plano de espalhar a Revolução Comunista a todos os países da América do Sul, onde, após o golpe de Estado na Guatemala provocado por Frank Wisner, crescia um forte sentimento antiamericano. Com o Estado comunista a pouco mais de 100 quilômetros de distância dos EUA, a CIA não demorou muito a decidir cortar o mal pela raiz, intentando assassinar Castro. Os "serviços clandestinos" começaram a pensar, por ordem expressa de Allen Dulles, em maneiras de o fazer. Logo se tornou a favorita, aproveitando a experiência da invasão da Guatemala: formar dissidentes cubanos em Miami e prepará-los para invadirem a ilha natal, deporem o regime comunista do poder e assassinarem Fidel Castro (líder do Governo), o irmão, Raúl Castro (responsável pelo Exército), e Che Guevara (responsável pela "internacionalização" da revolução).

As alternativas ao assassinato eram, no mínimo, imaginativas. Uma delas consistia em espalhar a droga alucinógena LSD pelo estúdio de televisão onde Fidel Castro costumava discursar à nação, fazendo com que parecesse, em certo momento, ficar demente, caindo assim em desgraça perante a população cubana (até que ponto o autor da ideia estava ele próprio sob efeito do LSD nunca se tentou averiguar). Por mais absurda que essa ideia fosse, era conservadora quando comparada com outra que chegou a ser ponderada: espalhar pó de tálio (um metal altamente radioativo que causa câncer) na sola dos seus sapatos, para entrar na corrente sanguínea de Fidel Castro, fazer com que o seu cabelo caísse e, assim, num efeito comparado pela CIA à famosa história bíblica de Sansão, quando a machista população cubana visse o líder naquele estado pouco másculo, sem os seus revolucionários cabelos desalinhados, toda a credibilidade e o poder lhe escapariam das mãos.

Como seria previsível, o simples assassinato continuou obtendo as preferências. A CIA chegou a recrutar um membro do pessoal particular de Fidel Castro, que deveria contaminar-lhe a comida com carbúnculo, mas o cidadão cubano seria despedido por razões desconhecidas e o plano abortado. Incapaz de cumprir o objetivo, a CIA, numa das suas decisões até hoje mais questionáveis, resolveu recorrer aos inquestionavelmente maiores especialistas da época em matar pessoas nos EUA: a Máfia. Ninguém tinha perdido tanto com a revolução cubana como a Máfia norte-americana. Escapando às apertadas leis antijogo dos EUA, a Máfia estabelecera diversos cassinos na ilha caribenha, com a proteção do ditador Fulgencio Batista, aproveitando a proximidade entre Cuba e a Florida. Com a revolução e os cassinos nacionalizados, a Máfia perdia uma receita de milhões de dólares anuais. Não precisava, portanto, de muito incentivo para assassinar Fidel Castro. A CIA contatou o poderoso "padrinho" da máfia Sam Giancana e o seu antigo representante em Cuba, Santos Trafficante. O plano acabaria por esmorecer quando fugas de informação fizeram com que chegasse aos ouvidos do todo-poderoso diretor do *Bureau*, J. Edgar Hoover, que odiava Fidel Castro, mas já considerava mais duvidoso (ou pessoalmente embaraçoso, caso tudo chegasse ao domínio público) que a CIA colaborasse com mafiosos que o FBI declarara como os seus principais inimigos. Esgotadas as alternativas, a CIA decidiu embarcar numa pura e simples invasão militar com o apoio da resistência interna cubana.

Os precedentes, porém, não eram auspiciosos. A CIA tentara fazer o mesmo na Albânia e na Polônia, com resultados desastrosos. Para mais, havia dúvidas sobre a existência de uma resistência interna a Fidel Castro e, portanto, se a população da ilha sequer apoiaria os "libertadores". Ainda assim, o sempre otimista Richard Bissel decidiu levar a invasão adiante e conseguiu um apoio financeiro de Dwight D. Eisenhower no valor de 13 milhões de dólares. Quando John F. Kennedy entra para a Casa Branca, em 1960, Bissel já tinha tudo pronto (há mesmo quem diga que foi o primeiro documento, aguardando a sua assinatura, que Kennedy viu em cima da secretária no dia posterior à tomada de posse): a CIA estava treinando 1,3 mil dissidentes cubanos nas artes da guerrilha, e a *National Guarda* ensinar pilotos cubanos a pilotarem bombardeiros B-26. No geral, toda a operação se assemelhava aos preparativos para uma pequena guerra. Mas havia um obstáculo chamado Richard Helms.

Apesar de ter sido preterido a favor de Bissel para o cargo de chefe dos "serviços clandestinos", a questão não era pessoal. O problema era que Richard Helms considerava que todas as operações da CIA deviam ser absolutamente secretas. E, por mais secreta que fosse a operação, seria impossível escondê-la do público após uma invasão em larga escala em Cuba. Tanto assim que os rumores já tinham chegado ao próprio Fidel Castro. Segundo Helms, a operação devia, no mínimo, ter a participação do competente James Angleton, diretor do *Counterintelligence Staff* da CIA, considerado o maior especialista da agência (e, para muitos, do mundo) em contraespionagem. A sua ajuda seria imprescindível para que, pelo menos, Fidel Castro não se inteirasse dos pormenores da operação antes de ser colocada em prática. Mas Richard Bissel não queria interferências e chegou a exigir que Allen Dulles transferisse Helms para Londres ou mesmo que o demitisse da CIA, o que o diretor da agência recusou.

Richard Bissel, porém, esqueceu-se de que já não estava o antigo herói de guerra Dwight D. Eisenhower na Casa Branca. Para John F. Kennedy, a operação era fértil em coisas que podiam correr bastante mal, não desejando um envolvimento profundo da Casa Branca e do Pentágono no assunto, por isso reduziu drasticamente o apoio aéreo e naval que a US Air Force e a US Navy deveriam conceder aos homens de Bissel. Com muito menos meios, ficou decidido que a CIA deveria desembarcar numa praia mais pequena do que a originalmente prevista, mas fácil de controlar com poucos aviões e navios, recaindo a escolha numa enseada chamada Playa Girón, conhecida popularmente por Bahía de Cochinos (Baía dos Porcos).

No dia 17 de abril de 1961, os homens de Richard Bissel invadem a Baía dos Porcos. A *US Air Force* ainda começa por atacar a praia, mas a comunidade internacional descobre a operação e condena de imediato os bombardeamentos. Em resposta, temendo um incidente internacional com a URSS, John F. Kennedy ordena que os bombardeamentos sejam cancelados, deixando a CIA entregue à própria sorte e os seus 1,3 mil guerrilheiros à mercê dos 200 mil soldados do Exército cubano. Vários recrutados da CIA seriam mortos no confronto, e a vitória de Fidel Castro, ironicamente, ainda aumentaria mais a sua popularidade diante da população cubana, contrariando todos os planos de Richard Bissel. A detenção de 100 mil opositores ao regime em Cuba que se seguiu à invasão deixava, ainda por cima, a CIA sem uma base de apoio local para tentar, no futuro, derrubar outra vez Castro.

Richard Bissel sabia que a pequena operação da Baía dos Porcos estaria provavelmente destinada ao fracasso, mas esperava que a eventual humilhação norte-americana levasse o presidente a decidir-se pela invasão militar da ilha. Não apenas John F. Kennedy nunca o fez, como chegou a ameaçar não oficialmente desmantelar toda a CIA, de tal maneira estava furioso com o embaraço que lhe causara. Em consequência, Bissel demitiu-se e acabaria substituído na chefia do *Directorate for Plans* pelo seu eterno rival, Richard Helms. Mas Bissel não foi o único a cair. Um fracasso tão estrondoso exigia que rolasse uma cabeça ainda mais importante, e John F. Kennedy exonerou o poderoso diretor da CIA, não lhe permitindo sequer inaugurar a nova e vistosa sede da agência, em Langley. O consulado de Allen Dulles chegava ao fim.

Entretanto, as operações da CIA chegaram à África. Com a independência do Congo, o primeiro-ministro da ex-colónia belga, Patrice Lumumba, encontrava-se confrontado com a secessão da província de Katanga nas mãos do rebelde Moise Tshombe e, de um modo geral, com o generalizado caos que se propagava no território. A ONU consentiu em enviar capacetes azuis para deter o clima de quase guerra civil, mas não aceitou ajudar Lumumba a esmagar as tropas de Moise Tshombe; por isso Lumumba, furioso, pediu ajuda a quem, do ponto de vista norte-americano, não devia: a URSS. Em menos de nada, a capital, Leopoldville, estava repleta de tropas soviéticas. A CIA temia "outra Cuba" em plena África e decidiu agir antes que Lumumba se tornasse um novo Fidel Castro.

O homem da CIA no Congo, Lawrence Devlin, convenceu o presidente, Joseph Kasavubu, rival de Lumumba, a exonerá-lo e a colocar no seu lugar o ambicioso coronel Joseph Mobutu. Mas, para impedir uma nova tentativa de tomada de poder de Lumumba, que continuava a contar com o apoio soviético, Lawrence Devlin decidiu que a melhor opção era assassiná-lo. O especialista da CIA em guerra bacteriológica, Sidney Gottlieb, foi chamado para usar um veneno que matasse o antigo primeiro-ministro congolês sutilmente, mas perante as dificuldades em recrutar homens de Lumumba que aceitassem traí-lo, Lawrence Devlin decidiu que o mais simples seria abatê-lo a tiro, decisão que merecia o desacordo veemente de Richard Helms. Mas Devlin prosseguiu com o plano. Patrice Lumumba seria capturado por forças governamentais e fuzilado em 17 de janeiro de 1961 em Elizabethville. O seu corpo seria então dissolvido em ácido para os seus apoiadores não fazerem dele um mártir e terem uma campa onde peregrinarem. A CIA sempre negaria estar envolvida no assunto.

Com o moderado Richard Helms à frente dos "serviços clandestinos" e o engenheiro John McCone à frente da CIA (uma escolha pessoal de John F. Kennedy para a impedir de ser controlada por um agente da própria CIA), Fidel Castro não deixou, porém, de estar mais seguro. A humilhação sofrida pelos EUA no desembarque da Baía dos Porcos fizera com que John F. Kennedy ficasse quase obcecado em derrubar o ditador cubano, e acabaria por ordenar à CIA que o fizesse, no que ficou conhecido como a Operação Mongoose. Talvez devido ao fiasco dos "serviços clandestinos" em Cuba, a operação ficou a cargo do diretor do *Counterinsurgency Group*, Edward Lansdale, famoso por ter acabado com os insurgentes antiamericanos nas Filipinas de maneira pouco ortodoxa (sabendo do temor popular por vampiros, Edward Lansdale mandou matar um rebelde, retirar-lhe todo o sangue do corpo, fazer-lhe dois buracos no pescoço e deixá-lo no meio da selva, o que levou à debandada caótica de todos os insurgentes da região). No terreno, o responsável seria William Harvey, agente da CIA conhecido por ser um *bon-vivant* no limiar do simples alcoolismo. Mas a operação estava condenada ao fracasso, porque Edward Lansdale contava (tal como Richard Bissel antes dele) que existisse uma ativa resistência popular a Fidel Castro em Cuba, o que não se mostrou verdadeiro. E, depois, porque a tentativa de replicar os métodos imaginativos que lhe haviam trazido sucesso perante osã supersticiosos Filipinos não convenciam o novo diretor da CIA, demovendo-o John McCone de tentar convencer a católica população cubana de que Jesus Cristo estaria prestes a regressar e exigia que depusessem Fidel Castro. Edward Lansdale e William Harvey decidiram então provocar o caos em Cuba com uma série de atentados terroristas, na esperança de desmoralizarem a população e levarem-na a rebelar-se contra o regime. Mas, apesar dos vários atentados levados a cabo, tal também não sucedeu. Sem mais ideias, a CIA voltou ao seu plano B: chamar a Máfia. Richard Helms não via o plano com satisfação, mas, sem grandes alternativas e perante a pressão constante do presidente Kennedy em retirar Castro do poder, acabou por concordar. Contudo, mais uma vez, os problemas logísticos da operação acabaram por fazer com que fosse abandonada.

Até porque problemas maiores vinham agora de Cuba: os aviões de reconhecimento U-2 tinham descoberto que a URSS instalara na ilha mísseis nucleares. Enquanto John F. Kennedy e Robert Kennedy tentavam resolver a crise política, a CIA fez tudo para piorá-la. Convicto de que a culpa da crise era dos irmãos Kennedy, e que não sabiam lidar com ela, William Harvey decidiu invadir a ilha com um pequeno grupo de agentes. Como resultado, foi transferido para a delegação de Roma, na esperança de que, se causasse mais problemas, o fizesse bem longe. O seu substituto, Desmond FitzGerald, fazia uma equipe fantástica com o imaginativo Edward Lansdale, tendo ponderado, em plena crise dos mísseis, usar o fanatismo de Fidel Castro pela pesca submarina em favor da CIA, contaminando-lhe os cilindros de oxigênio com um fungo mortal ou equipando um búzio com explosivos para que, quando Fidel Castro pegasse nele, por baixo de água, lhe estourasse na cara. Com outro homem de imaginação prodigiosa, o major cubano Rolando Cubela, que passara a detestar os irmãos Castro por terem permitido a entrada dos soviéticos na ilha, planejou assassinar Fidel Castro com uma caneta repleta de veneno (a ideia era de Cubela). O plano apenas não foi colocado em prática porque, quando Cubela se preparava para iniciar a sua execução, o presidente John F. Kennedy foi assassinado.

Substituído na Casa Branca por Lyndon Johnson, os agentes Desmond FitzGerald e Edward Lansdale levaram ao novo presidente diversos planos para assassinar Fidel Castro, como o seu antecessor desejara. Johnson recusou-os a todos e ordenou-lhes, aos berros, que nunca mais pensassem sequer no assunto. Lyndon Johnson precisava da ajuda da CIA do outro lado do mundo: no Vietnã.

6. *Apocalypse now*

Para os EUA, a Guerra do Vietnã começou no final de 1965, mas para a CIA tinha começado muito antes. Desde 1953 que a agência tentava encontrar resistentes anticomunistas na China e, não os tendo encontrado, criá-los. Tal acontecera na Albânia, na Polônia e em Cuba, sem sucesso. O que levou a CIA a decidir que deviam deixar de apostar em países comunistas e virar as atenções para países que ainda não o fossem, impedindo o comunismo de neles se instalar. E a colônia francesa da Indochina, na área de influência de Mao Tsé-Tung, era o lugar óbvio para aplicarem os seus esforços.

Em guerra aberta com o colonizador gaulês, as forças rebeldes marxistas do *Viet Minh*, lideradas por Ho Chi Minh, preocupavam sobremaneira a CIA. Com a aparatosa derrota em Dien Bien Phu, a França abria mão definitivamente da colônia, e esta dividia-se em Vietnã do Norte e Vietnã do Sul. Segundo os acordos de Genebra, o primeiro seria liderado por Ho Chi Minh, o segundo por uma força internacional comandada pelos EUA. A partir dessa época, o objetivo da CIA passara a ser controlar o vizinho Laos, país pequeno mas com uma importância regional geoestratégica imensa.

O príncipe Souvanna Phouma tinha lidado com a retirada do colonizador francês chamando ao novo Governo as forças comunistas de Pathet Lao, tentando assim evitar uma secessão semelhante à vietnamita, mas essa decisão fizera com que a CIA passasse a olhá-lo com suspeita, levando militares de extrema-direita, liderados pelo general Phoumi Nosavan, a fazerem um golpe de Estado que o derrubou. Reagindo à intromissão da CIA, um contragolpe foi realizado pelo Exército do Laos, protagonizado pelo capitão Kong Lae, que derrubou Nosavan e recolocou o príncipe Souvanna Phouma no trono, tendo este pedido ajuda à Casa Branca para estabilizar o país. Porém, a sua aliança informal no poder com o comunista Pathet Lao fez os EUA recusarem a ajuda, e, como era previsível, Souvanna Phouma recorreu então à URSS. Quase nem teve tempo de fazê-lo, pois, quando começou a se aperceber de movimentações suspeitas no Exército, os homens do general Phoumi Nosavan, incitados pela CIA, já o haviam deposto novamente.

Com a eleição de John F. Kennedy, este tentou chegar a alguma espécie de acordo entre Souvanna Phouma e os guerrilheiros de Pathet Lao, apoiados pelos norte-vietnamitas. Pathet Lao aceitou o acordo, mas Souvanna não, continuando a lutar por livre iniciativa, sem o apoio da CIA, cujo diretor, John McCone, considerara uma afronta à postura do general, mandando os seus agentes abandonarem o Laos. Souvanna seria derrotado pelas forças de Pathet Lao, aceitando finalmente um governo de coligação, mas as tropas norte-vietnamitas que apoiavam Pathet Lao recusaram-se a abandonar o país. Souvanna continuou no poder, e Pathet Lao continuou a resistência, tal como os homens da CIA voltaram ao Laos para o guerrear sem tréguas. Cercaram as montanhas onde Lao se acantonara e treinaram uma tribo local, os Meo, para o combater. Assim, com apenas três ou quatro dezenas de agentes no terreno, a CIA tinha à disposição um autêntico exército secreto de 30 mil soldados Meo, ajudados pela Air America, uma empresa falsa controlada pela CIA, que, à sombra do legítimo negócio da aeronáutica, transportava toda a espécie de material militar para onde fosse necessário. Pathet Lao foi obrigado a continuar os seus combates na selva.

Mas do outro lado da fronteira a situação complicava-se. A perseguição aos católicos e a reforma agrária de inspiração chinesa levadas a cabo por Ho Chi Minh fizeram com que quase um milhão de norte-vietnamitas fugisse para o Vietnã do Sul, onde os esperava de braços abertos Ngo Dinh Diem, o presidente apoiado pelos EUA em Saigon, estando estacionado William Colby, o representante local da CIA. Com este, Ngo Dinh Diem controlava uma larga guerrilha na fronteira baseada nos Montagnards, uma tribo aparentada com os Meo do Laos. Mas a brutalidade de Ngo Dinh Diem levava-o, por ser católico, a perseguir sem piedade os vietnamitas budistas, o que era um claro embaraço para os EUA, principalmente quando imagens de monges budistas a imolarem-se pelo fogo em Saigon começaram a correr o mundo. Ngo Dinh Diem acabou deposto num golpe de Estado, perante a passividade dos agentes da agência, que tinham ordens de John F. Kennedy para não ajudarem Diem. Este seria substituído, ao longo dos anos, por vários generais, todos controlados pela CIA.

Até que, em 1964, em resposta a um ataque norte-vietnamita a navios dos EUA no golfo de Tonkin, Lyndon Johnson ordenou o maior envolvimento do Exército na região. Começou com bombardeamentos sobre Hanói, depois enviou tropas, e, de repente, os EUA estavam em guerra aberta com o Vietnã do Norte. Assoberbados pela entrada em força do Exército norte-americano, os agentes da CIA viam agora o seu papel tornar-se secundário e cancelaram uma das operações que preparavam: sequestrar Ho Chi Minh e todo o seu Governo (sobre a maneira de o fazer, existiam várias propostas, nenhuma delas realista). Mas o papel da CIA no Vietnã, por mais secundário que se tivesse tornado, não tinha chegado ao término, pois foi nessa época que William Colby organizou o programa Phoenix, que, sendo oficialmente um projeto de mera contraespionagem, era na realidade um extenso programa de assassinatos liderado pelo que apenas poderia se chamar um esquadrão da morte paramilitar da agência, tendo como alvos os responsáveis do Vietcongue no Vietnã do Sul. Segundo estimativas modestas, os agentes da CIA teriam assassinado 20 mil desses dirigentes, fazendo com que Ho Chi Minh, já sem homens no território inimigo, acabasse por decretar uma invasão total.

Quanto à espionagem propriamente dita, sem possibilidade de penetrar os serviços secretos norte-vietnamitas (que, pelo contrário, estavam em todo o lado no Vietnã do Sul), as atividades de inteligência da CIA limitaram-se, durante todo o conflito, a confundir a própria opinião pública norte-americana, levando-a a crer que os EUA estavam a ganhar a guerra. A participação da CIA nela nunca chegou a ser influente, porque John McCone acreditava que estava, desde o início, perdida. O presidente Lyndon Johnson deveria, segundo ele, fazer uma de duas coisas: ou tratar o conflito como uma guerra convencional, enviando para o Vietnã todo o poderio militar norte-americano; ou deixar a responsabilidade do conflito à CIA, que o combateria em baixa intensidade, como estava a fazer no vizinho Laos. Lyndon Johnson não tomou nenhuma das decisões, e os EUA perderam a guerra. Apesar de ter razão quanto a esse ponto, a postura da CIA após a retirada dos EUA foi um ponto negro que envergonha a agência até hoje, limitando-se a sair do país, deixando ao abandono todos os agentes sul-vietnamitas recrutados, bem como os numerosos guerrilheiros meo e montagnards que os haviam auxiliado no Vietnã, no Laos e no Camboja, milhares e milhares de homens e mulheres. A maioria seria, meses depois, executada pelo regime de Ho Chi Minh.

A liderança de John McCone não sobreviveria à guerra. Cansado de avisar Lyndon Johnson dos perigos que a sua indefinição quanto à profundidade do envolvimento norte-americano no conflito poderia acarretar, e farto de ser por isso publicamente tratado pelo presidente como estando "lelé da cuca", bateu com a porta. Johnson substituiu-o pelo almirante William Raborn, cujos conhecimentos em espionagem e política eram tão exíguos, que exasperou todos os diretores e agentes da CIA, levando o presidente, menos de um ano após o ter nomeado, a afastá-lo, supostamente como estaria combinado (para lavar a face perante a opinião pública num momento de grande tensão para a Casa Branca), nomeando o confiável Richard Helms para colocar um ponto final à quase rebelião que se instalara na agência. Com o fim do envolvimento no Vietnã, os EUA retornavam a atenção ao seu "quintal".

7. A CIA vai a todas

A presença da CIA na América do Sul já era forte, mas limitava-se a ajudar regimes pró-ocidentais a manterem-se no poder numa conjuntura que lhes era cada vez mais desfavorável. É nessas circunstâncias que Richard Helms aceita ajudar o regime boliviano a capturar Che Guevara, que se instalara ali para promover a Revolução Comunista (a intenção inicial da CIA não era assassiná-lo, para não fazer dele um mártir, mas os bolivianos insistiram em matá-lo, e a CIA acabou por ceder). Aos poucos, a CIA tornou-se proativa. Por exemplo, com a Operação Uncle Sam, levam o general Castelo Branco a derrubar o esquerdista João Goulart da presidência brasileira. Mas o envolvimento mais famoso da agência num país da América Latina seria no Chile.

Os EUA já tinham tentado em 1964 influenciar as eleições chilenas para impedir que o socialista Salvador Allende conquistasse o poder e levasse adiante o seu plano de nacionalização da indústria, o que prejudicaria de maneira quase catastrófica empresas norte-americanas como a Anaconda, que controlava a lucrativa extração de cobre no país. A CIA começou por financiar (sem ele saber) a campanha do candidato democrata-cristão Eduardo Frei, em resposta ao suposto financiamento soviético à campanha de Allende. Depois, milhares de panfletos em que Salvador Allende era mostrado ao lado de Fidel Castro, enquanto tanques soviéticos andavam pelas ruas de Santiago, foram distribuídos pela capital chilena. Eduardo Frei ganharia as eleições. Mas, em 1970, era época de novas eleições, e Salvador Allende voltava a candidatar-se, dessa vez, ao que tudo indica, com grandes possibilidades de ganhá-las. Os conglomerados empresariais norte-americanos presentes no Chile – aglutinados no *Business Group for Latin America* e que de qualquer maneira haviam detestado o consulado do reformista Eduardo Frei – indicaram o nome que pretendiam na presidência: o ultraconservador Jorge Alessandri. Do *Business Group for Latin America* faziam parte a Pepsi e a *ITT Corporation*. O novo presidente dos EUA, Richard Nixon, trabalhara na Pepsi, e o presidente da companhia era seu amigo pessoal; um dos máximos dirigentes da *ITT Corporation* era John McCone, ex-diretor da CIA. Por intermédio do homem forte da CIA no Chile, Henry Heckschner, o *Business Group for Latin America* contribuiu com 700 milhões de dólares para a campanha eleitoral de Jorge Alessandri. Este parecia estar com sorte.

Mas os Chilenos não pensaram o mesmo e deram a vitória a Salvador Allende. Por uma escassa margem percentual, mas uma vitória. Esta poderia ter sido contestada, devido à exígua margem, mas um acordo pré-eleitoral entre Allende e o democrata-cristão Radomiro Tomic estabelecia que aquele que entre ambos tivesse melhor votação seria apoiado no eventual Governo pelo outro, tudo para impedir Alessandri de ser eleito. Este acordo deixou Richard Nixon, e principalmente o seu influente conselheiro Henry Kissinger, à beira de um ataque de nervos. A CIA ainda pensou em contornar a Constituição chilena por meio de expedientes mais ou menos legais para possibilitar uma segunda volta das eleições e permitir que Eduardo Frei voltasse a se candidatar, algo a que estava constitucionalmente impedido, mas o plano foi considerado pouco exequível. Depois, previsivelmente, a CIA pensou num golpe de Estado militar, mas o comandante-chefe das Forças Armadas, o general René Schneider, opôs-se, pois jurara defender a Constituição e, portanto, deveria aceitar a eleição democrática de Salvador Allende. A CIA não se impressionou e colocou a cabeça de René Schneider a prêmio nas ruas de Santiago por 50 mil dólares, acabando sequestrado e morto. Porém, não conseguiu encontrar outros militares que desejassem embarcar num golpe de Estado.

Nos anos seguintes, Salvador Allende nacionalizaria, de fato, a indústria chilena, como prometera, sendo atacado pelo jornal *El Mercurio*, controlado pela CIA. Devido à fuga de capitais das empresas do *Business Group for Latin America*, a economia chilena rapidamente colapsou e as greves e a instabilidade social seguiram-se. E a estas um golpe de Estado protagonizado pelo general Augusto Pinochet Ugarte, que levou à morte de Salvador Allende. Até hoje não se sabe até que ponto a CIA participou ativamente no golpe militar, tudo indicando que essa participação, se existiu, foi mínima. Mas sem o clima de propaganda anti-Allende levada a cabo pela agência no Chile, dificilmente Pinochet teria alcançado o poder.

Nos EUA, porém, a situação da agência não era boa. A relação entre Richard Helms e Richard Nixon piorava a olhos vistos, porque o novo presidente dos EUA desconfiava imensamente da CIA. Na realidade, Richard Nixon desconfiava muito de tudo e todos, estando a CIA apenas incluída nessa interminável lista. Nixon, desde o primeiro dia em que entrara na Casa Branca, desejara uma CIA repleta de homens que lhe fossem leais. Isso devia-se não apenas à sua tradicional paranoia, mas porque a CIA, que até então estivera proibida de espiar em território norte-americano (papel do FBI), passara a poder espiar cidadãos norte-americanos no estrangeiro e depois, a pedido de Lyndon Johnson, a espiar o movimento estudantil antiguerra (que considerava ser dominado pelos soviéticos, o que a CIA negou, até que Johnson insistiu várias vezes nesse ponto e a CIA relutantemente acabou por concordar). Nessa época, ainda a pedido de Lyndon Johnson, a CIA criou um *Special Operations Group*, especializado em espiar movimentos antiguerra internos no âmbito da denominada Operação Chaos. Era esse departamento em particular que Richard Nixon desejava que lhe fosse leal e, de um momento para o outro, deveria não apenas espiar os movimentos antiguerra mas também sabotá-los. O que só não aconteceu porque o procurador-geral John Mitchell tomou conhecimento do que estava acontecendo e, vendo claramente que era ilegal, ficou chocado. Richard Nixon recuou no seu propósito de sabotar os movimentos internos, mas deixou ao departamento outra incumbência igualmente ilegal: espiar o Partido Democrata.

O ex-oficial da CIA James McCord e o agente Eugenio Martinez, veterano da Operação Mongoose, entraram, juntamente com três outros homens, na sede do Comité Nacional do Partido Democrata, sediado no Watergate Hotel, em Washington, para colocarem escutas. Foram apanhados. Na carteira de um dos intrusos foi ainda encontrado um papel com o nome de Howard Hunt, ex-agente da CIA, amigo de Richard Helms, que fora recrutado por Richard Nixon para, numa autêntica operação de propaganda, conspurcar a memória de John F. Kennedy e Robert Kennedy, ligando-os ao massacre de Diem cometido pelas tropas norte-americanas no Vietnã, bem como para acabar com a carreira política do Kennedy que sobrava, Ted Kennedy, com fugas de informação sobre o caso de Chappaquiddick, quando uma jovem morrera afogada no seu automóvel após o senador, embriagado, se despistar num rio. Richard Helms percebeu que Howard Hunt estava ligado à Casa Branca e que a CIA o tinha auxiliado, mas recusou-se a consentir aos pedidos do chefe de gabinete de Richard Nixon, H. R. Haldeman, para cobrir a operação. Como resultado, após três décadas de serviço na CIA, foi despedido.

Para o substituir, Nixon escolheu um aliado de Henry Kissinger, James Schlesinger, que, juntamente com o promovido agente William Colby, iniciou um processo de reestruturação da agência, que era na realidade um vasto programa de demissões. A popularidade de Schlesinger na agência era portanto pouca. Quando o escândalo Watergate começa a surgir nos jornais, a ligação ativa da CIA a Howard Hunt apanha Schlesinger de surpresa. William Colby decide então que, para não terem mais surpresas desagradáveis, cada agente deveria escrever que operações em que participara poderiam ser um embaraço para a agência se alguma vez se tornassem públicas. Os relatórios foram compilados num memorando secreto com mais de 600 páginas, denominado ironicamente *Family Jewels* (Joias da Família), e, para consternação de Schlesinger, continha tudo o que se possa imaginar, desde golpes de Estado no estrangeiro a sequestros, passando por inúmeros assassinatos e mesmo por testes com drogas alucinógenas em cidadãos norte-americanos.

Durante as comissões de inquérito à CIA que se seguiram à resignação do presidente Richard Nixon, grande parte desses segredos viria a público e deixaria a imagem da agência estilhaçada durante anos, ficando esta reticente quanto a envolver-se em grandes operações durante os consulados de Gerald Ford e Jimmy Carter. Com George Bush como diretor, a CIA limitou-se a apostar na espionagem por satélite. Quando o diretor que lhe sucedeu, Stansfield Turner, pensou num ambicioso plano para a agência derrubar de uma só vez Fidel Castro, o *ayatollah* Khomeini e Muammar Kadhafi, os "serviços clandestinos" recusaram-se a participar. Mas a subida ao poder do *ayatollah* Khomeini pesaria sobre a agência, sendo acusada de incompetência por não ter conseguido prever o golpe de Estado no Irã, apesar de estar intimamente ligada ao SAVAK. Stansfield Turner arcou com as culpas e, com a chegada de Ronald Reagan ao poder, foi demitido. Para o substituir, Reagan escolheu William Casey, antigo agente do OSS. O seu consulado ficaria marcado pelo escândalo Irã-Contras.

Com a chegada de Khomeini ao poder, os EUA retaliaram com um embargo de vendas de material militar ao novo regime. Este era fanaticamente antiamericano, mas estava envolvido numa interminável guerra com o Iraque e precisava de armas para a manter. Por sua vez, os EUA temiam que o Irã de Khomeini, apesar de teocrático, acabasse por cair na influência soviética. A Casa Branca descobriu então que existiam moderados no regime que aceitariam comprar armas norte-americanas e, em troca, ajudariam a libertar os reféns norte-americanos que o Hezbollah mantinha em Beirute. Uma grande parte da Casa Branca estava contra a iniciativa, pois minaria a política oficial de não negociar com terroristas, mas o intrépido William Casey estava francamente a favor. O seu plano era envolver os israelitas como intermediários, para a CIA e a Casa Branca poderem negar qualquer envolvimento caso viesse a público. O negociador de armas iraniano Manucher Ghorbanifar negociou com os israelitas e, após alguns impasses, a venda de mais de 500 mísseis TOW foi feita e o reverendo Benjamin Wier, um dos reféns, foi libertado no dia 15 de setembro de 1985. Os negócios continuaram. Em 1986, porém, um dos representantes norte-americanos, Oliver North, lembrou-se de que o dinheiro obtido com a venda de armas ao Irã poderia financiar os Contras, o conjunto de guerrilheiros apoiados pela CIA que lutavam na Nicarágua contra a *Frente Sandinista de Liberación Nacional* comunista. Oliver North também era responsável pelo apoio aos Contras, por isso tudo fazia, para ele, perfeito sentido. Com a condição de que Ronald Reagan nunca seria informado, Oliver North e William Casey foram autorizados a avançar com a operação pelo conselheiro para a segurança nacional, John Poindexter. Mas informações sobre ela começaram a surgir, passado algum tempo, na revista libanesa *Al-Shiraa*. Quando chegaram aos principais jornais do mundo, William Casey e a CIA estavam metidos numa confusão.

Para a imagem pública de William Casey também não ajudou o fato de Vitaly Yurchenko, o alto oficial do KGB que tinha desertado para os EUA, e que entretanto colaborava com a CIA, ter-se muito simplesmente levantado da mesa de um restaurante onde jantava com agentes da agência para nunca mais aparecer, tendo sido encontrado meses depois novamente na URSS, arrependido de ter traído a sua pátria. William Casey foi acusado de incompetência, mas nem tudo tinha sido mau no caso: Vitaly Yurchenko denunciara Edward Lee Howard, um veterano agente da CIA, que afinal era um agente duplo do KGB. Mas isso – a constante preocupação com o KGB – estava prestes a acabar. Não muito tempo depois de Ronald Reagan ter sido embaraçado com o escândalo Irã-Contras, o maior sonho do presidente dos EUA acontecia: a URSS colapsava.

8. A culpa não é do mordomo, é do Saddam

Durante todo o consulado de George Bush à frente da Casa Branca, a CIA passou por tempos de mudança. O grande inimigo dos EUA, a URSS, chegara ao fim. O papel da agência, com o seu ex-diretor agora na Casa Branca, passou antes de tudo por auxiliar os EUA na guerra com o Iraque. George Bush, um homem da casa, apoiava e respeitava a CIA, algo raro num presidente dos EUA. Mas a chegada de Bill Clinton à Casa Branca marcava um novo passo na política norte-americana. Pela primeira vez, os EUA tinham um presidente que não era "filho" da Segunda Guerra Mundial ou da Guerra Fria, tendo moldado a sua visão política durante os anos de oposição à Guerra do Vietnã e praticamente nem se lembrando da crise dos mísseis cubanos. Sem URSS para confrontar, a ideologia foi colocada à parte e Bill Clinton apostou, não tanto na exportação da liberdade e democracia (nem que fosse à força), como os seus antecessores, mas numa variação desta: fomentar o aparecimento no mundo de *mercados* livres. A sua visão era mais comercial e empresarial do que geoestratégica. Cabia à CIA tentar integrar-se nessa nova realidade, o que parecia não ser tarefa fácil.

A agência temia, antes de tudo, a possibilidade de Clinton nomear para diretor um dos advogados jovens e ambiciosos (à semelhança do próprio presidente) de que se rodeara na Casa Branca, como Warren Christopher. Mas, surpreendendo muitos, Clinton nomeou James Woolsey Jr., advogado, é certo, mas especialista em assuntos militares desde os tempos em que negociara o controle do armamento nuclear norte-americano e soviético no *staff* do presidente Jimmy Carter. Segundo James Woolsey Jr., os EUA tinham combatido um dragão durante mais de 40 anos, agora finalmente morto, mas apenas para se encontrarem agora numa selva repleta de pequenas cobras venenosas. James Woolsey Jr. tinha consciência de que o fim da Guerra Fria não era, como muitos garantiam, o fim da História, e que os perigos continuavam a espreitar a segurança nacional norte-americana. Os agentes da CIA ficaram agradados com a atitude do novo diretor. Mas cedo perceberam que a importância que Bill Clinton concedia à inteligência não era a mesma que George Bush naturalmente lhe dava. Nos primeiros dois anos de mandato, James Woolsey Jr. encontraria Bill Clinton apenas duas vezes, em reuniões de trabalho. A CIA estava posta de lado.

Na África, uma das várias vítimas colaterais da Guerra Fria, a Somália, estava numa situação instável. Disputada e apoiada durante anos por norte-americanos e soviéticos, a Somália encontrava-se agora sem utilidade para as grandes potências, esquecida, mas armada até os dentes, com as diferentes tribos nacionais a lutarem entre si enquanto a população morria de fome. Quando o principal senhor da guerra, o general Mohamed Aideed, começou a desviar fundos e alimentos oferecidos à Somália pelo programa de ajuda humanitária lançado por George Bush, os EUA decidiram que era tempo de atuar militarmente. Mas o novo responsável pela estratégia militar do Pentágono, Frank Wisner Jr. (filho do antigo chefe dos "serviços clandestinos" da CIA), percebeu que os EUA não faziam ideia do que se passava naquele país, pois a Embaixada norte-americana tinha sido fechada durante o consulado de George Bush, bem como a delegação local da CIA (a culpa não era inteiramente do presidente Bush; a própria CIA não estava, naquela época, muito interessada em obter inteligência nos confins do mundo, como na Somália). Como consequência, a intervenção militar saldou-se num humilhante fracasso. Com a CIA e o Exército operacionalmente cegos no território, os soldados foram cercados, capturados e abatidos em Mogadíscio pelos homens de Mohamed Aideed, sendo arrastados pelas ruas, numa imagem que chocou a opinião pública norte-americana assim que chegou aos noticiários.

Quando uma bomba rebentou no parque de estacionamento subterrâneo do World Trade Center, no dia 26 de fevereiro de 1993, matando seis pessoas e ferindo mais de mil, todos pensaram que o atentado tinha sido perpetrado por separatistas dos Balcãs. Apenas quando o FBI descobriu que a responsabilidade cabia ao xeque egípcio Omar Rahman, a CIA começou a prestar realmente atenção ao caso, pois conheciam Rahman desde os tempos em que a sua organização *Al-Gama'a al-Islamiyya* recrutava milhares de jihadistas para combaterem os soviéticos no Afeganistão. A CIA sabia que ele havia sido um dos implicados no assassinato do presidente egípcio Anwar el-Sadat e que, desde o fim da Guerra Fria, a *Al-Gama'a al-Islamiyya* tinha virado as suas atenções contra os EUA. O que a CIA não sabia, e ficou chocada em descobrir, é que o xeque Omar Rahman vivia nos próprios EUA, em Brooklyn, bem no meio de Nova Iorque. Após um inquérito interno, a CIA concluiu que os seus agentes tinham burocraticamente apreciado a proposta de entrada do xeque nos EUA e, de forma automática, aprovado que se lhe concedesse o visto. A questão do terrorismo era muito pouco prioritária para a agenda da CIA e da Casa Branca. Aliás, no que lhes concernia, essa questão nem sequer existia. Tanto assim que, em 1992, chegou a ser ponderada a hipótese de se encerrar o departamento de contraterrorismo da agência. Ninguém parecia pensar que os terroristas de inspiração islâmica fossem uma das cobras venenosas que aguardavam os EUA na selva.

O atentado ao parque de estacionamento do World Trade Center mostrava que alguma coisa se estava acontecendo, mas a atenção da CIA foi desviada quando, tendo o ex-presidente George Bush visitado o Kuwait para comemorar a vitória na Guerra do Golfo, a agência descobriu e desmantelou um plano para o assassinar com um carro-bomba. Capturando os suspeitos e torturando-os, a CIA percebeu que tanto a bomba como os terroristas podiam facilmente ser rastreados até o Iraque, concluindo que Saddam Hussein estaria por trás do plano, como vingança contra George Bush pela derrota na guerra. Bill Clinton decidiu retaliar, bombardeando com mísseis *Tomahawk* a sede do *Jihaz Al-Mukhabarat Al-A'ma*, os serviços secretos de Saddam Hussein, conhecidos como *Mukhabarat*. O diretor da CIA não ficou convencido de que esse ataque fosse proporcional à tentativa de assassinato de um ex-presidente dos EUA. Tendo o ataque sido feito à noite e atingindo principalmente os apartamentos de escritórios em volta da sede do *Mukhabarat*, James Woolsey Jr. considerou que atacar Saddam Hussein, e não "mulheres da limpeza e guardas-noturnos", é que seria uma retaliação à altura.

Mas com a experiência traumática na Somália ainda na cabeça de todos os norte-americanos, a última coisa que Bill Clinton queria era tropas norte-americanas entrando num país semelhante em termos de problemas, mas muito mais poderoso; então decidiu atuar num alvo mais fácil, o Haiti, exigindo que o ex-presidente de esquerda, Jean-Bertrand Aristide, fosse devolvido ao poder, após ter sido afastado por uma junta militar que Clinton considerava ilegal e imoral. A surpresa do presidente foi, portanto, grande quando James Woolsey Jr. lhe explicou que, na sua maioria, os militares da junta eram colaboradores da CIA há anos, e maior ainda quando percebeu que os serviços secretos haitianos, o *Service d'Intelligence National* (SIN), criado e treinado pela CIA, pouco mais fazia do que assassinar opositores políticos da junta militar e traficar cocaína colombiana. James Woolsey Jr. não acreditava nem um pouco que Jean-Bertrand Aristide no poder fosse benéfico para os interesses dos EUA e acreditava, pelo contrário, que Bill Clinton apenas queria passar a imagem de que ele era "uma espécie de Thomas Jefferson do Haiti" para ordenar uma operação militar simples de executar que lhe limpasse a face pelo fracasso na Somália e funcionasse, no fundo, como um golpe de *marketing*. Um furioso Bill Clinton prosseguiu, ainda assim, com os seus planos, derrubando a junta militar na Operação Uphold Democracy, perante a censura da CIA. Em retaliação por este desagrado, quando a agência adverte a Casa Branca de que a situação de guerra civil no Ruanda poderia escalar para uma das maiores tragédias desde o Holocausto, e que os EUA deviam fazer algo quanto a isso, Bill Clinton ignorou a opinião, recusando-se a atuar mais em países do Terceiro Mundo, como o Ruanda, a Somália, o Sudão ou o Afeganistão. Uma decisão que, a médio prazo, se revelaria tragicamente errada.

Entretanto, irritados com o tratamento que a CIA recebia da Casa Branca e com a maneira titubeante como James Woolsey Jr. lidava com Bill Clinton e era incapaz de fortalecer os serviços secretos, a maioria dos veteranos da CIA reformaram-se. Depois deles, percebendo o que os rodeava, a maioria dos agentes de meia-idade – especialistas em obter informações com recurso às novas tecnologias que começavam a surgir – também abandonou a agência para prosseguir as suas carreiras em empresas privadas, deixando a CIA com a tarefa cada vez mais ingrória de recrutar jovens saídos das universidades numa época em que a própria noção de serviços secretos parecia uma relíquia antiquada dos tempos da Guerra Fria. A agência ficou entregue a "contabilistas" cuja função era mantê-la em funcionamento, alheios aos resultados ou sequer ao sentido das operações. A CIA definhava a olhos vistos.

Aos poucos, no entanto, a agenda do terrorismo começou a entrar na consciência da Casa Branca e, portanto, da CIA. De repente, Richard Clarke, o diretor do departamento de contraterrorismo, recebe uma torrente de informações de um agente recrutado pela CIA no Sudão sobre um iminente ataque à Embaixada norte-americana naquele país. Mas o colaborador da CIA era um dos poucos homens da agência que ainda restavam no Sudão, e deviam por isso confiar unicamente – cegamente, segundo alguns – na sua palavra. Para piorar, o colaborador não sabia dizer quem se preparava para atacar a embaixada, podendo ser desde os iranianos aos sudaneses ou até os iraquianos.

Osama Bin Laden estava no Sudão, mas a CIA apenas sabia que ele era um milionário que combatera o que considerava os inimigos do Islã, no Afeganistão, durante a ocupação soviética. Com a retirada da URSS do território e a queda da própria URSS, tinham perdido o trilho ao excêntrico saudita. O chefe da delegação da CIA no Sudão, Cofer Black, um veterano responsável pela captura do famoso Carlos, o *Chacal*, acreditava que a agência lhe devia prestar mais atenção, por isso foi criado um pequeno grupo de trabalho local, com uma dúzia de agentes, destinado a seguir as atividades do guerrilheiro islâmico, chamado *Bin Laden Station*. Em 1996, no entanto, levando a sério os avisos do colaborador da CIA sobre ataques iminentes, a Casa Branca decidiu encerrar a embaixada e transferir todo o pessoal diplomático para o vizinho Quénia. A *Bin Laden Station*, por consequência, deixava de fazer sentido e foi encerrada quase logo após ser formada. A decisão da Casa Branca em abandonar o Sudão era errada, mas a insistência da CIA em permanecer devido aos riscos de ataques também, pois o colaborador mais tarde provar-se-ia ser um mentiroso que enganara a agência durante anos.

Osama Bin Laden tinha entretanto abandonado o Sudão e assentara no seu conhecido Afeganistão. O chefe da *Bin Laden Station*, Mike Scheuer, opinava que o grupo devia segui-lo, aproveitando o recente reatar de relações entre a CIA e os senhores da guerra tribais que ajudavam a agência a tentar capturar na fronteira Aimal Qazi, o paquistanês que matara a tiro dois agentes às portas da própria sede da CIA, em 1993. Segundo Mike Scheuer, seria então fácil deter e matar Osama Bin Laden. Mas os seus desejos não seriam cumpridos, pois a CIA estava mais preocupada em apoiar o meticuloso plano de Stephen Richter, o chefe dos "serviços clandestinos" no Oriente Médio, para causar um golpe de Estado contra Saddam Hussein.

O plano era entusiasticamente apoiado por Bill Clinton, que autorizou a CIA a formar uma equipe na Jordânia que apoiasse Mohammed al-Shahwani, ex-comandante das forças de elite do Exército iraquiano, a notória Guarda Republicana (*Haris al-'Iraq al-Jamhuriyy*), exilado e transformado em dissidente desde que Saddam Hussein decidira que estava ganhando muito poder nas Forças Armadas e mandara prendê-lo e torturá-lo. Para o ajudar, Stephen Richter contava ainda com o apoio de Ayad Alawi, outro exilado iraquiano que encabeçava uma célula de opositores ao regime dentro do próprio Partido Ba'ath. A força militar que seria responsável pelo golpe era constituída pelos curdos do Norte do Iraque, velhos aliados da CIA e inimigos mortais de Saddam Hussein. Porém, apesar de a CIA ter investido milhões de dólares e milhares de horas no plano, o *Mukhabarat* descobriu-o e prendeu todos os conspiradores. Os próprios filhos de Mohammed al-Shahwani seriam executados. Mais uma tentativa da CIA em derrubar Saddam Hussein – a terceira num espaço de cinco anos – falhava.

O entretanto nomeado diretor da CIA, John M. Deutch, explica ao Congresso que não apenas a sua agência não conseguirá derrubar o ditador iraquiano mas que também não tem ninguém confiável para *depois* colocar no seu lugar, por isso qualquer intenção de conspirar contra Saddam Hussein é uma perda de tempo. Ressentido por essa opinião, ainda por cima tornada pública, Bill Clinton demite John M. Deutch assim que é reeleito para a Casa Branca, colocando George Tenet no seu lugar. O cenário que Tenet encontrou foi desolador. Desestruturada e quase falida, a política de recrutamento da CIA tinha feito com que a esmagadora maioria dos seus novos agentes fossem cumpridores e apagados licenciados que não conheciam o mundo, raramente tinham saído dos EUA e não possuíam qualquer espécie de competência linguística em mandarim, cantonês, árabe, hindu, urdu, farsi, espanhol, português e francês, ou seja, não faziam a menor ideia do que a quase totalidade da população mundial dizia, mesmo que tivesse interesse em dizer o que quer que fosse à CIA. Como o veterano agente Robert Gates (futuro secretário de estado da Defesa) colocava a questão, a CIA não conseguiria enviar um agente norte-americano de ascendência asiática à Coreia do Norte sem que se percebesse logo que era "algum menino acabado de sair do Kansas".

No Afeganistão, Osama Bin Laden começava a liderar a facção de fundamentalistas islâmicos conhecida como os "estudantes" (*Taliban*) de Teologia. George Tenet estava empenhado em capturá-lo, em grande parte devido ao seu envolvimento na Guerra Civil da Iugoslávia (a grande aposta de política externa do presidente Bill Clinton), tendo apoiado na Bósnia-Herzegovina um grupo de fundamentalistas islâmicos locais denominado *El Moujahed*. Em 18 de dezembro de 1998, guerrilheiros afegãos que colaboravam com a CIA alertaram a agência de que Osama Bin Laden se encontrava no país e passaria a noite de 20 de dezembro no acampamento do governador da província de Kandahar. O chefe da delegação da CIA no Paquistão, Gary Schroen, afirmou a George Tenet que seria agora ou nunca: deviam atacar e matar Osama Bin Laden. Os mísseis da CIA já tinham sido colocados em volta do acampamento do governador e estavam preparados para explodi-lo. Mas as informações eram dúbias e centenas de pessoas poderiam ser vitimadas sem que o alvo principal fosse atingido. À última hora, George Tenet informou um frustrado Gary Schroen que a operação tinha sido cancelada.

Mas Bill Clinton, envolvido em um impopular processo de *impeachment* devido ao seu suposto envolvimento sexual com a estagiária Monica Lewinsky, queria algo para apresentar aos norte-americanos, tendo por isso dado ordens à CIA para continuar a procurar e acabar com Osama Bin Laden, o responsável pelos ataques às embaixadas norte-americanas em Dar es Salaam e Nairobi. Essa passaria a ser a missão principal (e, na prática, única) de George Tenet. O plano do diretor da CIA passava agora por unir-se ao principal senhor da guerra afegão, Ahmed Massoud.

Este, um lendário veterano da guerra afegã contra a URSS, prontificou-se a matar Bin Laden, desde que a CIA o ajudasse a derrubar os seus inimigos figadais – os talibãs – do poder em Cabul. Tenet não aceitou, porque considerou que os seus agentes correriam um risco de vida pelo qual não se podia responsabilizar, apesar de os agentes no terreno, liderados por Cofer Black, se afirmarem prontos para entrar em ação. Ahmed Massoud considerou George Tenet "louco".

Com a simbólica passagem do milênio a surgir, data envolta numa aura de catastrofismo apocalítico, os esforços de George Tenet em impedir um ataque da *Al-Qaeda* intensificaram-se, tentando obter todas as informações disponíveis sobre as intenções de Osama Bin Laden para a noite de 31 de dezembro de 1999. Mas nada aconteceu. George Tenet e o novo chefe dos "serviços clandestinos", Jim Pavitt, pediram numa reunião a Richard Clarke, o responsável da Casa Branca para o contraterrorismo, mais fundos para a CIA, de maneira a capturarem Osama Bin Laden. A resposta de Clarke foi seca e lacônica: o que faltava à CIA não era dinheiro, era vontade.

9. Andar aos gambozinos

Após os ataques de 11 de setembro de 2001 ao World Trade Center, não faltou à CIA dinheiro, nem vontade, para assassinar Osama Bin Laden, mas o resultado foi o mesmo: nenhum. Por um lado, a Guerra do Afeganistão não era o cenário ideal para a CIA desenvolver as suas atividades, quando todo o Exército, Marinha e Forças Especiais militares estavam no país para capturar o terrorista, sobrepondo-se continuamente jurisdições, competências e autoridades na época de fazê-lo. Em segundo lugar, porque, como avisara George Tenet, os novos agentes da CIA eram pouco dotados em línguas, tinham um reduzido ou nulo conhecimento das diferentes culturas do mundo, e por isso não conseguiam infiltrar-se na *Al-Qaeda*. Em terceiro lugar, porque Osama Bin Laden estava há anos habituado a iludir os perseguidores e era, de fato, quase impossível de capturar. E, em último lugar, porque, mais uma vez, a busca da CIA por Osama Bin Laden se viu suplantada pela tradicional prioridade: derrubar Saddam Hussein.

As razões de George W. Bush, o novo presidente dos EUA, em desenterrar o velho plano de derrubar o regime iraquiano podem ser muitas. Desde um desejo edipiano de vingança pela tentativa de assassinato do seu pai por parte de Saddam Hussein, ao desejo de controlar os vastos recursos energéticos do Iraque, passando pela simples vontade infantil do ex-alcoólico que fugiu ao serviço militar em liderar um enorme exército – todas elas foram apontadas. Qualquer que fosse a principal, a haver apenas uma, o certo é que a CIA viu-se mais uma vez arrastada para o Iraque. Porém, dessa vez era diferente. George W. Bush não pretendia da agência alguma operação arriscada ou mirabolante para assassinar Saddam Hussein ou fomentar um golpe de Estado para o afastar do poder. A maneira de derrubá-lo estava bem determinada: invadir militarmente o Iraque com toda a força do Exército norte-americano. A partir do momento em que essa decisão fora tomada, o destino de Saddam Hussein estava escrito. Mas, nuns EUA obcecados em capturar e matar Osama Bin Laden, faltava a George W. Bush uma boa desculpa para desviar uma considerável parte dos esforços de guerra do Afeganistão e da fronteira do Paquistão para o Iraque, onde, que se soubesse, Osama Bin Laden nunca houvera colocado os pés. Competiria à CIA suprir essa lacuna.

Enquanto isso, Dick Cheney, o poderoso braço direito de George W. Bush, estava deliciado por passar, como ele próprio colocou a questão, "a CIA para o lado negro". De fato, uma diretiva secreta da Casa Branca enviada a George Tenet instava a agência a, doravante, perseguir, capturar, deter e interrogar, se necessário com recurso de tortura, suspeitos de terrorismo em todo o mundo. Muitos dentro da CIA duvidaram de que prender e espancar suspeitos do que quer que fosse, acusados com base em meros indícios, fosse a função de uma agência de inteligência num país democrático (os velhos agentes da CIA e do OSS habituados a lidar com o KGB, para quem a linha entre legalidade e ilegalidade era bastante tênue, há muito haviam abandonado a agência), mas as ordens da Casa Branca eram inequívocas. A CIA não era virgem, no passado, em capturar, deter e assassinar pessoas, mas a maneira como George W. Bush e Dick Cheney entendiam que isso devia ser feito é que perturbava George Tenet: entregar os suspeitos a serviços secretos de outros países – alguns dos quais considerados terroristas pela CIA – para que estes fizessem o "trabalho sujo". Era toda uma nova forma de entender o *plausible denial*. Em pouco tempo, a CIA estava detendo milhares de suspeitos em Guantânamo e em prisões secretas no Afeganistão, Egito, Paquistão, Jordânia ou mesmo na Polônia. James Simon Jr., o adjunto de George Tenet, foi convocado pelo procurador-geral John Ashcroft para analisar a possibilidade de criar um cartão de identidade para cada cidadão norte-americano que não apenas contivesse todos os seus dados, como amostras do seu ADN e, se possível (era esse o propósito da reunião), alguma espécie de *chip* que pudesse ser introduzido na corrente sanguínea de todos os norte-americanos, de maneira a poderem ser, a qualquer momento, localizados por satélite. Compreensivelmente, James Simon Jr. saiu assustado da reunião. Segundo ele, se a tendência paranoica e securitária da administração Bush prosseguisse, a CIA poderia "acabar por tornar-se o KGB, o NKVD, a *Gestapo*".

No que a CIA poderia tornar-se não era certo, mas começou, cada vez mais, por se tornar algo que raramente fora: uma apoiante leal da Casa Branca. Para justificar a afirmação categórica de Dick Cheney sobre não haver "dúvidas de que Saddam Hussein tem agora armas de destruição em massa", bem como a crença de Donald Rumsfeld de que elas seriam "sem dúvida usadas contra os nossos amigos, os nossos aliados, contra nós", um relatório de George Tenet entregue à comissão de inteligência do Senado, tendo na realidade como base apenas as informações obtidas sob tortura de um detido chamado Ibn al-Shaykh al-Libi, garantia que "o Iraque orientou a *Al-Qaeda* em diversos tipos de treino, de combate, de construção de bombas e de ataques químicos, biológicos, radiológicos e nucleares". À mesma comissão, o seu braço direito, John McLaughlin, confirmou essa realidade. Mas, num discurso, George W. Bush garantiu que "o Iraque pode a qualquer momento decidir entregar armas biológicas ou químicas a um grupo ou indivíduo terrorista", o que contrariava o relatório da CIA, no qual era afirmado que Saddam Hussein já tinha feito isso à *Al-Qaeda*, e não que *poderia a qualquer momento* decidir fazê-lo. A Casa Branca instruiu então George Tenet a declarar, de maneira um pouco atabalhoada, que uma coisa não invalidava a outra. Ao longo dos meses, a CIA foi entregando relatórios ao Senado em que confirmava qualquer visão que a administração Bush decidisse ter sobre o Iraque, chegando ao ponto de garantir que Saddam Hussein estava "a meses" de construir uma bomba atômica e poderia facilmente detoná-la no interior dos EUA. "Foi a coisa errada a fazer", reconheceria George Tenet mais tarde, já após abandonar a direção da CIA.

Com a guerra em curso, os erros de avaliação da CIA continuaram em grande escala. A agência avisou a Casa Branca que Saddam Hussein estava escondido num acampamento nos arredores de Bagdade chamado Doura Farms. Mísseis anti-*bunker* foram disparados, todo o acampamento destruído, mas Saddam não se encontrava ali. Mais tarde, a CIA garantiu que Saddam Hussein e o seu filho, o temível Uday Hussein, se encontravam numa casa ao lado de um restaurante chamado Saa, no centro de Bagdade. A casa, o restaurante e tudo em volta foi bombardeado e transformado em escombros, mas, mais uma vez, Saddam não estava ali. A milícia do próprio Uday Hussein, conhecida como os *Fedayeen*, começou a atacar e massacrar diversos soldados norte-americanos, porque a CIA subvalorizara o fanatismo do filho de Saddam Hussein. Uma milícia de iraquianos recrutada e formada pela CIA para combater as forças de Saddam Hussein, chamada os *Scorpions*, revelou-se quase tão violenta como os *Fedayeen* e igualmente incontrolável. Na prisão de Abu Ghraib, as torturas e mesmo mortes de suspeitos acumularam-se a um ritmo alarmante. Em virtude de todos os erros cometidos, um relatório da própria CIA acabaria por concluir que a invasão justificada pela agência havia se tornado "uma causa para os jihadistas que respiram um forte ressentimento em relação ao envolvimento norte-americano no mundo árabe e recrutam agentes para o movimento jihadista global".

Antes de sair em desgraça da direção da CIA, George Tenet encomendou um relatório interno a Richard Kerr, um dos máximos responsáveis da agência, para indagar as razões de a CIA ter embarcado na mistificação em torno das armas de destruição em massa de Saddam Hussein. A explicação de Richard Kerr foi simples: com o fim da Guerra Fria, a CIA tinha deixado de existir enquanto agência de inteligência, os agentes operacionais mentiam sobre as suas fontes para parecer que tinham muitas e serem promovidos e, em suma, a CIA não tinha ajudado a Casa Branca a conduzir os EUA para a guerra por quaisquer "razões políticas", mas por pura e simples "incompetência". Richard Kerr concluiu de forma tétrica, mas irônica: o colapso da URSS tinha feito o mesmo à CIA que o famoso meteorito fez aos dinossauros.

O mito em torno da CIA, segundo o qual esta seria uma agência de espionagem infalível, foi em grande parte forjado pela própria CIA, no início para William Donovan justificar à Casa Branca a necessidade de existência de serviços secretos norte-americanos em tempos de paz, mais tarde para justificar os elevados fundos financeiros que esta requeria. Segundo o ex-diretor Richard Helms, o fato de os EUA terem se tornado a única superpotência mundial fizera com que os EUA, e por consequência a CIA, tivessem perdido todo e qualquer interesse em espiar inimigos que, supostamente, perante o intocável poderio norte-americano, seriam sempre insignificantes. Desde a queda da URSS, de fato, a CIA andou sempre atrás dos acontecimentos. Mesmo recentemente, com as informações da agência que levaram à captura e morte de Osama Bin Laden, não apenas a CIA pareceu chegar quase duas décadas atrasada, como, mais uma vez, foi acusada de se deixar manipular pela Casa Branca, à semelhança do que acontecera no tempo de George W. Bush, dessa vez para ajudar o presidente Barack Obama a ter um trunfo eleitoral. A relativa indiferença com que os países ocidentais e os próprios países muçulmanos, em pleno processo de revolução, receberam a notícia da morte do famoso terrorista é sintomática.

Mas, num mundo globalizado, quando os EUA deixaram de ser a única superpotência mundial e outras potências emergem no horizonte, desde a influente China à velha Rússia, a CIA terá de se modernizar e viver à altura da lenda criada na época de Allen Dulles. Apenas o futuro dirá se é capaz.

Diretores da Agência dos EUA ao longo da história

Diretores do OSS

1942-1945: William Donovan

1945-1946: John Magruder

Diretores do CIG

1946-1946: Sidney Souers

1946-1947: Hoyt Vandenberg

Diretores da CIA

1947-1950: Roscoe Hillenkoetter

1950-1953: Walter Bedell Smith

1953-1961: Allen Dulles

1961-1965: John McCone

1965-1966: William Raborn

1966-1973: Richard Helms

1973-1973: James Schlesinger

1973-1976: William Colby

1976-1977: George Bush

1977-1981: Stansfield Turner

1981-1987: William Casey

1987-1991: William Webster

1991-1993: Robert Gates

1993-1995: James Woolsey

1995-1997: John Deutch

1997-2004: George Tenet

2004-2006: Porter Goss

2006-2009: Michael Hayden

2009-2011: Leon Panetta

2011-2012: David Petraeus

2013-(...): John Brennan

II - KGB
(Serviços Secretos Soviéticos)

1. Fortes, feios e maus

> "Este é o nosso Himmler. Também não é mau."
>
> Stalin, referindo-se a Lavrentiy Beria
> em conversa com Joachim von Ribbentrop

As raízes do KGB podem ser encontradas no distante século XVI, durante o reinado do czar Ivan IV. E, ao contrário da crença popular, não foi apenas o fato de ter assassinado o seu filho adolescente Ivan num ataque de fúria que lhe traria para a posteridade a alcunha de *Groznyi* (*O Terrível* ou *O Severo*), mas a criação dos primeiros serviços secretos russos, os *Oprichniki*, cuja função era, muito simplesmente, descobridor opositores ao poder do czar, torturá-los e assassiná-los. Os *Oprichniki* eram chefiados em pessoa por Ivan IV e não tinham qualquer pudor em despejar a sua fúria homicida sobre os aldeões, numa lealdade cega ao soberano que lhes mereceram a alcunha de *cães do czar*. O *oprichniki* mais famoso, Malyuta Skuratov, chegou a assassinar milhares de habitantes da cidade de Novgorod, quase toda a população, homens, mulheres e crianças, esquartejando, queimando vivos e empalando muitos dos infelizes. O reinado de terror dos *Oprichniki* continuaria por mais alguns anos, até que Ivan IV, num raro acesso de lucidez, percebeu que estavam causando mais mal à Rússia do que bem, acabando por dissolver a organização.

Mas a violência dos serviços secretos russos não parou. Mesmo Pedro, *O Grande*, responsável por modernizar o seu país e colocá-lo no mesmo patamar das grandes potências europeias da época, continuou a duvidosa tradição de espiar e aterrorizar os seus súditos, criando uma organização cujo nome evasivo evoca agências de espionagem modernas: o *Preobrazhensky*, ou seja, "o Escritório". A missão do *Preobrazhensky*, liderado pelo brutal príncipe Theodore Romodanovsky, amigo pessoal do czar, era combater o contrabando de tabaco e a dissidência política, mas na prática estava autorizado a espiar e deter qualquer cidadão russo e usar a tortura para obter confissões. Foi o que aconteceu a quase dois mil cossacos que participaram num levantamento militar em 1698. Torturados pelos agentes do *Preobrazhensky* durante mais de um mês, foram todos condenados à morte. Mostrando a sua maneira de entender a misericórdia, Pedro, *o Grande*, indultou a pena a todos os soldados que tivessem menos de 20 anos de idade, mandando *apenas* cortar-lhes as mãos e degredá-los para a Sibéria. Se tivessem conservado as mãos, poderiam ter sido usados para trabalhar compulsivamente, pois Pedro, *o Grande*, e o *Preobrazhensky* também introduziram uma novidade na Rússia que ecoaria na URSS, o *Katorga*, um termo emprestado ao grego e que significa *galés*. Alguém que fosse condenado ao *Katorga* teria de fazer trabalhos forçados, por toda a vida, nas grandes obras públicas que o czar mandou realizar no âmbito da modernização do país, como a construção da nova capital, São Petersburgo. Centenas de milhares de russos foram condenados ao *Katorga*, prática que seria reabilitada pelo Gulag. O *Preobrazhensky* seria apenas dissolvido em 1729, quando era liderado pelo príncipe Ivan Romodanovsky, filho de Theodore. Entretanto, Pedro, *o Grande*, tinha criado outra organização, que no seu tempo de vida não chegou a ganhar muita preponderância, mas que viria a ganhá-la alguns anos depois: a *Okhrana*.

Durante todo o reinado de Alexandre I, caberia à *Okhrana* assegurar a segurança interna do estado, mas num consulado marcado pelo ímpeto reformador do czar, não se lhe conhecem muitos casos de abuso. O mesmo aconteceria com o seu herdeiro, Alexandre II, que criou a Polícia do Departamento de Estado, integrada no Ministério do Interior, em 1866, no seguimento de uma tentativa de assassinato por parte do revolucionário Dmitry Karakozov. Tendo sobrevivido, Alexandre II dotou a Polícia do Departamento de Estado de todos os meios necessários para que um incidente semelhante não voltasse a suceder, devendo espiar os vários movimentos anarquistas e revolucionários que então existiam na Rússia. A reorganização da velha *Okhrana* ficaria a cargo do espião prussiano Wilhelm Stieber, em quem o czar não confiava, por ser estrangeiro. E tinha razões para isso. Após ter escapado ileso de vários atentados do *Narodnaya Volya* (Vontade do Povo) – onde militava o irmão de Vladimir Lênin –, Nikolai Rysakov, membro do movimento, conseguiria em 1881 ser bem-sucedido onde outros tinham falhado, fazendo explodir o automóvel do czar. As informações da *Okhrana* não impediram o regicídio, porque, na sua maioria, os espiões eram agentes duplos que serviam o czar e ao mesmo tempo os revolucionários, como os bolcheviques. Um desses agentes duplos era o jovem Josef Vissariónovich Djugashvíli, mais tarde conhecido pela alcunha que pretendia refletir o seu temperamento de aço, Stalin.

Se Alexandre II, à época do seu assassinato, se preparava para transformar a Rússia numa monarquia constitucional, o seu herdeiro, Alexandre III, era bem menos tolerante, e isso se manifestou nos serviços secretos. A velha *Okhrana* renasceu então com quadros jovens, diligentes e meticulosos que se compraziam nas suas tarefas de espionagem e desestabilização dos partidos revolucionários. Tanta era a diligência colocada em espiar e reunir informações sobre eles, que um dos agentes da *Okhrana*, Alexander Spiridovich, foi mesmo o autor dos monumentais *História do Partido Socialista-Revolucionário* e *História do Partido Social-Democrata*, a melhor fonte histórica sobre ambos os partidos. Constavam dos arquivos da *Okhrana* milhares de fichas extensas, não apenas sobre os revolucionários, mas sobre os seus próprios agentes, onde eram anotadas as suas características pessoais e mesmo predileções sexuais.

Os agentes da *Okhrana* ganhavam 50 rublos por mês, soma considerável para a época, e tinham como missão espiar a pessoa indicada todos os dias, a todas as horas, e a todos os minutos de cada hora. Se a pessoa espiada tivesse uma atividade muito movimentada, dois agentes da *Okhrana* eram designados para espiá-la, revezando-se, mesmo que viajasse para o estrangeiro. Os agentes escreveriam depois um relatório diário, que era enviado à sede para ser analisado por especialistas (a quem hoje em dia chamam *profilers*), que procuravam padrões no comportamento da pessoa espiada que permitisse à *Okhrana* prevê-lo e assim controlá-lo melhor. A *Okhrana* chegava mesmo a espiar, a mando do czar, os seus próprios ministros, como o ministro da Guerra, Vladimir Sukhomlinov, cujas conversas telefônicas eram controladas, acabando, com base nelas, por ser acusado de alta traição, por supostamente espiar a Rússia a favor da Alemanha.

Outra das atividades da *Okhrana* passava por colocar agentes provocadores nos partidos revolucionários, chegando estes, no início do século XX, ao espantoso número de 35 mil. Após ganharem a confiança dos revolucionários, deviam conspirar contra os líderes mais fortes, fazendo com que caíssem em desgraça e fossem afastados, implodindo assim o partido. Antes de ser desfeita, com a Revolução de Outubro, a *Okhrana* seria ainda responsável pela ação pela qual se tornaria mais famosa: forjar o documento conhecido como os *Protocolos dos Sábios de Sião*, que atribuía aos judeus a responsabilidade por uma conspiração mundial contra quase todos os governos, principalmente, claro, o de Nicolau II, para assim desculpabilizar as dificuldades econômicas e sociais que este atravessava. Uma das leituras preferidas de Adolf Hitler, o documento escrito por Pyotr Rachkovsky, o responsável da *Okhrana* em Paris, seria um dos inspiradores, anos mais tarde, do Holocausto.

2. A *Cheka* mata

Em 1914, a Rússia de Nicolau II entrava na Primeira Guerra Mundial, porém sem grande sucesso. As derrotas do Exército russo eram constantes e, em parte, provocadas pelas informações obtidas pelos serviços secretos alemães, aos quais a *Okhrana* não conseguia se opor. Nicolau II acabaria por ser deposto, tendo o seu governo sido descrito, por um membro da *Duma*, como "tolhido por uma incompetência no limiar da alta traição". A revolução que causara a resignação de Nicolau II tinha sido iniciada por trabalhadoras têxteis, protestando contra as más condições de vida causadas pela Primeira Guerra Mundial, a que se juntariam trabalhadores de todos os ramos e milhares de camponeses, o maior grupo laboral da Rússia. Sem uma liderança clara, todos os partidos revolucionários tentaram de imediato aproveitar-se da situação. E esta, no início, não parecia prometedora para os bolcheviques, pois Vladimir Lênin encontrava-se exilado na Suíça, Leon Trotsky e Nikolai Bukharin estavam exilados em Nova Iorque e o homem de campo dos bolcheviques, Josef Stalin, estava exilado, por assim dizer, num campo de trabalhos forçados na Sibéria. Porém, logo rumaram à Rússia para tentarem tomar o controle da situação. O poder estava nas ruas, e eles pretendiam conquistá-lo.

A situação da Rússia no final do conflito mundial ajudou-os. A produção agrícola e a incipiente produção industrial tinham caído a pique, a fome grassava no império e a rede de transportes quase deixara de funcionar. E se todos esses fatores já poderiam, por si só, ser uma dor de cabeça para o Governo Provisório, a decisão deste em manter a Rússia envolvida no conflito não o ajudou em nada. Cavalgando a insatisfação popular, os bolcheviques, que pouco mais de 20 mil militantes tinham em 1917, tomaram o poder nesse mesmo ano. Porém, apesar de supostamente representarem o povo, os bolcheviques sabiam que não tinham o apoio de uma larga percentagem dos Russos, por isso urgia criar alguma forma de os controlar. E assim, das cinzas da *Okhrana*, nasceu a *Cheka*.

Com a *Cheka* nasce, sob todos os aspectos, o KGB, tanto assim que os agentes do KGB, até o fim, sempre se trataram entre si por *chekisty*. O nome da organização era *Vserossiyskaya Chrezvy chaynaya Komissiya po Bor'bye s Kontr-revolyutsiyei i Sabotazhem* (Comissão Russa Extraordinária para o Combate da Contrarrevolução, Sabotagem e Especulação), mas rapidamente passou a ser tratada por *Vheka* e, pouco depois, *Cheka*. Deve-se a fama da agência secreta a Felix Dzerzhinsky, um ex-sacerdote polaco convertido em agitador político, que gostava de ser tratado como o "cavaleiro do proletariado".

Quando nasce oficialmente a *Cheka*, Felix Dzerzhinsky já tinha sido responsável pela Comissão para o Combate da Contrarrevolução e da Sabotagem e chefe da mais particular Comissão para a Reorganização da Segurança em Petrogrado, então a capital da Rússia (a atual São Petersburgo). Assim, Felix Dzerzhinsky era tudo, menos alheio às artes da espionagem, e restaurar a ordem na capital, cheia de golpes e tentativas de golpes contrarrevolucionários, foi a sua primeira missão, quando o *Sovnarkom* (o Conselho dos Comissários do Povo) instruiu "o camarada Dzerzhinsky a estabelecer uma comissão especial para analisar a possibilidade de combater esses golpes pela maneira revolucionária mais enérgica, e para encontrar métodos de suprimir a sabotagem maliciosa". Após analisar a situação, Felix Dzerzhinsky enviou um relatório ao *Sovnarkom* onde deixava bem clara a sua opinião, escrevendo: "A nossa revolução está em claro perigo. Temos sido muito complacentes quando olhamos o que se passa à nossa volta. A oposição está organizando as suas forças. Os contrarrevolucionários estão ativos no campo e, em alguns locais, vencendo as nossas forças. Agora o inimigo está aqui, em Petrogrado, no centro dos nossos corações. Temos disso fatos indesmentíveis. Devemos mandar para esta frente resolutos, rápidos e devotos camaradas para a defesa das conquistas da Revolução. Eu proponho, eu exijo, a organização de violência revolucionária dirigida aos contrarrevolucionários. E não devemos atuar amanhã, mas hoje, imediatamente". Mais claro era impossível.

O *Sovnarkom* concordou e, com o *Protocolo nº 21*, estabeleceu oficialmente a Comissão Extraordinária para o Combate da Contrarrevolução e da Sabotagem, a que seriam acrescentadas mais algumas funções, tornando-se a Comissão Extraordinária Russa para o Combate da Contrarrevolução, Especulação, Sabotagem e Conduta Imprópria no Exercício de Funções. Fosse qual fosse a designação oficial, a comissão passou a ser conhecida como *Cheka*, e a sua missão, segundo os regulamentos, era "suprimir e liquidar qualquer tentativa ou atos de contrarrevolução e sabotagem na Rússia, em qualquer lugar"; "entregar para ser julgado num tribunal revolucionário qualquer sabotador e contrarrevolucionário, e encontrar maneira de os combater"; e, por fim, tentando estabelecer limites ao espectro de atuação da *Cheka*, ficava estipulado que "a comissão deverá apenas conduzir investigações preliminares que sejam estritamente necessárias à supressão [dos contrarrevolucionários e sabotadores]". Escusado será dizer que esses limites nunca seriam respeitados, muito devido a Vladimir Lênin, que, vendo o caos que se tinha estabelecido na Rússia, e que punha em causa o seu poder, decidiu que devia ser colocado em prática um "sistema organizado de terror" que ajudasse a estabelecer definitivamente a ditadura do proletariado. E a *Cheka* caía como uma luva nesse desejo.

Educado como um devoto católico e fervoroso nacionalista polaco, Felix Dzerzhinsky abdicou das suas convicções de infância, mas manteve a chama com que as defendia, transferindo-as para os seus novos ideais bolcheviques, vencendo as desconfianças de não conhecer intimamente Lênin e de nem sequer ser russo. O que, para Dzerzhinsky, não constituía um problema, uma vez que, habituado na infância à opressão czarista sobre os Polacos, sonhava, nessa época, ser invisível para poder vingar-se e "matar todos os Russos". A *Cheka* pode não lhe ter dado a oportunidade de matá-los a todos, mas usou-o para matar muitos.

Além do mais, a fé de Dzerzhinsky no marxismo-leninismo roçava o fanatismo, fazendo-o ultrapassar todos os obstáculos. Quando, ainda um mero distribuidor de propaganda bolchevique na fábrica onde trabalhava, foi denunciado por um infiltrado da *Okhrana* e acabou preso, limitou-se a dizer à irmã que "a prisão apenas é horrível para quem tem um espírito fraco". Ele, sem dúvida, mostrou não ter um espírito fraco na mais de uma década que, por causa do seu proselitismo bolchevique, passaria detido até a revolução. Habituado a viver numa cela, talvez não admire que, durante o primeiro ano que passou como chefe da *Cheka*, tenha comido e dormido no quartel-general da organização, no Edifício Lubyanka, mostrando a força de espírito e o ascetismo, que lhe valeram, naqueles primeiros tempos, a alcunha "Felix de Ferro".

Em janeiro de 1918, enquanto a Rússia mergulhava na guerra civil, travada entre os bolcheviques no poder e a contrarrevolucionária *Belaya Armiya* (Guarda Branca) de Anton Denikin, Vladimir Lênin concedeu à *Cheka* a capacidade de ultrapassar os limites jurídicos de "investigação preliminar" estabelecidos no *Protocolo nº 21*, podendo agora prender contrarrevolucionários. No mês seguinte, outro decreto de Lênin deu à organização a capacidade de "executar sem misericórdia" os contrarrevolucionários assim que fossem avistados pela *Cheka*. No início de 1918, Felix Dzerzhinsky foi parcimonioso na sua prerrogativa de executar prisioneiros. Mas, com o final da participação russa na Primeira Guerra Mundial, a entrada de forças inglesas em território russo, no porto de Murmansk, apenas três dias após a assinatura do tratado de paz, convenceu os bolcheviques de que as potências estrangeiras tentariam derrubar o novo Governo russo. E tinham razão.

Mandado para a Rússia pelo então diretor dos serviços secretos britânicos (MI6), Mansfield Cumming, o famoso espião britânico, nascido em Odessa, Sidney Reilly, conhecido como *Ace of Spies*, planejava, de fato, depor – eufemismo para assassinar – Vladimir Lênin, com a ajuda da Guarda Branca russa e do cônsul britânico em Moscou, Bruce Lockhart, também ele espião do MI6, substituindo Lênin no poder pelo social-democrata e moderado Alexander Kerensky, líder do primeiro Governo Provisório. Porém, Vladimir Lênin sobreviveria ao atentado, no momento em que tropas inglesas, francesas e norte-americanas entravam na Rússia comunista, supostamente para impedir material militar russo de cair nas mãos dos alemães. E o atentado falharia em grande parte porque na reunião organizada para prepará-lo, no gabinete de DeWitt C. Poole, o cônsul norte-americano em Moscou, e à qual compareceram o espião britânico Sidney Reilly, o espião francês Henri de Vertement e o espião norte-americano (com o implausível mas verdadeiro nome) Xenophon de Blumenthal Kalamatiano, também estava presente o jornalista René Marchand, que integrava a delegação francesa e era um espião da *Cheka*. Xenophon de Blumenthal Kalamatiano foi preso e, após a sua casa em Moscou ser revistada, a *Cheka* descobriu escondida num cano uma lista de espiões estrangeiros que ele financiara. Sidney Reilly conseguiu fugir da Rússia, mas Kalamatiano ficou detido em Moscou, sujeito a humilhantes e angustiantes execuções, sempre indultadas, em tom de gozo, à última hora, tendo sido solto alguns anos depois.

Muitos outros não teriam a mesma sorte. Iniciando o período que ficaria conhecido como Terror Vermelho, a *Cheka* decidiu combater sem escrúpulos a "hidra da contrarrevolução", pedindo Stalin aos agentes um "declarado, massivo e sistemático terror contra os burgueses e os seus agentes". Um mês depois, a *Cheka* já tinha executado mais de 500 pessoas só em Petrogrado e, ao longo do ano, milhares de contrarrevolucionários seriam mortos por toda a Rússia.

Em 1919, a *Cheka* era responsável não apenas pela espionagem aos contrarrevolucionários, mas também pela segurança dos transportes e das fronteiras da Rússia, chegando a ter um departamento próprio no Exército Vermelho para controlar possíveis militares traidores. No final de 1919, Felix Dzerzhinsky tinha 250 mil agentes às suas ordens. Quando a guerra civil terminou, esses agentes tinham prendido, torturado e assassinado mais de 200 mil russos, dando assim aos restantes e honestos cidadãos, segundo o Governo, "a oportunidade de serem convencidos de uma vez por todas da necessidade da existência do regime soviético".

Chegado a 1920, e com os contrarrevolucionários controlados, Felix Dzerzhinsky, endereçando-se numa reunião aos seus agentes, afirmou que a política de Terror Vermelho já não era necessária e que a *Cheka* deveria, daquele momento em diante, concentrar-se em obter informações das potências inimigas, mais concretamente dos grupos de emigrados russos – na maioria aristocratas e sociais-democratas –, que, ajudados pelos países onde estavam exilados, continuavam conspirando para derrubarem o regime soviético. Dzerzhinsky estava certo de que eles tinham se infiltrado na Rússia, tentando provocar greves, insurreições e atentados terroristas. Um agente da *Cheka*, com o nome de código *Camarada Gregory*, ficou responsável por monitorar todas as atividades anticomunistas na Estônia, controlar os grupos subversivos e descobrir como estes se infiltravam na Rússia. Vladimir Lênin achou que era pouco: todos os grupos anticomunistas, na Estônia ou fora dela, deveriam ser neutralizados pela *Cheka*. Dzerzhinsky delineou um ambicioso plano que se propunha atentar à vida desses emigrados nos países onde estavam exilados ou, por meio de organizações contrarrevolucionárias de fachada criadas pela *Cheka*, atraí-los de volta à Rússia, onde seriam presos e assassinados. A responsabilidade por tal plano ficou no novo *Innostranoye Otdel* (Departamento do Estrangeiro) da organização, que ficaria conhecido como INO. Nesse mesmo ano, os agentes do INO já trabalhavam na Estônia, em Varsóvia e em Ancara, mas o grande alvo da *Cheka* era Inglaterra.

A missão de ali obter informação política, militar e científica ficou entregue, em 1921, a Mikhail Abramovich Trilisser, um agente judeu. Porém, Trilisser defrontou-se com um problema: o número de agentes da *Cheka* que dominavam línguas estrangeiras era diminuto. Assim, recrutou novos agentes para o seu departamento nos partidos comunistas da Alemanha, Polônia, Áustria e Hungria. Os sucessos não tardaram em chegar. Ainda em 1920, a amante do cônsul britânico na Pérsia entregou todos os seus documentos diplomáticos a um espião da *Cheka*. Conseguiria ainda obter as informações trocadas entre a Embaixada britânica em Teerã e o Alto-Comando Militar da Índia. Em 1923, um eufórico Felix Dzerzhinsky gabava-se de que a *Cheka* estava infiltrada nos maiores centros da Europa e dos EUA.

Nessa época, devido aos inúmeros casos de violência gratuita e da péssima reputação que os serviços secretos tinham alcançado, o regime soviético resolveu fazer algo que se tornaria uma constante no momento de lidar com situações semelhantes: limitar-se a mudar-lhe o nome. A *Cheka* foi rebatizada *Gosudarstvennoye Politicheskoye Upravlenie* (Administração Política do Estado) ou GPU, e logo depois *Obèdinennoe Gosudarstvennoe Politicheskoe Upravlenie* (Administração Conjunta Política do Estado) ou OGPU. Com a *Cheka* oficialmente extinta, com um louvor do Governo por "atos patrióticos", os seus agentes – acusados de executar, crucificar, lapidar, degolar e enforcar milhares e milhares de cidadãos russos – passaram a estar na alçada do *Narodniy Komissariat Vnutren nikh Diel* (Comissariado do Povo para os Assuntos Internos) ou NKVD, que existia de forma quase meramente burocrática desde 1917. Em pouco tempo, os agentes da antiga *Cheka* transformariam para sempre a fama do NKVD.

3. O arquipélago de Felix Dzerzhinsky

O novo departamento GPU/OGPU do NKVD ficaria famoso por duas operações, uma tendo como alvo o estrangeiro e outra tendo alvos internos. A primeira ficaria conhecida como Operação Trust.

A Operação Trust nasceu por iniciativa da GPU/OGPU e pretendia profissionalizar as antigas tentativas da *Cheka* de controlar os emigrados russos contrarrevolucionários do estrangeiro. Iniciada em 1921, consistia em criar um movimento contrarrevolucionário falso, chamado União Central Monárquica da Rússia, sediada, supostamente de forma clandestina, num escritório comercial de crédito (razão pela qual ficou conhecida como *Trust*) em Moscou e que teria como missão secreta derrubar o Governo bolchevique. Um dos representantes da firma, Aleksandrovich Yakushev (agente do GPU/OGPU), aproveitou uma viagem de negócios a Oslo, onde participou num congresso internacional sobre comércio de madeira, para ludibriar a delegação soviética e entrar em contato com vários emigrantes russos antirrevolucionários exilados na Estônia, dando-lhes a conhecer a existência e os propósitos da União Central Monárquica da Rússia. Segundo Aleksandrovich Yakushev, ele e vários oficiais de alta patente do Exército Vermelho haviam concluído que o comunismo nunca conseguiria desenvolver a Rússia e tinham decidido, portanto, derrubá-lo, reunindo-se na União Central Monárquica da Rússia e pretendendo por meio dela ajudar todas as organizações estrangeiras que partilhassem o mesmo desígnio. A isca foi mordida com sofreguidão.

Ao longo dos anos posteriores, a União Central Monárquica da Rússia colaborou com grupos contrarrevolucionários em Paris, Berlim, Viena e Helsinque, bem como com todas as principais agências de espionagem estrangeiras, pagando estas avultadas somas pelas informações (e, assim, sem o saberem, ajudando a financiar a própria existência do projeto pensado por Dzerzhinsky). Entregando passaportes falsos a espiões ocidentais para poderem entrar na URSS e, uma vez no interior do país, colocando-os em contato com supostos grupos de terroristas ligados à antiga Guarda Branca, a União Central Monárquica da Rússia conquistou a confiança total dos serviços secretos estrangeiros. As informações que o GPU/OGPU passava eram falsas, mas misturadas com fatos e dados verdadeiros, para despistar qualquer possível desconfiança. Mostrando sempre uma URSS à beira da falência econômica e do caos social, supostamente para revelar aos serviços secretos estrangeiros o quão fácil seria derrubar o regime bolchevique, essas informações levavam os governos das potências inimigas a pensar que, se a situação na URSS era de tal forma calamitosa, acabaria por esmorecer por si própria, portanto não valia a pena esforçarem-se para alterá-la, precisamente o que o GPU/OGPU queria que pensassem. Os serviços secretos estrangeiros nunca desconfiaram das informações transmitidas, porque a credibilidade da União Central Monárquica da Rússia parecia-lhes inquestionável. Afinal, tinham ajudado emigrados russos e espiões ocidentais a entrarem na URSS e praticarem atos de sabotagem e assassinatos políticos. O que não sabiam era que os assassinatos e os atos de sabotagem tinham sido realizados em locais preparados para o efeito pelo GPU/OGPU e atingido alvos falsos.

Porém, quando esses atos começaram a causar alguma desconfiança por nunca atingirem responsáveis do Governo bolchevique, o GPU/OGPU percebeu que o logro estava prestes a ser descoberto. Então, jogou uma última cartada, fazendo com que um dos responsáveis da União Central Monárquica da Rússia, Edward Opperput, "fugisse" para a Finlândia. Capturado, Edward Opperput confessou em interrogatório que a União Central Monárquica da Rússia sempre tinha sido falsa, deixando os serviços secretos ingleses, alemães e franceses – que tinham confiado nela durante anos – desmoralizados e duvidando das suas próprias capacidades. Colocado em liberdade, o agente do GPU/OGPU voltou calmamente para a Rússia. A União Central Monárquica da Rússia tinha acabado, mas não sem antes ter ludibriado Sidney Reilly a voltar à Rússia para tentar novamente assassinar Lênin, acabando preso, sujeito a um julgamento encenado e executado pelos agentes a cargo de Mikhail Trilisser. Menos de 20 anos passados, durante as purgas estalinistas, Mikhail Trilisser seria ele próprio preso, submetido também a um julgamento encenado e executado pelos seus homens.

A segunda operação que faria a fama do GPU/OGPU, tendo como alvo os próprios cidadãos russos, foi denominada *Glavnoye Upravlyeniye Ispravityel'no-Trudovih Lagyeryey i Koloniy* (Administração Central dos Campos de Correção e Colônias). Como tantas vezes na URSS, seria pelo seu acrônimo que ficaria conhecida: Gulag.

Os campos de trabalho forçado não foram inventados pelos bolcheviques nem eram uma novidade na Rússia. Na realidade, existiam pelo menos desde 1649 e eram o destino um tanto ou quanto arbitrário de russos condenados por um sem-fim de crimes, desde o homicídio à inalação de tabaco em pó. Uma lei de 1736 estabelecia que, se uma aldeia considerasse a presença de um dos seus habitantes como perniciosa à vida comum, poderia expulsá-lo da população; caso não conseguisse encontrar outra casa para viver, seria degredado pelo Estado para um campo de trabalho forçado. A lei foi sendo trabalhada ao longo do tempo, até que, em 1891, estabelecia que qualquer pessoa que as autoridades considerassem "nociva à ordem pública" ou "incompatível com a tranquilidade pública" seria, quer os habitantes da terra gostassem dela quer não, condenada a passar entre um e dez anos num campo de trabalho forçado "nos limites do império", eufemismo para a Sibéria. Essa pena chamava-se burocraticamente "degredo administrativo" e tinha a grande vantagem, para o czar, de não implicar sentença ou sequer julgamento, servindo assim, claro, para degredar dissidentes políticos. Os dezembristas, grupo de aristocratas que se rebelou contra o czar Nicolau I, viram vários membros executados e os restantes mandados para a

Sibéria acorrentados e a pé. Fiódor Dostoiévski ainda viria a conhecer pessoalmente alguns deles, quando também acabou na Sibéria por motivos políticos, cuja experiência usaria para escrever *Recordação da Casa dos Mortos*.

Vários bolcheviques também passaram pelos campos de trabalho forçado czaristas, como Grigory Ordzhonikidze, que aproveitou o degredo para se educar (leu as obras de William James, Fiódor Dostoiévski, Henrik Ibsen, do economista marxista Georgi Plekhanov e, estranhamente, do economista escocês Adam Smith, o pai do liberalismo econômico), enquanto as fotografias tiradas no degredo a Leon Trotsky mostram-no sempre penteado e bem agasalhado. Os russos que acabariam degredados pelo NKVD às ordens de Ordzhonikidze e Trotsky não teriam igual tratamento.

A ideia do Gulag começou em 1918, quando Lênin, após a Revolução de Outubro, manifestou o desejo, referindo-se aos russos burgueses e indolentes que não a apoiavam, de "condená-los a seis meses de trabalhos forçados nas minas". Refletindo esse desejo, o primeiro Código Penal soviético estabeleceu uma nova espécie de criminoso, o "inimigo de classe", permitindo assim que alguém fosse detido e degredado, mesmo sem ter cometido qualquer crime, apenas por pertencer à classe "burguesa". A necessidade de lidar com tantos presos políticos era premente. Quando, nesse ano, após a Rússia ter saído da Primeira Guerra Mundial, os bolcheviques libertaram dois milhões de prisioneiros de guerra, a *Cheka* tomou conta dos campos onde estavam detidos e tornou-os, como Lênin lhes chamou, *konstlager* (o acrônimo russo, pedido emprestado à língua alemã, para campos de concentração). No final da guerra civil, a Rússia estabelecia oficialmente dois sistemas prisionais: o "regular" (em cujas prisões, destinadas a condenados por delitos comuns, esses condenados deveriam "trabalhar para aprender habilidades que lhes permitam levar uma vida honesta") e o "especial", gerido pela *Cheka*, que servia para deter antigos funcionários czaristas, padres, contrarrevolucionários de esquerda e de direita, mencheviques e genericamente todos os "inimigos de classe". Os que ainda sobreviviam nos finais da década de 1930, em campos como Tobolsk ou Verkhneuralsk, seriam executados pelo NKVD. Entretanto, Lênin morrera, e Stalin era secretário-geral do Comitê Central do PCUS.

4. O feitiço vira-se contra o feiticeiro

Quando Stalin inicia as purgas que ficariam conhecidas como o Grande Terror (para o diferenciar do pouco menos rigoroso Terror Vermelho da *Cheka* e Lênin), é ao novo *Narodniy Komissariat Vnutren nikh Diel* (Comissariado do Povo para os Assuntos Internos) ou NKVD que entrega a responsabilidade de as colocar em prática.

E o NKVD levou a missão a peito. Não contentes em cumprirem as quotas de assassinatos que deveriam efetivar nas diferentes repúblicas soviéticas, os seus agentes chegavam a escrever a Stalin ou a Vyacheslav Molotov para perguntar se lhes davam autorização para fuzilar mais algumas centenas de pessoas. O diretor do NKVD, Genrikh Yagoda, era um acérrimo estalinista.

Aliás, a própria criação do NKVD por parte de Stalin, das cinzas do OGPU, está relacionada com a decisão de assassinar um dos seus maiores rivais políticos, Sergei Kirov, tendo nomeado Yagoda para o novo departamento de inteligência com esse propósito específico. Sergei Kirov era o líder do Partido Comunista de Leningrado, a mais poderosa facção do PCUS e, portanto, uma ameaça ao poder do secretário-geral.

No dia 1º de dezembro de 1934, Sergei Kirov dirigia-se à sede do PCUS e, nessa noite, os seus guarda-costas não tinham se apresentado ao serviço, subornados pelo NKVD. Sergei Kirov caminhou sozinho pelas ruas, até que das sombras saiu um agente de Yagoda, que lhe deu um tiro na nuca. Cinicamente, o NKVD iniciou uma investigação ao assassinato do camarada Kirov, prendendo o assassino, todos os guarda-costas de Kirov e mais de 100 suspeitos e familiares de suspeitos. A competência do NKVD em eliminar rivais de Stalin era tal, que o próprio Genrikh Yagoda, quando começou a ganhar muito poder, acabou detido e fuzilado pelos seus subordinados.

O braço direito e pupilo de Yagoda, Nikolai Yezhov, foi nomeado diretor dos serviços secretos. Yezhov, com pouco mais de um metro e meio de altura, pareceria certamente menos ameaçador a Stalin. Mas, se era baixo, não era menos competente para eliminar rivais do que o seu antecessor, como perceberiam os familiares de Yagoda, cuja mulher, filhos, pais, irmãos e sobrinhos seriam mortos ou degredados. Com a chefia de Nikolai Yezhov, o NKVD atingiu um novo paradigma na arte de controlar os reais ou inventados opositores do regime, razão pela qual o seu consulado ficou conhecido entre os russos como Yezhovchina (a época de Yezhov). Por exemplo, a correspondência secreta entregue pelos agentes à sede atingiu o fabuloso número de 25 milhões de documentos, quase todos sobre cidadãos que deveriam ser mandados para os *spetsbekty* (objetos especiais) ou *podrazdeleniya* (subseções), como o NKVD se referia ao Gulag. Com Yezhov, os serviços secretos também chegaram a um novo patamar de despersonalização das suas vítimas: as mulheres grávidas eram tratadas nos documentos por "livros", as mulheres com filhos por "recibos", os homens por "contas", um grupo de detidos por "quota" e cada um deles, individualmente, por "preso" (em russo, *zaklyuchennyi*), para acabarem sendo tratados apenas por "z/k". Entre 1937 e 1938, o NKVD de Yezhov prenderia um milhão de "inimigos do povo", e, segundo os registros meticulosos do NKVD, 681.692 teriam sido executados.

Porém, a execução de quase todos os responsáveis do NKVD e de dezenas de milhares dos seus agentes, às ordens de Yezhov, fez com que fossem substituídos por homens que não tinham a experiência em espionagem adquirida na *Cheka*, não conseguindo assim lidar com a nova ameaça que surgia no horizonte: a Alemanha nazista. Além disso, Yezhov ganhara um poder imenso como chefe do NKVD, sendo que, para o controlar, Stalin nomeou o seu homem de confiança e conterrâneo da Geórgia, Lavrentiy Beria, para subdiretor da agência. Ato contínuo, Stalin mandou executar os diretores dos diferentes departamentos do NKVD. Percebendo o que estava prestes a lhe acontecer, Yezhov começou a beber cada vez mais e demitiu-se em 1939. De nada lhe valeu, tendo sido detido em segredo. Torturado pelos homens de Beria, novo diretor do NKVD, Yezhov confessou ser culpado de incompetência, desvio de fundos e colaboração com o regime nazista, nunca mais se ouvindo falar dele (segundo, mais tarde, fontes do KGB, teria sido internado num hospício, castrado e enterrado vivo). Todas as referências oficiais desapareceram, e Yezhov se tornaria o mais famoso "apagado" das fotografias revisionistas de Stalin.

Mas Yezhov deixaria uma grande marca, se não nos registros oficiais da época, pelo menos na consciência das pessoas que enviou para os campos de trabalho forçado. Na gíria dos prisioneiros do Gulag, a possibilidade remota de conseguir abandonar um dos campos era partir para a *bolshaya zona* (zona prisional grande), pois a diferença entre viver no Gulag ou fora dele, na URSS controlada de Nikolai Yezhov, era pouca.

5. Lavrentiy Beria e a morte aos espiões

Com a ameaça nazista pairando sobre a URSS, nem por isso o NKVD deixou de cooperar com o seu homólogo alemão, a *Gestapo*. Logo em dezembro de 1939, três escassos meses após a invasão nazista da Polônia, comitivas dos serviços secretos do Partido Nazista (que incluía Adolf Eichmann) e do NKVD reuniam-se em Zakopane, na Polônia, para organizarem a criação, à semelhança da União Central Monárquica da Rússia forjada no tempo de Felix Dzerzhinsky, de grupos falsos de resistentes nacionalistas polacos que se infiltrassem e denunciassem os verdadeiros resistentes. O pacto de não agressão germano-soviético assinado meses antes entre Vyacheslav Molotov e Joachim von Ribbentrop era, na realidade, um pacto de colaboração, e o expoente desta foi, sem dúvida, os esforços conjuntos de Heinrich Himmler e Lavrentiy Beria, tendo o NKVD e a *Gestapo* acordado em trocar, não apenas informações, mas prisioneiros, entregando Beria aos serviços secretos nazistas milhares de pessoas, incluindo centenas de judeus russos. Tal era a confiança do NKVD na *Gestapo*, que Beria e Stalin negligenciaram as informações dos agentes do próprio NKVD, Kart Sedlacek,

Rudolph Roessler, Ursula Kuczynski e Christian Schneider, sobre a iminente invasão da URSS por Adolf Hitler.

Durante a Segunda Guerra Mundial, Beria endureceu ainda mais a atuação do NKVD. Logo após a ocupação soviética de metade da Polônia, o NKVD deteve grande parte das elites do país, entre 300 mil a um milhão de pessoas, incluindo polícias, políticos, professores, universitários, médicos, intelectuais e militares, detidos em campos de concentração criados pelo NKVD na Polônia, como Kozelsk, Ostashkov ou Starobelsk. Mas a preocupação de Beria era o que fazer aos cerca de 22 mil militares do Exército polaco que tinha detido. Num relatório enviado ao Kremlin, recomendava que fossem tratados "com medidas especiais de punição, como serem abatidos". Dias depois, recebia por escrito a concordância de Stalin, Vyacheslav Molotov, Kliment Voroshilov e Anastas Mikoyan, com a ordem de que fossem todos executados.

Um dos adjuntos de Beria, o general Pyotr Soprunenko, ficou encarregado de organizar o massacre. O agente do NKVD responsável pelos transportes, Solomon Milshtein, estabeleceu o horário no qual os prisioneiros polacos deveriam ser conduzidos às florestas em volta da cidade polaca de Katyn. Ao executor mais famigerado do NKVD, Vasili Blokhin, conhecido por usar sempre um avental de couro preto para não manchar a farda com o sangue das vítimas, foi entregue a tarefa propriamente dita de assassiná-los. Entre muitos outros, um almirante, 11 generais, 77 coronéis, 541 majores, 1.441 capitães e 6.061 tenentes polacos foram mortos, tendo os agentes do NKVD usado munições alemãs. Em 1943, a Cruz Vermelha pôde recuperar 4.143 corpos enterrados em valas comuns, enquanto os seus familiares, desconhecendo o que lhes acontecera, rumavam ao Cazaquistão numa das famosas "marchas da morte" do NKVD. Como recompensa por terem realizado as execuções com competência e celeridade, Lavrentiy Beria deu um salário extra a cada agente presente em Katyn.

Nessa época, a guerra total com a Alemanha era inevitável. Alguns oficiais do NKVD perceberam que executar todos os experientes e competentes oficiais do Exército polaco, que lhes poderiam ser úteis na luta contra os nazistas, não fora a mais inteligente das ideias, mas já era tarde. Começou então a tentativa de Moscou culpar os nazistas pelo massacre. Mas, por um lado, Stalin sabia que os alemães tinham reunido um vasto número de testemunhas oculares do transporte dos prisioneiros para a floresta e, por outro, que não existia em qualquer dos cadáveres documentação posterior a abril de 1940, o que colocaria sempre em causa a versão do NKVD segundo a qual os oficiais polacos haviam sido assassinados pela *Gestapo* um ano depois. O NKVD começou por forjar documentos com datas posteriores a 1940 e, de imediato, prendeu as testemunhas. Em poucos meses, todas elas garantiam que os nazistas tinham cometido o massacre. Para finalizar, os agentes do NKVD escreveram um relatório preliminar sobre as atrocidades (revelado posteriormente nos julgamentos de Nuremberg como o documento 054USSR), que seria assinado pela equipe de investigação forense, liderada pelo prestigiado médico Nikolai Burdenko, com o imparcial nome "Comissão Especial para a Determinação e Investigação do Fuzilamento de Prisioneiros Polacos nas Florestas de Katyn pelos Invasores Germano-Fascistas".

Sempre paranoico em relação à lealdade do Exército Vermelho, Stalin decidiu que não deveria ser deixado com a rédea solta de um mero autocontrole, dividindo o NKVD em dois comissariados diferentes: o NKVD propriamente dito, que continuou com a liderança de Beria, e o novo *Narodniy Komissariat Gosudarstvennoy Bezopasnosti* (Comissariado do Povo para a Segurança do Estado), NKGB, liderado pelo implacável Viktor Abakumov, um dos máximos responsáveis pelo Gulag. Ambos os comissariados teriam departamentos próprios no Exército Vermelho e na Marinha, infernizando a vida dos militares soviéticos no despontar na Segunda Guerra Mundial. A missão era procurarem contrarrevolucionários, espiões ou covardes nas forças militares, executando-os sem julgamento, o que fizeram sem misericórdia durante os poucos meses de existência autônoma do NKGB. Porém, com a invasão nazista da URSS, Stalin decidiu reintegrar o NKGB no NKVD, o que aconteceria em julho de 1941, com Beria como diretor e Viktor Abakumov como braço direito. Com o pretexto de controlar as 130 organizações contrarrevolucionárias russas que Stalin garantia existirem na Alemanha, foi criado um ramo especial do reforçado NKVD, cujas atividades dariam ao KGB, em grande parte, a imagem que dele tem a cultura popular ocidental: o SMERSH.

Oficialmente chamado GUKR-NKO, pois juntava a *Glavnoe Upravlenie Kontrrazvedkoi* (Administração Central para a Contrainteligência) e o *Narodniy Komissariat Oborony* (Comissariado do Povo para a Defesa), sentiu-se, por alguma razão, a necessidade de criar uma alcunha ao novo departamento liderado por Viktor Abakumov. Reunidos com o secretário-geral do PCUS, Beria e Abakumov, já que o departamento deveria lidar com a *Gestapo* e a *Abwehr*, sugeriram a enfática alcunha *Smert'Nemetskim Shpionam* (Morte aos Espiões Alemães). Stalin não concordou, considerando que todos os espiões estrangeiros deveriam ter o mesmo destino, e assim o GUKR-NKO tornou-se *Smert' Shpionam* (Morte aos Espiões), reduzida ao acrônimo SMERSH (a quantidade de agentes da SMERSH que seriam mais tarde executados, incluindo o próprio Abakumov, daria razão quanto a generalizar a tétrica alcunha a todos os espiões, incluindo os soviéticos).

A missão do SMERSH era lutar contra a espionagem estrangeira, mas esse também era o propósito geral do NKVD, sendo que a principal utilidade do SMERSH parece ter sido, no início, dividir missões e responsabilidades nos serviços secretos soviéticos, de maneira que nenhum deles ganhasse muito peso na URSS e todos tivessem a sensação de que poderiam estar sendo espiados pelos seus colegas. Por exemplo, um primeiro inquérito à morte de Adolf Hitler foi conduzido pelo SMERSH, no âmbito da chamada "Operação Mito", apenas para, no ano seguinte, Stalin ter ordenado ao NKVD que fizesse outro relatório sobre a morte de Hitler e sobre a atuação do SMERSH no primeiro inquérito.

Na prática, o SMERSH funcionou como um misto de departamento de inteligência e de esquadrão da morte (uma das suas principais incumbências era deter e fuzilar todos os prisioneiros soviéticos que conseguissem fugir dos campos de trabalho forçado ou dos campos de concentração nazistas, pois, segundo Stalin, eram "covardes que se tinham deixado capturar pelo inimigo"). Como seria de esperar em algo criado por Stalin, o SMERSH estava dividido em cinco seções: a primeira era responsável por dotar todos os departamentos de Estado com agentes do SMERSH, incluindo as Forças Armadas, onde devia procurar traidores no Exército Vermelho e controlar o GRU (os serviços secretos militares); a segunda, responsável pela obtenção de informação e a colocação de espiões por detrás das linhas inimigas, bem como dotar os agentes de meios para poderem realizar operações de policiamento em toda a URSS; a terceira, responsável pela obtenção de informação secreta e pela sua distribuição entre os diversos departamentos e o Kremlin; a quarta, responsável por investigar e prender suspeitos de espionagem e atividades antissoviéticas; e, finalmente, a quinta, conhecida por *troika*, que funcionava como um tribunal interno do SMERSH, composto por três oficiais de alta patente do NKVD, que apreciavam o caso contra o suspeito (que não podia se defender) e ditavam a sentença de morte.

Alvos preferenciais do SMERSH eram os *hiwi* (do alemão *hilfswilliger*, "dispostos a ajudar"), os membros soviéticos de organizações anticomunistas que tinham colaborado com os nazistas, como o *Russkaya Osvoboditel'naya Armiya* (Exército Russo de Libertação) do general Andrey Vlasov, a *Orha nizatsiya Ukrayins'kykh Natsionalistiv* (Organização dos Nacionalistas Ucranianos) de Stepan Bandera e os cossacos do tenente-general Pyotr Krasnov. Andrey Vlasov e Pyotr Krasnov seriam capturados pelo SMERSH, levados para o quartel-general do NKVD no Edifício Lubyanka e enforcados, enquanto Stepan Bandera, que ficou em liberdade no final da Segunda Guerra Mundial, ajudado a escapar pelos Aliados, faleceria numa rua de Munique em 1959, assassinado pelo espião Bohdan Stashynsky com um jato de cianeto disparado por uma arma disfarçada de caneta.

Mas nem todos os agentes do SMERSH eram russos. Na realidade, aquele que se tornaria o mais famoso era espanhol e chamava-se Jaime Ramón Mercader del Río Hernández, o assassino de Leon Trotsky. O SMERSH começou por tentar assassinar o máximo rival de Stalin, que se exilara no México, recrutando, em maio de 1940, o pintor mexicano neorrealista, amigo do celebrado Diego Rivera e comunista ortodoxo, David Alfaro Siqueiros. Armado com metralhadoras e granadas, Siqueiros atentaria à vida de Trotsky e sua família, mas não conseguiu assassiná-los, em parte, talvez, porque era descrito como "meio louco". Mas o SMERSH não desistiu de fazer a vontade a Stalin, recorrendo ao calculista Jaime Ramón Mercader, que trabalhava como jornalista francês com o nome falso Jacques Mornard e havia sido recrutado para o SMERSH por Leonid Eitingon, amante da sua mãe.

Tendo seduzido em Paris a secretária pessoal de Trotsky, a norte-americana Sylvia Ageloff, seguiu-a para os EUA e depois para o México, onde, com o nome Frank Jackson, conheceu o famoso ideólogo soviético. Conquistando-lhe a confiança, contatou Trotsky para lhe pedir sua opinião a propósito de um trabalho que estava escrevendo sobre as suas visões políticas, tendo este acordado em reunir-se com ele, em sua casa, no dia 20 de agosto de 1940. Quando chegou à *villa*, Mercader levava um manuscrito na mão e, no casaco, um punhal, uma pistola e um picador de gelo. Quando Trotsky se sentou e começou a ler o manuscrito, percebeu que tinha apenas frases sem sentido. Confuso, olhou para Mercader quando este lhe apunhalou o crânio com o picador de gelo. Joseph Hansen e Jake Cooper, os dois guarda-costas de Trotsky, ouviram os gritos no seu escritório e entraram, tendo imobilizado e espancado Mercader. Trotsky faleceria no dia seguinte, e Mercader foi acusado do seu assassinato pelas autoridades mexicanas. Após 17 anos sem causar qualquer incidente na penitenciária, acabou libertado. Rapidamente entrou na URSS, onde o PCUS lhe outorgou a medalha de *Geroy Sovyetskogo Soyuza* (Herói da União Soviética), a mais alta condecoração da URSS, entregue pessoalmente a Mercader por Alexander Shelepin, diretor do KGB.

Entretanto, Artur Artuzov, chefe da contrainteligência da *Cheka*, nomeado depois responsável pela inteligência exterior do NKVD, tinha-se sentido cada vez mais em desacordo com o pacto de não agressão germano-soviético e as relações de amizade entre o NKVD e a *Gestapo*. Por isso, foi detido e levado para Lubyanka, onde seria executado, deixando escrita na parede da sua cela uma frase que se tornaria famosa: "Qualquer homem honesto deveria tentar assassinar Stalin".

6. Morre Stalin, nasce o KGB

No dia 6 de março de 1953, era anunciada a morte de Stalin. Os serviços secretos estiveram envolvidos na sua morte, mas não com a intenção de o matar. O conhecido antissemitismo do ditador (acreditava piamente que Henry Truman era judeu, tal como Joseph Goebbels pensava o mesmo, por alguma razão, sobre Franklin D. Roosevelt) fazia com que todos os seus subordinados soubessem que, promovendo-o ativamente, cairiam nas boas graças de Stalin. E foi isso que aconteceu com o brutal Mikhail Ryumin, vice-diretor do *Ministerstvo Gosudarstvennoy Bezopasnosti* (Ministério da Segurança do Estado) ou MGB, o nome pelo qual os serviços secretos soviéticos foram fugazmente conhecidos entre o final da Segunda Guerra Mundial e a nova denominação KGB.

Mikhail Ryumin levou a Stalin "provas" de que importantes líderes comunistas, como Alexander Shcherbakov, Andrei Zhdanov e Georgi Dimitrov, tinham sido propositadamente mal-acompanhados pelos médicos judeus do Kremlin, que haviam planejado uma conspiração – liderada pelo médico pessoal de Stalin – para matar as principais figuras da URSS. O fato de Alexander Shcherbakov ser um reconhecido alcoólico, Andrei Zhdanov ser ainda mais alcoólico e Georgi Dimitrov, rival de Stalin, ter morrido num hospício (um dos métodos preferidos do NKVD para assassinar políticos) não foram levados em conta. A execução dos médicos judeus que se seguiria ao que ficou conhecido – consoante o grau de crença na veracidade da acusação – como "o caso dos médicos", "os médicos sabotadores" ou "os médicos assassinos", levaria um cada vez mais paranoico Stalin a aceitar assistência médica apenas de veterinários. O resultado, a curto prazo, foi o previsível. Artur Artuzov, se estivesse vivo, teria ficado satisfeito.

Enquanto não se escolhia um novo secretário-geral, Georgy Malenkov tomou provisoriamente as rédeas do poder soviético, acompanhado no Conselho de Ministros por Lazar Kaganovich, Nikolai Bulganin, Vyacheslav Molotov, Nikita Khrushchev e Lavrentiy Beria. Se Malenkov não parecia ter uma especial apetência pelo poder, já de Beria e Khrushchev não se podia dizer o mesmo, iniciando ambos uma luta surda para ocuparem o lugar de Stalin. A luta parecia desigual, pois Beria tinha toda a força do NKVD por detrás dele, mas isso também fazia dele a pessoa mais temida da URSS, e vários membros do Politburo não se importariam de o ver pelas costas. Surpreendentemente, o implacável Beria avançou com um conjunto de propostas reformadoras, que apenas seriam suplantadas, muito depois, pelas de Mikhail Gorbachev, desde uma anistia a prisioneiros políticos que levou à libertação de mais de um milhão de pessoas do Gulag até o fim da RDA, permitindo a reunificação de uma Alemanha que passaria a ser neutral, proposta que foi chumbada pelo Conselho de Ministros e considerada "anticomunista" por Khrushchev, mas que, mesmo sem ser colocada em prática, acabou por originar um motim independentista na RDA, que teve de ser esmagado pelo Exército Vermelho.

As propostas reformadoras de Beria, claro, não espelhavam uma real mentalidade democrática, servindo apenas para se distinguir da herança estalinista e culpar o ditador falecido por todas as atrocidades cometidas durante o Grande Terror. Mas o ortodoxo Khrushchev aliou-se ao moderado Malenkov, e, quando deu por ela, Beria estava detido, acusado de "atividades criminosas contra o Partido e contra o Estado". O poderoso diretor do NKVD, conhecido por sequestrar moças adolescentes, cujos familiares mandava executar se ousassem sequer falar sobre o caso; o poderoso diretor do NKVD, que a pretexto de adquirir segredos nucleares dos inimigos conseguira que Stalin formasse todo o pessoal diplomático das embaixadas dos EUA, Canadá e Reino Unido integralmente com agentes dos serviços secretos; o poderoso diretor do NKVD, responsável pela morte de milhões de cidadãos soviéticos, acabou por chorar no chão e a implorar pela sua vida. Não lhe serviu de nada, sendo levado para o famigerado último andar do Edifício Lubyanka – conhecido como o "Sótão" – e executado no final de 1953. Nas suas memórias, Khrushchev gaba-se, de forma mórbida, de ter sido ele próprio a disparar um tiro na nuca de Beria, mas, na realidade, o autor material da execução foi o coronel Oleg Penkovsky, do NKVD. Fosse como fosse, Beria estava morto.

Agora, era Nikita Khrushchev quem pretendia distinguir-se de Stalin e do próprio Beria, decidindo criar o MGB e, dali a poucos anos, o famoso *Komitet Gosudarstvennoy Bezopasnost* (Comitê de Segurança do Estado), conhecido pelo acrônimo KGB. Mas, à semelhança da *Cheka*, do NKVD, do GPU e do OGPU, a missão do KGB, ainda que com outro nome, continuou sendo controlar todo e qualquer aspecto da vida na URSS, desde o Estado Maior do Exército Vermelho aos membros do Comitê Central, desde os habitantes de Moscou aos habitantes da mais remota aldeia do Cáucaso ou da Sibéria. Os agentes do KGB controlariam pessoalmente ou por meio de escutas telefônicas milhões de famílias soviéticas, as gigantescas fronteiras da URSS, a edição de livros, as produções teatrais, as incipientes tentativas de iniciativa privada (esta última função econômica do KGB é pouco conhecida, mas nem por isso menos letal: só entre 1954 e 1964, acusadas dos crimes de "planificação incorreta", "desorganização da produção" e "câmbio de moeda estrangeira", o KGB executou quase 300 pessoas). Dificilmente alguém escaparia ao olho atento do KGB, pois todos os meses os seus agentes faziam inquéritos à população, perguntando-lhe a opinião sobre os mais diversos assuntos, opiniões transmitidas depois ao Kremlin em relatórios minuciosos. Quando Khrushchev não gostava das opiniões, o que acontecia amiúde, estas voltavam-se contra quem as proferira e não raras vezes serviam de justificativa para o seu julgamento e consequente execução. Como explicou um agente do KGB, Andrei Amalrik, "era paradoxal que o regime dedicasse um tão grande esforço, por meio do KGB, impedindo que as pessoas falassem, e ao mesmo tempo fizesse um enorme esforço para enviar o KGB a fim de descobrir do que falavam as pessoas" (o próprio Andrei Amalrik falou demais sobre o regime e as suas opiniões serviram para os colegas o enviarem, em 1970, para o Gulag).

Ivan Serov foi o primeiro diretor do KGB, tendo dirigido a agência de 1954 a 1958, época em que, preocupado com o seu crescente poder, Nikita Khrushchev decidiu transferi-lo para a chefia do GRU, os serviços secretos do Exército Vermelho (e de onde seria exonerado em 1962 devido à sua suspeita amizade com Oleg Penkovsky, o executor de Beria, entretanto condenado como traidor quando se descobriu que era um agente duplo a trabalhar para os serviços secretos ocidentais). A folha de serviço de Serov no NKVD era imaculada, no sentido que o NKVD dava a esta a sua palavra, tendo liderado vários pelotões de execução, antes da Segunda Guerra Mundial, na Estônia, Letônia e Lituânia, participando no massacre de Katyn e conquistado a alcunha de Carniceiro do Báltico. Quando, juntamente com Iuri Andropov, reprimiu por meio da tortura e da morte a Revolução Húngara de 1956, a essa já pouco recomendável alcunha juntou outra, o Carrasco da Hungria. Ivan Serov cairia em desgraça após a deserção para o Ocidente de Oleg Penkovsky, mas, por incrível que pareça, após já ter sobrevivido a uma execução na *Cheka* e a duas execuções de Stalin no NKVD, não seria eliminado, mas apenas degradado, morrendo de ataque cardíaco em 1962.

Contudo, após a Segunda Guerra Mundial, os serviços secretos tiveram de desviar um pouco a sua paranoica atenção dos próprios cidadãos soviéticos. A URSS, até então preocupada com a ameaça britânica e alemã, defrontava-se com um novo e cada vez mais poderoso rival, os EUA, e foi para ele que virou as atenções. A responsabilidade de espiar países estrangeiros – os seus governos, forças militares, embaixadas, consulados, missões diplomáticas e delegações comerciais, bem como todos os cidadãos soviéticos que vivessem fora da URSS – foi atribuída ao departamento do KGB, criado ainda por Stalin, *Komitet Informatsii* (Comitê de Informações), conhecido por KI. Esse departamento, apesar de fazer parte do KGB, revestia-se de uma importância tal para o Kremlin, que era tutelado diretamente pelo Conselho de ministros, por meio do ministro dos Negócios Estrangeiros, tradicionalmente o braço direito do secretário-geral do PCUS. E o principal alvo do KI eram os Estados Unidos da América.

Os serviços secretos soviéticos, desde os tempos da *Cheka* à época do NKVD, sempre haviam plantado agentes em território norte-americano, como Iskhak Akhmerov (conhecido com o William Grienke, Michael Green ou ainda Michael Adamec, especialista em recrutar agentes e informantes na Universidade de Colúmbia, casado com Helen Lowry, neta de Earl Lowry, presidente do *Communist Party USA*), mas a missão destes era, antes de mais nada, a sabotagem, controlando o quase inofensivo partido comunista local e tentando infiltrar os sindicatos norte-americanos de forma a causarem a revolução proletária que Karl Marx já tinha previsto que aconteceria, mais cedo ou mais tarde, nas indústrias dos EUA. Mas a Segunda Guerra Mundial, cujo destino mudou com a entrada em cena do poderio militar norte-americano, deu ao Kremlin outra perspectiva sobre este novo rival, principalmente a partir da demonstração de força e poder que foi a detonação em Hiroxima e Nagasaki de uma formidável e ameaçadora arma: a bomba atómica. A URSS não tinha a capacidade tecnológica para a produzir, então Stalin decidiu que deveriam roubá-la.

É aqui que entram em cena Julius e Ethel Rosenberg, um casal norte-americano judeu. Ethel Greenglass, uma aspirante a atriz, conhecera Julius Rosenberg na *Young Communist League*, da qual Julius era presidente. Casaram em 1939, no início da Segunda Guerra Mundial. Durante a guerra, os dois entusiastas comunistas foram recrutados para o NKVD pelo agente Semyon Semyonov, chefe de uma das mais ativas células de espionagem nos EUA. Nessa época, Julius Rosenberg trabalhava como engenheiro no *Army Signal Corps Engineering Laboratories*, onde tinha acesso a informações secretas do Exército norte-americano, sendo apenas demitido no final da guerra, quando se descobriu a sua ficha do *Communist Party USA* (apesar de, pelo menos em teoria, os EUA e a URSS serem aliados contra a Alemanha nazista). Porém, durante o conflito, Julius não apenas conseguiu transmitir dezenas de documentos secretos a Semyon Semyonov como recrutou para o NKVD o seu próprio cunhado, David Greenglass, que trabalhava no ultraconfidencial Projeto Manhattan, no *Los Alamos National Laboratory*, onde estava sendo construída a bomba atómica (e onde também trabalhava o conceituado físico alemão Klaus Fuchs, ex-agente do GRU "plantado" no projeto nuclear britânico – conhecido como Tube Alloys – e entretanto transferido para a supervisão do NKVD, quando se mudou para os EUA). O que Julius Rosenberg, David Greenglass e Klaus Fuchs não sabiam é que estavam sendo vigiados pelo Projeto VENONA (nem eles sabiam nem ninguém, até 1995, quando a existência desse projeto foi divulgada), uma iniciativa de contraespionagem nuclear conjunta entre os serviços de informação militares britânico e norte-americano. Detidos todos, David Greenglass e Klaus Fuchs confessaram os seus crimes e denunciaram o casal Rosenberg, escapando assim da pena de morte. O mesmo não aconteceu a Julius e Ethel Rosenberg, que sempre negaram serem agentes do NKVD. Executados, foram os primeiros cidadãos norte-americanos civis a receberem a pena capital por crimes de espionagem.

Um casal amigo dos Rosenberg, mais precavido, fugiu ao mesmo destino: Morris e Lona Cohen, também eles às ordens de Semyon Semyonov, que atuavam nos EUA com os nomes Peter John e Helen Kroger. O nova-iorquino de origem russa Morris Cohen, que atuara na Operação Amtorg – a Amerikanskaya Torgovlya (Companhia Comercial da América), empresa falsa criada pelo médico norte-americano Armand Hammer, amigo de Vladimir Lênin, e controlada pela *Cheka* para espiar os EUA –, voltou para a URSS quando os Rosenberg foram detidos, onde permaneceu a serviço do NKVD. Já às ordens do novo KGB, seria alocado em Inglaterra, com passaporte canadiano, onde abriu uma livraria, juntamente com a sua nova mulher, Leontina Petra, também ela espiã. Em 1960, chamou a atenção do MI6, cujos agentes invadiram a pequena moradia onde os Cohen viviam, nos arredores de Londres, e apreenderam equipamentos fotográficos, emissores de rádios, microfilmes e cifras de código. Condenados a 20 anos de cadeia, seriam trocados por espiões ingleses detidos na URSS em 1969. A prova de que nem todos os espiões do KGB eram tão calculistas como são descritos nos filmes é o fato insólito que fez o MI6 suspeitar de Morris Cohen: a abertura da sua livraria. Um estabelecimento comercial como esse, por si só, não seria motivo para desconfiar de alguém. A não ser, claro, que em plena Guerra Fria o proprietário tivesse origem soviética e abrisse, como fez Cohen, uma livraria especializada em dois inusitados temas: o masoquismo e a tortura.

Todos – Julius Rosenberg, Morris Cohen e Semyon Semyonov – foram recrutados ou treinados pelo mais famoso espião soviético a atuar nos EUA, conhecido como Rudolf Abel. De seu verdadeiro nome Vilyam Genrikhovich Fisher, Rudolf Abel era um cidadão inglês, filho de dois russos de ascendência alemã que haviam feito parte do movimento bolchevique e fugiram da *Okhrana* para Inglaterra. Com o retorno do seu pai, Genrikh Fisher, à Rússia, após a Revolução de Outubro, Rudolf Abel tornou-se operador de rádio do GRU, sendo transferido rapidamente para as mesmas funções no OGPU. Estacionado vários anos no exterior, foi subindo a pulso nos serviços secretos soviéticos, conseguindo escapar às purgas estalinistas quase por milagre, até se tornar um dos responsáveis da Operação Berezino, criada pelo NKVD para levar a Abwehr a pensar que existia uma gigantesca força de resistência alemã a Adolf Hitler, e a gastar tempo e recursos para acabar com esses inúmeros traidores, que obviamente nunca existiram.

Essa força de resistência seria liderada por Heinrich Scherhorn, na realidade um prisioneiro de guerra alemão que foi obrigado pelo NKVD a colaborar com a URSS. As supostas trocas de comunicações de rádio entre o traidor Heinrich Scherhorn e os seus aliados soviéticos – todas feitas por Rudolf Abel – eram tão credíveis que levaram, de fato, a Abwehr a organizar uma contraoperação, a Operação Freischütz, para combater a imaginária ameaça. Os agentes mandados pelo *SS-Obersturmbannführer* Otto Skorzeny (que liderava a Operação Freischütz) à URSS para encontrarem os aliados de Heinrich Scherhorn encontraram apenas, como seria de esperar, um tiro na nuca nos porões de Lubyanka (na Operação Berezino participaram duas pessoas que viriam a ter relevância no mundo da espionagem: um dos homens de Rudolf Abel, também ele russo de ascendência alemã, chamado Karl Kleinjung, que se tornaria chefe da *Stasi*, os serviços secretos da RDA; e o general Reinhard Gehlen, braço direito do enganado Otto Skorzeny, que seria o primeiro diretor do *Bundesnachrichtendienst* – BND, os serviços secretos da RFA).

Para cúmulo, Rudolf Abel chegou a trabalhar nas barbas dos serviços secretos militares alemães, fazendo-se passar pelo motorista da Abwehr, Johann Weiss, antes de, com o fim da guerra, atuar na França e no Canadá com o nome Andrew Koyatis, partindo enfim para os EUA com o nome Emil Goldfus, onde foi responsável pelas operações do KGB tanto na América do Norte como na América do Sul. Nos EUA, coordenou os esforços bem-sucedidos de Julius Rosenberg, Morris Cohen, David Greenglass, Klaus Fuchs, Alan Nunn May e Bruno Pontecorvo em passarem segredos nucleares à URSS, que conseguiu assim, em tempo recorde, munir-se da bomba atômica, para espanto da Casa Branca e do Pentágono. Porém, o inteligente e culto Rudolf Abel, fluente em inglês, russo, polaco, alemão e hebreu, seria capturado por causa de um erro infantil, em 1957, quando pagou uma edição do jornal *The Brooklyn Eagle* com uma das suas moedas falsas, dentro da qual o surpreendido dono do quiosque encontrou um microfilme com segredos militares. Seria trocado em 1962 pelo espião norte-americano Gary Powers na Ponte Glienicke, que separava então a RDA da RFA, ajudando a criar a crença errônea de que todas as trocas de espiões entre a URSS e os EUA eram assim tão teatrais e românticas. Morreria de câncer em 1971, e, em 20 de novembro de 1990, foi um dos únicos cinco espiões a aparecer numa coleção especial de selos, dedicada aos serviços secretos soviéticos, lançada pelo governo da URSS.

Esses são alguns dos mais famosos espiões soviéticos de que o Ocidente tomou conhecimento – mas apenas porque foram apanhados (tal como os Cambridge Five, o grupo de espiões britânicos do NKVD plantado no MI6, formado pelos elitistas Kim Philby, Anthony Blunt, Donald Maclean, Guy Burgess e John Cairncross. Outros não se mostraram desatentos. Talvez o melhor exemplo seja Harry Dexter White, o influente economista norte-americano, membro do Departamento do Tesouro e amigo de John Maynard Keynes, que nunca chegaria a ser detido porque o Projeto VENONA não conseguiu reunir provas irrefutáveis contra ele, demorando décadas, já após a sua morte, até se saber que era um agente do KGB com o nome de código "Reed". Como ele, houve certamente milhares de agentes do KGB cuja identidade não conhecemos. Quantos, ao certo, talvez nunca se saiba.

7. O KGB não bebe mojitos

A Ivan Serov seguiu-se, em 1958, na chefia do KGB, Alexander Shelepin, um culto historiador e especialista em Literatura Russa, antigo chefe das juventudes soviéticas, o *Komsomol*, e amigo de longa data de Nikita Khrushchev, tendo-o mesmo acompanhado na sua famosa visita à nova China comunista, a primeira que um secretário-geral do PCUS fazia. Três escassos anos depois, Alexander Shelepin abandona a direção do KGB, em virtude de ter sido promovido ao secretariado do Comitê Central, de onde pretendia controlar com mão de ferro o KGB, que já tinha, durante a sua curta chefia, enchido de membros do PCUS. Estalinista, Alexander Shelepin pretendia, por meio do Comitê Central, reabilitar os métodos totalitários do antigo ditador, o que implicava controlar pessoalmente os serviços secretos por intermédio do seu novo diretor, o seu braço direito Vladimir Semichastny. Nikita Khrushchev, envolvido na desestalinização da URSS, cometeu o erro de nomear Shelepin para o prestigiado posto de vice-primeiro-ministro, em 1962, sendo recompensado com uma tentativa de golpe de Estado planejada por ele. Rompendo com a tradição estalinista, Khrushchev não mandou executar Alexander Shelepin com uma bala na nuca, preferindo dar-lhe o famoso "pontapé para cima", afastando-o da direção do KGB para poder "aceitar" um prestigiante cargo no Politburo, onde nunca mais lhe causou problemas.

Durante o consulado de Vladimir Semichastny no KGB, o mundo esteve quase entrando numa nova guerra mundial. Mas, na crise dos mísseis de Cuba – conhecida entre os soviéticos como a Crise do Caribe e entre os cubanos, de forma mais simples, como a Crise de Outubro –, que colocou o mundo à beira de um confronto nuclear, a participação do KGB foi surpreendentemente pouco relevante. Antes de tudo, uma operação militar, coube aos serviços secretos do Exército Vermelho, o GRU, a parte de leão da espionagem e contraespionagem, planejando uma larga operação de negação e engano para iludir as autoridades políticas estrangeiras, os seus espiões e os próprios militares soviéticos (atividade de desinformação conhecida no GRU como *maskirovka* – o ato de criar uma ficção), chegando ao ponto de atribuir à logística de levar os mísseis nucleares até a ilha caribenha o nome Operação ANADYR, em referência ao gélido e distante rio situado no extremo norte da URSS, de maneira que os espiões estrangeiros e os traidores que existissem nas forças militares russas, bem como os marinheiros e os oficiais de baixa e média patente a bordo dos navios, pensassem que o destino da frota naval era o mar de Bering. A missão dos agentes do KGB foi supervisionar a abertura do envelope que indicava o real destino da frota e controlar eventuais protestos por parte dos oficiais. Ainda assim, quando um deles se mostrou indignado por o nome da operação não indicar que se dirigiam a uma ilha tropical do golfo do México, foi um oficial do GRU que lhe respondeu com a sarcástica questão: "Queriam também que vos tivéssemos colocado camisas de manga curta com florzinhas na mala?". Enquanto os agentes do GRU faziam tudo para enganar os próprios cubanos sobre a intenção dos navios que estavam aportando na sua costa (na prática, apenas Fidel Castro e Raúl Castro estavam a par da operação), coube, quando a CIA a descobriu e o caso se tornou público, a um agente do KGB fazer a ponte entre Nikita Khrushchev e a Casa Branca.

O diplomata e jornalista soviético alocado em Washington, Georgi Bolshakov, merecia bastante confiança por parte de John F. Kennedy e principalmente do seu irmão, Robert Kennedy, o poderoso procurador-geral, com quem se encontrara várias vezes e com o qual ajudara a organizar a histórica conferência de Viena entre John F. Kennedy e Nikita Khrushchev em 1961 e, no final desse mesmo ano, a solucionar o impasse causado pela chamada Crise de Berlim, quando a construção do famoso muro a dividir a cidade alemã quase levou a um confronto militar entre as tropas soviéticas estacionadas na RDA e as tropas norte-americanas estacionadas na RFA (as conversações de amizade entre os EUA e a URSS realizadas em Viena, como se vê, não tiveram muito sucesso). Agora, cabia ao confiável Bolshakov informar os irmãos Kennedy sobre as intenções da URSS, em geral, e do errático e imprevisível Khrushchev, em particular. Com a eclosão da crise dos mísseis, Georgi Bolshakov entregou em mãos a Robert Kennedy duas cartas *Sovershenno Sekretno* (Altamente Secreto) escritas a próprio punho pelo secretário-geral do Comitê Central do PCUS, assegurando-lhe não pretender atacar militarmente os EUA; mas quando o procurador-geral mostrou a Bolshakov mais de 20 fotografias tiradas pela CIA nas bases militares soviéticas que estavam sendo construídas na ilha, e este, não se sabe se irônica ou sinceramente surpreendido, respondeu que lhe pareciam apenas campos de basebol, toda a confiança que a Casa Branca tinha no agente do KGB desapareceu. E com razão, pois Bolshakov não estava sendo informado na totalidade pelo Kremlin das intenções soviéticas, no âmbito do plano de desinformação do GRU. Nikita Khrushchev acabaria por retirar os mísseis soviéticos de Cuba, sofrendo uma enorme humilhação pública. Porém, conseguira que Robert Kennedy concordasse a que, em troca, os EUA retirassem os mísseis nucleares Jupiter que tinham em bases da OTAN no Sul da Itália e na Turquia (provavelmente o principal objetivo de Khrushchev e a razão por ter, logo na partida, causado a crise dos mísseis em Cuba), informação que apenas foi tornada pública nos últimos anos. O KGB tinha sido usado pelo secretário-geral do PCUS.

Apesar de ter sido nomeado para diretor do KGB pessoalmente por Alexander Shelepin, Nikita Khrushchev manteve durante seis anos Vladimir Semichastny no cargo, o que lhe causou vários dissabores. Vladimir Semichastny tinha tanto de discreto como de impetuosamente inepto, o que o levou a mandar os agentes do KGB prenderem o famoso professor da Universidade de Yale, Frederick Barghoorn, durante uma visita amigável que este realizou a Moscou, acusando-o de espionagem e pretendendo, para o libertar, trocá-lo por espiões soviéticos detidos pelo FBI e pela NSA nos EUA. O problema foi que Frederick Barghoorn era amigo pessoal de John F. Kennedy, e este, em direto para a televisão norte-americana, negou que o professor fosse espião e exigiu a sua libertação imediata, ameaçando a URSS com retaliações. Nikita Khrushchev, humilhado, teve de concordar com a solicitação do seu homólogo norte-americano e libertar Frederick Barghoorn com um pedido de desculpas formal por parte do Comitê Central do PCUS. Ainda assim, Vladimir Semichastny manteve-se no cargo, apenas para embarcar numa tentativa de golpe de Estado que pretendia substituir Nikita Khrushchev, na liderança da URSS, por Leonid Brezhnev. Este, na realidade, desejava assassinar o secretário-geral Nikita Khrushchev, incumbindo Semichastny de o fazer, o que ele recusou. Ainda assim, o golpe de Estado funcionou, tendo Nikita Khrushchev abdicado "voluntariamente" do poder em 1964. Porém, Leonid Brezhnev nunca perdoaria a Vladimir Semichastny por sua pequena traição e, assim que pôde, demitiu-o da direção do KGB, em 1967.

Georgi Bolshakov não era o único espião soviético a atuar, nessa época, nos EUA, país que se incluía, e de que maneira, na categoria *glavnyy protivnik* (inimigo principal) do KGB. Aliás, Bolshakov era apenas o que se tratava em Lubyanka como um espião *legal*, ou seja, alguém que, no fundo, o próprio país onde atuava tinha conhecimento de que espiava a favor da URSS por meio da rede oficial de diplomacia, com a condescendência das autoridades locais, pois o mesmo acontecia na URSS, nas embaixadas inglesa e norte-americanas, com os agentes do MI6 e CIA incluídos nos respectivos corpos diplomáticos. Mas, além de centenas de agentes adormecidos (os *manevrirovanieye agentami*) nos EUA, que não estavam sempre envolvidos em ações de espionagem, mas que deveriam estar disponíveis para o fazer quando solicitados, e além de outras centenas de cidadãos norte-americanos que, não fazendo parte do KGB, colaboravam com a organização por convicções ideológicas ou a troco de dinheiro (os "*chuzoi*" ou "alienígenas"), o KGB tinha milhares de agentes *ilegais*, o que entendemos hoje em dia propriamente por espiões, que podiam estar organizados numa *apparat* (célula) ou agir sozinhos.

Ludek Zernenek era, nos anos 1960, um desses espiões legais. Cidadão tchecoslovaco recrutado muito novo pelo KGB, operou nos EUA com a identidade de Rudolph Herrmann, um soldado alemão morto na URSS durante a Segunda Guerra Mundial. Treinado em Lubyanka e na RDA, começou por ser enviado para o Canadá, como costumava acontecer aos espiões soviéticos para se ambientarem ao estilo de vida da América do Norte sem entrarem logo na boca do leão nos EUA. Em 1968 já estava vivendo num calmo subúrbio da classe média em Nova Iorque. A sua função era servir de ponte entre os agentes no terreno e os agentes que espiavam no corpo diplomático da URSS. Rudolph Herrmann foi um espião competente, mas é mais lembrado por ter tentado realizar uma missão que, ao contrário do que a cultura popular veiculada pelos filmes de Hollywood faz crer, o KGB nunca conseguiu atingir: educar desde criança um cidadão norte-americano nas artes da espionagem, inseri-lo no sistema de educação e promover-lhe a mais esmerada cultura nas universidades da Ivy League, como Harvard, para assim penetrar na elite dos WASP (*White, Aglo-Saxon and Protestant*) dos EUA e chegar, se tudo corresse conforme o planejado, a altos cargos no Governo norte-americano, quiçá mesmo a presidente. Ludek Zernenek fez a maior tentativa. O seu filho, Peter Herrmann, foi de fato programado pelo pai para singrar na vida norte-americana, trabalhando em segredo para o KGB, mas, quando o filho ainda era adolescente, Ludek Zernenek foi capturado em 1977 pelo FBI, confessou todas as suas atividades ao *Bureau* e, para não ser assassinado pelo KGB, ele e o seu filho acabariam integrados, com novas identidades (no caso de Ludek, a segunda falsa identidade) no *Federal Witness Protection Program*, desaparecendo do mapa para sempre.

Antes do malsucedido caso de Peter Herrmann, o KGB tinha tentado algo parecido, quando colocou Konon Molody, com apenas 11 anos de idade, para espiar em nome do KGB nos EUA. Se o pai de Peter Herrmann, Ludek Zernenek, havia recebido a identidade de um soldado alemão morto, Konon Molody recebeu a identidade de Gordon Arnold Lonsdale, um cidadão canadense de ascendência finlandesa que morrera durante a guerra entre a URSS e a Finlândia, no despontar da Segunda Guerra Mundial, e cujos documentos haviam sido apreendidos pelo NKVD.

Após alguns anos no Canadá, Konon Molody regressou incógnito à URSS para acabar o seu treino no KGB, voltando então aos EUA, onde trabalhou às ordens do lendário espião Rudolf Abel, ajudando-o a transmitir informação sobre o sistema nuclear norte-americano a Lubyanka. Oficialmente, Konon Molody – ou melhor, Gordon Lonsdale – era um empresário mais ou menos bem-sucedido que alugava *jukeboxes, slot-machines* e máquinas de vender pastilhas elásticas a bares, cafés e casinos, usando os aparelhos, na realidade, para esconder mensagens ou documentos secretos que outros agentes do KGB obteriam sem levantar suspeitas. Ao abrigo dessa profissão, viajou várias vezes para a Inglaterra, onde conseguiu obter de Harry Houghton, um oficial naval britânico também ele espião do KGB, vários segredos da Royal Navy, incluindo o plano de construção dos torpedos usados pelos submarinos da Marinha. Mas, em 1960, o espião polaco dissidente, Michal Golienewsky, desertou para o Ocidente e denunciou grande parte dos espiões soviéticos nos EUA e Canadá, fazendo com que Kolon Molody fosse detido pelo MI5 e condenado a 25 anos de cadeia. Num ato típico de *real politik* entre agências, cumpriria poucos anos de pena, sendo trocado por Greville Wynne, espião do MI6 capturado e condenado à morte na URSS. Konon Molody nunca mais saiu da URSS, onde foi considerado herói nacional e morreu de cancro em 1970.

Dois anos antes, em 1968, já sob a liderança do frio Iuri Andropov, o KGB decidiu relembrar aos Soviéticos que o seu poder não se limitava a espiar potências estrangeiras, mas também a própria URSS, incluindo a Marinha soviética, a Voenno-morskoj flot SSSR, conhecida como Marinha Vermelha. Sem aviso, agentes do KGB invadiram e revistaram a casa do major Genrikh Altunyan, encontrando, num baú com fundo duplo, um exemplar proibido do romance autobiográfico *Rakovy Korpus* (*Pavilhão dos Cancerosos*) de Aleksandr Solzhenitsyn, no qual o escritor comparava metaforicamente o consulado de Stalin, e nomeadamente o Grande Terror, a um tumor maligno. Detido pelo KGB, Genrikh Altunyan acabaria destituído do seu posto da Marinha, expulso do PCUS e condenado a cinco anos de trabalho forçado no Gulag por atividades anticomunistas. Pouco depois, as atenções do KGB viraram-se para mais três oficiais da Marinha – Gennadi Gavrilov, Georgi Paramonov e Aleksei Kosyrev –, que tinham fundado uma pequena e inocente organização que lutava pelos direitos políticos dos Soviéticos. O KGB deteve-os e, encontrando entre os seus pertences uma edição da Declaração Universal dos Direitos do Homem da Organização das Nações Unidas, acusou-os de serem perigosos contrarrevolucionários e traidores, tendo Gavrilov sido condenado a seis anos de cadeia, Paramonov a metade dessa pena e Kosyrev a quatro anos de internamento num hospício para doenças mentais (o KGB considerava doença mental o fato de não se acreditar na benevolência do regime soviético), onde morreria, provavelmente assassinado. O KGB acabaria por investigar oficiais da Marinha amigos de Gavrilov, Paramonov e Kosyrev que estavam estacionados na Estônia, prendendo mais de 30 apenas porque, à semelhança dos seus três infelizes colegas, tinham condenado publicamente a invasão soviética da Tchecoslováquia. A mensagem do KGB foi clara, e a Marinha percebeu-a.

Curiosamente, um dos casos de maior sucesso dessa época, que se costuma atribuir ao KGB, não esteve sequer relacionado com a organização. Falamos do conhecido caso "Profumo", chamado assim porque o espião Yevgeny Ivanov, funcionário da Embaixada soviética em Londres, estabelecendo amizade com o artista boêmio Stephen Ward, iniciou uma relação tórrida com a belíssima e jovem Christine Keeler, que convenceu a seduzir o secretário de Estado John Profumo, do Ministério da Defesa. Entretanto, Stephen Ward, achando estranho que o amigo soviético fizesse perguntas sobre o plano norte-americano de estacionar mísseis nucleares na RFA, alertou o MI6, que tentou prendê-lo em segredo, sem sucesso, pois Yevgeny Ivanov já abandonara o Reino Unido. John Profumo nunca foi acusado de ter transmitido segredos militares britânicos a Christine Keeler, nem sequer inadvertidamente, mas o embaraço em Downing Street foi tal que, quando Christine Keeler confessou a sua relação com Yevgeny Ivanov e John Profumo ao jornal *Sunday Pictorial*, levou à demissão do primeiro-ministro Harold MacMillan e à queda do seu governo. Esse caso pode ser considerado exemplar no mundo da espionagem, mas o crédito deve ser endereçado ao Exército Vermelho, pois Yevgeny Ivanov trabalhava às ordens não do KGB, mas do seu rival interno, o GRU.

Em 1978, o KGB, até então apenas um Comitê Estatal, como o fora a *Cheka*, o GPU, o OGPU e mesmo o NKVD, é elevado ao estatuto de Agência Ministerial. O poder dos serviços secretos ficava desta maneira ligado ao Conselho de Ministros e assumia oficialmente um papel preponderante, não apenas no controle, mas no próprio Governo da URSS, com o qual esteve prestes a causar a sempre temida guerra nuclear.

Antes disso, entreteve-se matando ou tentando matar escritores, como o famoso dramaturgo búlgaro Georgi Markov, ferozmente anticomunista, mas próximo do ditador Todor Zhivkov, que, a troco de algumas obras laudatórias do seu regime, lhe financiava uma vida hedonista invejável na Bulgária da época. Apesar disso, Georgi Markov fugiu da Bulgária para a Inglaterra, onde, aos microfones da BBC, denunciou o totalitarismo de Zhivkov. Apenas por isso, o KGB decidiu assassiná-lo. Treinando um agente dos serviços secretos búlgaros (conhecidos como Durzhavna Sigurnost) a manusear um guarda-chuva que funcionava como pistola lançadora de dardos envenenados, enviaram-no para Londres em 1978. No dia 11 de setembro desse ano, quando atravessava a Waterloo Bridge, Georgi Markov chocou-se contra um transeunte. Sentiu-se mal e, não muito tempo depois, morreu. A autópsia descobriu um pequeno orifício na sua perna esquerda, mas o veneno de rícino usado para assassiná-lo já tinha sido absorvido pelo organismo e tornara-se indetectável, tendo a causa da morte sido dada como indeterminada pelo médico-legista. Método semelhante foi usado noutro dissidente búlgaro, Vladimir Rostov, que foi assassinado, nesse mesmo ano, em Paris, onde se exilara. O método do guarda-chuva letal foi desenvolvido pelo KGB, porque anos antes, em 1971, tinham tentado assassinar o famoso escritor russo Aleksandr Solzhenitsyn com rícino, mas, como o veneno foi administrado na comida, o autor de *O Arquipélago de Gulag* conseguiu sobreviver, após meses de transfusões sanguíneas, com o rosto cravado de chagas para sempre (a propensão de os agentes do KGB usarem venenos e medicamentos para assassinar inimigos não é de todo estranha se levarmos em conta que tratavam-se entre si por "doutores", sendo que, quando um deles era investigado pela própria agência, passava a ser tratado por "doente" e, com naturalidade, quando era detido e levado para o Edifício Lubyanka para ser executado, referiam-se ao seu destino final como "ir para o hospital").

Mas a prova de fogo de Iuri Andropov à frente do KGB chegou com a eleição de Ronald Reagan para a Casa Branca. O militantemente anticomunista Reagan, assim que foi eleito presidente dos EUA, pediu ao Pentágono que desenvolvesse um projeto de construção de mísseis nucleares – os *Tomahawk* e os *Pershing* – destinados às bases militares norte-americanas da Europa. De imediato, tomados de pânico, Leonid Brezhnev e Iuri Andropov decidiram, em maio de 1981, criar uma unidade especial no KGB destinada especificamente a descobrir quais os planos de Ronald Reagan quanto a um eventual ataque nuclear à URSS, existência do qual Andropov estava plenamente convencido. A operação de descoberta desse hipotético plano foi denominada (pouco imaginativamente) por *Raketno-Yadernoe Napadenie* (Ataque Nuclear com Mísseis) ou RYAN. Em agosto e setembro de 1981, uma frota naval de 83 navios de guerra norte-americanos, britânicos, canadenses e noruegueses, comandados pelo porta-aviões nuclear *Dwight T. Eisenhower*, participaram de um exercício naval secreto no mar da Noruega. O KGB descobriu que durante o exercício tinham se realizado ensaios de silenciamento de operações de rádio inimigas e simulacros de emissões de rádio falsas, mas apenas tomaram conhecimento do exercício naval uma semana após a sua conclusão, o que, tendo em conta que fora realizado quase na costa soviética, envergonhou imensamente Iuri Andropov. Em 1983, o KGB comunicou a todas as suas seções que a Operação RYAN tinha passado à prioridade máxima, mas nenhum agente conseguiu descobrir o que quer que fosse sobre os supostos planos de Ronald Reagan. Então, ainda por cima, Reagan anunciou publicamente um plano de colocação de armas nucleares na Europa no âmbito do famoso programa de defesa Star Wars. Chegava ao fim a famosa doutrina do *Mutual Assured Destruction* (MAD), que previa a pouca possibilidade de uma guerra nuclear pelo simples fato de implicar a autoaniquilação de ambas as potências. Agora, com o *Strategic Defense Initiative* (SDI), cujo nome Star Wars foi cunhado pelo próprio presidente dos EUA, apenas uma potência seria aniquilada em caso de confronto nuclear: a URSS.

Talvez não aguentando a pressão, Leonid Brezhnev então morrera, e o Politburo, em situação de crise, resolveu nomear para secretário-geral do PCUS a pessoa encarregada da Operação RYAN, o próprio diretor do KGB, Iuri Andropov. Para o seu lugar nos serviços secretos foi Vitaly Fedorchuk, um ex-membro do SMERSH. Durante os anos 1960, tinha sido chefe da Terceira Seção do KGB, responsável pelo controle do Exército Vermelho, até que, em 1970, é nomeado chefe do KGB na Ucrânia, o posto mais alto do KGB a seguir ao de diretor-geral da agência. A este cargo chegaria naturalmente em 1982, quando o seu mentor Iuri Andropov é nomeado secretário-geral do Comitê Central. Porém, o novo secretário-geral Andropov não quis ficar sem o braço direito e nomeou-o ministro dos Assuntos Internos (cargo onde ficaria alguns anos e no qual se mostraria de tal forma incompetente, que, na época de Mikhail Gorbachev, acabaria despromovido ao pouco prestigiante lugar de inspetor-geral do Exército, onde finalizaria, vergonhosamente, os seus dias), deixando a chefia do KGB nas mãos de Viktor Chebrikov.

E a pressão na URSS continuou: entre abril e março de 1983, outra frota naval norte-americana realizou um exercício naval, desta vez no oceano Pacífico, comandado pelos porta-aviões nucleares *Enterprise* e *Midway*, mais uma vez sem que o KGB tivesse conseguido tomar conhecimento antecipadamente dele. Quando a OTAN anunciou a realização de um exercício naval próprio, marcado para novembro de 1983, todos os alarmes soaram no Kremlin e no Edifício Lubyanka. Os espiões do KGB informaram a sede de que as forças militares norte-americanas estavam prontas para atuar. Em retaliação, Iuri Andropov mobilizou secretamente todo o poderio militar soviético. O famoso Departamento V do KGB, responsável pelos denominados *mokrie dela* (ou "assuntos úmidos": sequestros, assassinatos e demais crimes de sangue, daí os assuntos serem "úmidos") e por atos de sabotagem no estrangeiro, que imobilizassem os inimigos da URSS, foi colocado em alerta vermelho. A URSS preparava-se para a Terceira Guerra Mundial. Esta apenas não começou porque, entretanto, à semelhança de Brezhnev, também Iuri Andropov não aguentou a pressão e morreu em fevereiro de 1984. No Kremlin, muitos não acreditavam na real intenção dos EUA de atacarem a URSS e, portanto, a Operação RYAN definhou sem os EUA perceberem a que pequeno ponto estiveram de ser atacados nuclearmente pelo seu rival soviético.

Um dos agentes que tentou ajudar o KGB a descobrir o que andavam tramando os EUA foi Svetlana Ogorodnikova. Conhecera o marido, Nikolai Wolfson – também ele espião soviético –, em Viena e partira com ele para território norte-americano, onde trabalhava numa empresa de produção de carne. Svetlana Ogorodnikova rapidamente seduziu um agente federal problemático, chamado Richard Miller, usando-o para descobrir informações do FBI. Porém, Miller já estava sendo alvo de um inquérito interno devido ao seu comportamento agressivo, e assim o *Bureau* começou a desconfiar também da sua amante russa. Mandaram o agente John Hunt conhecê-la, e ela ofereceu-se para ser informante do FBI perante a comunidade russa, iniciando também uma relação amorosa com Hunt. Um ano depois, disse a John

Hunt que estava grávida e que o pai da criança era ele, tentando chantageá-lo e obrigá-lo a passar-lhe informações sobre o FBI. Mas acontecia que nem Hunt era casado, nem podia ser pai de quem quer que fosse, pois tinha feito uma vasectomia anos antes. O pai era Richard Miller, há muito sob suspeita. Ele, Nikolai Wolfson e Svetlana Ogorodnikova foram detidos em 1984, sem que a agente do KGB conseguisse obter informações relevantes sobre o FBI.

Este insucesso contraria o clichê transmitido pelos filmes sobre o KGB, cujas agentes seriam *femmes fatales* irresistíveis que alcançavam o que queriam dos seus indefesos e normalmente apatetados alvos masculinos. Que isso não foi sempre verdade pode provar-se pelo caso de Einar Gerhardsen, o quase ininterruptamente primeiro-ministro norueguês de 1945 a 1965, vítima da Operação Noruega do KGB. Verna Gerhardsen, a sua mulher, tinha sido uma jovem ativista de esquerda do grupo Jovens Pioneiros da União Soviética. Em 1954, já casada com o primeiro-ministro norueguês, visitou a URSS, onde, no Hotel Intourist, em Yerevan, conheceu um jovem garboso chamado Yevgeny Belyakov, na realidade um agente do KGB, que a seduziu, gravando as relações sexuais que manteve com ela no quarto do hotel. Para que nada fosse descoberto, Verna Gerhardsen passou à URSS, durante anos, segredos militares da OTAN a que o seu marido tinha acesso. Quando o caso foi revelado, em 1996, a Noruega compreensivelmente recusou-se a comentá-lo. O KGB chamava *golondrinas* a agentes ou colaboradoras usadas para seduzir homens e chantageá-los. Como se vê, muitas vezes eram os "golondrinos" que tinham mais sucesso.

8. Quem faz o cerco acaba cercado

Em 1985, Mikhail Gorbachev era nomeado secretário-geral do Comitê Central do Partido Comunista da União Soviética. Membro do Partido Comunista desde os 21 anos de idade, Mikhail Gorbachev era licenciado pelo Instituto Agrícola de Moscou e tornara-se economista-agrônomo, profissão que a olhos ocidentais pode parecer no mínimo estranha, mas que fazia todo o sentido numa União Soviética habituada, desde os famosos Planos Quinquenais de Stalin, a juntar (com resultados desastrosos, mas desconhecidos da esmagadora maioria dos cidadãos soviéticos) planificação econômica e organização agrícola numa única área de interesse. Como economista-agrônomo e membro dedicado do PCUS, Mikhail Gorbachev subiu rapidamente na carreira política e, em 1970, escassos quatro anos após ter obtido a licenciatura, já era primeiro-secretário da Agricultura da União Soviética. A competência demonstrada em serviço terá sido tal, que, no ano seguinte, era aceito no círculo mais íntimo do poder soviético, ao ser nomeado para o Comitê Central. Num curto passo deu por si representante do Soviete Supremo – ou Parlamento do

Povo – e, em 1979, fazia parte do todo-poderoso Politburo, onde conheceu o diretor do KGB, e seu conterrâneo da pequena cidade de Stavropol, Iuri Andropov, que se tornaria, de certa forma, o seu mentor.

Por feliz coincidência, Iuri Andropov acabaria escolhido pelo Politburo para secretário-geral do Comitê Central do PCUS em 1982, ajudando Mikhail Gorbachev, durante o seu reinado à frente dos destinos da União Soviética, a ganhar influência e poder crescentes. Quando Andropov morreu, em 1984, após ter sido unanimemente considerado um reformador (pelo menos do ponto de vista de Moscou), o poder do seu protegido, Mikhail Gorbachev, arriscava-se a ser posto em causa com a nomeação para secretário-geral do Comitê Central do PCUS de Konstantin Chernenko, um velho e fiel apoiante do estalinista Leonid Brezhnev. Porém, o idoso Konstantin Chernenko iniciou a reestruturação da máquina burocrática soviética, realizou uma visita oficial ao amigo e ditador alemão Erich Honecker, ainda teve tempo de boicotar os Jogos Olímpicos de 1984, impedindo a delegação soviética de viajar a Los Angeles, em retaliação ao boicote norte-americano aos Jogos Olímpicos de Moscou quatro anos antes – e morreu. Apesar do pouco tempo que esteve à frente da URSS, o seu funeral seria magnífico, estando presente uma miríade de ditadores comunistas, do búlgaro Todor Jivkov ao húngaro Janos Kadar, passando pelo polaco Wojciech Jaruzelski, o norte-coreano Kim Il-Sung ou os inevitáveis Erich Honecker e Nicolae Ceausescu, bem como, sinais do tempo, prenunciadores do final da Guerra Fria, a primeira-ministra inglesa Margaret Thatcher e, em representação dos EUA e de Ronald Reagan, o seu braço direito e ex-diretor da CIA, inimigo mortal do ex-diretor do KGB Iuri Andropov, George Bush.

Perante tamanha sucessão de secretários-gerais do PCUS com o desanimador hábito de serem nomeados já idosos e, pouco depois da nomeação, falecerem, o Politburo decide romper com essa suicidária tradição e apontar, para novo líder da União Soviética, um jovem (ainda assim, com 54 anos de idade): Mikhail Gorbachev. Conhecendo vários países ocidentais, os quais visitara no âmbito das suas funções de primeiro-secretário da Agricultura da União Soviética e representante do Soviete Supremo, o novo secretário-geral do Comitê Central do PCUS trouxe ao Kremlin uma nova e fresca abordagem, e principalmente uma imensa vontade de reformar e agilizar a União Soviética, de maneira a garantir que continuasse a sobreviver enquanto regime socialista. Para tal, perante o olhar desconfiado da maioria dos membros do Politburo e de todos os responsáveis do KGB, decide dar seguimento às incipientes tentativas reformistas do amigo Iuri Andropov, apresentando um ambicioso projeto de reestruturação administrativa no 27º Congresso do Partido Comunista Soviético, em fevereiro de 1986, que resumiu nas expressões, que se tornariam lendárias, *glasnost* (transparência) e *perestroika* (reestruturação). Se a desconfiança do Politburo e do KGB em relação ao impetuoso Mikhail Gorbachev era muita, aumentou consideravelmente quando este, decidindo centrar os seus esforços na União Soviética e desejando deixar de dispersar a sua atenção pelo Pacto de Varsóvia, acaba com a chamada Doutrina Brezhnev, que estipulava, nas palavras do próprio ex-secretário do Comitê Central do PCUS, que "quando as forças hostis ao socialismo tentam transformar o desenvolvimento de algum país socialista em direção ao capitalismo, torna-se não só um problema do país em causa, mas um problema e uma preocupação comuns de todos os países socialistas", querendo com isso Brezhnev dizer, na prática, que a URSS invadiria militarmente qualquer país do Pacto de Varsóvia que não respeitasse na íntegra os ditames do Politburo, como sucedeu à Hungria e à Tchecoslováquia. A Doutrina Brezhnev foi assim substituída pela autorização dada por Mikhail Gorbachev – e, portanto, pela URSS – a qualquer país-satélite do Pacto de Varsóvia para adotar um regime democrático e capitalista, se assim o respectivo povo o desejasse, com total garantia da não intervenção soviética nos seus assuntos internos, postura que, por entregar de bandeja a área de influência do Leste europeu aos EUA, foi de forma bem-humorada descrita pelo porta voz do Kremlin e grande amigo de Gorbachev, Gennady Guerasimov, como a Doutrina Sinatra.

Mas Mikhail Gorbachev tinha consciência de que a implementação real da *glasnost*, da *perestroika* ou da Doutrina Sinatra dependeria, em grande medida, da anuência, ou pelo menos da indiferença, do KGB, o famoso "Estado dentro do Estado". Para tal, urgia nomear alguém para diretor dos serviços secretos que Mikhail Gorbachev pudesse, de alguma forma, controlar. A escolha recaiu em Vladimir Kryuchkov, agente do KGB que, em três anos, organizaria um golpe de Estado dos serviços secretos contra o próprio Mikhail Gorbachev. Após a derrocada da URSS, Mikhail Gorbachev tentou justificar a infeliz escolha, afirmando que tinha "ficado muito impressionado" com Vladimir Kryuchkov, porque lhe parecera "pouco profissional". A frase, aparentemente paradoxal, pois não seria provável que Gorbachev quisesse nomear um incompetente para diretor do KGB, é explicada pela maneira como os soviéticos entendiam o "profissionalismo" dos agentes do KGB, como Mikhail Gorbachev ressalvou, acrescentando, em referência aos agentes secretos, "são gente horrível, esses profissionais". Pelo menos para ele, Mikhail Gorbachev, seriam a curto prazo.

No início, porém, Vladimir Kryuchkov cumpriu o seu papel, lançando uma espécie de *glasnost* e *perestroika* particular do KGB, tentando mudar a sua organização, funções e imagem perante os cidadãos soviéticos. Essa postura inicial agradou a Mikhail Gorbachev, que reconhecia em Vladimir Kryuchkov alguém com "uma certa erudição", agradando-lhe tanto, que, de certa maneira, levou o secretário-geral do PCUS a negligenciar algumas diferenças de opinião entre ambos, que na realidade eram um abismo que os separava, uma vez que Kryuchkov opinava publicamente que a doutrina ortodoxa do Partido Comunista era, e devia sempre continuar a ser, o farol ideológico da URSS; que a URSS era uma nação una e indivisível, devendo qualquer aspiração de independência ou sequer autonomia controlada por parte das diferentes repúblicas que a compunham ser tratada como traição; que a iniciativa privada era uma atividade criminosa; e, por fim, que a pressão que se sentia por parte das potências estrangeiras – nomeadamente pelos EUA – e respectivos serviços de inteligência era causada pela instabilidade econômica, política e étnica que ameaçava desagregar a URSS (e, claro, devia ser combatida sem misericórdia pelo KGB). Por mais bem-intencionadas que as duas partes fossem, Vladimir Kryuchkov esteve sempre, desde a sua nomeação como diretor do KGB, numa inexorável rota de colisão com o reformador Mikhail Gorbachev.

Vladimir Kryuchkov nascera em 1924 na cidade de Stalingrado, símbolo ideológico da URSS. Com apenas 17 anos, no despontar da invasão nazista da URSS, Kryuchkov já integrava o esforço de guerra, trabalhando como operário metalúrgico para o Comissariado de Defesa em Stalingrado, pouco depois para o Comissariado de Defesa em Gorki e de volta ao Comissariado de Defesa em Stalingrado. Assistiu à quase total destruição da sua cidade natal pelas forças alemãs e, juntando-se à Liga Comunista da Juventude (*Kommunisticheskii Soyuz Molodyozhi*, mais conhecida pela abreviatura *Komsomol*), ajudou a defendê-la. Com 18 anos, era membro do PCUS e, após a Segunda Guerra Mundial, tornou-se subsecretário do *Komsomol* de Stalingrado, começando a entrar nos meandros da máquina burocrática soviética, com a ajuda e a proteção de Ivan Lomov, o responsável do PCUS para a reconstrução de Stalingrado.

Vladimir Kryuchkov estudou então no Instituto Jurídico Saratov, continuando os estudos por cursos de correspondência, até entrar na Alta Escola para Diplomatas do Ministério dos Negócios Estrangeiros, enveredando pela carreira de magistrado público em Stalingrado, de 1946 a 1951 – anos difíceis, em virtude da instabilidade social e da escalada na criminalidade que se seguiram à Segunda Guerra Mundial. Em recompensa pelo seu competente trabalho como magistrado público numa das maiores cidades soviéticas, Kryuchkov entrou para o próprio Ministério dos Negócios Estrangeiros como secretário, onde se assumiu como responsável pelas relações com a Polônia e a Tchecoslováquia, às quais, basicamente, fica encarregado de transmitir as ordens de Moscou – mas num período também ele conturbado nos países de Leste, quando, no período que sucedeu à Segunda Guerra Mundial, ainda tentavam resistir à influência política e militar soviética.

Estacionado na Embaixada soviética em Budapeste, de 1955 a 1959, este passo na carreira diplomática marcaria o seu futuro, pois servia às ordens do embaixador Iuri Andropov, em poucos anos diretor do KGB. Quanto a Andropov, o seu funcionário Vladimir Kryuchkov louvava a "capacidade de pensar em soluções não convencionais para solucionar problemas complexos", referindo-se provavelmente à maneira como Andropov resolveu lidar com a insurreição independentista da Hungria em 1956, solicitando a entrada das tropas soviéticas no país, esmagando o levantamento popular e levando à execução dos líderes revoltosos, não apenas húngaros, mas da maioria dos países da Cortina de Ferro. Foi nessa época, como protegido de Iuri Andropov, que Vladimir Kryuchkov conheceu outro dos seus protegidos, um jovem a quem chamavam Mikhail Sergeyevich, de apelido Gorbachev.

Trabalhando com Andropov no Departamento de Relações com os Partidos Comunistas e do Povo dos Países Socialistas do Comitê Central, Kryuchkov especializou-se em assuntos húngaros, matéria que dominava desde que trabalhara nesse país. Depois, à medida que Iuri Andropov subia na carreira, Kryuchkov acompanhava-o como seu secretário e braço direito. Então, a contragosto, segundo o próprio Kryuchkov, que não desejava na época uma carreira nos serviços secretos, seguiu o seu mentor, Andropov, quando este foi nomeado diretor do KGB, em 1967. A carreira de Kryuchkov como espião começava oficialmente. Em 1971, ficou responsável pelas operações de espionagem do KGB no estrangeiro, onde permaneceria até 1988, quando foi nomeado diretor do KGB por Mikhail Gorbachev.

Essa foi uma época de mudanças profundas no KGB. Empenhado em mostrar a "face humana" dos serviços secretos soviéticos, Kryuchkov afirmou publicamente que ao KGB cabia implementar a lei na URSS, mas que não estava ele próprio, o KGB, acima da lei, o que foi pouco menos que revolucionário para a época. Além disso, Kryuchkov apoiou duas medidas importantíssimas: que se definissem finalmente os limites jurídicos da ação do KGB (o que nunca tinha sido feito) e que se constituíssem comitês parlamentares que ajudassem o PCUS a supervisionar a ação dos serviços secretos, chegando mesmo a afirmar que, ao fazer essas significativas mudanças no KGB, estariam os soviéticos "a pedir emprestada alguma da experiência dos norte-americanos". Ainda mais incrível para alguém que acabaria por tentar depor Gorbachev, Vladimir Kryuchkov fez tudo ao seu alcance, enquanto diretor do KGB, por assegurar que a atuação dos serviços de inteligência respeitava os Direitos Humanos. Porém, Vladimir Kryuchkov continuava a ser o comunista ortodoxo que sempre fora, como se veria na tentativa de golpe de Estado que organizou.

Tudo começaria – incluindo o fim do KGB – em 18 de agosto de 1990, quando Mikhail Gorbachev, descansando na sua *datcha* (casa de férias soviética) na costa do mar Negro, protegida pela Guarda Presidencial, uma força de elite do KGB destinada à proteção dos secretários-gerais do PCUS, viu-a subitamente invadida por dois homens, que diziam representar um movimento de insurretos que tomara o poder em Moscou e que estavam ali para que Gorbachev se demitisse. Os dois homens eram o assistente pessoal de Mikhail Gorbachev, Valery Boldin, e o tenente Yuri Plekhanov, precisamente chefe da Guarda Presidencial do KGB. Yuri Plekhanov ordenou aos seus homens que prendessem Gorbachev, mas muitos deles desobedeceram às suas ordens e fizeram um círculo de proteção em volta do secretário-geral do PCUS e da sua família, mostrando-se assim leais à missão da Guarda Presidencial. Durante todo o dia, os 32 agentes do KGB fiéis a Gorbachev guardaram a *datcha*, tentaram estabelecer ligações de rádio com o exterior para perceberem o que estava se passando em Moscou (por meio da BBC, da *Radio Liberty*, transmitida de Berlim Oeste, e da *Voice of America*, transmitida dos EUA) e preparam-se para enfrentar os restantes agentes do KGB, que apoiavam os revoltosos e poderiam aparecer a qualquer momento para deter ou assassinar Mikhail Gorbachev.

Gorbachev rapidamente percebeu que o golpe de Estado havia sido organizado em grande medida por Yuri Plekhanov, chefe da Administração do KGB, que estava no seu quintal, e Vladimir Kryuchkov, que nomeara para a liderança do KGB. Cercados por agentes da Guarda Fronteiriça do KGB (outra força de elite dos serviços secretos), que fizeram uma barreira de "segurança" em volta da *datcha* e cortaram a rede telefônica da casa, Gorbachev dependia agora dos 32 membros da Guarda Presidencial que o defendiam dos seus próprios colegas do KGB. Na televisão estatal, que Gorbachev e os seus protetores conseguiam ver na *datcha*, o comandante Vyacheslav Generalov, um dos insurretos, ameaçou os homens da Guarda Presidencial e avisou-os de que, se continuassem a proteger "um traidor", seriam também eles "tratados como traidores", o que era uma inequívoca ameaça de morte. Para abater ainda mais o moral da Guarda Presidencial, Yuri Plekhanov demitiu o chefe da força de elite, o major-general Vadim Medvedev, exonerando-o do KGB e deixando assim a Guarda Presidencial entregue a si própria num limbo jurídico de não existência. Plekhanov ordenou a Vadim T. Medvedev que lhe entregasse as credenciais e se fosse embora. Medvedev, inteligente, exigiu ordens escritas, conforme o regulamento interno do KGB. Plekhanov escreveu-as num papel e entregou-as a Vadim T. Medvedev, que pouco depois estava num avião a caminho de Moscou, com a prova escrita, no bolso da farda, da traição de Plekhanov.

Entretanto, descobria-se que Valery Boldin, o braço direito de Gorbachev, era também um agente do KGB, infiltrado durante anos no círculo de amizades do influente membro do Comitê Central para o controlar e tentar influenciar a seguir uma linha de orientação política e ideológica semelhante à dos serviços secretos. Quando Gorbachev se tornou secretário-geral do PCUS, o KGB passou a ficar infiltrado, assim, no mais alto nível do poder soviético. A oportunidade do golpe de Estado, naquele mês de agosto, fora mesmo determinada por Valery Boldin, certo de que Gorbachev se demitiria sem reação. Estava enganado.

Entretanto, o KGB tinha fechado as fronteiras da URSS, supostamente para impedir os opositores ao golpe de Estado de fugirem do país. Porém, nunca uma ordem escrita foi passada pelas chefias do KGB às numerosas forças militares da Guarda Fronteiriça, o que indicava que nem todos os responsáveis dos serviços secretos apoiavam o golpe de Estado. Essa indecisão dentro das chefias do KGB era ainda mais gritante quando, segundo Alexander Fokin, o diretor do Décimo Departamento do KGB, responsável pelos centros de detenção dos serviços secretos, ele nunca recebeu qualquer ordem anterior ou posterior ao golpe de Estado para preparar as prisões do KGB a fim de receberem opositores detidos (tanto assim que *Lefortovo*, a mais notoriamente infame prisão do KGB, continuou com as obras de reparação e pintura, que decorriam há semanas). Por último, o major-general Oleg Kalugin, o mais feroz crítico da atuação dos serviços secretos soviéticos, foi avisado por alguém do próprio Sétimo Departamento do KGB de que algo estava se passando e que seria preso em breve, tendo conseguido desaparecer antes que o assassinassem.

Precisamente ao Sétimo Departamento do KGB, responsável pelo famoso Grupo Alpha, a força de elite antiterrorista do KGB, foi dada a ordem de cercar e invadir a Casa Branca, o edifício da Federação Russa onde Boris Ieltsin tinha montado o quartel-general da resistência ao golpe de Estado. Mikhail Golovatov, o chefe do Grupo Alpha, mandou cercar o edifício, mas, percebendo que não poderia invadir a Casa Branca, onde permaneciam mais de 500 apoiantes armados de Boris Ieltsin, sem causar um derramamento de sangue, simplesmente ignorou a ordem dos seus superiores do KGB e não a invadiu, até porque, como Mikhail Golovatov explicou mais tarde, a ordem "era ilegal". Pela primeira vez desde que fora criado, em 1974, o Grupo Alpha desrespeitava uma ordem do KGB. Quando o KGB tentou reagir, a multidão de cidadãos moscovitas que cercara a Casa Branca para a proteger assumira um tamanho tal, que nenhum tanque conseguiria chegar sequer perto dela.

Quando Mikhail Gorbachev volta finalmente a Moscou, a confusão alarga-se a toda a cidade, e Vladimir Kryuchkov, ainda diretor do KGB, acaba revistado e preso pelo Exército. Juntamente com Plekhanov e Boldin, acaba no Centro de Interrogação nº 4, no qual também são detidos, à espera de julgamento, mais sete conspiradores. No dia seguinte, 22 de agosto, o *Collegium* do KGB (comitê de agentes seniores) publica uma nota na qual assegura que "a conspiração, que foi derrotada pela ação determinada das forças democráticas do país, não pode ser considerada de qualquer outra forma que não um ataque contra os órgãos constitucionais do poder, a cuja defesa o KGB é dedicado: o KGB da URSS não teve nada que ver com esses atos anticonstitucionais", mas não consegue explicar como é que, assim sendo, um dos principais conspiradores era o próprio diretor do KGB, Vladimir Kryuchkov.

Vladimir Kryuchkov é substituído na chefia do KGB por Vadim Bakatin, que fica liderando uma força secreta que teria entre 400 mil e 700 mil agentes. Segundo as suas próprias contas – uma das primeiras coisas que fez quando foi nomeado –, o KGB teria, aproximadamente em 1991, uns 488 mil agentes. Mas era aceito que, pelo contrário, os serviços secretos soviéticos teriam por volta de 720 mil agentes, pois existiam 180 mil oficiais do KGB, e o *ratio* oficial da organização era de quatro funcionários por cada oficial. Sob qualquer ponto de vista, era uma organização gigantesca, com um poder, portanto, imenso.

O golpe de Estado, organizado em parte pelo KGB, e que pretendia devolver a unidade territorial e política ortodoxa da URSS, ameaçada pela declaração de autonomia jurídica da Federação Russa levada a cabo por Boris Ieltsin um ano antes, tinha falhado. A titubeante atuação de Gorbachev durante o golpe de Estado não lhe trouxe muita popularidade, ficando na prática esvaziado de qualquer poder, que se transferiu precisamente para Boris Ieltsin, o herói da resistência, como os cidadãos moscovitas o viam agora. Os pratos do poder pendiam, de vez, para as diferentes repúblicas, e não para a monolítica URSS, que começava a se desintegrar. Após uma sucessão de declarações de independência de várias dessas repúblicas, reunidas na nova *Sodruzhestvo Nezavisimykh Gosudarstv* (Confederação de Estados Independentes), Gorbachev, no dia de Natal de 1991, demite-se de secretário-geral do PCUS, declarando a extinção definitiva do próprio cargo e entregando simbolicamente os poderes e as funções de que se revestia a Boris Ieltsin, presidente da Rússia. No dia seguinte, o Soviete Supremo dissolve-se a si próprio. A Rússia assumiu a dívida pública soviética, e a URSS, nesse mesmo dia, acabou.

Em 22 de agosto de 1991, à noite, cidadãos russos arrancaram a enorme estátua de Felix Dzerzhinsky, que permanecia desde 1958 na praça com o mesmo nome, em honra do primeiro diretor da *Cheka*. A estátua tombou aos pés do Edifício Lubyanka. E assim, com esse ato simbólico, morria também o KGB.

9. Levantada dos mortos?

Porém, se a URSS morreu, o KGB ressuscitou em duas organizações distintas, o *Federal'naya Sluzhba Bezopasnosti Rossiyskoy Federatsii* (Serviço de Segurança Federal da Federação Russa) ou FSB, e o *Sluzhba Vneshney Razvedki* (Serviço de Inteligência Externa da Federação Russa) ou SVR.

O FSB herdou do KGB as funções de contraespionagem, segurança interna e segurança fronteiriça, herdando ainda, de forma bastante simbólica, o antigo e nefastamente conhecido quartel-general do KGB, no Edifício Lubyanka. Boris Ieltsin começou por recauchutar a KGB, transformando-a no *Federalnaya Sluzhba Kontrrazvedki* (Serviço de Contrainteligência Federal) ou FSK, que, como o próprio nome indica, teria supostamente a benéfica missão, não de espiar países estrangeiros, mas apenas de proteger a nova Federação Russa das ameaças dos serviços secretos dos restantes países. O FSK ainda viu passar por ele três fugazes presidentes, Viktor Barannikov, Nikolai Golushko e Sergei Vadimovich Stepashin. Porém, em 14 de junho de 1995, rebeldes tchetchenos, liderados por Shamil Basayev, tomaram de assalto o hospital de Budyonnovsk, perto da fronteira russa com a Tchetchênia. Shamil Basayev conseguiu entrar na cidade com uma coluna inteira de caminhões militares camuflados, invadindo a Câmara Municipal de Budyonnovsk, onde hastearam a bandeira tchetchena, não sem antes invadirem o posto da polícia e passarem a controlá-lo. Com a entrada na cidade de tropas do Exército russo e agentes do FSK, os rebeldes tchetchenos acantonaram-se no hospital da cidade, fazendo entre 1.500 e 1.800 reféns, incluindo 150 crianças e vários recém-nascidos, todos ameaçados de morte por Shamil Basayev caso as suas reivindicações independentistas não fossem aceitas por Boris Ieltsin, exigindo-lhe que retirasse as tropas russas da Tchetchênia.

Não tendo sido aceitas, os rebeldes tchetchenos começaram por assassinar um refém, seguindo-se mais cinco. As tropas russas que cercavam o hospital, orientadas por agentes do FSK, tentaram invadi-lo por três vezes, sem quaisquer resultados práticos que não fosse a morte de vários reféns, que, segundo as autoridades russas, eram usados pelos tchetchenos como escudos humanos. Nunca se soube ao certo quantos reféns morreram durante as tentativas de invasão, mas o uso desastrado da força acabaria por virar a opinião pública russa contra o presidente Boris Ieltsin e o primeiro-ministro Viktor Chernomyrdin, tendo Boris Ieltsin ficado exasperado com a atuação do FSK durante a crise, decidindo reorganizar os serviços secretos. A primeira encarnação do KGB chegava ao fim pouco após ter surgido.

Em 1995, nasce assim, em seu lugar, o FSB, que tem se evidenciado ao longo de todos esses anos na luta contra o terrorismo interno e na bem-sucedida detenção de centenas de espiões estrangeiros em território russo. Dotado da ordem de assassinar inimigos da Rússia no estrangeiro desde 1996, o implacável FSB conseguiu até o momento abater todos os autoproclamados presidentes da Tchetchênia, Dzhokhar Dudaev, Zelimkhan Yandarbiev, Aslan Maskhadov e Abdul-Khalim Saidullaev, tendo ainda – ao contrário do que os homens do FSK não tinham conseguido fazer em Budyonnovsk – abatido todos os terroristas tchetchenos envolvidos na crise dos reféns do Teatro Dubrovka, em Moscou, e da escola de Beslan, apesar da censura mundial, e mesmo interna, pelos métodos dos serviços secretos e pela brutalidade usada durante os cercos, acusados de não terem minimamente prestado atenção à segurança dos reféns. Até hoje, o FSB ainda é acusado de, à semelhança dos seus antepassados KGB, NKVD, OGPU e *Cheka*, pressionar, controlar ou mesmo tentar assassinar opositores políticos de Moscou, como a jornalista Anna Politkovskaya e o próprio agente do FSB (e ex-agente do KGB) Alexander Litvinenko, que acusou as suas chefias de terem um plano para assassinar o conhecido oligarca Boris Berezovsky, e que adoeceria misteriosamente em Londres, onde faleceria, vítima, segundo todos os indícios, de envenenamento por polônio-210, colocado numa xícara de chá por um agente do FSB.

O FSB, descendente do KGB, poderá ser uma das agências que mais poder tem no seu país hoje em dia. Basta lembrar, não apenas o alcance do FSB dentro e fora das fronteiras russas, mas também que a Rússia, descrita tantas vezes como uma "democracia musculada" e um "Estado policial", é dirigida com mão de ferro há quase duas décadas por um ex-agente do KGB chamado Vladimir Putin. De certa maneira, de um "Estado dentro do Estado", como a definiu em tempos Nikita Khrushchev, o KGB pode ter-se tornado, atualmente, o próprio Estado.

Para finalizar, lembramos um dos muitos agentes que ao longo dos anos serviram o KGB. Uma misteriosa espiã chamada Rita Elliot, que atuava na Austrália; tendo levantado suspeitas ao *Australian Secret Intelligence Service* (ASIS) por se envolver com muitos homens que trabalhavam ou de alguma forma estavam ligados à pesquisa nuclear australiana, Rita Elliot, que se chamava na realidade Esfir Yurina, abandonou o país em 1961, tendo sido posteriormente estacionada pelo KGB na Índia, e mais tarde no Paquistão, onde para sempre se perdeu o seu rastro. O especial em Esfir Yurina é a profissão que ela tomou para o seu disfarce: trapezista de circo que andava, sem rede, na corda bamba. Dificilmente se encontraria melhor metáfora para o que significou, ao longo de quase um século, ser agente dos serviços secretos soviéticos.

Diretores da agência russa ao longo da história

Diretores da *Cheka*

1917-1918: Felix Dzerzhinsky

1918-1918: Yakov Peters

1938-1922: Felix Dzerzhinsky

Diretores do NKVD/GPU

1922-1923: Felix Dzerzhinsky

Diretores do NKVD/OGPU

1923-1926: Felix Dzerzhinsky

1926-1934: Vyacheslav Menzhinsky

Diretores do NKVD/GUGP

1934-1936: Genrikh Yagoda

1936-1938: Nikolai Yezhov

1938-1953: Lavrentiy Beria

Diretores do KGB

1954-1958: Ivan Serov

1958-1961: Alexander Shelepin

1961-1967: Vladimir Semichastny

1967-1982: Iuri Andropov

1982-1988: Viktor Chebrikov

1988-1991: Vladimir Kryuchkov

1991-1991: Leonid Shebarshin

1991-1991: Vadim Bakatin

III - MI6
(Serviços Secretos Britânicos no Exterior)

1. Os avós do James Bond

> "Nós, espiões, embora tenhamos a nossa mística profissional, talvez vivamos mais perto da realidade e dos difíceis fatos das relações internacionais do que outros profissionais do Governo. (...) Não temos de desenvolver, como os parlamentares condicionados pelas suas vidas, a capacidade de produzir a frase pronta, a resposta inteligente e o sorriso brilhante. E por isso não é de estranhar que hoje em dia o espião se encontre como o guardião principal da integridade intelectual."
>
> Sir Richard White, diretor do MI6 (1956-1968)

A espionagem não nasceu na Inglaterra com o MI6. No entanto, a Inglaterra terá mesmo sido o primeiro país europeu a conceder uma atenção especial à espionagem e à contraespionagem, durante o problemático reinado de Isabel I (1533-1603). Até essa época, a sempre necessária obtenção de informações sobre potências rivais estava a cargo de diplomatas ou nobres presentes nas cortes estrangeiras, de um modo amador, não se distinguindo muitas vezes a sua atividade da pura e simples bisbilhotice. O fato de muitas vezes cobrarem dinheiro pelas informações também não ajudava a discernir a sua veracidade.

Foi então no reinado de Isabel I, conturbado por obstinadas disputas entre católicos e protestantes, sendo os primeiros apoiados pela Espanha, o grande inimigo da Inglaterra, que emergiu a excêntrica figura, mesmo para os padrões da época, de Sir Francis Walsingham.

Nomeado secretário de Estado por Isabel I em 1573, Sir Francis Walsingham tinha sido sempre obcecado pelos segredos da corte, desde as ligações sentimentais ilícitas dos nobres aos segredos de alcova da própria rainha, não deixando entrar quem quer que fosse no seu gabinete, desconfiado como era, sem antes esconder toda a correspondência que tinha em cima da secretária. A sua personalidade curiosa – para colocarmos a questão de uma maneira simpática – fez com que, no espaço de meses após ser nomeado secretário de Estado, tivesse montado uma extensa e tentacular rede de informantes, a quem prometia, a troco de informações, proteção real.

Começou por espiar famílias católicas e padres, de quem suspeitava tecerem conspirações contra a protestante Isabel I, mas rapidamente os seus informantes se espalharam muito para além de Inglaterra, estabelecendo-se na França e na Espanha. Na Inglaterra, a sua obstinada procura de segredos levou a que dezenas de supostos conspiradores, traidores ou opositores da rainha acabassem pendurados na forca.

Com a derrota da famosa Armada Invencível em 1588, Sir Francis Walsingham viu-se de repente sem necessidade de espiar o principal, mas agora completamente derrotado, inimigo. Tendo desbaratado a conspiração de Maria da Escócia contra Isabel I, nem por isso a rainha de Inglaterra resolveu apoiar financeiramente Sir Francis Walsingham, que na prática sustentava a sua rede de informantes do próprio bolso, acabando por morrer na miséria. E, hoje em dia, todo o seu metódico e quase paranoico esforço de angariar informações sobre os inimigos da Inglaterra é apenas lembrado pela possibilidade, nunca provada, de o famoso dramaturgo Christopher Marlowe, o grande rival de William Shakespeare, ter sido um dos seus espiões e, por isso, supostamente assassinado numa rixa.

Porém, o seu exemplo e legado foi aproveitado pelo todo-poderoso Oliver Cromwell, que criou uma rede de espiões em tudo semelhante à de Sir Francis Walsingham, para o ajudar a controlar com mão de ferro as revoltas católicas na Irlanda (motivadas por sucessivas fomes que assolaram o território) e as suas bem-sucedidas campanhas militares contra a Espanha.

Essa rede de espiões cada vez mais profissionais (no tempo de Sir Francis Walsingham não passavam, na sua maioria, de antigos ladrões, chantageadores e cafetões) tornou-se oficial em 1782, quando foi criado o *Foreign Office*, subsidiado anualmente por um fundo monetário do Parlamento britânico, o *Secret Service Vote*, ainda que, nos dois séculos que se seguiram, esse fundo tivesse sido repetida e descaradamente usado pelos mais diversos primeiros-ministros em proveito próprio, mormente para financiarem as suas campanhas eleitorais, o que fez os ainda incipientes serviços secretos ingleses caírem em desgraça perante a população, que neles pouco mais via que um poço sem fundo o qual não tinha controle de corrupção política.

A desconfiança da população inglesa em relação aos seus serviços secretos tornou-se ainda mais aguda quando, em 1867, eclodiu a violenta campanha bombista dos Fenians, protagonizada pelo *Fenian Brotherhood* ou *Irish Republic Brotherhood*, precursor do IRA (*Irish Republic Army*), que perseguia a independência da Irlanda. A incapacidade do *Foreign Office* de prever a campanha e a dificuldade de lidar com ela fez com que muitos ingleses começassem a não perceber para que servia exatamente o *Foreign Office*, se não conseguia impedir ataques bombistas na própria Inglaterra. O futuro dos serviços secretos britânicos parecia, assim, incerto.

2. De olho no *Kaiser*

Entretanto, o mundo mudava. No alvorecer do século XX, a poderosa Inglaterra via-se ameaçada por potências emergentes. Se, com a Revolução Industrial, ocorrida na Inglaterra desde meados do século XIX, que transformou o país na primeira nação industrializada do mundo, a supremacia britânica sobre os seus rivais era incontestável; à medida que outros países começaram a industrializar-se, esse domínio foi paulatina mas inexoravelmente posto em causa. A Índia britânica via-se sob ameaça da nova imperialista e expansionista Rússia de Nicolau II, as possessões no Sudeste Asiático do Império Britânico passavam a ser cobiçadas pelo Japão do imperador Yoshihito, com quem a Inglaterra se viu compelida a assinar um tratado de não agressão. Porém, de todas as potências emergentes que colocavam em causa a hegemonia britânica, a mais preocupante, e também a mais próxima, era a alemã. A nova Alemanha, recentemente unida pelo *Kaiser* Guilherme I em torno do projeto militarista de Otto von Bismarck, tinha, no início do século XX, começado a construir uma enorme e ameaçadora marinha de guerra, indicador óbvio das intenções alemãs de, à semelhança da Inglaterra, ter um império colonial. E estendendo-se o Império Britânico a todos os cantos do mundo, apenas haveria uma maneira de a Alemanha construir o seu próprio império ultramarino: atacando e anexando partes do Império Britânico.

No Gabinete de Guerra britânico, o responsável pela inteligência militar, o general John Spencer Ewart, estava convencido de que a Alemanha se preparava para, a qualquer momento, atacar a Inglaterra. Uma autêntica vaga antigermânica tomou conta da Inglaterra, passando-se a desconfiar de qualquer alemão residente no país, olhado agora como um mais do que provável espião. Os jornais, mais ou menos sensacionalistas, publicavam diariamente fantasiosas notícias sobre redes de espionagem alemãs, que estariam sendo formadas em pleno território britânico. A desconfiança, rapidamente confirmada, de que os serviços secretos alemães teriam ajudado os Bôeres durante a cruel luta de guerrilha que opôs a Inglaterra aos Africânderes, entre 1899 e 1902, parecia apenas provar, se necessário ainda fosse, as intenções militaristas da Alemanha.

Além disso, naqueles primeiros tempos do século XX, aos desejos expansionistas da Rússia, Japão e Alemanha, juntava-se a eclosão súbita e espetacular na cena internacional de uma nova potência industrial que parecia determinada em acabar com a hegemonia britânica no mundo, com a qual, ainda por cima, a Inglaterra tinha travado há pouco mais de um século uma dura guerra: os Estados Unidos da América, a "fábrica do mundo", como começava então a ser conhecida.

Em todo o lado, a Inglaterra via emergirem inimigos ou potenciais inimigos, fossem eles militares (como a Alemanha) ou somente econômicos (como os EUA). Mas as ameaças ao Império Britânico, reais ou não, provocaram um *zeitgeist* na população britânica de "fim de império", com toda a ansiedade que uma nova ordem mundial acarreta em quem vê perigar a sua posição de liderança. Urgia, portanto, proteger os interesses britânicos a todo o custo. A partir daí, os acontecimentos precipitaram-se.

Em 1903, William Melville, o diretor do secreto *Special Branch da Metropolitan Police*, foi encarregado pelo Diretório de Operações Militares de procurar espiões alemães na Inglaterra, enquanto o seu assistente, Henry Dale Long, foi enviado em sucessivas missões de espionagem para a própria Alemanha, fazendo-se passar por um comerciante inglês interessado em construção naval.

Em 1908, Henry Wilson, diretor de Operações Militares do Exército britânico, visitou secretamente a fronteira franco-belga com a Alemanha, tendo descoberto, para sua consternação, que a Alemanha estava construindo na zona uma linha ferroviária que poderia ser facilmente usada para transportar as tropas do *Kaiser*.

Entre março e julho de 1909, o Comitê de Defesa Imperial britânico reuniu-se três vezes, tendo concluído que tanto os franceses como os alemães tinham serviços secretos relativamente bem organizados e, pelo contrário, a Inglaterra "não tinha qualquer organização para rivalizar com essa espionagem nem determinar com rigor a sua extensão ou objetivos". Na segunda reunião, John Spencer Ewart, responsável pela inteligência do *War Office*, perguntou "se não poderia ser criado um pequeno departamento de serviços secretos". Um subcomitê liderado por Sir Charles Hardinge, vice-secretário permanente do *Foreign Office*, foi estabelecido para analisar a proposta.

Em 28 de abril de 1909, o subcomitê apresentou um relatório, que não poderia em qualquer circunstância ser copiado, onde propunha a criação de um departamento de espionagem independente do Exército, ainda que em constante articulação com este, que teria três propósitos: servir de intermediário entre o Exército e os espiões estrangeiros que quisessem vender informações ao Governo britânico; enviar agentes por toda a Inglaterra para, em colaboração com a polícia local, tentar perceber o alcance da espionagem estrangeira no território; e, por último, servir de intermediário entre o Exército e um departamento que seria criado para procurar informações secretas no estrangeiro.

Quanto à composição desse futuro departamento, ficou decidido que seria formado por ex-militares, aos quais se juntariam detetives privados contratados especificamente para o efeito, enquanto Henry Dale Long seria o agente permanentemente sediado na Europa Continental, em Bruxelas. Ficou ainda decidido que o custo do novo departamento seria de 2 mil libras por ano. O dinheiro viria do famoso – e para a população inglesa bastante duvidoso – *Secret Service Vote*.

Arrendada uma sede no nº 64 de Victoria Street, em Westminster, restava encontrar quem mandasse no novo departamento. O *War Office* nomeou o capitão Vernon Kell, fluente em francês, russo, alemão e mandarim, antigo responsável do *War Office* para o Extremo Oriente, enquanto o Almirantado nomeou o comandante Mansfield Smith-Cumming.

A nomeação de Mansfield Cumming para diretor do novo departamento revelava a maneira ainda informal como a Inglaterra encarava os seus serviços secretos, uma vez que o comandante, por muito competente que fosse, não tinha qualquer experiência em espionagem ou sequer conhecida inclinação para ela. Ainda assim, a escolha de Mansfield Cumming, que assinava as suas cartas com a simples e lacónica inicial "C", se revelaria, no futuro, incrivelmente acertada.

No novo *Secret Service Bureau* cabia aos agentes do *War Office*, liderados por Vernon Kell, centrarem-se na contraespionagem, controlando os espiões estrangeiros em solo britânico, enquanto aos agentes do Almirantado, até por fazerem parte da Marinha e estarem mais habituados a conhecer o estrangeiro e todo o Império Britânico, cabia, sob a liderança de Mansfield Cumming, a espionagem no exterior. O MI6 começava a tomar forma.

3. Espiões atolados nas trincheiras

Em 28 de junho de 1904, o arquiduque Francisco Fernando, herdeiro do Império Austro-Húngaro, era assassinado em Sarajevo pelo estudante Gavrilo Princip, membro da *Crna Ruka* (Mão Negra), organização secreta que defendia a independência de todos os territórios sérvios e bósnios sob domínio austro-húngaro, visando a formação da Grande Sérvia. De imediato, o Império Austro-Húngaro declara guerra à Sérvia, precipitando um efeito dominó em que aliados e opositores políticos dos austro-húngaros declaram guerra uns aos outros. A tão receada guerra contra a Alemanha do *Kaiser* eclodira.

Como forma de responder eficazmente ao clima de conflito que viria a culminar na Primeira Guerra Mundial, o *Secret Service Bureau* foi oficialmente dividido em dois grandes departamentos: os agentes do *War Office* ficaram agrupados no

Security Service, enquanto os agentes do Almirantado ficaram agrupados no *Secret Intelligence Service*. Porém, seria pelos nomes com que eram informalmente tratados no Exército que ficariam para sempre conhecidos. Se o *Security Service* era tratado por *Military Intelligence*, Section 5, o *Secret Intelligence Service* era referido como *Military Intelligence*, Section 6. Nasciam então o MI5 e o MI6.

Ainda assim, no início da Primeira Guerra Mundial, a atividade do recém-criado *Secret Intelligence Service* não foi o que se poderia considerar um sucesso. Incapaz de criar uma rede organizada de espiões em solo alemão, limitava-se muitas vezes a coligir informações díspares, que lhe chegavam de empresários ingleses. A paranoia sobre espiões alemães que tomou a Inglaterra de assalto também não ajudou a uma busca fria e ponderada. De repente, os ingleses viam um espião em qualquer alemão que vivesse no país ou mesmo qualquer pessoa com um sotaque que lhes lembrasse, ainda que vagamente, a língua alemã.

A obsessão com espiões alemães chegou ao ponto de todos os criadores de pombos terem se tornado suspeitos de colaborarem com o inimigo, porque as autoridades policiais britânicas desconfiavam que as aves estariam sendo usadas como pombos-correio para passar informações confidenciais aos alemães. A *Scotland Yard* chegou a prender um cidadão estrangeiro que estava sentado num parque de Londres, e que nem sequer era alemão, apenas porque um pombo resolveu pousar ao seu lado. Desnecessário será dizer que os alemães nunca usaram pombos-correio durante a guerra para efeitos de espionagem.

Porém, apesar dos insucessos, essa foi a época em que começou a forjar-se a lenda do MI6, antes mais pelo recurso, depois por agentes inusitados. Enquanto outros serviços secretos recrutavam militares, o MI6 começou, durante a Primeira Guerra Mundial, a tradição de contratar insuspeitos escritores.

Foi assim que um dos escritores de maior sucesso da época, W. Somerset Maugham, autor do famoso romance *Of Human Bondage*, foi recrutado na Suíça por John Arnold-Wallinger, chefe do *Indian Political Intelligence Office*, para missões de espionagem do MI6 contra a conspiração hindu-alemã, organizada pelo chamado *Berlin Committee* ou *Indian Inde Pendence Committee*, sediado na Alemanha, para promover a independência da colônia britânica, a "Joia da Coroa". O que representaria, tanto em termos econômicos como militares – milhares de tropas indianas participaram na Primeira Guerra Mundial – um rude golpe para a Grã-Bretanha.

O movimento independentista era apoiado diretamente pelo chanceler alemão, Theobald von Bethmann-Hollweg, enquanto a sua organização estava a cargo de Max von Oppenheim, diretor do *Nachrichtenstelle für den Orient*, o departamento dos serviços secretos alemães encarregado de incentivar ou desencadear revoltas populares contra o colonizador britânico na Índia, na Pérsia, no Afeganistão e no Egito, e responsável ainda pela decisão do sultão Mehmed V, líder do Império Otomano, em declarar a *Jihad* a Inglaterra.

W. Somerset Maugham ajudou o MI6 a controlar e travar com sucesso as sublevações instigadas pelo *Nachrichtenstelle für den Orient*, enquanto, como forma de retaliação, os serviços de espionagem do Exército britânico, nomeadamente o *Arab Bureau* do *Foreign Office*, usavam T. E. Lawrence, mais tarde conhecido como Lawrence da Arábia, para convencer as populações árabes a sublevarem-se contra os otomanos, aliados dos alemães. E não deixa de ser irônico e sintomático do que é ser espião que W. Somerset Maugham, o primeiro escritor a popularizar a cultura e a religião hindu naquele que é talvez o seu romance mais famoso, *The Razor's Edge* (*O Fio da Navalha*), tenha ajudado a frustrar os desejos independentistas indianos.

O MI6, liderado pelo incansável Mansfield Cumming, conseguiria ainda, durante a Primeira Guerra Mundial, prender 22 espiões alemães, tendo 11 deles sido executados por alta traição, incluindo o famoso poeta e nacionalista irlandês Sir Roger Casement, que tinha descoberto as atrocidades cometidas pelo imperador Leopoldo II na sua colônia privada do Congo Belga e inspirado o seu amigo Joseph Conrad a escrever o lendário romance *Heart of Darkness* (*O Coração das Trevas*). Ludibriado pela Alemanha a pensar que o Kaiser apoiaria militarmente uma revolta na Irlanda, aceitou espiar a favor dos alemães. Descoberto pelo MI6, acabaria detido na Torre de Londres e executado em 1916.

Mansfield Cumming conseguiu ainda vários sucessos em termos de contraespionagem no próprio território alemão por meio da *La Dame Blanche*, uma organização ultrassecreta – tão secreta que apenas nos últimos anos se soube da sua existência – montada pelo MI6 na Bélgica e dividida à maneira militar em batalhões. Continha aproximadamente 400 agentes (incluindo mais de uma centena de mulheres e 44 padres) encarregados de obter informações sobre os movimentos das tropas alemãs.

Durante a Primeira Guerra Mundial, o MI6 não pôs em prática, como vimos, espetaculares operações de espionagem, como o grande público está habituado a entendê-las. Mas numa guerra de trincheiras, em que se passavam meses para avançar escassos metros na frente de batalha e em que o simples avanço desses exíguos metros se tornou, a certo momento, o único propósito do conflito, é natural que ao MI6 não restasse, como a qualquer outra agência de espionagem envolvida no conflito, pouco mais do que tentar descobrir quais os próximos movimentos das tropas inimigas. E essa missão foi plenamente cumprida.

Como vimos ainda, coube ao MI6 a tarefa hercúlea de defender os interesses estratégicos britânicos no seu vasto império, tentando impedir, em operações sigilosas de contraespionagem, as ações subversivas dos serviços secretos alemães nas várias colônias, tentando sublevar as diferentes populações que o constituíam e implodi-lo. E também essa missão foi alcançada pelo MI6, podendo assim considerar-se a sua atuação durante a Primeira Guerra Mundial um sucesso.

Apesar disso, com o final da Grande Guerra e a vitória dos Aliados, cortes orçamentais no MI6 (recorrentes ao longo da história da organização, como veremos) levariam a um enfraquecimento dos serviços secretos ingleses e ao encerramento de várias das suas delegações. Porém, além da vitória do seu país no conflito mundial, Mansfield Cumming tinha conseguido também a sua pequena vitória particular: transformar o MI6 na principal, senão única, organização inglesa encarregada da espionagem no exterior, acabando com as indefinições anteriores e suplantando o MI5 e os serviços de inteligência do *Foreign Office*. Mansfield Cumming podia assim esperar uma nova oportunidade para o MI6 mostrar serviço. A distante e gélida Rússia rapidamente lhe daria uma.

4. Escaramuça de classes

Na realidade, a ação dos homens de Mansfield Cumming na Rússia ocorreu ainda durante a Primeira Guerra Mundial. Porém, preferimos dedicar-lhe um capítulo à parte, porque não se integram, de todo, no esforço de guerra britânico. Na realidade, a Rússia, durante a guerra, era tecnicamente aliada dos britânicos contra a Alemanha. Portanto, não seria previsível que a Inglaterra tentasse intervir – "interferir" seria a palavra mais correta – nos destinos políticos e internos de um aliado.

No entanto, o sagaz Mansfield Cumming teve, durante o conflito, a perspicácia de perceber que o Império Alemão, o Império Austro-Húngaro e o Império Otomano estavam condenados à derrota, e que essa capitulação levaria necessariamente a uma nova ordem mundial. Com os três impérios inimigos desagregados, o único império que restaria para rivalizar com o britânico seria o russo. Mas não era a constante tentativa da Rússia czarista de ganhar influência na Ásia, à custa do Império Britânico, que preocupava Mansfield Cumming. O que o preocupava era a Revolução Russa, que ocorrera em plena Grande Guerra.

Mansfield Cumming percebeu que a conquista do poder pelos bolcheviques de Vladimir Lênin, com a sua ideologia marxista, significava o emergir de uma lógica no concerto das nações, em que a nova Rússia comunista, e não a Alemanha, se tornaria a principal inimiga da Inglaterra. E Mansfield Cumming tinha razão.

Talvez antes que qualquer outra pessoa, muito antes dos norte-americanos o terem feito, o diretor do MI6 percebeu o perigo para as potências ocidentais da ascensão de um poderoso império comunista que entrava em confronto direto, em termos ideológicos, com elas. Mansfield Cumming, de certa maneira, intuiu o que mais tarde se tornaria na Guerra Fria. E, homem de ação como era, tratou logo em 1918 de entrar nesse combate.

O homem escolhido, para além dos escritores W. Somerset Maugham e Arthur Ransome, foi o primeiro agente do MI6 a incorporar todas as qualidades que a cultura popular mais tarde atribuiria, de forma mais ou menos correta, aos seus espiões: o tenente Sidney Reilly.

Sidney Reilly, que ficaria conhecido como Ace of Spies (Ás dos Espiões), trocadilho com *ace of spades* (ás de espadas), nem sequer era inglês. Russo e judeu, Sidney Reilly, mestre de enganos, sempre cultivou uma aura de mistério em torno da sua figura, o que torna difícil, ainda hoje, destrinçar a verdade do mito.

Nascido em Odessa, com o nome Georgi Rosenblum ou Salomon Rosenblum, Sidney Reilly tanto se dizia filho de um comerciante irlandês como de um pastor protestante ou, mais espalhafatosamente, de um rico latifundiário russo.

Perseguido pelos serviços secretos czaristas, a temida *Okhrana*, por fazer parte de um grupo revolucionário, teria mudado de nome para Sigmund Rosenblum e fugira, após simular a sua morte, num cargueiro inglês a caminho da América do Sul. No Brasil, tendo adotado o nome "Pedro", sobreviveu à custa de instáveis empregos, tendo um deles sido, em 1985, o de cozinheiro de uma expedição dos serviços secretos do Exército britânico ao país, onde terá salvado a vida do major Charles Fothergill, atacado por nativos. Como recompensa, Charles Fothergill teria dado a Sigmund Rosenblum o passaporte inglês (até que ponto o major Charles Fothergill tinha poderes para tal foi sempre algo que Sidney Reilly nunca explicou) e um bilhete para Inglaterra no próximo navio.

Chegado à Grã-Bretanha, Sigmund Rosenblum adotaria o nome Sidney Rosenblum. O fato de essa versão da sua história, defendida pelo próprio Sidney Reilly, fazer lembrar o enredo do *best-seller Ben Hur* – publicado em 1980 pelo escritor Lew Wallace, nomeadamente a passagem heroica em que o príncipe judeu Judah Ben-Hur, condenado às galés, salva a vida do general romano Quintus Arrius, e este, como recompensa, faz dele seu herdeiro – não fez ninguém desconfiar, na época, por estranho que pareça, da sua veracidade.

Na realidade, Salomon Rosenblum foi para Inglaterra fugindo, não à *Okhrana*, mas à Polícia francesa, após ter roubado e assassinado, juntamente com o seu cúmplice, Yan Voitek, dois revolucionários italianos num subúrbio de Paris. Instalado em Londres, foi contratado como informante do *Special Branch* de Inteligência da

Scotland Yard por William Melville, devido à sua fluência em russo, para controlar a vasta comunidade imigrante da capital inglesa.

Nos anos seguintes, a sucessão de episódios duvidosos na sua vida não teve fim. Primeiro, a sua suposta participação na misteriosa morte do reverendo Hugh Thomas, de cuja mulher era amante, tendo a causa da morte súbita do reverendo sido diagnosticada como gripe por um desconhecido médico chamado T. W. Andrew, bastante parecido, segundo testemunhas, com Salomon Rosenblum. Casando com a viúva, que acabara de herdar a considerável fortuna do seu marido, mudaria então de nome, com a ajuda de William Melville, para Sidney George Reilly. Depois, já rico, mas sempre aventureiro, participou como agente duplo na guerra travada entre o Japão e a Rússia (1904-1905), aproveitando para ganhar vastas quantias de dinheiro em contrabando.

Mas foi no final da Primeira Guerra Mundial que os serviços de Sidney Reilly mais foram usados pelo MI6. Tinha passado a maior parte do conflito nos EUA negociando armas, como uma espécie de agente duplo por conta própria, simultaneamente à Alemanha e à Rússia, acabaria recrutado por Mansfield Cumming para tentar sabotar a Revolução Bolchevique. Sidney Reilly, russo de nascimento, era a pessoa ideal.

A outra pessoa ideal era Bruce Lockhart, um escocês funcionário do *Foreign Service* que tinha sido vice-cônsul britânico em Moscou. Se Sidney Reilly era uma figura no mínimo excêntrica, Bruce Lockhart não lhe ficava atrás, famoso na época pela profissão que provavelmente qualquer pessoa hoje em dia menos associaria a um espião: futebolista. Bruce Lockhart era um conhecido jogador de futebol em Cambridge e, assim que chegou à Rússia, foi contratado por uma equipe local, sagrando-se nesse mesmo ano campeão da *Liga Moscovita*.

Quando estalou a Revolução Russa, Bruce Lockhart era já cônsul britânico em Moscou, tendo sido obrigado a abandonar a cidade. Mas rapidamente voltaria a Moscou, em 1918, dessa vez com a companhia de Sidney Reilly, para protagonizar o que ficaria conhecido como o Lockhart Plot. A serviço do MI6, Reilly e Lockhart embarcariam numa missão ultrassecreta que tinha tanto de arriscada como de ambiciosa e, de um ponto de vista moral (mas a moralidade é assunto alheio à espionagem), duvidosa: assassinar Vladimir Lênin.

Nesse ano de 1908, Reilly e Lockhart encontraram-se em Moscou com o contrarrevolucionário Boris Savinkov, que integrara o governo provisório e moderado de Alexander Kerensky após a revolução. Tendo formado uma guerrilha antibolchevique, Reilly e Lockhart acordaram em financiá-la com fundos do MI6. Além disso, Reilly encetou contatos com membros desiludidos da guarda letã pessoal do Kremlin, cuja proximidade com Vladimir Lênin poderia ajudá-lo a assegurar a sua detenção.

Em setembro de 1918, Reilly e Lockhart decidiram que o golpe de Estado contra os bolcheviques teria lugar durante a reunião do *Sovnarkom*, o Conselho de Comissários do Povo, que se realizaria no Teatro Bolshoi, o antigo orgulho do czar. Porém, Reilly e Lockhart não poderiam prever que, no final de agosto, Fanya Kaplan, membro do Partido Socialista Revolucionário (inimigo dos bolcheviques) tentasse assassinar Vladimir Lênin.

O líder soviético escaparia ao atentado com pequenos ferimentos, mas o ataque de Fanya Kaplan serviu de desculpa a Lênin e aos serviços secretos soviéticos, a *Cheka*, para iniciarem um sangrento período de seis anos, que ficaria conhecido como o "Terror Vermelho", durante o qual milhares de opositores políticos dos bolcheviques seriam executados, incluindo, logo nesse mês de setembro, todos os russos que estavam envolvidos com Reilly e Lockhart na conspiração contra Lênin.

Reilly conseguiu fugir da União Soviética após uma série de peripécias que aumentariam a sua lenda. Lockhart não teve tanta sorte. Detido finalmente pela *Cheka*, que o procurava desde a tentativa do MI6 de sequestrar o czar Nicolau II aos bolcheviques e levá-lo para Londres, foi condenado à morte. A sua vida apenas seria poupada porque os bolcheviques o trocaram, com o Governo inglês, pelo diplomata e espião russo Maxim Litvinov, preso em Londres.

Bruce Lockhart voltaria a Inglaterra, onde continuaria uma bem-sucedida carreira como agente do MI6. Já Sidney Reilly, que fora condenado à morte *in absentia* no mesmo julgamento de Lockhart, acabaria por ser detido na URSS em 1925, em missão do MI6, e executado. A fama de Sidney Reilly era, no entanto, tão grande, que muitos na Inglaterra não acreditaram que o *Ace of Spies* tivesse se deixado apanhar, garantindo que a sua morte não passara de uma encenação e que teria passado a trabalhar como espião para a União Soviética.

Lendário ou não, o Lockhart Plot significou, de qualquer ângulo possível, um rotundo fracasso para o MI6 e um fracasso pessoal para Mansfield Cumming. No entanto, a sua obstinação em considerar a URSS como o principal perigo para a Inglaterra não esmoreceu, sendo fervorosamente apoiado nessa opinião por Vernon Kell, diretor do MI5. Ao longo dos anos seguintes, tanto Mansfield Cumming como Vernon Kell centrariam os esforços de espionagem e contraespionagem, que lideravam, no combate à ameaça bolchevique, uma decisão que, embora compreensível e mesmo inteligente, se revelaria, a prazo, um enorme erro.

5. Entre Belfast e Berlim

Ao longo dos anos 1920 e 1930, a principal preocupação do MI6 e do MI5 continuou, de fato, a ser a URSS. A única distração foi a guerra caseira contra os independentistas irlandeses. Após uma série de operações de contraespionagem do MI5 no Ulster, o MI6 foi chamado para entrar no terreno e usar os seus agentes para combater os resilientes guerrilheiros do IRA. Relutante contra o envolvimento dos seus homens num território que, para todos os efeitos, fazia parte da Grã-Bretanha, quando a jurisdição do MI6 estava reservada ao estrangeiro e às colônias distantes do Império Britânico, Mansfield Cumming teve, no entanto, de anuir ao pedido do primeiro-ministro Lloyd George.

Mansfield Cumming ficou encarregado de organizar um ramo especial do MI6 destinado a operar na Irlanda, denominado *Dublin District Special Branch*. O novo ramo do MI6 era composto por duas dezenas de agentes treinados especialmente para o efeito, aos quais o diretor do MI6 juntou agentes de sua confiança, que com ele tinham trabalhado durante a Primeira Guerra Mundial no Egito e na Índia.

O *Dublin District Special Branch* era profissional e aguerrido, mas a missão correria horrivelmente mal quando a implacável equipe de contraespionagem do IRA, conhecida apenas como *The Squad* (A Equipe), liderada pelo lendário Michael Collins, assassinou 14 dos agentes de Mansfield Cumming estacionados em Dublin, conhecidos como o *Cairo Gang* (O Gangue do Cairo). A retaliação da *Royal Irish Constabulary*, a força policial britânica encarregada da segurança na Irlanda, foi não menos implacável. Abrindo fogo indiscriminadamente sobre as pessoas que assistiam a um jogo de futebol no estádio Croke Park, acabaria por matar 14 espectadores inocentes. Esse violento dia passaria para a posteridade como o *Bloody Sunday*.

Mansfield Cumming nunca mais permitiu que os seus homens fossem usados na Irlanda. Pouco tempo depois, em 14 de junho de 1923, o primeiro e mais carismático diretor do MI6, amante das altas velocidades ao volante do seu *Rolls-Royce*, morria em Londres.

O almirante Hugh Sinclair, que o substituiu na chefia do MI6, continuou a pensar, como Mansfield Cumming, que a URSS era a grande ameaça ao Império Britânico. A ideia não era disparatada. O MI5 de Vernon Kell tinha, na realidade, abortado uma conspiração da URSS para provocar uma revolução do proletariado na Grã-Bretanha, apoiada por sindicalistas ingleses e vários membros do Partido Trabalhista, conspiração que faria com que as relações entre este e o MI5 fossem tensas até o final da Guerra Fria.

A Alemanha, derrotada, humilhada e esquartejada após o Tratado de Versalhes, não ocupava a mente de quase ninguém. Pelo contrário, o emergente chanceler do país, conhecido no seu NSDAP (*National sozialistische Deutsche Arbeiterpartei*) como o *führer*, merecia inclusive a simpatia das várias camadas da elite econômica, cultural e nobiliárquica britânica.

Após o caos da República de Weimar e o crescente isolacionismo dos EUA, bem como a sensação de que o Império Britânico estava a entrar lentamente em decadência, Adolf Hitler era visto como o homem capaz de liderar a Europa a uma nova era de prosperidade por muitos ingleses influentes, não apenas Sir Oswald Mosley, líder do *British Union of Fascists*. Não tinha sido Adolf Hitler a devolver o orgulho nacional aos Alemães e a reconstruir o seu país, esforço personificado nas maravilhosas *autobahn*, as extensas e largas autoestradas que rasgavam toda a Alemanha? Quando Sir Oswald Mosley exigiu que os judeus fossem expulsos da Inglaterra, a proposta foi entusiasticamente apoiada pelo poderoso duque de Bedford e pelo duque de Westminster, o maior latifundiário inglês.

Curiosamente, os serviços secretos britânicos, não apoiando Adolf Hitler, não estavam muito longe dessa opinião. Quanto a Vernon Kell, o diretor do MI5, este era da opinião de que a reconstrução do Exército alemão tinha em vista apenas a possibilidade de autodefesa em caso de um ataque soviético. Para ele, o terrorismo irlandês, esse sim, era o maior perigo à Inglaterra.

Se em 1908, Henry Wilson, o diretor de Operações Militares do Exército britânico, tinha ficado alarmado com a linha ferroviária construída pelos alemães na fronteira franco-belga, desta vez nem Vernon Kell nem Hugh Sinclair pensaram que as *autobahn* pudessem estar sendo criadas, não para cidadãos alemães passearem o fim de semana, mas para o transporte rápido e eficiente de tropas até a mesma fronteira franco-belga.

Porém, os ingleses não estavam sozinhos. Se Franklin Roosevelt – a quem o ministro da Propaganda alemão, Dr. Joseph Goebbels, apelidava publicamente de "mesquinho judeu" – enviava uma carta a Adolf Hitler agradecendo-lhe a promessa de que as nações mais fracas da Europa nunca seriam atacadas pela Alemanha, a revista norte-americana *Time* considerava Adolf Hitler o "homem do ano". Pouco tempo depois, a Alemanha, que nunca atacara as nações mais fracas da Europa, invadia, em menos de um mês, a Polônia, a Holanda e a Bélgica.

Enquanto as tropas alemãs marchavam em triunfo pela Europa continental, cantando *Wir fahren gegen England* (Marchamos contra a Inglaterra), o novo primeiro-ministro britânico, Winston Churchill, que alertara o Parlamento, anos antes, para o perigo do Partido Nazista, era informado da invenção ultrassecreta, por parte dos cientistas do Exército britânico, do radar. Churchill, que já tinha enviado vários agentes do MI6 para operações de propaganda antialemã na Europa, autorizava agora uma das operações mais notáveis dos serviços secretos durante a Segunda Guerra Mundial: a criação de um centro de interrogatórios do MI6 destinado a obter informações de generais alemães capturados.

O centro foi preparado por Stewart Menzies, o novo diretor do MI6, nomeado apenas duas semanas após a Inglaterra entrar na guerra, que afirmava ser filho bastardo do rei Eduardo VII.

Trent Park, como seria tratado dentro do MI6 o *Combined Services Interrogation Center*, estava localizado em Enfield, um subúrbio verdejante de Londres, numa magnífica mansão pertencente aos Sassoon, a influente família indiana de origem judaica conhecida pelo seu poder económico desde que o fundador da linhagem, Abraham ibn Shoshan, ganhou fortuna como financeiro na Espanha do século XIV.

O golpe de génio de Stewart Menzies tinha sido decidir não ter um centro de interrogatórios normal, onde os detidos fossem interrogados com o recurso à violência psicológica ou física. Stewart Menzies sabia que os militares alemães estariam treinados para resistir a semelhantes agruras. Além do mais, interrogatórios convencionais poderiam servir, como tantas vezes haviam servido no passado aos agentes do MI6 apanhados em cativeiro durante a Primeira Guerra Mundial, para, fingindo ter chegado ao limite da sua resistência, o interrogado fornecer informações falsas aos interrogadores.

Assim, Stewart Menzies mandou esconder por toda a mansão centenas de pequenos microfones, construídos para o MI6 pela BBC. A mansão foi ainda mantida como estava, com as suas mobílias luxuosas. Os detidos alemães teriam assim supostamente direito, como altos quadros do Exército que eram, a todos os confortos possíveis e imaginários, incluindo a melhor comida.

Relaxados, com um falso sentimento de impunidade, os militares alemães, julgando estarem num simples centro provisório de detenção, acabariam, em conversas informais trocadas ao jantar ou enquanto bebiam uísque e jogavam uma partida de *pool*, por divulgar, aos microfones escondidos, segredos sobre o Terceiro Reich e as movimentações da *Wehrmacht* que nunca contariam sob interrogatório. Os agentes do MI6 ouviriam e traduziriam todas as conversas, ajudados por exilados alemães e austríacos fugidos do Terceiro Reich.

Os analistas do MI6 decidiram depois os alvos que deviam ser capturados: generais da *Wehrmacht* e oficiais das *Waffen SS* e da *Kriegsmarine*. Enquanto o Exército britânico não conseguisse capturar altas patentes germânicas, o MI6 colocaria em *Trent Park*, sob prisão, oficiais de baixa patente da *Wehrmacht* e da *Kriegsmarine* capturados na costa britânica. O logro do MI6 era tal que esses oficiais recebiam diariamente cópias falsificadas do *Daily Express* (cujo dono, Lord Beaverbrook, era uma figura importantíssima da coligação parlamentar que sustinha politicamente o Governo de Winston Churchill), onde abundavam notícias e manchetes sobre esmagadoras vitórias militares inglesas, que, na realidade, não existiam. A preocupação instalada entre os oficiais alemães levou-os a dizer o que não queriam. O esquema do MI6 tinha resultado.

Essa operação, porém, está envolta em controvérsia, uma das maiores que já envolveu o MI6 ao longo dos seus mais de cem anos de existência. Desde o final da Segunda Guerra Mundial, sempre permaneceu a dúvida sobre o quanto os Aliados, nomeadamente os norte-americanos e os britânicos, sabiam acerca da deportação de judeus para o Leste europeu e da consequente "Solução Final". As transcrições das conversas gravadas em *Trent Park* permaneceram confidenciais durante décadas. Até que, em 2007, quando foram tornadas públicas a um reduzido número de investigadores e historiadores, descobriu-se, com consternação, que o MI6 obtivera em *Trent Park*, escutando condecorados generais nazistas ali detidos, informações detalhadas sobre o Holocausto. Como se não bastasse, as transcrições mostram o general da *Wehrmacht*, Dietrich von Choltitz – apelidado "o salvador de Paris" por se ter recusado a cumprir as ordens de Adolf Hitler, no final da guerra, de destruir completamente a capital francesa (como o Exército alemão tinha feito a Varsóvia e Stalingrado) e enterrado em 1966 na presença agradecida de altas patentes do Exército francês –, confessando ter assassinado sistematicamente judeus na Crimeia.

Essa não foi, porém, a única decisão do MI6 de caráter moralmente reprovável durante a guerra em relação aos judeus. Stewart Menzies participou, ainda que contrariado, do plano de Winston Churchill, durante o Blitz, de ordenar a agentes duplos do MI6 que passassem informações falsas à *Luftwaffe* sobre a localização das bombas alemãs que caíam em Londres, de maneira a que o Exército alemão pensasse que o centro de Londres estava, na realidade, muito mais a leste, nos bairros predominantemente habitados por judeus.

Stewart Menzies alertou Winston Churchill para o perigo que seria virar a população judaica da Inglaterra – se o plano se tornasse público – contra o Governo, numa época em que se começava a tomar conhecimento pelos jornais das atrocidades cometidas contra os judeus pelos alemães. Churchill, no entanto, manteve-se inflexível, e Menzies cumpriu as suas ordens. Julgando estar bombardeando a City, a *Luftwaffe* faria uma campanha de destruição sobre os bairros judeus de Londres, matando mais de seis mil habitantes locais.

Além do mais, após a derrota da Alemanha, quando milhares de refugiados judeus compraram barcos, por mais velhos que fossem, muitas vezes a preço de ouro, com a intenção de partirem para a Palestina, onde lhes tinha sido prometido pelo Governo britânico que seria criado o novo Estado de Israel, o MI6 participou ativamente numa campanha destinada, por meio de atrasos burocráticos propositados na passagem de vistos e na sabotagem dos barcos, a impedir que os sobreviventes do Holocausto embarcassem rumo à Palestina, na época ainda parte do Império Britânico.

Quando a população judaica descobriu a participação do MI6 na operação, esta foi cancelada apressada e envergonhadamente por Stewart Menzies. Apesar disso, surpreendentemente, a Mossad colaboraria sem ressentimentos com o MI6 poucos anos depois, durante a Crise do Canal de Suez.

Mas sem dúvida que o mais conhecido sucesso do MI6 durante o conflito foi a decifração dos códigos germânicos. O MI6, ao contrário do que se pensa, não era inexperiente nesse campo. Já nos anos 1920 tinha com sucesso quebrado os códigos soviéticos, usando as informações obtidas para organizar a desventurada operação de Bruce Lockhart e Sidney Reilly. O trabalho da lendária equipe de decifradores de Bletchley Park, aliás, não podia ter chegado em melhor momento, porque a Segunda Guerra Mundial, tal como a Grande Guerra, tinha começado para o MI6 da pior maneira.

Logo no início do conflito, altos oficiais do MI6, levados a reuniões com supostos informantes alemães, tinham sido detidos na Holanda e na Áustria por agentes da *Abwehr*, os poderosos serviços secretos da *Wehrmacht*. À medida que as tropas do Terceiro Reich avançavam sobre a Polônia, aliado histórico da Inglaterra e cuja invasão pelos nazistas levou a Grã-Bretanha a declarar guerra a Adolf Hitler, mais oficiais e agentes do MI6 tinham sido capturados, não apenas pela *Abwehr*, como pela polícia política privada do NSDAP, a *Gestapo*.

Contudo, se os agentes de campo do MI6 pareciam ser apanhados como moscas, o brilhante grupo de jovens matemáticos e criptologistas de Bletchley Park, trabalhando na recatada Station X, tinha conseguido quebrar os códigos ultrasecretos da *Abwehr*, o sistema *Ultra*, produzido pela máquina de decifração *Enigma*, que o Exército alemão pensava ser absolutamente inquebrável.

Em posse das valiosas informações, e com a ajuda de um jovem e inexperiente grupo de espiões norte-americanos do recentemente formado OSS (*Office of Strategic Services*), liderado por Allen Dulles, o MI6 conseguiu coordenar com a *Royal Navy* operações no oceano Atlântico e no oceano Pacífico, que levariam ao torpedeamento de vários U-boats alemães e ao princípio da queda da orgulhosa *Kriegsmarine*. Com esta praticamente fora de combate, os oceanos Atlântico e Pacífico passaram a ser estradas abertas aos poderosos porta-aviões norte-americanos, carregados de bombardeiros B-52, pese a forte resistência, no Pacífico, da Marinha japonesa.

Já no fim da guerra, o fracasso voltaria a assombrar o MI6, ainda que na época ninguém o tenha percebido. O astuto e empreendedor Allen Dulles tinha criado um pequeno grupo de informantes na Europa, onde tanto cabiam opositores alemães ao nazismo como oficiais nazistas mais ou menos arrependidos. Apesar de reconhecer o voluntarismo de Dulles, Stewart Menzies olhava com condescendência e altivez para os seus esforços, que considerava quase amadores (atitude pedante que Allen Dulles considerava generalizada entre os ingleses, razão pela qual os odiava).

Quando Allen Dulles começou a levar a sério a propaganda lançada por Joseph Goebbels sobre as reais intenções da entrada do Exército Vermelho na Alemanha, e que passariam por continuar a expansão militar soviética pela Europa, um dos melhores agentes do MI6 desacreditou Allen Dulles perante Stewart Menzies. Dulles, no entanto, continuou a acreditar na versão sobre o expansionismo soviético e, assim que a guerra acabou, alcançou o primeiro grande sucesso do OSS: sequestrar, nas barbas do diretor dos serviços secretos russos, estacionado na própria cidade de Berlim (Lavrentiy Beria, braço direito de Stalin), o famoso cientista alemão Wernher von Braun, o inventor dos mísseis V-1 e V-2, que tanto tinham aterrorizado os londrinos, mandando-o para os EUA, onde, alguns anos depois, seria o grande responsável pelo programa espacial norte-americano.

Allen Dulles conseguiu ainda sequestrar dos cativeiros russos o general Reinhard Gehlen, responsável na *Abwehr* por espiar a URSS, levando-o também para Washington, juntamente com oito pastas repletas de documentos da *Abwehr* contendo informações sobre agentes do OSS supostamente a soldo da URSS, sobre a vida pessoal de Stalin, sobre os reais planos soviéticos para ocupar depois da guerra todos os países conquistados pelos nazistas e a extensa lista de nomes de todos os espiões alemães sob as ordens de Reinhard Gehlen. Estes seriam mais tarde reagrupados pela sucessora do OSS, a CIA, novamente às ordens de Reinhard Gehlen, numa equipe de espionagem dos serviços secretos da nova República Federal Alemã, equipe essa que se revelaria essencial no combate ao KGB na Europa do pós-guerra.

Stewart Menzies não tomou qualquer atitude semelhante, aceitando como verdadeiras as informações do seu agente sobre a URSS. O agente que o convencera de que a URSS não tinha qualquer intenção de ocupar países europeus chamava-se Kim Philby e era uma toupeira do KGB no MI6.

A Segunda Guerra Mundial tinha entretanto acabado. Infelizmente para a Inglaterra, o Império Britânico parecia seguir-lhe as pisadas. A sensação que do conflito haviam emergido duas novas superpotências, os EUA e a URSS, era geral e palpável. O domínio britânico sobre os mares e sobre o mundo tinha chegado ao fim. Quando a Grã-Bretanha aceitou o empréstimo dos EUA, decidido pelo novo presidente Harry Truman, de quase quatro bilhões de dólares para a reconstrução do país, o Império Britânico finava-se. Sobrava apenas agora uma Inglaterra transformada em escombros, aceitando a ajuda financeira da nova potência e reconhecendo-a, portanto, como tal. No início da guerra, Winston Churchill havia confortado os ingleses, citando William Shakespeare e dizendo-lhes que "esta Inglaterra nunca se deitou, nem nunca se deitará, aos pés orgulhosos de um conquistador". Agora, pouco mais de cinco anos depois, a Inglaterra estava ajoelhada aos pés do seu credor.

Não foi apenas a Inglaterra que percebeu que o seu reinado chegara ao fim. O próprio MI6, no pós-guerra, viu a sua posição de rainha entre as agências de espionagem terminar. Stewart Menzies, atônito mas conformado, via como aquele grupo de jovens liderado pelo pouco sofisticado Allen Dulles, nos quais ele apenas admirara um certo fanatismo cristão que os levava ao amor patriótico aos EUA, voltarem à Europa como agentes da mais poderosa agência de espionagem que o mundo já vira: a nova CIA.

Enquanto o MI6 lutava para sobreviver a mais um corte substancial do seu orçamento, liderando agora meros mil funcionários, a CIA surgia já com cinco mil funcionários e com um orçamento quase ilimitado. Se o MI6 se via confrontado, do lado dos seus inimigos soviéticos, com uma nova e reforçada agência de espionagem, o KGB, empenhado em destruir os serviços secretos britânicos, via-se, do lado dos seus aliados norte-americanos, confrontado com uma nova CIA apostada em torná-los irrelevantes.

Quando o Governo britânico lançou a ideia – tentando poupar no orçamento dedicado à inteligência e criar novos serviços secretos que pudessem rivalizar com a CIA – de fundir o MI6 com o MI5 numa organização única, em que o MI5 teria preponderância, Stewart Menzies jogou a toalha. Em 1952, demitia-se de da função de diretor do MI6.

Antes, em 1947, já tinha visto como a magnífica Índia, esse território britânico onde centenas de agentes do MI6, graduados em Oxford e Cambridge, velavam pela Pax Britannica enquanto bebiam digestivos em esplendorosos hotéis de alabastro, como essa Índia, a "Joia da Coroa", com o apoio quer da CIA, quer do KGB, se tornava independente. O mundo glamoroso da espionagem que conhecera tão bem não passava agora de uma recordação.

Stewart Menzies morreria em 1968, ainda assim satisfeito por ver como a fusão entre a sua amada agência e o MI5 nunca chegara a ser concretizada.

6. Por baixo da cortina

Após a Segunda Guerra Mundial, as atenções do MI6 viraram-se para a URSS. As forças de ocupação soviéticas estacionadas na parte leste da Alemanha, após a queda do Terceiro Reich, não pareciam ter qualquer intenção de a abandonar.

Tudo poderia ter sido diferente se o presidente Roosevelt tivesse seguido a opinião do seu mais brilhante militar, o general George S. Patton, que gostava de usar um revólver num coldre à maneira do velho faroeste e que, com as suas tropas estacionadas a poucas centenas de metros da Berlim ainda fumegante pelas bombas, recebera ordens da Casa Branca para não entrar na capital alemã, deixando que o duro esforço de lutar contra as últimas e cada vez mais fanáticas tropas nazistas (a maioria saída diretamente da Juventude Hitleriana) quarteirão a quarteirão, rua a rua, ficasse a cargo do Exército Vermelho, evitando assim mais baixas norte-americanas.

George S. Patton considerou essa decisão um grave erro, advertindo Roosevelt de que, caso o Exército Vermelho entrasse primeiro em Berlim, nunca mais de lá sairia. A Casa Branca não concordou, uma vez que o orgulhoso Roosevelt pensava saber dar a volta, com o seu inegável charme, em qualquer político, incluindo Stalin. Infelizmente, George Patton tinha razão.

Com a URSS estacionada, não apenas na parte leste de Berlim, como em vários territórios "libertados" ao jugo nazista, como a Polônia, a Tchecoslováquia e a Hungria, o poder soviético parecia imparável e, pior, insaciável. Winston Churchill disse no Parlamento britânico que uma "cortina de ferro" caíra sobre a Europa, e tinha razão. Cabia agora ao MI6 tentar que essa cortina não acabasse por cobrir também a Inglaterra.

A luta com a URSS e o KGB foi dura, mas recheada de pequenos sucessos. Stewart Menzies havia sido substituído na direção do MI6 por John Sinclair, um advogado cujo sogro era o poderoso arcebispo da Cantuária, o líder da Igreja Anglicana.

Tendo servido no Exército britânico durante a Primeira Guerra Mundial na Rússia, então recentemente transformada em União Soviética, John Sinclair testemunhara em primeira mão a realidade comunista e, vendo a incapacidade desta em criar bens de consumo, previra que a economia soviética acabaria por implodir, arrastando consigo a URSS. John Sinclair estava certo, mas a sua previsão demoraria 70 anos para concretizar-se.

Entretanto, como diretor do MI6, John Sinclair tinha de lidar com uma URSS, que, com bens de consumo ou sem eles, possuía um enorme arsenal nuclear e temíveis serviços secretos, como o KGB. Ao contrário de Stewart Menzies, John Sinclair tinha consideração pela CIA e esforçou-se para que o MI6 colaborasse ativamente com a inteligência norte-americana. Em negociações secretas, moderadas pelo onipresente Bruce Lockhart, o MI6 acordou com a CIA que, quanto à Ásia, os serviços secretos britânicos ficariam responsáveis pelo controle e contraespionagem em Cingapura, Malásia, Burma e Hong Kong (todos territórios ainda pertencentes ao cada vez mais incipiente Império Britânico), enquanto a CIA controlaria a Tailândia, o Laos, o Camboja e o Vietnã, uma decisão de John Sinclair que, como se sabe, viria a ter um imenso efeito na História em poucas décadas, quando os EUA invadiram este pequeno país asiático.

Contudo, a colaboração entre o MI6 e a CIA também se estenderia à Europa, passando as duas agências a trabalhar em conjunto contra o KGB. A primeira colaboração, no entanto, não correu bem. Tentando contrariar a influência soviética nos Balcãs, a CIA e o MI6 recrutaram centenas de *partisans* – os famosos resistentes iugoslavos, primeiro à Alemanha nazista, e depois à URSS –, que orientaram no campo de treinos do MI6 em Portsmouth. Treinados para combater as forças soviéticas, foram enviados de volta à Iugoslávia, onde seriam imediatamente detidos e, na sua maioria, executados pelo KGB. Mas esse trágico percalço não esmoreceu o ânimo de John Sinclair.

Em 1956, o diretor do MI6 lançou a sua mais ambiciosa operação. O Estado-Maior soviético na Áustria, centro nevrálgico do poder soviético na Europa, então um país transformado num ninho de espiões, estava localizado no Hotel Imperial, uma deslumbrante recordação dos tempos áureos do Império Austro-Húngaro. O KGB, estacionado no hotel, estava em contato direto e diário com o Kremlin.

A delegação do MI6 em Viena conseguira com sucesso colocar as comunicações do KGB sob escuta, e todos os dias enviava mais de uma centena de gravações para Londres. Essa pequena vitória levou John Sinclair e o seu amigo Allen Dulles, então já diretor da CIA, a pensarem grande: espiar o quartel-general do Exército Vermelho na Europa, localizado em Zossen und Wünsdorf, na agora denominada RDA (República Democrática Alemã). Controlando as comunicações do Exército Vermelho, o MI6 e a CIA teriam acesso antecipado aos planos militares da URSS e poderiam informar os EUA e a OTAN sobre eventuais ataques soviéticos à Europa Ocidental.

Mas, dessa vez, não seriam usadas simples escutas. Pelo contrário, John Sinclair decidiu escavar um túnel diretamente por baixo do quartel-general do Exército Vermelho, mesmo nas barbas do KGB e da *Stasi*, os serviços secretos da RDA.

Especialistas do MI6 foram enviados a Zossen und Wünsdorf para escolherem a melhor localização onde iniciar a construção do túnel, acabando por decidir-se por um local nas imediações da fronteira da RFA (República Federal Alemã) com a RDA. O plano seria executado juntamente com uma equipe de engenheiros do Exército norte-americano e teria o nome de código Stopwatch. A operação seria liderada por um jovem agente do MI6, George Blake, que trabalhara até aí às ordens de Ian Fleming.

Os agentes do MI6, fingindo ser simples funcionários aeronáuticos da RFA, começaram por construir no local escolhido uma imensa estação de radar, que serviria, supostamente, para aviões civis fazerem o trajeto entre Zossen und Wünsdorf e Berlim. Na realidade, a estação servia apenas para esconder o imenso buraco que o MI6 estava escavando no solo. Mas escavar um túnel que teria quase um quilômetro de extensão envolvia retirar toneladas e toneladas de terra. O Exército Vermelho desconfiaria imediatamente da necessidade de tanta terra ser retirada do solo para se construir uma simples estação de radar, que, na prática, pouco mais era do que um enorme armazém.

Para iludir o Exército Vermelho e o KGB, os agentes do MI6 entravam no estaleiro de obras transportando caixotes identificados como sendo de peças de radar, mas que, na realidade, estavam vazios. Os agentes do KGB viam então os trabalhadores sair da estação com os mesmos caixotes, após aparentemente terem entregado as peças. Na realidade, os agentes do MI6 saíam da estação com caixotes não vazios, como o KGB pensava, mas carregados de terra: 300 toneladas, ao longo da Operação Stopwatch.

Quando o túnel foi finalmente concluído, em 1955, tendo custado a astronômica soma de 30 milhões de libras, a equipe de escutas do MI6 instalou-se por baixo do quartel-general do Exército Vermelho. A equipe começou a interceptar milhares de comunicações trocadas entre o Exército Vermelho e Moscou. A Operação Stopwatch, liderada pelo jovem e intrépido George Blake, tinha sido um sucesso.

Mas esse sucesso durou pouco tempo. Poucos meses após a construção do túnel, este foi descoberto por engenheiros soviéticos que tentavam averiguar os prejuízos causados à rede elétrica local por uma tempestade. John Sinclair, sentindo-se profundamente envergonhado por ver como o projeto – que custou milhões de libras ao MI6 – acabara quase imediatamente após ter começado, demitiu-se.

O que John Sinclair não sabia é que a construção do túnel, liderada por George Blake, sofrera um problema desde o início: George Blake sempre fora um agente duplo do KGB durante a sua ainda curta mas fulgurante carreira nos serviços secretos britânicos. Nunca ninguém desconfiou, nem sequer Ian Fleming, o seu mentor, que o aconselhara ao diretor do MI6 como a pessoa ideal para dirigir a Operação Stopwatch. Ironicamente, o túnel de John Sinclair foi escavado por uma "toupeira".

7. Mau tempo no canal

No novo mundo saído da Segunda Guerra Mundial, já sem a Índia, os ingleses tentavam agarrar-se ao que restava do outrora imenso Império Britânico. O MI6, como não podia deixar de ser, estava na frente desse esforço.

O moribundo Império Britânico era agora ameaçado na sua segunda "Joia da Coroa", o Egito. Naquele território, os agentes do MI6, ainda agarrados ao modo de vida de antigamente, separados da população local pelos terraços inacessíveis dos hotéis de luxo, onde viviam e conspiravam, principalmente no faustoso Gezira Sporting Club, não conseguiam perceber o ressentimento ou mesmo o puro ódio com que essa população encarava a presença não apenas deles, mas de todo e qualquer inglês na ainda colônia.

Exasperada por ver como os seus próprios políticos continuavam a aceitar mansamente o controle britânico, a população alargou o ódio também a eles. Como se não bastasse, aos espiões britânicos juntavam-se agora, com a aparente anuência destes, os espiões da recém-criada Mossad, a agência de espionagem dos novos inimigos da população egípcia, os israelitas (ali presentes para, liderados pelo agente Wolfgang Lotz, assassinarem todos os cientistas e ex-oficiais nazistas que tinham fugido para o Cairo, algo que o *Kidon*, o ultrassecreto esquadrão de execução da Mossad, faria com sucesso). Para piorar toda a situação, o fim do mandato britânico na Palestina, passada para jurisdição de Israel, fizera com que todos os esforços britânicos de domínio do Oriente Médio se centrassem agora precisamente no Egito.

No Cairo estava também Kermit Roosevelt, neto do antigo presidente dos EUA Theodore Roosevelt, que durante a Segunda Guerra Mundial tinha sido o chefe do OSS para o Oriente Médio, bem como James Eichelberger, o chefe da CIA para a região, um estudioso fluente em árabe e fervorosamente anticolonialista. Ambos estavam no Egito para secretamente apoiar um jovem e impetuoso militar antibritânico, cujo movimento já antes tinha sido financiado ainda durante a guerra pelo gabinete de Franklin Roosevelt, por meio da CIA, com mais de 10 milhões de dólares. O seu nome era Gamal Abdel Nasser, e este se tornaria em breve a maior dor de cabeça do MI6 e do primeiro-ministro britânico, Anthony Eden.

Atacado todos os dias por uma campanha violenta de propaganda contra si, que partia do jornal *Akhbar el Yom* (propriedade de Mustafa Amin, um agente secreto da CIA), o presidente pró-britânico do Egito, Mohammed Neguib, acabaria por renunciar ao cargo, sucedendo-lhe Nasser, para júbilo da população. Instruído pela CIA, Nasser começou por assegurar ao Governo britânico que desejava manter todos os laços estabelecidos com a Grã-Bretanha ao longo de séculos, não tencionando obter à força o controle do canal do Suez, o mais importante ponto estratégico da região e talvez, naquela época, do mundo.

O MI6 não acreditou. O seu novo diretor, Dick White, começou em 1956 a planejar, juntamente com a Mossad e os serviços secretos franceses, e à revelia da CIA, um plano para proteger o canal de Suez do ataque que, estava certo, Nasser lançaria.

Entretanto, o primeiro-ministro britânico, Anthony Eden, tentou um truque diplomático espantoso: convencer o Irã e o Iraque a assinarem um acordo, segundo o qual a Inglaterra iria em auxílio militar dos dois países caso a URSS decidisse atacá-los, com as numerosas tropas do Exército Vermelho ameaçadoramente estacionadas no Sul da Rússia, para lhes controlar a produção petrolífera. O plano de Anthony Eden era levar o Egito a assinar também o acordo e, assim, devido ao auxílio militar que a Inglaterra poderia ter de prestar ao país, justificar a continuação de tropas inglesas no território, nomeadamente, claro, no canal de Suez.

Nasser recusou, enfurecendo Anthony Eden. Mas ainda o enfureceria mais, quando, pouco tempo depois, assinou um acordo de compra de material militar soviético.

Foi nessa época que Dick White resolveu que era o momento de se livrarem de Gamal Nasser. Dois agentes do MI6 disseram-lhe ter sido contatados por informantes ligados ao Exército egípcio e que este estaria disponível para perpetrar um golpe de Estado, impedindo que Nasser colocasse o país na órbita de influência soviética. Dick White levou o plano ao Governo britânico, que o recusou por julgá-lo incerto e imprevisível.

No entanto, todos os dias, o 1,5 milhão de barris de petróleo que passavam pelo canal do Suez a caminho da Europa Ocidental continuavam viajando pelo país governado agora por um líder pró-soviético. Era uma questão de tempo até a URSS se apoderar do canal. Nasceu então, em Downing Street, a convicção de que Nasser devia ser não deposto, mas assassinado. O primeiro-ministro Anthony Eden, em particular, era talvez o mais entusiasta apoiante da ideia. Urgia agora matar o "fantoche soviético", como Eden lhe chamava.

O MI6 foi naturalmente chamado. Levantava-se uma questão: não existia no MI6 (ao contrário da crença popular) uma "ordem para matar" dada aos seus agentes, principalmente estando em causa o líder de outro país. Como então poderiam eles assassinar Nasser? O departamento legal do MI6 analisou a situação e decidiu que, segundo a prerrogativa da organização para defender a Inglaterra a qualquer custo, a agência teria legitimidade para fazê-lo se os interesses britânicos estivessem seriamente em causa, como pareciam estar. O plano avançou.

Sem que disso alguém no MI6 desconfiasse, os movimentos da agência estavam sendo seguidos de perto pela CIA, que transferira James Eichelberger para o escritório de Londres. Este descobrira que no MI6 a decisão de assassinar Nasser não apenas já tinha sido tomada como também era referida desabridamente. Eichelberger descobrira ainda que o primeiro-ministro Anthony Eden estava de tal maneira obcecado em matar Nasser que praticamente não dormia e estava dependente de drogas para aguentar a sua rotina diária, o que a CIA temia que pudesse afetar-lhe a capacidade de julgamento.

Eichelberger percebeu que, para Eden, o assassinato do presidente egípcio se tornara uma autêntica missão quando descobriu que o primeiro-ministro dera ordens ao MI6 para apressar a operação, após ter sido informado de que os serviços secretos franceses, o SDECE (*Service de Documentation Extérieure et de Contre-Es-*

pionnage), já tinham mandado um assassino chamado Jean-Marre Pelley ao Cairo com o mesmo propósito. Para o homem da CIA em Londres ficou claro que a Anthony Eden não interessava tanto afastar Nasser do poder, mesmo que fossem outros a tomar a iniciativa, mas sim que fosse a Inglaterra a fazê-lo. Era, pois, uma questão de honra para o primeiro-ministro.

Sob ordens diretas de Anthony Eden, os serviços técnicos do MI6, conhecidos como o *Q Department*, ficaram encarregados de encontrar uma maneira de fazer o trabalho. O departamento, que criara várias armas e munições especiais durante a Segunda Guerra Mundial, era liderado por Frank Quinn, que ficava assim com a responsabilidade de inventar uma maneira de assassinar Nasser sem que as suspeitas recaíssem sobre o MI6, pois a operação estava bem alta no "nível de embaraço" (a maneira como em Downing Street se referiam às consequências diplomáticas para o Governo que uma operação do MI6 ou do MI5 pudesse ter caso fosse descoberta).

Frank Quinn pensou em explorar o gosto de Nasser por chocolates, conhecido do MI6 mas desconhecido em geral, uma vez que o presidente do Egito, militar hirsuto, não podia publicamente reconhecer essa sua tentação. Não eram uns chocolates quaisquer, porém. A predileção de Nasser era uma marca de chocolates egípcios chamados *Knopje*, que comia após todas as refeições. O plano de Frank Quinn era colocar alguma espécie de veneno nos chocolates do presidente.

Para tal, por meio de malas diplomáticas, que naturalmente não podiam ser abertas nas fronteiras, o *Foreign Office* enviara ao MI6 duas dúzias de caixas de chocolates *Knopje*. O departamento responsável pelo desenvolvimento de armas químicas e biológicas, *Porton Down*, deveria apresentar um veneno que fosse inodoro, insípido, permanecesse ativo bastante tempo (a operação de assassinato poderia ainda demorar alguns meses, após o veneno ser colocado nos chocolates), tivesse efeitos imediatos e simulasse na vítima um ataque cardíaco fulminante.

O veneno foi entregue. Bastava agora colocá-lo nos chocolates sem que se notasse. Inseri-lo com uma seringa, a solução mais óbvia, não servia, pois deixaria sempre um buraco suspeito no chocolate, por mais pequeno que fosse. Frank Quinn lembrou-se então de usar uma estrutura aquecida para, colocando os chocolates sobre ela, conseguir descolar a base do doce, enfiar o veneno e depois voltar, por meio do calor, a juntar novamente a base ao resto da guloseima. No entanto, o método parecia sempre deixar alguma marca, até que Frank Quinn, experimentando temperaturas diferentes, conseguiu descobrir uma que não deixava qualquer vestígio do manuseio do chocolate.

Enquanto isso, dois agentes do *Q Department* estudavam outra opção, colaborando com os cientistas de *Porton Down*, que passava por assassinar Nasser usando gás sarin (que ficaria conhecido décadas depois quando foi usado por uma seita japonesa no metrô de Tóquio). O plano era espalhar o gás pelo sistema de ar condicionado do gabinete particular de Nasser, mas Anthony Eden, quando confrontado com a ideia, rejeitou-a devido à possibilidade de acabar por matar pessoas inocentes. A solução, fosse qual fosse, teria de matar unicamente o presidente egípcio.

Frank Quinn desenvolveu ainda um pacote de cigarros especiais, que disparavam um minúsculo dardo envenenado. O diretor de *Porton Down*, conhecido no MI6 como *The Sorcerer* (O Feiticeiro), experimentou o método numa ovelha e apresentou um relatório com os resultados a Frank Quinn. Este colocou imediatamente de lado a solução por não considerar que matar Nasser de maneira a que lhe "tremessem os joelhos" e "revirassem os olhos" antes de "tombar ao chão" fosse uma maneira sutil de o fazer.

No entanto, semanas depois, quando um agente da Mossad apresentou a Frank Quinn um método de assassinar Nasser envenenando-lhe o adoçante artificial que usava no café, descobriu que o MI6 tinha recebido ordens superiores para cancelar a operação. Anthony Eden, aparentemente, tinha por fim decidido que matar Nasser – o "Mussolini muçulmano", como também gostava de lhe chamar – não seria a solução para o problema do canal de Suez.

Nasser, entretanto, sem saber dos planos para o seu assassinato, enquanto comia os seus chocolates *Knopje*, endurecia as posições. Parecia cada vez mais uma questão de tempo até as tropas egípcias invadirem o canal de Suez e controlarem o comércio de petróleo que sempre estivera em mãos inglesas. Quando isso de fato aconteceu, e o canal de Suez foi nacionalizado pelo Egito, ficou decidido que a Inglaterra responderia por meio de uma operação conjunta entre o MI6 e o Exército, que receberia o nome de código *Musketeer* (Mosqueteiro). A operação deveria ser conduzida por George Elliot, um agente do MI6 fluente em hebraico, que deveria a executar em colaboração com a Mossad e sem o conhecimento do embaixador inglês no Cairo, fortemente antissionista.

O MI6 começou por encontrar uma maneira de Anthony Eden poder comunicar, em mensagens cifradas, com o primeiro-ministro israelita, David Ben-Gurion, o herói da Guerra Israelo-Árabe. O plano de Anthony Eden passava, novamente, por assassinar Nasser, mas dessa vez a operação ficaria a cargo do SAS (*Special Air Service*), a força especial de elite do Exército britânico. O MI6 ficou, por sua vez, encarregado de avançar com a opção militar e política, usando a Rádio *Cairo*, controlada pelos serviços secretos britânicos, para fazer uma campanha de propaganda anunciando que o Egito se preparava para atacar Israel.

Enquanto isso, a atenção do MI6 teve de se dispersar devido aos acontecimentos que ocorriam a milhares de quilômetros do Cairo, mais concretamente em Budapeste, onde uma onda juvenil de protesto contra a ocupação soviética eclodira. Bruce Lockhart, o velho amigo do *Ace of Spies*, que anos antes tentara assassinar Vladimir Lênin, foi mandado à Hungria para monitorizar o que se passava.

Entretanto, numa reunião secreta realizada na França, onde marcaram presença o diretor do MI6, Dick White, o ministro dos Negócios Estrangeiros inglês, Selwyn Lloyd, o primeiro-ministro israelita, Ben-Gurion, o ministro da Defesa de Israel, Shimon Perez, e o representante da Mossad, Isser Harel, ficaram decididos os pormenores do plano *Musketeer*.

Respondendo, num movimento de legítima defesa preventiva, ao suposto ataque militar que Nasser se preparava para lançar sobre Israel, o Exército israelita invadiria o Egito pelo monte Sinai e tomaria o controle do canal de Suez. A Inglaterra e a França fariam um ultimato a Nasser, instando-o a permitir que as suas forças entrassem no canal de Suez como agentes da paz, intermediando o conflito com Israel e assegurando que as tropas israelitas abandonariam o local. Se Nasser aceitasse a proposta, o canal de Suez voltaria a estar em mãos inglesas, por meio da "temporária" força de paz ali estacionada. Caso Nasser não aceitasse, a atitude do presidente egípcio seria publicamente considerada como o desejo de prolongar a guerra com Israel e, em retaliação, a comunidade internacional – ou seja, a Inglaterra e a França – invadiria militarmente o Egito e deporia Nasser da presidência. Nessa situação, o canal de Suez também voltaria para mãos britânicas. De uma forma ou de outra, sairia sempre ganhando.

O plano foi escondido dos EUA. Quando o presidente Dwight Eisenhower tomou finalmente conhecimento dele, por meio da CIA, ficou furioso. O plano foi seguido à risca e, poucas semanas depois, as forças militares inglesas e francesas, que incluíam agentes do MI6 e do SDECE, controlavam o canal de Suez. A operação tinha sido um sucesso.

Porém, havia um pormenor que o MI6, como todos os outros participantes no plano *Musketeer*, tinha aparentemente negligenciado: a URSS.

Nikolai Bulganin, o presidente soviético, cujo país estava sob imensa pressão devido à revolta húngara, claramente um impertinente desafio ao seu poder, não esteve com meias palavras e anunciou que, caso Inglaterra, França e Israel não se retirassem imediatamente do canal de Suez, a União Soviética lançaria um ataque militar contra os três países. Eisenhower viu-se obrigado a afirmar que, caso esse ataque sucedesse, os EUA retaliariam com um ataque nuclear à URSS. Como seria de esperar, Nikolai Bulganin recuou na sua posição. Porém, exasperado por a URSS mais uma vez ter perdido a honra frente ao inimigo norte-americano, resolveria vingar-se nos húngaros, ordenando a invasão militar do país e a repressão da revolta, que acabaria por matar milhares de insurgentes e simples manifestantes.

Eisenhower, que via como a presença militar inglesa no canal de Suez interferia com o plano de os EUA controlarem o Oriente Médio, não ficaria quieto, ordenando o embargo de venda de petróleo das companhias norte-americanas à Inglaterra. A decisão, na Inglaterra, foi sentida como uma dolorosa traição do antigo aliado. O sentimento de traição aumentou quando Eisenhower decidiu que o apoio do dólar à libra e ao franco nas transações comerciais seria interrompido, causando a imediata queda de valor de ambas. Anthony Eden, cada vez mais doente, entre ordens ao MI6 para continuar a pensar em maneiras de assassinar Nasser, acabaria por ceder à pressão norte-americana e mandar retirar as tropas britânicas do canal de Suez. Logo depois, a França fazia o mesmo. O Egito recuperava o estratégico canal, e a Inglaterra, no geral, e o MI6, em particular, sofriam uma imensa humilhação internacional. Anthony Eden partiu para a Jamaica, a fim de recuperar o seu estado de saúde na maravilhosa mansão de um dos mais conhecidos agentes do MI6, Ian Fleming.

A Inglaterra reconhecia, cabisbaixa, que o mundo era agora definitivamente controlado pelos EUA e pela URSS. A Grã-Bretanha passava a ser apenas mais um peão no complicado xadrez internacional.

Gamal Nasser não chegaria a ser assassinado. Porém, acabaria também ele por ser humilhado na guerra contra Israel, sendo uma considerável parte do seu país anexada pelo Exército israelita. Após Nasser morrer, o seu braço direito, Anwar al-Sadat, se tornaria presidente do Egito, tentando negociar a paz com Israel. Por isso, acabaria, ele sim, assassinado, não pelas mãos do MI6, mas pelas mãos da recém-formada *Jihad* Islâmica, num atentado do qual participou um jovem médico chamado Ayman al-Zawahiri. Anos depois, Ayman al-Zawahiri criaria um outro movimento, denominado *Al-Qaeda*.

8. A morte do velho inimigo

Com o decorrer dos anos, a ameaça soviética à Inglaterra começou a decrescer. A URSS parecia mais forte do que nunca, mas também os EUA. A Guerra Fria tornara-se gélida, tendo os dois grandes rivais estabelecido as suas fronteiras de forma bastante rígida, entrando em conflitos de baixa intensidade apenas em territórios distantes, como a Coreia ou o Vietnã. A URSS parecia ter desistido de invadir a Europa Ocidental, consciente de que qualquer tentativa nesse sentido levaria automaticamente a uma agressão nuclear por parte dos EUA. Mais do que fria, a guerra estava congelada.

O MI6 passou assim a preocupar-se com ameaças menos graves, mas mais tangíveis. A questão irlandesa continuava a ser um problema para a Inglaterra, e cabia ao MI6 espiar as redes tentaculares do IRA, que se estendiam até os EUA, cuja vasta comunidade de ascendência irlandesa tinha diversos membros que apoiavam financeiramente o Exército de Libertação. Foi ao espiar o IRA que o MI6 descobriu aquele que passaria a ser o seu inimigo durante os próximos anos: o terrorismo.

Com a Inglaterra envolvida numa guerra sem tréguas contra o IRA, o MI6 foi chamado pelo Governo para intervir. O MI6 ainda não tinha esquecido a desastrosa intervenção na Irlanda, nos anos 1920, mas foi obrigado a consentir, pois o Exército britânico estacionado na Irlanda era formado por pessoas treinadas no antigo Império Britânico, habituadas a combater nas selvas da Índia ou da Malásia, e não nas estreitas e atijoladas ruas de Belfast. Além do mais, o Exército inglês não conseguia lidar com o aglomerado de agências de espionagem destacadas na Irlanda à procura de vantagens para os seus países, desde a DGSE (*Direction Générale de la Sécurité Extérieure*) à CIA, passando pelos serviços secretos da RFA, o BND (*Bundesnachrichtendienst*).

O MI6 tratou de criar uma teia de colaboradores e informantes, desde professores a padres, que se estendeu por Belfast, Armagh, Newry, Coleraine e Londonderry. Rapidamente, o MI6 começou a perceber como funcionava a rede de financiamento do IRA, que, descobria agora, se estendia muito além de Boston. O IRA era financiado pela Líbia do coronel Muammar Kadhafi, pelo inevitável KGB, pelos separatistas bascos da ETA, pelas Brigadas Vermelhas italianas e pela Frente Popular para a Libertação da Palestina (FPLP). Com essas organizações terroristas, o IRA tinha aprendido a tornar-se uma organização que funcionava por meio de células independentes, muito mais dificilmente controladas e combatidas pelos ingleses.

O responsável pelo MI6 na Irlanda, Frank Steele, descobrira ainda que o Dr. George Habash, líder da Frente Popular para a Libertação da Palestina, tinha convocado uma reunião no Líbano com os representantes do IRA, da ETA, das Brigadas Vermelhas, do Exército Vermelho japonês, das FARC, de praticamente todas as organizações terroristas conhecidas na época. Na reunião, à qual assistiu um jovem Ilich Ramirez Sanchez, que ficaria conhecido como Carlos, *o Chacal*, ficou decidido que as organizações deveriam funcionar em teia, apoiando-se umas às outras nos seus propósitos. A reunião, que acabou com danças populares irlandesas em honra da delegação do IRA, marcou o início da época em que o terrorismo se tornou a maior ameaça global.

Mas o MI6 também continuava a sua missão prioritária, que é defender os interesses ingleses no estrangeiro. Nos finais dos anos 1970, o diretor do MI6, Arthur Temple Franks, andava, como sempre, preocupado com cortes orçamentais. O Governo britânico parecia novamente querer fundir o MI5 com o MI6, e, para impedir que tal acontecesse, Arthur Temple Franks aceitou os cortes. Porém, os cortes financeiros repercutiram-se gravemente na delegação do MI6 em Teerã, que quase deixou de funcionar, passando o MI6 a ficar dependente das informações que lhe eram concedidas pelo SAVAK, a impiedosa polícia secreta montada pelo xá do Irã, Reza Pahlavi, por recomendação do MI6 e da CIA.

O SAVAK acabaria por negligenciar totalmente a ameaça que constituía para o regime o fundamentalismo islâmico, que crescia nas ruas do país em volta da figura do *ayatollah* Ruhollah Khomeini, exilado em França. Quando a Revolução Islâmica começou, em 1979, o MI6 foi apanhado de surpresa. Com a ascensão do *ayatollah* Khomeini ao poder, a importante contribuição petrolífera que o país vendia à Inglaterra fechou, e o MI6, expulso do Irã, passaria a sentir enormes dificuldades para antecipar o que se passaria na região, como a Guerra Irã-Iraque, conflito monitorado quase em exclusivo pela CIA e pelo KGB.

No Afeganistão, o MI6 obteve mais sucesso. Colin Figures tinha sucedido a Arthur Temple Franks como diretor do MI6. Antigo agente em Viena, onde se tornou amigo pessoal de Simon Wiesenthal, o famoso caçador de nazistas, Colin Figures estava estacionado na delegação tchecoslovaca do MI6 quando estourou a Primavera de Praga, em 1968, que entusiasmou todo o Ocidente. Parecia que uma brecha se abria na Cortina de Ferro, mas Colin Figures, pelas informações recolhidas pela sua rede de contatos, conseguiu prever que, tal como aconteceu durante a Revolução Húngara, a Primavera de Praga acabaria num banho de sangue e num período de ainda maior repressão soviética no país.

Acertando todos os prognósticos, o previdente Colin Figures tornou-se um agente bastante respeitado no MI6, sendo sucessivamente promovido até, em 1981, chegar a diretor. Colin Figures, considerado no MI6 como o melhor diretor desde o lendário Sir Mansfield Smith-Cumming, visitou o Afeganistão pouco após ser nomeado e, perspicaz como sempre, falando com todas as partes envolvidas na complicada teia de interesses tribais e religiosos que dominavam o país invadido dois anos antes pela URSS, concluíra que "não se pode comprar a lealdade de um afegão, pode-se apenas alugá-la".

Reunindo-se nas inacessíveis montanhas com os rebeldes afegãos, Colin Figures acordou com o líder dos Mujahidin, o famoso Ahmad Massoud, conhecido como "O Leão da Montanha" ou "O Leão de Peshawar", que o MI6 apoiaria a Resistência Afegã, concordando em treinar mais de uma centena dos seus melhores e mais aguerridos *mujahidin* num centro secreto na Escócia. Esses homens, que seriam, de fato, treinados pelo MI6 na Escócia durante meses, voltariam ao Afeganistão, onde ajudariam

Ahmad Massoud, pouco depois, a expulsar o Exército Vermelho do seu país. Quando Colin Figures se retirou, em 1985, deixou a autoestima do MI6 mais em alta do que qualquer outro diretor tinha conseguido fazer desde a Segunda Guerra Mundial.

Se a gloriosa carreira de Colin Figures chegava ao fim, a Guerra Fria continuava. Mas não por muito tempo. Em 1989, cai o Muro de Berlim. Desautorizada e falida, tentando regenerar-se por meio da Glasnost e Perestroika do novo líder do Kremlin, Mikhail Gorbachev, acossada pela determinação quase fanática do presidente norte-americano Ronald Reagan em acabar com ela, a URSS não aguentaria muito mais tempo e acabaria por implodir. O principal inimigo do MI6, ao longo de décadas, cujo nascimento Sidney Reilly e Bruce Lockhart tinham tentado sabotar, desaparecia.

9. Na mira da *jihad*

Quando o MI6 pensava poder respirar de alívio pelo fim da ameaça soviética, descobre, com espanto, que o mundo não tinha passado a ser um local mais seguro. A instabilidade surgida pelo fim da antiga ordem mundial e a necessidade de a reorganizar eclodiu violentamente em várias partes do globo. Mas em nenhuma parte eclodiu com tanta violência como na Iugoslávia.

Enquanto Bill Clinton e a CIA tentavam impedir que a Guerra Civil Iugoslava alastrasse para o coração da Europa, o MI6, em 1997, tentava encontrar um antigo policial, Simo Drljaca, e um anestesista chamado Dr. Milan Kovacevic. Ambos tinham sido acusados pelo Tribunal Penal Internacional (TPI) de crimes contra a Humanidade perpetrados durante a "limpeza étnica" levada a cabo pelas tropas de Slobodan Milosevic na Bósnia.

À tentativa de captura, sequestro e posterior entrega ao TPI dos dois criminosos de guerra sérvios pelo MI6 tinha sido dado o nome de Operação Tango, autorizada não apenas pela diretora do *Joint Intelligence Committee*, Pauline Neville-Jones, como pelo primeiro-ministro britânico, Tony Blair.

Fotografias dos dois sérvios tinham sido tiradas pelo SAS e informações sobre as suas famílias foram obtidas por agentes britânicos da OTAN no terreno. Ao MI6, que também fora informado da quantidade de guarda-costas que acompanhavam os dois homens, cabia organizar a operação. Na Iugoslávia, aos homens do MI6 juntaram-se membros do *Fourteenth Intelligence Company* do SAS, conhecidos pela sua brutal ação de contraespionagem na Irlanda, onde haviam ganhado a fama de serem um autêntico esquadrão da morte contra membros do IRA. A Operação Tango seria controlada por David Spedding, o primeiro diretor do MI6 que nunca estivera no Exército britânico.

A equipe do MI6 encontraria Simo Drljaca em Prijedor, onde, durante o tiroteio, acabaria por o matar. O Dr. Milan Kovacevic seria pouco depois preso e deportado para Haia.

Com o fim da Guerra Civil da Iugoslávia, país entretanto desfeito, o MI6 podia voltar a concentrar-se no IRA. David Spedding, o novo diretor, doutor em História Medieval pela Oxford, fluente em francês e espanhol, tinha ainda estudado árabe no Líbano, já enquanto agente do MI6. Passando a fazer parte da delegação do MI6 em Beirute, David Spedding tornara-se responsável por espiar e controlar os movimentos do grupo terrorista Hezbollah. A excelência do seu trabalho em Beirute levou o MI6 a decidir que devia aprofundar ainda mais os seus conhecimentos na língua e cultura árabes, transferindo-o para a delegação dos Emirados Árabes Unidos, em Abu Dhabi.

Essa transferência do ainda então apenas agente secreto David Spedding seria importante para uma agência que encontrava no terrorismo, irlandês ou internacional, a nova ameaça à segurança da Inglaterra.

Em Abu Dhabi, David Spedding assistiu a uma reunião de islamitas numa praça da cidade de Murban, onde um xeque, que tinha viajado desde Cartum, fazia um sermão, no qual citava várias vezes o professor de Teologia palestino Abdullah Yusuf Azzam, conhecido por defender a *jihad* islâmica. O xeque explicou durante o sermão como o Islã era atacado há séculos pelo Ocidente, desde as cruzadas medievais até a criação de Israel, sendo o momento de o mundo muçulmano, a *Umma*, responder. David Spedding ficou surpreendido com a inteligência mostrada pelo xeque e pela maneira como conseguia empolgar a plateia naquela praça poeirenta. David Spedding escreveu um extenso relatório sobre o xeque e enviou-o ao diretório do MI6 para o Oriente Médio. Seria a primeira vez que o MI6 ouvia falar de Osama Bin Laden.

Mas não seria devido a esse relatório, que acabaria arquivado durante anos pelo MI6, juntamente com todos os outros relatórios enviados pelos seus agentes sobre muçulmanos mais ou menos fundamentalistas atuando no Oriente Médio, que David Spedding se tornaria diretor da agência, mas sim pela maneira como descobriu uma conspiração de um grupo radical da Frente Popular de Libertação da Palestina para assassinar a rainha Isabel II durante a sua visita à Jordânia.

Anos depois, após o 11 de Setembro de 2001, o relatório de David Spedding ganhou uma importância extraordinária. O MI6 tinha entretanto ficado desacreditado pela sua parca capacidade de antecipar os movimentos do regime argentino, tendo assegurado a Margaret Thatcher que as suas tropas não tinham a intenção de atacar as Malvinas. Durante a Guerra do Golfo, apesar do infatigável trabalho de David Spedding, o homem do MI6 para o conflito, a ação da agência não tinha sido, ainda assim, particularmente notada.

Agora, porém, com o atentado ao World Trade Center, o MI6 tinha de se habituar ao que parecia ser o eclodir de uma nova ordem mundial. O MI6 tentava agora chegar à *Al-Qaeda* com os mesmos métodos que, com sucesso, usava há décadas contra o IRA: seguir o dinheiro. Tinham descoberto que a *Al-Qaeda* negociava com a máfia russa, os cartéis de droga colombianos, as tríades chinesas e mesmo a *Yakuza*, a máfia japonesa, mas o principal financiador da organização de Osama Bin Laden continuava sendo a Arábia Saudita, apesar de o regime de Riade ser, supostamente, o principal inimigo do líder da *Al-Qaeda*. Essa opinião do MI6 era, no entanto, enfaticamente negada pela administração Bush.

A busca pelo paradeiro de Osama Bin Laden começava. O MI6 era apenas uma das 22 agências de serviços de informação ocidentais que procuravam o agora mais famoso terrorista do mundo. Mas Osama Bin Laden sobrevivia sempre aos ataques do MI6, feitos em conjunto com as forças especiais do SAS, as forças especiais australianas e os legionários franceses.

Porém, o MI6, em conjunto com a CIA, estava planejando uma operação mais arriscada, que consistia em procurar Osama Bin Laden por meio de imagens ultravioletas obtidas por um satélite da NSA norte-americana nas inóspitas montanhas da fronteira entre o Afeganistão e o Paquistão. O MI6 acreditava que, nas montanhas de Tora Bora, Osama Bin Laden poderia estar recrutando muçulmanos ingleses para lançar mais ataques terroristas, dessa vez à Inglaterra, aliada dos EUA na invasão do Afeganistão. As suspeitas eram baseadas nas informações do MI5 sobre os grupos radicais islâmicos que orbitavam o radical Abu Hamza al-Masri na mesquita de Finsbury Park, em Londres. A operação acabaria por não ter sucesso, como todas as posteriores tentativas de encontrar Osama Bin Laden, até 2011.

Entretanto, Tony Blair defendia, juntamente com George W. Bush, que Osama Bin Laden estaria negociando a compra de armas nucleares, químicas e biológicas com o regime de Saddam Hussein. Para encontrar as armas de destruição em massa e impedir a *Al-Qaeda* de as obter, os EUA, a Inglaterra e vários dos seus tradicionais aliados, mas não todos, invadiram o Iraque.

A procura por Osama Bin Laden era agora temporariamente substituída, para o MI6, pela procura de armas de destruição em massa. Temia-se que a *Al-Qaeda* pudesse, se não atacar nuclearmente a Inglaterra, pelo menos conseguir fazer ataques biológicos a rios, reservas de água ou redes de transportes britânicos. O MI6 pediu ao Dr. David Kelly, o reputado cientista que tinha decifrado o código genético da peste, para colaborar com os microbiologistas de *Porton Down*.

Durante os primeiros tempos da Guerra do Iraque, o Dr. David Kelly analisou as informações obtidas pelo MI6 naquele país, mas não encontrava nada nelas que indicasse que o regime de Saddam Hussein tinha, como insistia o MI6, capacidade de produzir cólera para ataques biológicos.

No entanto, o governo de Tony Blair tinha apoiado o chamado "Dossiê de Setembro", no qual os EUA e a Inglaterra garantiam que Saddam Hussein tinha, de fato, armas de destruição em massa e que poderia lançar um ataque nuclear contra a Inglaterra em menos de 45 minutos. O relatório, que sempre levantou dúvidas em vários jornalistas, acabaria por ser anunciado como "pouco rigoroso" por Andrew Gilligan, um jornalista da BBC que citava fontes anônimas do alto escalão. Rapidamente correu o rumor de que a fonte das informações seria o Dr. David Kelly. Quando este apareceu morto, em 2003, e as armas de destruição massa teimavam em não aparecer no Iraque, a opinião pública virou-se contra Tony Blair, mas também contra o MI6, acusado de ter forjado relatórios em favor dos propósitos do primeiro-ministro.

A reputação do MI6 sofreu um rude golpe, quase tão grande como a que o MI5, dois anos depois, sofreria por não ter conseguido evitar os atentados de Londres de 7 de julho de 2005. A opinião pública inglesa passou ainda a censurar o MI6 pela talvez excessiva reação a esses atentados, tendo montado uma teia de câmaras de videovigilância em Londres, que apenas é suplantada, em quantidade, pela rede de vigilância que o regime chinês tem em Pequim.

Mais uma vez, o MI6 viu-se acusado de servir aos interesses do Governo numa tentativa de controlar todos os movimentos dos cidadãos ingleses e restringir-lhes as liberdades individuais. Desde 7 de julho de 2005, mais nenhum atentado terrorista, da *Al-Qaeda* ou do IRA, teve lugar na Inglaterra. Ao MI6 foram apontadas várias operações de prevenção, que terminaram na detenção de terroristas islâmicos que pretendiam atuar em solo britânico. Mas, apesar de todo esse esforço, o MI6 não era olhado pelos ingleses com tanta suspeita desde o caso Kim Philby.

10. Esqueleto no armário

Todas as agências de espionagem são conhecidas do grande público por um ou dois casos notórios. Mas isso não significa que sejam necessariamente pelas melhores razões. Se a Mossad é conhecida até hoje pelo espetacular sequestro na Argentina do criminoso de guerra nazista Adolf Eichmann, já a CIA é conhecida, antes de mais nada, pela sua desastrosa participação no desembarque da Baía dos Porcos, em Cuba. Infelizmente para o MI6, o seu caso mais famoso também foi, à semelhança da sua congênere norte-americana, um fracasso monumental e um escândalo.

Kim Philby, diretor da IX Seção do MI6, que lidava com comunismo internacional, era filho de Sir Harry St. John Philby, membro do *British Raj*, o Governo inglês que dominou a Índia de 1858 até a independência do país. Kim Philby passaria uma infância abastada em Bombaim, onde jogava críquete, era conduzido no Rolls-Royce oficial do *British Raj*, caçava tigres e participava em opulentos jantares regados com champanhe. Mas, por uma alegada questão de saias, John Philby, que se teria tornado amante da mulher do seu superior, acabaria deposto do seu cargo. Partindo para o Egito e depois para a Arábia Saudita, permaneceu sempre um ressentido inimigo da Inglaterra. Ficando amigo de Ibn Saud, o fundador da dinastia saudita, que acreditava estar sendo enganado pela Inglaterra sobre os direitos às quase intermináveis jazidas petrolíferas do seu país, Sir Harry St. John Philby conseguiria convencê-lo a entregar os direitos de exploração daquelas aos EUA, vingando-se assim da Grã-Bretanha.

O seu filho, Kim Philby, tornara-se correspondente do *Times* em Londres e fora enviado para cobrir a Guerra Civil Espanhola, onde ganhou a simpatia das forças falangistas de Francisco Franco. Porém, Kim Philby, talvez empenhado em continuar a vingança contra a Inglaterra iniciada pelo seu pai, já tinha sido recrutado pelo KGB quando estudava na Universidade de Cambridge, onde os serviços secretos soviéticos costumavam encontrar jovens estudantes que, convencidos pelos ideais revolucionários bolcheviques, permanecessem espiões a serviço da URSS durante as suas certamente bem-sucedidas carreiras. Isso porque o KGB sabia que os estudantes das elitistas universidades de Cambridge e Oxford chegariam inevitavelmente, pelo *status* social e familiar que tinham, a altos cargos nos serviços secretos ou no Governo britânico.

Kim Philby começou por colaborar com o GRU (*Glavnoye Razvedyvatel'noye Upravleniye*), os serviços secretos de informação do Exército Vermelho, espiando as movimentações da *Luftwaffe* na Espanha. Voltando à Inglaterra, Kim Philby entraria para os quadros do MI6, aproveitando a sua experiência durante a Guerra Civil Espanhola, que o MI6 valorizava. A ascensão de Kim Philby no MI6 é meteórica. E foi então que recebeu a sua missão mais importante até a data: descobrir para o KGB se Winston Churchill e Franklin Roosevelt tencionavam fazer pazes separadas com o Terceiro Reich, como Stalin temia, pois possibilitaria a Hitler concentrar todas as suas forças contra a URSS.

Kim Philby descobriu que várias pessoas no MI6 eram favoráveis à ideia. Também no Governo britânico havia quem a apoiasse. Quando se soube que um espião alemão, Otto John, queria, sob ordens do almirante Wilhelm Canaris, chefe da *Abwehr*, encontrar-se com agentes do MI6 em Lisboa, Kim Philby, como chefe da equipe dedicada ao comunismo internacional, foi um dos agentes escolhidos. Otto John revelou aos agentes do MI6 que, de fato, um grande número de altas patentes militares alemãs estavam prontas para firmar a paz com a Inglaterra. O próprio

Adolf Hitler não era adverso à ideia. Quando Kim Philby voltou a Londres, convenceu o diretor do MI6, Stewart Menzies, de que a Alemanha estava apenas tentando ganhar tempo e que Otto John era "um fantasista" a quem não se devia dar crédito.

Stewart Menzies transmitiu então o relatório a Winston Churchill, que abortou as conversações entre o MI6 e a *Abwehr*.

O segredo de Kim Philby foi ameaçado quando Konstantin Volkov, agente do GRU instalado na Embaixada soviética em Istambul, informou o Consulado britânico na cidade de que queria fugir para o Ocidente. Em troca, entregaria ao MI6 nomes de membros do *Foreign Office*, que eram, na realidade, espiões soviéticos, bem como um agente do próprio MI6. O caso foi entregue a Stewart Menzies, e este delegou-o em Kim Philby. Este percebeu rapidamente que o agente duplo a que Konstantin Volkov se referia era ele próprio. Kim Philby partiu de imediato para Istambul, para encontrar o então escondido Konstantin Volkov. Passados alguns dias, informou Stewart Menzies de que Volkov tinha desaparecido e não conseguia encontrá-lo. O que era mentira. Kim Philby tinha encontrado o paradeiro de Volkov, mas informara o KGB, e não o MI6. Kim Philby regressou a Londres, enquanto Konstantin Volkov, sequestrado em Istambul por uma equipe do KGB, voaria até Moscou, onde seria executado.

Já depois da guerra, o FBI interessou-se pelo caso. Em 1951, o MI6 tinha em mãos a embaraçosa tarefa de tentar perceber se os agentes Guy Burgess e Donald Maclean, que tinham desaparecido, poderiam ser "toupeiras" do KGB. As buscas na casa de Guy Burgess foram conduzidas pelo agente Anthony Blunt, também ele espião soviético, que apenas seria descoberto em 1964.

Entretanto, chegava ao MI6 um relatório do FBI, no qual Kim Philby era apontado como um espião soviético. O relatório explicava ainda a atuação de Kim Philby em Istambul e o fato de Donald Maclean ter participado secretamente com ele no desaparecimento de Konstantin Volkov. Receoso do escândalo que a notícia causaria na opinião pública inglesa, o MI6 decidiu apenas demitir Kim Philby. Após viver alguns anos no Líbano, fugiu definitivamente para a URSS, onde morreria em 1988, tendo direito às honras fúnebres do KGB.

Mas foi a publicação das suas memórias, 20 anos antes, que chocou a Inglaterra. No livro *My Silent War*, Kim Philby confessava como sempre fora espião soviético e como, por medo de um escândalo, o MI6 tinha encoberto o caso. Não apenas o dele mas também o de Anthony Blunt, Donald Maclean, Guy Burgess e John Cairncross. O livro caiu como uma bomba. Os cinco espiões soviéticos, todos eles recrutados em Cambridge, passaram a ser tratados nos jornais como os *Cambridge Five*, arrastando, durante anos, a honra e o nome do MI6 pela lama.

11. Espiões de papel

Se o caso Kim Philby parece quase uma obra de ficção, o MI6 não pode se queixar de ter sido esquecido, ao longo dos anos, pela cultura popular, nomeadamente pela literatura. O que não é de se admirar, uma vez que vários dos escritores britânicos mais conhecidos do século XX foram, eles próprios, em algum momento das suas vidas, agentes do MI6.

Assim, logo em 1938, o já reconhecido escritor W. Somerset Maugham publicava *Ashenden or The British Agent*, uma coleção de contos, que alcançaram um enorme sucesso de vendas, na qual se seguem as aventuras exóticas, pelos quatro cantos do mundo, da Grécia ao México, do agente do MI6 chamado Ashenden, um dramaturgo sofisticado e educado que escapa das situações mais perigosas com um sorriso afetado no rosto e uma frase irônica na ponta da língua, personagem obviamente inspirada no próprio W. Somerset Maugham.

Graham Greene, um dos maiores romancistas britânicos, espião do MI6 durante a Segunda Guerra Mundial, também escreveria vários romances de êxito sobre o mundo da espionagem, como *Our Man in Havana* (*Nosso Agente em Havana*), *The Human Factor* (*O Factor Humano*), *The Confidential Agent* (*O Agente Secreto*) ou, quiçá o mais famoso de todos, *The Third Man* (*O Terceiro Homem*), cuja personagem principal, Harry Lime, interpretada no cinema por Orson Welles, foi baseada no antigo diretor do MI6, e amigo de Graham Greene, Colin Figures.

O agente do MI6 Sidney Reilly também foi retratado no cinema, nomeadamente no filme *Reilly, Ace of Spies*. Mas Sidney Reilly ficaria imortalizado na literatura e no cinema por um personagem inspirado nele e que marcaria para sempre a imagem que o público tem do MI6: o agente James Bond, número 007.

A saga do agente James Bond, escrita pelo também agente e diretor de departamentos do MI6, Ian Fleming, a partir de 1953, mas também por escritores da estirpe de Sir Kingsley Amis e, mais recentemente, Sebastian Faulks, marcou indelevelmente a imagem que o público tem do MI6.

A personagem, criada por Ian Fleming em 1952, na sua luxuriante propriedade jamaicana *Goldeneye*, recebeu o nome do famoso ornitólogo James Bond, autor do best-seller *Birds of The West Indies*. Ian Fleming escolheu esse nome simples propositadamente, pois "acontecimentos exóticos aconteceriam a ele e à sua volta, mas ele seria uma figura neutra, um instrumento anônimo e monótono usado por um departamento governamental". Por ironia, a percepção pública da personagem James Bond seria exatamente a contrária.

Baseado, em termos físicos, no elegante pianista norte-americano Hoagy Carmichael, James Bond herdaria traços de personalidade de vários agentes do MI6 que

Ian Fleming conheceu, como o mítico Sidney Reilly, mas também o agente canadense do MI6 William Stephenson (cujo nome de código *Intrepid* é bastante revelador da sua pessoa) e Wilfred "Biffy" Dunderdale, um agente do MI6 sofisticado, amante de boas bebidas, mulheres bonitas e automóveis velozes, nascido também ele na Odessa natal de Sidney Reilly, que teve um papel preponderante na espionagem e contraespionagem durante e entre as duas guerras mundiais.

Até certo ponto, todas essas figuras são representativas de um agente do MI6. Mas apenas de um certo tipo de agente, aquele que Ian Fleming conhecia pessoalmente e que deixou de existir durante a Guerra Fria. O recrutamento de agentes por parte do MI6, antes da Segunda Guerra Mundial, nas elitistas universidades de Cambridge e Oxford fazia sentido. No início do século XX, até a Primeira Guerra Mundial, as intrigas internacionais decorriam, como sempre, nos centros de poder, que na época eram as luxuosas cortes dos diferentes impérios, por isso o MI6 necessitava de pessoas que se movessem à vontade na alta sociedade e conhecessem todos os seus códigos, como Wilfred Dunderdale, próximo da ostensiva corte czarista de Nicolau II.

Quando a maioria dos impérios da Europa Central esmoreceu, com o fim da Primeira Guerra Mundial, o MI6 continuou necessitando de pessoas fluentes em várias línguas, algo apenas acessível, na Inglaterra da época, aos sofisticados alunos de Cambridge e Oxford, todos eles anteriormente alunos do elitista colégio de Eton, onde Ian Fleming estudou, por isso é compreensível que a personagem James Bond tenha os traços típicos do próprio Ian Fleming e de outros alunos de Eton, Cambridge e Oxford. De certa maneira, bastaria pegar em qualquer personagem do romance de Evelyn Waugh, *Brideshead Revisited* (*Reviver o Passado em Brideshead*), colocar-lhes uma arma na mão esquerda e um vodca martíni na mão direita para termos o agente James Bond.

Mas com o advento da Guerra Fria tudo mudou. Não apenas o Império Britânico desapareceu, como o novo inimigo já não era a Alemanha imperial, o Império Austro-Húngaro ou a Rússia imperial dos czares, mas a cinzenta URSS. Para a combater, o MI6 passava a precisar mais de burocratas fluentes em russo, habituados a sofrer cortes orçamentais, do que propriamente de ex-alunos de Oxford habituados a discutir Shakespeare e *cocktails*.

O perfil dos agentes recrutados pelo MI6 mudou para sempre, mas na imaginação popular perdurariam, até hoje, esses agentes brilhantes, cultos, sofisticados e excêntricos como W. Somerset Maugham, Graham Greene e Ian Fleming, homens de um mundo que já não existe sem ser na ficção que eles próprios criaram.

12. O tigre e o espião

Depois de ter presenciado o fim da ordem mundial novecentista, o fim dos impérios, o emergir do comunismo e do nazismo, uma nova ordem mundial bipolar entre duas superpotências nucleares, a implosão de uma delas e a consequente transformação da ordem mundial a favor exclusivamente dos EUA, bem como os ataques de 11 de setembro de 2001, que mostraram como a única superpotência afinal também era vulnerável, o MI6 prepara-se agora para enfrentar mais uma alteração na ordem mundial, todo um novo mundo onde, no entanto, continua tendo como obrigação defender os interesses britânicos.

Após os escândalos posteriores à Segunda Guerra do Iraque, que o atingiram, como vimos, muitos poderiam duvidar da capacidade do MI6 em reagir. Mas a camaleônica agência de espionagem britânica conseguiu-o, até porque a nova ordem mundial, com o aparecimento estrondoso na cena internacional dos chamados países emergentes, leva-a de volta a lidar com nações que bem conhece dos tempos do velho Império Britânico, que se estendia até a Ásia.

A China, porém, representa um quebra-cabeça não apenas para o MI6 como para todas as agências de espionagem ocidentais. De fato, não se conhece naquele país nenhuma agência de espionagem nos moldes em que as entendemos no Ocidente, à exceção do *Guojia Anquan Bu*, o Ministério da Segurança do Estado da República Popular da China, vulgarmente tratado na Europa e nos EUA por MSS (*Ministry of State Security*). Mas o MSS não é uma agência de espionagem; é, como o próprio nome indica, um ministério cujas reais atividades continuam sendo um mistério para as agências de inteligência ocidentais.

Na realidade, a China não forma agentes secretos, nem depende de equipes organizadas e especializadas em espionagem e contraespionagem localizadas no exterior. A nova superpotência mundial prefere usar uma enorme rede de informantes ocasionais, que pode ir desde o estudante chinês frequentando uma universidade norte-americana ao homem de negócios chinês em viagem de trabalho à Inglaterra. Mais do que agentes a serviço de uma organização de espionagem, trata-se de pessoas comuns que tentam obter informações sobre os países onde estão, por poucas que sejam, pelo bem da China. É, na maior parte das vezes, uma atividade voluntária, o que dificulta a tarefa das agências de contraespionagem. Um qualquer estudante chinês que resolva obter informações sobre a Inglaterra não terá, se capturado pelo MI6, grande utilidade à agência, uma vez que não pode denunciar uma rede de espiões da qual, em verdade, não tem nenhum conhecimento.

A dificuldade em lidar com a espionagem chinesa não fica por aqui. Ao contrário do que o MI6 está habituado, a contraespionagem não passa, com a China, por seguir espiões nas ruas escuras de Viena, encontrar-se com eles em cidades periféricas como Lisboa ou Casablanca, surpreendê-los em reuniões secretas realizadas numa qualquer mansão insuspeita do *countryside* inglês. Isso porque os agentes chineses encarregados pelo Governo de espiar os países estrangeiros nunca chegam a sair da China, usando antes espionagem eletrônica: o típico espião chinês que compete ao MI6 combater é um *hacker* anônimo sentado ao computador em algum gabinete impossível de localizar em algum lugar na China.

Como se essa nova realidade não fosse suficientemente difícil de contrariar, dá-se ainda o caso de o campo de interesse dos novos espiões chineses ser muito mais vasto do que o habitual. Se o MI6 estava habituado a espiões do KGB que tentavam se infiltrar em centrais nucleares ou laboratórios militares britânicos para roubar segredos, a China não apenas entra nessas centrais nucleares e laboratórios militares por meio de vírus plantados nos seus sistemas de internet, como faz o mesmo às empresas ocidentais, porque a nova Guerra Fria, do Ocidente com a China, é também – ou mesmo principalmente – econômica.

Mas se a China não tem uma agência de espionagem tradicional, isso não significa que não se relacione com outras que o são, como o MI6 descobriu em 2007, quando os seus agentes obtiveram informações sobre um acordo secreto de cooperação entre o MMS chinês e a Mossad, que obrigava "ambas as partes a trabalhar em conjunto na investigação de casos onde existam fugas de informação e também a permitir que a China e Israel possam organizar operações [de espionagem] conjuntas". O MI6 percebeu como, na nova ordem mundial, as diferentes partes começavam a mexer-se e a encontrar novos parceiros e aliados.

Foi também em 2007 que o MI6 soube do roubo de segredos sobre os submarinos nucleares britânicos *Trident*, guardados a sete chaves nas instalações militares de Los Alamos, nos EUA. As suspeitas da CIA recaíram sobre a China, que já anteriormente tinha, com um método semelhante, roubado dos EUA a tecnologia para produzir bombas de nêutrons.

A vigilância do MI6 à China aumentou nos últimos anos devido à tentativa daquele país em ganhar crescente protagonismo no mundo. A aliança entre o MSS e a Mossad já mostrava a influência que os chineses tentam ganhar no estratégico Oriente Médio, mas essa é uma preocupação, por maior que possa ser para a Inglaterra, antes de mais nada dos EUA, que dominam politicamente a região por meio da aliança com Israel, Egito e Jordânia. Mas em 2008, um curto ano depois, o MI6 descobria como a China tentava agora espraiar as suas asas a territórios sob a área de influência da Commonwealth: a China estava tentando penetrar na África.

Nesse ano, o MI6, em colaboração com a Royal Navy, que prontamente cedeu aos serviços secretos um dos seus submarinos nucleares *Trident*, capturou ao largo da África do Sul um cargueiro chinês que se preparava para entregar ao Zimbabue um arsenal de milhares de lança-mísseis e milhões de munições, furando assim o embargo à venda de material militar imposto pela comunidade internacional ao regime de Robert Mugabe. Os agentes do MI6, enviados a Durban, descobriram que a oferta de semelhante arsenal tinha sido feita pelos chineses à Guiné Equatorial, ao Benim e à Costa do Marfim. Um mês depois, o MI6 descobriu, recorrendo à análise de imagens de satélite do Exército britânico, que a China tinha construído uma gigantesca base naval por baixo da ilha de Hainan, ao sul do país, onde caberiam 20 dos novos submarinos chineses *C94*, dotados de mísseis antissatélite. Se disparados contra os satélites ingleses e norte-americanos na região, a ilha de Taiwan, o Japão e a frota naval dos EUA no Pacífico ficariam sem qualquer possibilidade de antecipar um ataque nuclear da China, possibilidade que o MI6 considerou, na época, provável.

Nesse mesmo ano falia, do outro lado do mundo, a Lehman Brothers Holdings Inc., precipitando aquela que ficaria conhecida como a crise do *subprime* e lançando os países ocidentais num caos financeiro e econômico do qual ainda não se sabe quando sairão. A única coisa que parece certa é que sairão da crise mais fracos, e a China, envolvida em compra de títulos da dívida soberana da maioria desses países, emergirá ainda mais forte.

Nesse novo contexto, o ataque nuclear chinês aos rivais, como o MI6 acreditava em 2008 que estaria prestes a acontecer, passa a parecer improvável, uma vez que a China estaria atacando os países que lhe devem trilhões de dólares. Durante a Guerra Fria, a consciência de que um ataque nuclear dos EUA à URSS implicaria uma resposta do mesmo grau, levando à destruição de ambos os países, prevenia precisamente que esses ataques acontecessem. Agora, na nova Guerra Fria entre o Ocidente e a China, a consciência da China de que atacar os seus rivais, mas dos quais agora é o maior credor, levaria ao desmoronamento da própria economia chinesa pode ter o mesmo efeito.

Mas essa nova Guerra Fria, ao contrário da anterior, pode inclusive ganhar contornos espaciais. Se a luta pelo espaço entre os EUA e a URSS, bem como projetos ambiciosos e espetaculares como o Star Wars de Ronald Reagan, pouco mais foram, na prática, do que inconsequentes, desta vez a Guerra Fria pode mesmo sair do planeta Terra, após cientistas dos Governos britânico e norte-americano terem calculado que a superfície da Lua esconde mais de 100 milhões de toneladas de um gás não radioativo conhecido como hélio-3, quase inexistente no nosso planeta. Sendo que meras 100 toneladas de hélio-3 são suficientes para suprir as necessidades energéticas anuais de todo o mundo, as principais potências logo começaram a se movimentar para terem prioridade sobre a sua extração.

A NASA e a Agência Espacial Europeia planejaram construir, até 2014, uma base de prospecção na Lua, esperando rapidamente começar a extrair o precioso gás e transportá-lo até a Inglaterra e os EUA em enormes naves-cargueiras. O MI6 foi chamado para pensar em todas as possibilidades de ataques terroristas ou sabotagem internacional que pudessem existir a essas viagens. Agentes do MI6 em Moscou e Pequim não precisaram imaginar ameaças, pois descobriram uma real e assustadora: a Rússia e a China tinham assinado um acordo secreto que previa a exploração conjunta de hélio-3 na Lua, o transporte para a Terra e a futura distribuição, a todo o mundo, a preços que Moscou e Pequim bem entendessem.

Quanto às ameaças que pediram ao MI6 para imaginar, um relatório da agência enviado ao Governo britânico dava conta de que a forma mais provável de a China atacar o transporte inglês e norte-americano de hélio-3 seria sabotando eletrônicamente os sistemas computadorizados que controlam as aterragens. Mais, o MI6 previa o Governo de que, não apenas a China atacava constantemente os países ocidentais por meio da internet, como estava construindo novos supercomputadores capazes de o fazer em dimensões nunca antes imaginadas, podendo, num futuro não muito longínquo, paralisar, por meio de vírus informáticos, toda e qualquer atividade militar, empresarial e social do Ocidente. Pior, os países ocidentais estavam muito atrasados em relação à China e à Rússia nessa nova corrida ao armamento, desta vez um armamento quase virtual, mas capaz de levar a consequências bastante reais.

Os agentes do MI6 veem-se assim, hoje em dia, ironicamente envoltos numa trama que parece retirada do roteiro de um filme de James Bond, tendo de lutar contra grandes conspirações para o controle do mundo, novas tecnologias militares ultrassecretas, vilões exóticos e misteriosos, como os *hackers* chineses, e velhos vilões de outras batalhas, como o ex-chefe da contraespionagem do KGB, Vladimir Putin.

Seja o novo confronto entre as potências internacionais militar ou econômico, de uma coisa podemos ter certeza: o MI6 estará sempre presente para o travar de uma forma determinada mas sutil, ou seja, *shaken, not stirred*.

Diretores do MI6

1909-1923: Sir Mansfield Smith-Cumming

1923-1939: Sir Hugh Sinclair

1939-1952: Sir Stewart Menzies

1953-1956: Sir John Alexander Sinclair

1956-1968: Sir Richard White

1968-1973: Sir John Rennie

1973-1978: Sir Maurice Oldfield

1979-1982: Sir Dick Franks

1982-1985: Sir Colin Figures

1985-1989: Sir Christopher Curwen

1989-1994: Sir Colin McColl

1994-1999: Sir David Spedding

1999-2004: Sir Richard Dearlove

2004-2009: Sir John Scarlett

2009-(...): Sir John Sawers 208

IV - MOSSAD
(Serviços Secretos Israelitas)

1. O nascimento de uma nação

> "A nossa tarefa é fazer história e logo ocultá-la.
> No geral, somos honrados, respeitamos o Governo constitucional,
> a liberdade de expressão e os Direitos Humanos. Mas, no final das contas,
> entendemos também que nada deve interpor-se entre o que devemos fazer."
>
> Rafi Eitan, agente da Mossad

A espionagem começou por ser essencial à própria criação do Estado judaico. Sem espionagem, talvez nunca tivesse existido Israel. Desde sempre, os judeus haviam peregrinado ao Muro das Lamentações, em Jerusalém, a única ruína existente do segundo templo de Salomão, destruído pelos romanos. Também desde sempre, os judeus tinham sido alvos de perseguições na Europa por motivos religiosos, sendo vítimas desde a Inquisição espanhola e portuguesa aos serviços secretos dos diferentes czares russos. Mas o século XIX traz à Europa o movimento romântico saudoso das origens medievais dos povos e, com ele, o surgimento dos nacionalismos um pouco por todo o continente, com a busca de singularidades étnicas, culturais e políticas das diferentes nações. Os judeus, apesar de não terem uma nação na Europa a cuja lembrança pudessem se agarrar, não foram alheios à onda de nacionalismo que os cercava, nascendo nessa época a ideia de uma mitificada Eretz Yisrael (Terra de Israel) que coincidia com a antiga Israel dos tempos bíblicos e à qual todos os judeus deveriam regressar, cumprindo assim o velho desejo *L'shanah Haba'ah b'Yerushalayim!* (Para o ano, em Jerusalém!), expresso durante a Páscoa judaica, o Pesah.

Durante todo o século XIX, a materialização desse desejo foi defendida por judeus influentes da diáspora, como os rabinos Yehudá Alkalay, Naftali Berlin, Shmuel

Mohilever e Yitzchak Yaacov Reines, revitalizando assim os textos escritos pelo cabalista Shabtai Tzvi no século XVII ou o exemplo mítico do revoltoso iraquiano David Alroy, suposto messias judeu do século XII, cuja história de resistência ao Califado foi contada logo em 1833 pelo escritor judeu Benjamin Disraeli, futuro primeiro-ministro britânico. A luta pela criação de um Estado judaico seria ainda defendida em 1862 pelo filósofo alemão socialista Moses Hess no seu livro *Rom und Jerusalem, die Letzte Nationalitätsfrage* (*Roma e Jerusalém: A última questão nacional*) e, pouco mais de uma década mais tarde, pela conhecida escritora vitoriana Mary Anne Evans (que escrevia com o pseudónimo George Eliot) no romance *Daniel Deronda*. Moses Hess, em particular, lutava contra a assimilação judaica levada a cabo na Alemanha, luta que foi seguida e popularizada em 1987 pelo afamado jornalista austro-húngaro Theodor Herzl (também conhecido pela alcunha Hozeh HaMedinah, ou seja, "O Visionário do Estado") na sua obra *Judenstaat, Versuch Einer Modernen Lösung der Judenfrage* (*O Estado Judeu: Proposta para uma solução moderna da questão judaica*) e, em 1902, já no final da sua vida, na novela *Altneuland* (*A Velha Nova Terra*), na qual garantia que o sonho de uma nação para o povo judeu poderia estar à distância de uma mera geração.

Durante muitos anos, os judeus que habitavam os países europeus ocidentais haviam acreditado que, por estarem integrados nas classes altas de sociedades avançadas, estariam a salvo do antissemitismo reinante nos países europeus do Leste, mas durante a cobertura que Theodor Herzl fez para o jornal *Neue Freie Presse* do "caso Dreyfus", na França, perceberam que estavam enganados. Indignado com o que vira, Theodor Herzl organizaria na Basileia, em 1897, o Primeiro Congresso Sionista, onde é criada a Organização Sionista Mundial, presidida pelo próprio Herzl, que prognosticou o nascimento de Israel para dali a cinco anos ou, na pior das hipóteses, "quiçá cinquenta". A história viria a dar-lhe razão, o Estado de Israel seria criado exatamente 50 anos mais tarde.

Tendo de início a oposição de vários destacados judeus, para quem trocar a desenvolvida Europa onde viviam há séculos pela quase deserta Palestina otomana não fazia sentido, a visão sionista rapidamente ganhou terreno e, no início do século XX, era um desejo quase unânime entre os judeus. Theodor Herzl tentou chegar a um acordo com o imperador germânico Guilherme II e com o sultão otomano Abdul Hamid II para a criação do novo Estado, que começaria por ser povoado pelos judeus alemães, mas não conseguiu alcançar pela via diplomática, como defendia, os seus propósitos. Ainda assim, por meio dos fundos da Organização Sionista Mundial, várias terras começaram a ser compradas na Palestina e os primeiros colonos judeus ali se estabeleceram, principalmente russos e polacos, após os sangrentos *pogroms* de Odessa, Varsóvia, Kishinev, Kiev e Lwów, nos quais milhares de judeus foram mortos por enfurecidas milícias populares. Entre os emigrados estavam vários socialistas, que criariam o movimento Kibutz (reunião), estabelecendo-se em quintas cooperativas voluntárias, que se tornariam, anos depois, o tecido econômico e social da nova Israel. Para os proteger, foi formado em 1907 o *Bar-Giora* (uma milícia popular nomeada em honra de Simon *Bar-Giora*, o herói da primeira guerra entre a Judeia e os romanos) e, dois anos depois, o *Hashomer* (Os Vigilantes), os protosserviços secretos israelitas.

Após a morte de Theodor Herzl, a Europa naufraga na Primeira Guerra Mundial, na qual a Grã-Bretanha enfrenta a Alemanha, o Império Austro-Húngaro e, mais tarde, o Império Otomano. Tendo o conflito chegado a um ponto de impasse conhecido como a "guerra das trincheiras", durante o qual a vitória poderia cair para qualquer dos lados conflituosos, o mínimo apoio a um deles poderia pesar nos pratos da precária balança, e a Grã-Bretanha tentou encontrar auxílio na comunidade judaica, muito influente na Rússia, nos EUA e na própria Inglaterra, onde o presidente da *British Zionist Federation*, o influente banqueiro e político Lord Rothschild, era um dos principais financiadores da Coroa. E foi por isso a Lord Rothschild que o secretário britânico dos Negócios Estrangeiros, Arthur James Balfour, endereçou uma missiva, em nome do Governo, que prometia a constituição de um Estado judaico caso a Grã-Bretanha vencesse o Império Otomano (como viria a suceder, com a colaboração da *Jewish Legion*, cinco unidades militares formadas por judeus, integradas no 38º Batalhão de Fuzileiros Reais do Exército Britânico, que ajudaram a tomar Jerusalém e Megiddo aos turcos).

Com o estabelecimento, como despojos de guerra, do Mandato Britânico da Palestina, cada vez mais judeus da Europa emigraram para a *Eretz Yisrael*. Mas as populações muçulmanas locais não viam com bons olhos a migração, quer por simples questões religiosas, quer por recearem que os imigrantes lhes usurpassem as terras, ou ainda por entenderem a presença dos judeus como um ditame dos britânicos, temendo assim que à colonização otomana da qual se haviam libertado com o final da Primeira Guerra Mundial se seguisse apenas mais uma colonização, desta vez europeia. Assim, em setembro de 1929, milhares de colonos judeus que oravam junto do Muro das Lamentações foram atacados por um grupo incontrolável de palestinos. Felizmente, ninguém morreu, mas o incidente trouxe à lembrança dos judeus os *pogroms* do Leste da Europa e, na mesma noite do ataque, o *Yishuv* (a população judaica da Palestina) reuniu-se em Jerusalém e decidiu que, doravante, teriam de estar mais atentos aos movimentos e às intenções dos seus vizinhos. Decidiram então subornar palestinos moderados que tolerassem a presença judaica na região, para informarem os judeus sobre futuros ataques. Para a eventualidade de os ataques não serem prevenidos, formou-se o *Ha-Haganah* (A Defesa), uma milícia paramilitar que funcionaria como exército e passaria a ser simplesmente conhecida como *Haganah*. Porém, a responsabilidade de recrutar informantes entre os palestinos não seria coordenada pela *Haganah*, podendo qualquer membro do *Yishuv* fazê-lo, desde que depois partilhasse as informações obtidas com toda a comunidade. Em pouco tempo, uma teia de pequenos homens de negócios, estudantes e professores do *Arab Rouda College* informava a comunidade sobre as intenções dos árabes, enquanto jovens palestinos que engraxavam os sapatos dos oficiais do Mandato Britânico da Palestina os informavam sobre as intenções dos ingleses.

Com a chegada de Adolf Hitler ao poder na Alemanha, e a política declaradamente antissemita do Terceiro Reich, o êxodo judeu da Europa para o Mandato Britânico da Palestina cresceu como nunca. Em 1936, já existiam no território 300 mil judeus, que se defrontavam com uma crescente hostilidade da população local muçulmana. Nas mesquitas e nos *mafafeth* (lugar onde se reúnem os conselheiros locais), os palestinos garantiam que os ingleses estavam armando os judeus para roubarem terras aos muçulmanos. Os judeus, em resposta, garantiam que os palestinos eram financiados pelos ingleses para lhes usurparem terras legitimamente compradas aos otomanos. Quando os muçulmanos se rebelaram contra os judeus e os ingleses em Haifa, o Exército britânico esmagou a insurreição e matou o homem que a liderara, o xeque Izzedin al-Qassem. Assustados com o clima explosivo latente na região, milhares de jovens judeus juntaram-se à *Haganah*, e esta, para controlar os palestinos, criou um departamento informal especializado em contrainformação.

Em termos políticos, a Palestina era na prática governada pelo *Yishuv*, tendo apenas oficialmente de reportar a Sir Arthur Grenfell Wauchope, o alto-comissário para o Mandato Britânico da Palestina. Durante alguns anos, o tenso equilíbrio de forças entre os britânicos, os judeus e os muçulmanos aguentou-se sem quebrar, à exceção de ocasionais levantamentos, mais próximos da escaramuça do que da insurreição. Mas a invasão da Abissínia (como então era conhecida a Etiópia) por Benito Mussolini fez com que os fascistas italianos e os nacional-socialistas alemães começassem cada vez mais a ser vistos pelos palestinos como possíveis libertadores que acabariam com o domínio britânico no Magrebe e no Oriente Médio muçulmano. Ainda assim, quando as revoltas palestinas começaram um pouco por toda a região, os oficiais da *Haganah* responsáveis pela inteligência foram completamente apanhados de surpresa, não conhecendo sequer a constituição do Alto-Comissariado Árabe, uma organização que juntava às diferentes facções palestinas até então inimigas por debaixo de uma mesma liderança, a do Grande Mufti de Jerusalém,

Haj Amin al-Husseini. Organizados, os palestinos iniciaram uma série de greves e ataques que convenceram os judeus, cada vez mais, da necessidade de se antecipar aos seus movimentos.

Um pouco desesperados, os responsáveis pelo Departamento Político judaico pediram a um jovem agricultor de Jaffa, proprietário de uma pequena exploração de laranjas em Hadera, onde empregava vários árabes, se poderia usar os seus contatos na comunidade palestina para encontrar trabalhadores que estivessem dispostos a colaborar com o *Yishuv*. O agricultor chamava-se Ezra Danin, que rapidamente montou uma teia de informantes que obtinham informações por toda a região, informações essas que Danin transmitia à *Haganah*. Paulatinamente, Danin concentrou-se menos na sua profissão de agricultor e começou a prestar mais e mais atenção à obtenção de informações, tornando-se acidentalmente a primeira lenda da espionagem israelita. "Conhecer o inimigo" era o seu mote, referindo-se aos palestinos, e seria seguido durante décadas. Segundo Ezra Danin, os judeus não estariam "em confronto com os árabes, mas com um tipo específico de árabe", que convinha determinar com exatidão, tendo uma abordagem quase científica à obtenção e interpretação de informações para separar as pertinentes das secundárias, pois, como dizia, "nem tudo o que reluz é ouro".

Outros seguiram-lhe o exemplo, como o membro da Polícia britânica, Ephraim Krasner, em Telavive, ou o arquiteto ucraniano Emmanuel Wilensky, em Haifa. Mas foi Ezra Danin o mais produtivo de todos, encontrando informantes já não apenas no campo, como no início, mas também em todas as grandes cidades da Palestina, tendo o diretor da *Haganah*, Eliahu Golomb, destinado ao profícuo Danin um orçamento de 45 libras mensais para financiar as suas atividades. Nesse momento, iniciou, além da mera obtenção de informações, uma estratégia que daria frutos: instruir os seus informantes para dizerem aos insurretos que, caso algo acontecesse aos judeus que tencionavam atacar, a vingança seria inevitável e célere. Essa postura seria, mais tarde, seguida escrupulosamente pela Mossad, famosa por não apenas tentar prevenir ataques a Israel, mas vingar-se deles, quando acontecessem, onde quer que os seus perpetradores se encontrassem ou escondessem. Então, como consequência lógica das suas atividades, Ezra Danin propôs à *Haganah* a criação de um departamento de inteligência próprio, que trabalhasse de uma forma profissional e constante, "como todos os países têm", quer houvesse ou não problemas com a população muçulmana. Segundo ele, essa organização deveria escutar telefonemas e controlar correspondência, bem como controlar os movimentos árabes e, de preferência, infiltrá-los sempre com dois *balashim* (detetives), de maneira que um pudesse ainda controlar o outro, e vice-versa.

Essa visão vinha ao encontro das aspirações de Reuven Zaslani, ainda mais jovem que Danin (à época da revolta árabe, em 1936, tinha apenas 27 anos de idade) e filho de um conhecido rabino russo. Bem relacionado no *Mapai* (*Mifleget Poalei Eretz Yisrael* ou Partido do Povo da Terra de Israel, o partido de esquerda moderada que estava no poder), Reuven Zaslani era um reputado especialista, apesar da sua juventude, em língua e assuntos árabes, além de ser o assessor do Departamento Político para assuntos iraquianos e estar relacionado com a *Royal Air Force Intelligence*, responsável pela inteligência inglesa no Mandato Britânico da Palestina. A tendência inata para o secretismo de Zaslani era tal, que, no Departamento Político, corria a história – parte lenda, parte anedota – de como, respondendo a um taxista que lhe perguntara onde queria ir, dissera "você não tem necessidade de saber". Diferentes como eram, o culto e educado Reuven Zaslani e o agricultor algo rude Ezra Danin fariam uma parceria perfeita.

Em 1937, a revolta árabe intensifica-se e as autoridades inglesas, preocupadas com o crescente pan-arabismo na região, dão carta branca a Reuven Zaslani para atuar em todo o Mandato Britânico da Palestina. Ao mesmo tempo, um impetuoso capitão do Exército britânico e fervoroso apoiante do sionismo (apesar de ser cristão) chamado Charles Orde Wingate, conhecido entre os sionistas como Ha-Yedid (o amigo), cria uma milícia pessoal espalhafatosamente denominada *Special Night Squads* (Brigadas Especiais da Noite) que passa a entrar na Galileia e a controlar à força os rebeldes, dando à *Haganah* a noção de que deveria seguir-lhe o exemplo e ser mais atuante, passando a atacar os rebeldes árabes mesmo antes de se movimentarem contra os judeus. Entretanto, o mais pequeno problema era resolvido por Ezra Danin: como os cães da população muçulmana costumavam ladrar à aproximação de estranhos, denunciando assim à noite a presença dos homens da *Haganah*, Danin propôs ao Departamento Político que declarasse um surto de raiva na região para os animais poderem ser abatidos sem levantar suspeitas. Também a conselho de Danin, as autoridades britânicas passaram a financiar os árabes moderados que se opusessem politicamente ao Alto-Comissariado Árabe, como a influente família Nashashibi, presente na Palestina desde o século XV.

No verão de 1939, a revolta árabe terminava, após longos meses a definhar devido aos esforços de Ezra Danin e Reuven Zaslani. Mas a luta entre a *Haganah* e o Alto-Comissariado Árabe teve um elevado custo para ambos. Até aí inclinando-se para uma repartição política do Mandato entre árabes e judeus, a Inglaterra decidira intensificar a sua mão de ferro na Palestina, hostilizando quer as autoridades palestinas, quer agora também as judaicas. Quando, em 1942, notícias começam a chegar da Europa sobre o destino de milhões de judeus nos territórios ocupados pelos nazistas, vários membros da *Haganah* haviam sido presos pela Polícia britânica, emprenhada em destruir o embrionário exército. Este, em resposta, pretendendo agora espiar não apenas a população árabe como as próprias autoridades coloniais, cria um departamento oficial de contraespionagem chamado simplesmente *Rigul Negdi* (Contraespionagem), liderado por Shaul Avigur e pelo antigo membro da temível Legião Estrangeira francesa, David Shaltiel (conhecido como Tsarfati, "o francês"), pois o individualista Ezra Danin desejava apenas colaborar com a *Haganah*, mas não ser funcionário da instituição.

Em junho de 1940, Shaul Avigur propõe ao Departamento Político a criação de uma agência mais profissional que substitua a ligeiramente amadora *Rigul Negdi*, o que acontece em setembro, nascendo o *Sherut Yediot* (Serviço de Informação), que passaria a ser conhecido pelo acrônimo *Shai*. Nascia assim a incubadora da Mossad.

2. A incubadora da Mossad

Em 1942, o especialista em tráfico de armas da *Haganah*, Rehavam Amir, substitui David Shaltiel no *Shai*, aglutinando-se no novo serviço de informações todos os departamentos ou grupos de espionagem esparsos do Exército. Além disso, o *Shai* – dividido em três departamentos, um especializado em controlar os judeus antissionistas, outro especializado em controlar os ingleses e infiltrar os movimentos palestinos, e um terceiro Departamento Árabe de Ezra Danin – passou a reportar diretamente ao Departamento Político, o que lhe dava um imenso poder e larga manobra de atuação. Mas o *Shai* ultrapassava as simples funções de uma agência de espionagem. Ao longo da Segunda Guerra Mundial, o Departamento Árabe de Ezra Danin comprou milhares de armas alemãs e italianas ao Exército australiano, que as capturara, contrabandeando-as para a Palestina (incluindo muitas armas do famoso *Afrika Korps* de Erwin Rommel, desbaratado pelos ingleses em El Alamein): o *Shai* antecipava a vitória dos Aliados na guerra e preparava-se para o cenário pós-guerra, onde previa a luta de judeus e árabes.

O *Shai* também começou a ter um arquivo extenso de informações sobre judeus, árabes e ingleses, organizado por Ya'akov Shimoni, um jovem judeu alemão (ou *yekke*, como eram conhecidos na Palestina) de apenas 26 anos de idade, que insistia em listar os nomes árabes com a transliteração escrupulosamente correta para hebreu, um pormenor de essencial importância para identificar com certeza os suspeitos. O arquivo cedo se tornou muito profissional, ordenando os nomes de milhares de palestinos alfabética e geograficamente, além de coletar informações sobre a imprensa árabe local em relatórios com o colorido nome de código Yediot Tene (Cesto de Fruta). Todas essas informações, juntamente com inteligência britânica oferecida ao *Shai*, foram reunidas, a pedido de Ezra Danin, num volume interno chamado *Te'Udot VeDmuyot* (Documentos e Personalidades), que traçava as motivações religiosas, sociais e políticas da revolta árabe, para impedir futuras insurreições.

Entretanto, com a Síria e o Líbano tomados pelas forças do Eixo, a Grã-Bretanha necessitava de inteligência no Oriente Médio para preparar a contraofensiva, mas o SIS (os serviços secretos ingleses) não dominava a "rua" do Mandato Britânico da Palestina como o *Shai*, então a sua colaboração foi requerida. O *Shai*, por sua vez, estava empenhado em fomentar a insatisfação árabe contra os ingleses, ajudando assim a uma futura independência da Palestina, além de considerar o *Foreign Office* britânico pró-árabe, mas concordou em ajudar o SIS, pois quanto mais cedo acabasse a guerra, mais cedo a independência seria possível.

Porém, a maioria das operações conjuntas seria um rotundo fracasso. Numa delas, um jovem agente do *Shai* chamado Moshe Dayan perderia um olho, vazado por uma bala (para o cobrir, passaria a usar uma pala, que se tornou a sua imagem de marca quando, mais tarde, se tornou o herói da Guerra do Yom Kippur). Insatisfeito com a *joint venture*, o *Shai* decidiu criar a sua própria força de elite, a que chamou *Palmah*, acrônimo de *Plugot Mahatz* (Companhias de Ataque), lideradas por Yisrael Ben-Yehuda, que infiltrou território inimigo com uma competência que deixou o próprio SIS espantado. Com o final da guerra aproximando-se, e os rumores sobre o Holocausto tornando-se cada vez maiores, Reuven Zaslani explica ao Departamento Político que os judeus europeus teriam de emigrar para a Palestina e, portanto, a inteligência judaica deveria passar a atuar também nesse continente, o que implicaria que se tornasse ainda mais profissional e um braço direito do poder político judaico emergente do pós-guerra. A sua opinião foi levada em consideração.

Quando a guerra finalmente acaba, o *Shai* organiza uma grande operação de transporte das comunidades judaicas europeias para a Palestina com o nome de código Bricha (Fuga). A operação era muito sensível devido à enorme quantidade de pessoas que devia resgatar da Europa, mas principalmente pelo fato de ser ultrassecreta, pois não apenas os judeus que viviam na Europa estavam proibidos pelos Aliados e pela URSS de abandonarem os territórios controlados como, por outro lado, a Grã-Bretanha proibira a emigração de mais judeus para a Palestina. A operação era, assim, duplamente ilegal. Para começar, a *Palmah* iniciou ataques de guerrilha contra as forças britânicas estacionadas na Palestina. O Governo britânico, pressionado pelos ataques e pela opinião norte-americana, permitiu que as Nações Unidas resolvessem o caso da nova emigração judaica, se assim o entendessem. A ONU recomendou então, em 1947, que a Grã-Bretanha abandonasse a sua colônia e esta fosse dividida em dois Estados, um judeu e um palestino. O *Yishuv* aceitou a proposta (que, de qualquer maneira, defendia há anos), mas os palestinos recusaram-na. Os ataques palestinos começaram de imediato, e os britânicos, em processo de descolonização da região, não se envolveram no conflito. Relutante de início em rebater usando a força, a *Haganah* tomou de assalto várias cidades árabes da Palestina, iniciando com isso uma autêntica guerra que conduziria ao *Nakba* (desastre), o êxodo de 700 mil palestinos das suas terras, em fuga do conflito militar.

Em 14 de maio de 1948, David Ben-Gurion declara a criação do Estado de Israel. No dia seguinte, os exércitos do Egito, Líbano, Iraque, Síria e Transjordânia invadem o novo país. O próprio comandante da *Haganah*, Yigael Yadin, dava a Israel apenas 50% de possibilidades de sobreviver, e muitos consideravam-no excessivamente otimista, como o herói britânico Bernard Montgomery, quando garantiu que Israel não duraria três semanas. A resiliência da *Haganah* e da população judaica em geral fizeram com que, contra todas as expectativas, Israel vencesse a guerra de forma rapidíssima, infligindo uma humilhante derrota aos seus vizinhos. Mas a participação da inteligência tinha sido pouca ou nula, ao não conseguir prever o ataque aferido pelos países muçulmanos. O fracasso era, no entanto, previsível.

Durante anos, os responsáveis do *Shai* tinham reclamado do pouco investimento financeiro na organização e, em particular, no Departamento Árabe da *Palmah*, conhecido como *Mistaáravim* (o nome em Hebreu das vestes muçulmanas com que os agentes se disfarçavam) ou pelo seu nome de código, o *Shahar*. Tanto Reuven Zaslani como o comandante da *Haganah*, Yisrael Galili, pretendiam aumentar o *Shahar*, expandi-lo secretamente para os países muçulmanos vizinhos e colocar uma unidade do *Mistaáravim* em cada local importante da Palestina. O *Mistaáravim* tinha três espécies de ações diferentes: uma *hish-bazin* (falcão rápido), entrada em poucas horas no território inimigo para obter uma informação específica; uma *tayarim* (turista), entrada de dois a cinco dias para obter informações e fazer ações contraterroristas; e uma *mitbasesim* (colonos), que implicava a colocação de um agente durante anos na capital de um país inimigo. Devido às restrições orçamentais, a *Palmah* estava limitada praticamente a missões *hish-bazin*. Por isso, quando os países muçulmanos atacaram, foi apanhada um pouco desprevenida. Isso apesar de os *Mistaáravim* terem conduzido uma bem-sucedida campanha de assassinatos políticos na Palestina, enfraquecendo as organizações árabes.

Durante a curta guerra, o *Shai* fora abolido e os seus homens e departamentos incluídos, sem alterações, numa nova inteligência da Defesa israelita. A abolição deveu-se às circunstâncias especiais: com a guerra aberta e a quase impossibilidade de os seus agentes entrarem em território inimigo, onde os seus informantes árabes, que não usavam transmissões de rádio, estavam impedidos de contatar o *Shai*, o serviço de inteligência da *Haganah* perdia, na prática, a sua utilidade. Mas deixou toda uma teia de agentes implacáveis mestres em disfarces e informantes nas comunidades árabes de Israel e nos países vizinhos, pronta para usar quando a guerra acabasse.

Quando esta, de fato, acabou, instalou-se a discussão entre os diversos responsáveis do Governo israelita sobre que espécie de serviços secretos deveria existir. Uns advogavam que deveriam ser dirigidos antes de mais nada à parte econômica e política, outros que deveriam espiar os exércitos inimigos, outros ainda que deveriam reportar diretamente à diplomacia israelita e estar integrados nela. Mesmo esta última proposta não era coerente: o embaixador em Bucareste queria que os novos serviços secretos fossem como o KGB, o embaixador em Buenos Aires queria que se centrassem na captura de ex-oficiais nazistas refugiados na América Latina. Cada cabeça tinha a sua sentença sobre o papel da nova inteligência. O primeiro-ministro David Ben-Gurion, que ouvira pacientemente todas as opiniões, decidiu o que sempre tivera em mente: os novos serviços reportariam apenas ao primeiro-ministro e se chamariam, para começar, *Ha Mossad Le Teum* (Instituição para a Coordenação), devendo ser conhecidos por Mossad. Na instituição, todos os restantes serviços de inteligência estariam representados (o *Aman* do exército e o *Shin Bet* responsável pela segurança interna), mas a política e as missões da Mossad seriam da responsabilidade única e exclusiva dele próprio, Ben-Gurion. Quanto aos militares preocupados com a agenda da nova Mossad e aos políticos que pensavam no seu custo, Ben-Gurion foi claro e lacônico: "Vocês darão à Mossad a sua lista de compras. A Mossad sairá para buscar os produtos. Não é da sua conta saber onde fez as compras ou quanto pagou por elas".

3. A banalidade do mal

As coisas não começaram bem para a nova Mossad. A sua primeira missão foi revitalizar uma rede de espiões do *Shai* instalada no Iraque, infiltrar-se no Exército e no Governo iraquianos e assim permitir que a ameaçada comunidade judaica do país saísse em segurança – e segredo – para Israel. Os serviços secretos iraquianos descobriram a rede, prenderam os dois agentes da Mossad responsáveis pela operação e todos os seus informantes árabes. Estes foram condenados à prisão perpétua, enquanto os agentes da Mossad foram torturados durante semanas e condenados à morte. Para serem libertados, a Mossad teria de depositar um largo suborno numa conta suíça do ministro do Exterior iraquiano, o que fez. A humilhação era completa. Mas a Mossad não teve muito tempo para pensar no fracasso; logo depois, o *Shin Bet* informou a agência de que o homem da Mossad em Roma, Theodore Gross, era um agente duplo que trabalhava para os egípcios. Gross seria levado a Israel com o falso pretexto de ser promovido, onde acabaria detido e condenado a vários anos de cadeia, mas eram muitas humilhações em menos de um ano para o então diretor da Mossad, Reuven Shiloaj, aguentar. Abatido com a situação, demitiu-se, tendo sido substituído por Iser Har'el, precisamente o homem que fora enganar e buscar Theodore Gross na Itália.

Iser Har'el era um veterano da luta da *Haganah* durante a Segunda Guerra Mundial contra os nazistas e diretor do *Shin Bet*, e, com ele à frente da Mossad, esta entra na fase que conhecemos hoje em dia, tornando-se uma agência terrivelmente eficaz. Para moralizar os homens da Mossad, humilhados pelos primeiros insucessos da agência, decidiu ele próprio dar o exemplo, viajando em segredo aos países árabes vizinhos para recrutar informantes e montar as células da agência. A devoção aos seus homens era total, e Iser Har'el considerava qualquer tentativa de influência externa na Mossad como obra de "intolerantes hipócritas que se fazem passar por nacionalistas", referindo-se em particular aos influentes judeus ortodoxos, que odiava e estavam em grande número no Governo israelita. Estes tentaram levar o primeiro-ministro a demiti-lo, mas sem sucesso. Foi ainda Iser Har'el que decidiu a aproximação da Mossad à CIA, viajando a Washington em 1954 para conhecer o diretor da agência norte-americana, Allen Dulles, a quem ofereceu um punhal com a inscrição "O Guardião de Israel nunca sente sono ou dorme", tendo-lhe Allen Dulles garantido que podia "contar com ele para permanecerem os dois acordados". Os sucessos começaram a surgir em quantidade, desde o transporte de milhares de judeus marroquinos em segurança para Israel até a ajuda ao rei Hailé Selassié da Etiópia, velho aliado dos judeus, para esmagar rebeliões internas. A Mossad começava a aparecer um pouco por todo o lado.

Ao contrário do que se costuma pensar, a Mossad nunca foi obcecada em perseguir e assassinar ex-nazistas. Por um lado, o jovem Estado de Israel estava muito mais preocupado em sobreviver em circunstâncias adversas no Oriente Médio do que em abrir antigas feridas. Por outro lado, a Mossad tinha conhecimento de que a CIA, agência com que cooperava estreitamente, empregara vários ex-oficiais nazistas (como Reinhard Gehlen e Klaus Barbie), e assassiná-los poderia colocar em risco a importante colaboração com os norte-americanos. Além do mais, a própria Mossad recrutara ex-oficiais nazistas para se infiltrarem nos países árabes (onde vários trabalhavam assistindo os diferentes governos na guerra contra Israel) ou servirem de agentes duplos, como Walter Rauff e Otto Skorzeny.

A tarefa de perseguir ex-nazistas era conduzida, de forma voluntária e independente da Mossad, por um grupo de sobreviventes do Holocausto, que se autointitulavam *Nokmin* (Vingadores), e tinha sido formado por Israel Carmi, Chaim Laskov (futuro comandante da Defesa israelita) e Abba Kovner. Disfarçados de soldados ingleses, percorriam a Europa do pós-guerra em busca de criminosos de guerra nazistas, que começaram por entregar aos Aliados. Porém, porque no caos instalado na Europa vários conseguiam fugir, os *Nokmin* haviam decidido mudar de estratégia e muito simplesmente executar a sangue-frio qualquer ex-oficial das SS que encontrassem, tendo assassinado mais de mil. A Mossad tinha conhecimento das suas atividades e, apesar de simpatizar com elas, nada fazia para as apoiar.

Por norma, os *Nokmin* eram bastante sigilosos e quase ninguém sabia sequer que existiam. Mas nem todos os ex-sobreviventes do Holocausto que perseguiam nazistas eram tão discretos. Simon Wiesenthal havia informado a Mossad de que conhecia o paradeiro do importante oficial das SS que fora responsável pelo transporte de prisioneiros para os campos de concentração e de extermínio, Adolf Eichmann. Mas a Mossad, mais preocupada em impedir ataques árabes e sempre receosa de envolver pessoas estranhas à agência nas suas operações, não entrou em cena. Porém, a fama de Wiesenthal como "caçador de nazistas" começou a chegar aos jornais de todo o mundo, e, de um momento para o outro, a Mossad corria o risco de ser considerada pela população israelita como uma agência que não se preocupava em vingar a morte dos seus familiares, sendo que, quando em 1954 descobrem o paradeiro certo de Eichmann (até hoje a Mossad nega que tenha sido Wiesenthal a informá-los, como este sempre defendeu), o caso foi entregue ao alto e imponente Rafi Eitan, agente conhecido pela sua perícia em assassinar pessoalmente inimigos árabes de Israel. "Sempre que tenho de os assassinar, preciso lhes ver os olhos, o branco dos olhos. Então ficava muito calmo e concentrado, pensando apenas no que tinha de fazer. E então fazia-o. E é tudo." Era assim que Rafi Eitan descrevia a sua função.

Eitan, o menos escrupuloso assassino da Mossad, era o homem certo para o trabalho, pois este implicava atuar com documentos falsos do outro lado do mundo, nomeadamente na Argentina, liderada por uma ditadura de extrema-direita, que tornara o país um porto de abrigo paradisíaco para nazistas e cuja polícia não hesitaria em matar os agentes da Mossad, caso fossem capturados. Por dois longos anos, Eitan esperou para ter a confirmação absoluta de que o empresário que atendia pelo nome de Ricardo Klement era, de fato, Adolf Eichmann, colaborando para tal com Lothar Hermann, um judeu emigrado na Argentina que estivera detido no campo de concentração de Dachau. Então, quando a confirmação surgiu, Eitan avançou, decidindo que, caso a Polícia argentina interviesse durante a operação, estrangularia Eichmann com as suas próprias mãos, para poder defender-se dizendo que atuara somente de acordo com o preceito bíblico de "olho por olho". A Mossad comprou um avião da Inglaterra e pediu ao Governo para enviar uma delegação oficial à Argentina, para atender à celebração do 150º aniversário da independência do país. O avião tinha sido modificado pela Mossad para esconder uma pequena cela de aço, onde Eichmann deveria ser transportado para Israel. A delegação política não sabia sequer que a cela estava no avião, muito menos das reais intenções da viagem.

Em maio de 1960, Eitan e a sua equipe desembarcam em Buenos Aires, instalando-se numa das sete casas seguras que a Mossad tinha previamente alugado na capital argentina. Uma das casas tinha o nome de código Maoz (cofre-forte) e serviria como base da operação. Outra, denominada Tira (palácio), serviria para deter Eichmann, servindo as outras de eventuais refúgios para onde transportar o ex-oficial nazista caso fossem perseguidos pela polícia. Além das casas, a Mossad alugara ainda uma dúzia de automóveis. Durante três dias e três noites, Eitan e os seus homens vigiaram Eichmann e perceberam como apanhava sempre o mesmo ônibus exatamente à mesma hora, de casa para o trabalho e do trabalho para casa, na Calle Garibaldi, num subúrbio miserável de Buenos Aires. Na noite de 10 de maio, esperaram perto da casa de Eichmann, controlando os ônibus. Então ele chegou, "parecendo um pouco cansado, provavelmente como pareceria após mais um dia a mandar pessoas para os campos de concentração", conforme Eitan diria mais tarde. O especialista da Mossad em sequestrar pessoas saiu do carro e dirigiu-se a Eichmann, respirando calmamente, como fora treinado para fazer. Também fora treinado para sair de um automóvel, agarrar o alvo, imobilizá-lo e enfiá-lo no automóvel em menos de 12 segundos, mas, naquela noite, quando se preparava para agarrar Eichmann, tropeçou num atacador solto dos sapatos, estatelando-se no chão. Eichmann, desconfiado, começou a subir a rampa para sua casa em passo rápido, mas Eitan não hesitaria, saindo do automóvel, correndo atrás dele e agarrando-o pelo pescoço "com tanta força que podia ver os olhos dele revirarem". Enfiaram-no no banco de trás do automóvel, e um dos agentes da Mossad sentou-se no seu colo, para o deixar quase sem respiração e impedi-lo assim de gritar por socorro. Quando Eichmann recobrou a respiração, perguntou furioso o que estava se passando, mas ninguém lhe respondeu. Eitan e os seus homens conduziram em silêncio, durante mais de quatro quilômetros, até a casa combinada para receber Eichmann.

Durante sete dias permaneceram escondidos, à espera de que as comemorações da independência da Argentina terminassem, para poderem voltar a Israel com a delegação oficial, sem levantar suspeitas. No último dia, vestiram Eichmann com a farda de piloto da El Al, a companhia aérea israelita, e obrigaram-no a beber uma garrafa de uísque, deixando-o quase inconsciente. Eitan e os seus homens vestiram fardas iguais e sujaram-nas com uísque, até ficarem cheirando a álcool. Colocando Eichmann no automóvel, dirigiram-se ao aeroporto, onde o avião da El Al os aguardava. Quando passaram pelos guardas argentinos, fizeram, conforme disse Eitan, "o papel de judeus bêbedos que não aguentavam as bebidas argentinas", para chacota dos guardas, que nem se deram ao trabalho de olhar para Eichmann, que ressonava no banco de trás. Entraram no avião e levantaram voo.

No dia 31 de maio de 1962, Eitan dirigiu-se ao local onde Eichmann seria enforcado, na prisão de Ramla. Antes de ser enforcado, Eichmann olhou para Eitan e disse: "Vai chegar a época de me seguires, judeu", tendo Eitan respondido apenas: "Mas não hoje, Adolf". Minutos depois, Adolf Eichmann estava morto. A Mossad também poderia ter capturado o infame médico do campo de concentração de Auschwitz-Birkenau, Josef Mengele, conhecido como Todesengel (O Anjo da Morte), que vivia na época em Buenos Aires, mas Iser Har'el e Rafi Eitan tinham decidido que organizar duas operações no mesmo local em simultâneo era muito arriscado, tendo preferido capturar Eichmann, considerado muito mais influente na execução do Holocausto do que Mengele.

Iser Har'el organizara entretanto a Operação Dâmocles, que tinha como alvo os cientistas alemães e austríacos que haviam colaborado no programa nazista de construção de mísseis e trabalhavam agora para o Exército egípcio, onde tentavam, segundo os informantes da Mossad, construir mísseis que usassem lixo radioativo. Além disso, uma carta interceptada pela Mossad a um desses cientistas, Wolfgang Pilz, assegurava que os mísseis egípcios deveriam ainda ser armados com material químico e biológico. Usando principalmente cartas armadilhadas, muitos dos cientistas sobreviveram aos ataques da Mossad, mas não Heinz Krug, o diretor de uma empresa de Munique que vendia armas ao Egito e que foi sequestrado e assassinado. Mas, quando o agente Joseph Ben-Gal foi detido na Suíça, onde ameaçara matar a filha do cientista Paul-Jens Goercke caso não abandonasse o programa de armamento egípcio e voltasse à Alemanha, as notícias da operação chegaram aos jornais ocidentais e embaraçaram enormemente o Governo israelita. Ben-Gurion estava furioso com Iser Har'el, e, apesar de a captura de Eichmann ter sido um grande sucesso para o diretor da Mossad, o primeiro-ministro (reagindo também às pressões dos judeus ortodoxos que convenceram Ben-Gurion de que Har'el tinha pretensões políticas, querendo mesmo quiçá ser chefe do Governo), acabaria por exigir a sua demissão. Após alguns proveitosos anos como diretor da Mossad, Iser Har'el demitiu-se, deixando como legado uma estrutura altamente profissionalizada. Para o seu lugar foi nomeado o general Meir Amit, homem reto, que não admitia fracassos de qualquer espécie por parte de seus subordinados. Assim que entra, tem um golpe de sorte que ficaria na história da espionagem.

4. Asas pelos ares

Um homem que se apresentava apenas pelo nome Salman entra de rompante na Embaixada israelita em Paris com uma proposta mirabolante: por um milhão de dólares, conseguiria roubar para Israel um MiG-21, o mais secreto e letal avião da época, produzido pelos soviéticos. Segundo ele dizia, ao entregar um papel ao espantado embaixador, seria uma coisa simples: "Mandem um homem a Bagdade, liguem para este número, perguntem pelo Joseph e tenham o dinheiro pronto". Meir Amit estava indeciso, pois o misterioso homem poderia ser um lunático ou, mais provavelmente, um espião iraquiano tentando emboscar os agentes da Mossad, mas a simples perspetiva de Israel obter um MiG-21 era irresistível.

Amit enviou um agente à capital iraquiana sob o nome inglês George Bacon, pois "ninguém achará possível que um judeu tenha um nome desses" (referindo-se ao apelido Bacon, pois é proibido aos judeus o consumo de carne de porco). Bacon seria o representante de uma firma de máquinas de raios X em negócios no Iraque. O agente contata o número de telefone, e atende um tal de Joseph, que marca um encontro com ele num café. No dia seguinte, encontram-se. Joseph era um homem velho com o cabelo branco e começou por queixar-se de como o serviço nos cafés chiques de Bagdade se tinha deteriorado com o tempo. O agente ficou mais descansado por perceber que alguém assim nunca poderia ser um espião iraquiano pronto para matar. Após minutos de queixas sobre o atendimento dos cafés, o agente pergunta-lhe pelo homem conhecido como Salman. O velho responde-lhe que é sobrinho dele e trabalha em Paris como empregado de mesa, pois todos os bons empregados de mesa iraquianos tinham abandonado o país.

Nos dias seguintes, o agente da Mossad percebeu que o velho homem era um judeu iraquiano ressentido com o Governo local. Após décadas de trabalho árduo num relativamente tolerante Iraque, as perseguições políticas aos judeus durante a guerra com Israel fizeram com que fosse despedido e acabasse dormindo nas ruas como sem-teto. Falando com a viúva do seu irmão sobre a possibilidade de emigrarem para Israel, esta havia lhe dito que o seu filho, Munir, desejava o mesmo. Acontece que Munir era piloto do Exército iraquiano e garantira ao tio que com certeza Israel daria muito dinheiro – talvez mesmo um milhão de dólares – por um dos aviões que ele pilotava, o espantoso MiG-21 com que a URSS apoiava o aliado iraquiano. Com esse dinheiro, o velho homem calculara que poderia subornar oficiais do Exército iraquiano e colocar toda a sua família em Israel, a salvo de futuras retaliações pelo roubo do avião, que seriam sempre a morte. O velho tinha outro sobrinho com uma doença que não podia ser tratada no Iraque, e por isso teria autorização para sair do país e procurar tratamento na Suíça. Num banco desse país, Israel deveria depositar metade do valor acordado e, assim que esse sobrinho levantasse o dinheiro, o avião seria roubado por Munir.

Meir Amit tinha dúvidas em confiar no velho, mas o agente assegurara-lhe que não tinham realmente outra opção que não fosse confiar nele. O dinheiro foi assim depositado no Credit Suisse de Genebra. Meir Amit informou então Ben-Gurion e o seu braço direito, Yitzhak Rabin, da operação, obtendo autorização para prosseguir. Para a eventualidade de o velho Joseph ser uma fraude, como muitos na Mossad acreditavam, Amit mandou retirar todos os seus agentes do Iraque, por questões de segurança. Mas surgiram dois problemas. Primeiro, Joseph desejava que toda a sua família, literalmente toda, fosse levada em segredo para Israel, o que significava o transporte de 43 pessoas nas barbas dos serviços secretos iraquianos. Segundo, mais grave, o jovem Munir estava com dúvidas à última hora, pois ele era iraquiano e sentia que entregar o avião a Israel, o principal inimigo do seu país, não deixava de ser uma imensa traição, ainda que desejasse o dinheiro. Meir Amit informou então George Bacon para dizer a Munir que o avião soviético seria entregue, não a Israel, mas ao seu aliado, os EUA. Munir concordou. Amit pediu ao novo diretor da CIA, Richard Helms, para alinhar o esquema e obteve imediatamente sinal verde do seu congênere norte-americano.

Fingindo que estavam viajando de férias para o Norte do Iraque, para escapar ao calor do verão, como muitos iraquianos faziam, a família de Joseph encontrou-se com os agentes da Mossad na região curda do país, tendo sido transportados até as montanhas, onde os esperavam helicópteros do Exército turco, aliado de longa data de Israel. Voando por baixo do raio de ação dos radares iraquianos, transportaram toda a família em segurança para a Turquia. Um agente da Mossad telefonou então a Munir e informou-o de que "já nascera o filho da sua irmã". Munir sabia agora que a família estava segura. No dia seguinte, 15 de agosto de 1966, Munir deslocou o seu MiG-21 para um treino de rotina. Dirigiu-se então à fronteira com a Turquia e, antes de poder ser abatido pelo Exército iraquiano, passou a ser escoltado por caças norte-americanos, que o levaram para uma base militar turca. Daí, o avião partiu para uma base militar norte-americana em Israel, onde ficaria permanentemente. Quando a operação chegou à opinião pública, os Estados árabes (e todo o mundo) perceberam que Israel tinha agora serviços secretos aos quais devia se dar atenção.

Nessa época, Meir Amit tinha reorganizado a Mossad. Amit não queria que a sua agência fosse semelhante à CIA e ao KGB, instituições que empregavam milhares e milhares de funcionários, agentes e especialistas em tudo. Para Amit, a Mossad devia ser uma agência de reduzida dimensão, com poucos agentes, mas treinados de forma interdisciplinar. Os agentes da Mossad chamavam-se (e chamam-se ainda hoje) *katsas*, e, se um fosse especialista em telecomunicações ou cientista, também deveria estar preparado e treinado para, se necessário, ir para o terreno sabotar os opositores e assassinar inimigos. Para fazer o serviço que à CIA e ao KGB implicava o recrutamento de milhares de agentes, Amit contava com a solidariedade de milhares de judeus espalhados pela diáspora, que, de forma voluntária, por amor à pátria israelita e ao seu povo, concordavam em colaborar, quando fosse preciso, com a Mossad, pessoas denominadas, na agência, como *sayanin*. Ele próprio, diretor da Mossad, seria tratado por *memuneh* (primeiro entre iguais), revelando assim que a agência era uma espécie de irmandade. Com Amit na liderança da Mossad, esta colocou *katsas* – treinados durante três duros anos, entre muitas outras coisas, na resistência a interrogatórios e no uso da arma de eleição da Mossad, a Beretta de calibre 22 – nos EUA, na França, na Inglaterra e na Alemanha. Em Washington, Amit colocou um *katsa*, que tinha como única missão espiar a Casa Branca.

Mas também o seu consulado chegaria, como é normal, ao fim. A lealdade e quase idolatria dos seus agentes por ele era tal, que, quando se reformou, muitos homens que não hesitavam em sequestrar e assassinar pessoas choraram. Os agentes pediram então a Rafi Eitan que lhes desse autorização para fazer *lobby* por ele para próximo diretor da Mossad. Apesar de ser um homem de ação sem muita apetência pela burocracia, aquiesceu, temendo que, sem Amit, o papel da Mossad pudesse perder peso e muitas das suas responsabilidades fossem transferidas para os serviços secretos restantes, como sabia ser a intenção do *Aman* e do *Shin Bet*. Porém, antes de poderem pressionar Ben-Gurion, este nomeou Zvi Zamir, um burocrata arrogante ligado ao partido do poder, o *Mapai*. Irritado com a escolha, Rafi Eitan demitiu-se, para consternação dos seus colegas. Mas voltaria.

5. Diferentes vinganças

Em 1972, Munique organiza os Jogos Olímpicos. Para limpar a imagem dos Jogos Olímpicos de 1936, organizados em Berlim por Adolf Hitler, as autoridades deixam os atletas dos vários países entrarem e saírem da Cidade Olímpica sem sequer mostrarem documentos de identificação, num clima de paz e amizade entre os povos patrocinado pela Alemanha. Apesar da preocupação mostrada à organização pelo chefe da delegação israelita, Shmuel Lalkin, a Polícia de Munique nada faz para intensificar a segurança em volta daquela delegação. A *Munazzamat Aylul al-Aswad* (Organização Setembro Negro) aproveita-se da pouca segurança e sequestra a delegação desportiva olímpica de Israel no edifício onde se encontrava. Moshe Weinberg, treinador da equipe de luta livre, ataca um dos terroristas, possibilitando assim a fuga de um dos seus atletas, Gad Tsobari. Weinberg ainda conseguiria esfaquear outro terrorista, antes de ser abatido a tiro. O halterofilista Yossef Romano também ataca os terroristas, ainda conseguindo ferir um antes de também ele ser abatido.

Os terroristas – Luttif Afif, Yusuf Nazzal, Afif Ahmed Hamid, Khalid Jawad, Ahmed Thaa, Mohammed Safady, Adnan Al-Gashey e Jamal Al-Gashey – foram identificados como pertencendo aos *fedayeen* palestinos agrupados no Líbano em torno da *Munazzamat al-Tahrir al-Filastiniyyah* (Organização para a Libertação da Palestina), a OLP de Yasser Arafat, sobrinho do antigo Grande Mufti de Jerusalém. O Setembro Negro exigia a libertação de 234 detidos palestinos e árabes nas prisões israelitas, bem como a libertação, na Alemanha, de Andreas Baader e Ulrike Meinhof, os famosos terroristas da *Rote Armee Fraktion*. Para mostrar que estavam falando sério, atiraram o corpo de Moshe Weinberg pela porta do edifício. A primeira-ministra israelita, Golda Meir, conhecida pela sua personalidade inflexível, não hesitou e decidiu que não haveria – como sempre tinha sido política de Israel – negociações com terroristas. Ao mesmo tempo, tentou convencer o chanceler Willy Brandt a permitir a entrada na Alemanha, para resolver a situação, do grupo de elite do Exército israelita, o *Tzvá HaHaganá LeYisra'el* (Forças de Defesa de Israel), conhecido como Tzahal. A Alemanha recusou, e a força de intervenção alemã, sem experiência em lidar com ações terroristas, acabou por fracassar com estrondo. Entre a cidade olímpica e o aeroporto (onde um avião esperava os terroristas para os transportar, como exigido, para fora da Alemanha) envolveram-se num precipitado tiroteio com os membros do Setembro Negro, tendo apenas poucos sobrevivido. Mas, entretanto, no final da crise, todos os reféns tinham sido mortos: David Berger, Ze'ev Friedman, Joseph Gottfreund, Eliezer Halfin, Yossef Romano, Andrei Schpitzer, Amitsur Shapira, Kahat Shor, Mark Slavin, Yaakov Springer e Moshe Weinberg.

Rafi Eitan, após ter deixado a Mossad, criara uma empresa de segurança privada destinada a fazer consultoria a outras empresas ou mesmo para garantir a proteção destas na eventualidade de um ataque terrorista árabe que lhes fosse destinado. Porém, o negócio começou rapidamente a esmorecer, e Eitan, pouco mais de um ano depois, comunicou à Mossad que estava pronto para voltar. E, agora, ninguém melhor do que ele para vingar os atletas israelitas assassinados. Com ordens diretas da primeira-ministra Golda Meir, Rafi Eitan organizou a *Mivtza Za'am Ha'el* (Operação Ira de Deus), durante a qual todos os membros do Setembro Negro e da OLP responsáveis pelo ataque deveriam ser assassinados.

O primeiro foi o palestino Abdel Wael Zwaiter, representante da OLP em Itália, abatido por dois *katsas* de Eitan à porta do seu apartamento em Roma com 12 tiros, um por cada atleta israelita morto em Munique. O segundo foi Mahmoud Hamshari, representante da OLP na França, fazendo-se um dos homens de Eitan passar por jornalista e entrevistando-o em sua casa, onde plantou um pequeno dispositivo explosivo no telefone, que, dias depois, lhe estouraria a cabeça (segundo Eitan, escolheu este método em vez da simples execução a tiro para mostrar aos seus inimigos que mesmo o mais inocente ato do quotidiano, como atender ao telefone na segurança de casa, poderia ser o último). O terceiro foi Hussein Al Bashir, o representante da OLP no Chipre, cuja cama explodiu quando nela se deitou. Mas Eitan não estava satisfeito. Em abril de 1973, quando o Dr. Basil al-Kubaissi, professor de Direito da Universidade Americana de Beirute e suspeito pela Mossad de apoiar o treino militar do Setembro Negro, voltava para casa em Paris, após jantar fora, foi também ele abatido com 12 tiros pelos homens de Eitan. Para aterrorizar os restantes membros do Setembro Negro e mostrar-lhes que não poderiam escapar à vingança da Mossad, mesmo que soubessem que ela estava vindo, as famílias dos alvos recebiam condolências por parte da agência e os obituários deles surgiam nos jornais palestinos dias antes de serem, de fato, mortos.

Assassinar suspeitos na França ou na Itália, países democráticos onde era possível permanecer sem vigilância, era relativamente fácil. Mas muitos dos suspeitos de envolvimento no massacre de Munique viviam na sociedade fechada do Líbano, rodeados de seguranças. Para os alcançar era necessário o apoio do *Sayeret Matkal* (Unidade de Reconhecimento Geral), a força de elite do Exército israelita que entrou em Beirute e assassinou vários dirigentes do Setembro Negro e da *Fatah* (como era conhecida a OLP), como Muhammad al-Najjar, Kamal Adwan ou Kamal Nasser, o porta-voz da organização palestina. Muitos outros membros das duas organizações seriam ainda assassinados, mas faltava o dirigente máximo do Setembro Negro e principal mentor do ataque em Munique. Para o atingir, não bastava o *Sayeret Matkal*. Era necessário chamar Rafi Eitan.

Ali Hassan Salameh, conhecido como o "Príncipe Vermelho", não era alguém fácil de encontrar. Nascera na Palestina, no seio de uma família influente, e era o que se podia considerar um homem do mundo, bastante viajado. Vivera a maior parte da vida na Alemanha e, por exemplo, casara-se com uma modelo e passara a lua de mel na Disney, na Flórida. Além do mais, tinha algo de que mais nenhum membro do Setembro Negro se podia gabar: a proteção da CIA. Embora a agência norte-americana nunca o tenha reconhecido, a Mossad sabia que Salameh era o ponto de ligação entre a *Fatah* e a CIA, trocando o não ataque a alvos norte-americanos pelo apoio técnico e por vezes material dos serviços secretos de Langley. A Mossad começou por identificar Salameh na cidade de Lillehammer, na Noruega, tendo-o uma dupla de *katsas* abatido a tiro. Porém, as informações estavam erradas, e os agentes da Mossad tinham na realidade assassinado um inocente empregado de mesa marroquino, com semelhanças físicas com Salameh, chamado Ahmed Bouchiki. Os dois agentes foram detidos pela Polícia norueguesa e o caso criou um delicado incidente diplomático. Como se não bastasse, o ataque tinha colocado a CIA de sobreaviso. Para uma segunda tentativa, seria necessário muito mais cuidado. E, como tal, Rafi Eitan decidiu cuidar do caso pessoalmente.

Tendo Salameh sido identificado por fonte segura em Beirute, Eitan viajou ao país árabe, que conhecia muito bem, sob a identidade de um empresário grego. Em poucos dias tinha descoberto a casa e todas as rotinas do dirigente do Setembro Negro. Com essas informações em sua posse, voltou a Telavive, onde planejou o ataque. Em seguida, mandou três *katsas* de sua confiança para Beirute, sendo que todos eles eram fluentes em árabe e passavam com facilidade por cidadãos locais. Um alugou um Volkswagen, o outro armadilhou-o com uma bomba de alta potência e o terceiro conduziu-o até a Rue Madame Curie, onde Salameh, segundo as observações de Eitan, passava todos os dias a caminho do seu escritório. No dia 22 de janeiro de 1979, quando a caminhonete Chevrolet de Salameh passou pelo Volkswagen, os explosivos escondidos foram acionados por controle remoto e estouraram o automóvel do dirigente do Setembro Negro e tudo o que o cercava, matando ao todo 18 pessoas. Vários inocentes tinham morrido, incluindo uma freira alemã, mas isso não importava a Rafi Eitan. A vingança tinha sido servida.

A impetuosidade de Eitan levava-o a atuar pessoalmente nas ações da Mossad, e o primeiro-ministro de Israel à data, Menachen Begin, decidiu que a vida do agente era demasiadamente importante para ser assim colocada em risco. Eitan já tinha sido consultor para o contraterrorismo do anterior primeiro-ministro, Yitzhak Rabin, trabalhando em estreita colaboração com o seu braço direito para assuntos de segurança, Ariel Sharon. Para Menachen Begin, esse deveria ser o futuro papel de Eitan, uma ligação mais íntima com o Governo, por isso o nomeou novo diretor do *Lekem*.

O *ha-Lishka le-Kishrei Mada* (Gabinete de Relações Científicas), conhecido pelo acrônimo *Lekem*, existia desde 1960 e era responsável, no início, pela espionagem industrial, tendo como missão obter tecnologia científica no estrangeiro para Israel. O *Lekem* sempre tivera a hostilidade aberta da Mossad, que o considerava uma ingerência inaceitável nas suas responsabilidades, mas o ministro da Defesa da época, Shimon Perez, insistira na necessidade de o seu ministério ter uma agência de informações própria. Shimon Perez abrira delegações secretas do *Lekem* onde a tecnologia de ponta estava, nomeadamente em Nova Iorque, Washington, Boston e Los

Angeles. Os seus agentes passaram anos atuando de forma mais ou menos anódina, perante a vigilância apertada do FBI e da NSA. Até que, em 1968, conseguiram um grande sucesso, quando um dos engenheiros responsáveis pela construção nos EUA do novo e ultrassecreto caça francês, o Mirage IIIC, foi recrutado pelo *Lekem* e passou-lhe, antes de ser detido, nada menos que dois mil documentos secretos sobre o projeto, permitindo a Israel construir os seus próprios caças Mirage. Mas, desde essa data, o *Lekem*, cada vez mais controlado pelos EUA, tinha obtido apenas sucessos de pouca importância. Competia a Rafi Eitan mudar essa situação.

Eitan não sabia nada de ciência ou tecnologia, mas isso não impediu que os agentes do *Lekem* o recebessem de braços abertos, eufóricos por estarem sendo liderados por uma figura quase lendária. Por seu vez, o sempre voluntarista Eitan embrenhou-se a fundo em livros científicos e aprendeu o que tinha de aprender, ou seja, o suficiente para identificar novos alvos para a sua agência. Algo era certo: o alvo principal deveria continuar sendo os EUA, país de que Rafi Eitan suspeitava como aliado. E, nessa suspeita, estava junto com o novo diretor da Mossad, Nahum Admoni. Oficialmente, os EUA eram o principal aliado de Israel, e a CIA, teoricamente, a principal aliada da Mossad, mas Nahum Admoni queixava-se de apenas receber informações irrelevantes da congênere norte-americana ("a prima", como a CIA é tratada por vezes no interior da Mossad). Eitan não apenas concordava, como estava convencido, desde a procura por Ali Hassan Salameh, de que os EUA apoiavam em segredo a *Fatah*, seguindo um plano da Casa Branca de ganhar ascendência no Oriente Médio às custas do seu velho aliado político. Além do mais, a Mossad tinha obtido conhecimento de reuniões secretas entre o Departamento de Estado norte-americano e dirigentes da *Fatah* para discutirem a melhor maneira de pressionar Israel a aceitar as reivindicações palestinas. Para Eitan e Admoni, era o momento de rebater. Com o ídolo dos *katsas* na liderança do *Lekem*, a colaboração entre as duas agências tornou-se, pela primeira vez, sólida.

O primeiro passo foi dado pela Mossad. Em 1983, a agência havia tomado conhecimento de um iminente ataque contra as forças militares norte-americanas estacionadas em Beirute como Capacetes Azuis da ONU. Os *katsas* tinham até identificado o automóvel que seria usado no ataque e a quantidade de explosivo contido nele: um Mercedes-Benz com meia tonelada de TNT. A Mossad deveria então avisar a CIA do ataque por meio dos seus *katsas* nos EUA, mas tal não foi feito. Conforme Nahum Admoni colocou a situação, "se começamos a ajudar demais os ianques, estamos *cagando* à nossa própria porta". Em outubro de 1983, o automóvel, vigiado pela Mossad, dirigiu-se às imediações do aeroporto de Beirute, onde estava sediado o 8º Batalhão dos Marines, e explodiu, matando 241 soldados norte-americanos e deixando a Casa Branca em choque. O aviso tinha sido dado, nas palavras do *katsa* Victor Ostrovsky: "Se querem enfiar o nariz no Líbano, têm de pagar o preço".

A bola estava agora no campo de Rafi Eitan. Este sabia que os EUA eram o mais tecnologicamente avançado país do mundo, sendo que a tecnologia militar norte-americana estava a anos-luz de qualquer outra. Usando a rede de *sayanin* da Mossad estabelecida nos EUA, tentou encontrar algum cientista judeu – dos muitos que existiam no país – que quisesse colaborar com Israel. Mas não conseguiu. Até que, em 1984, Aviem Sella, um jovem coronel da Força Aérea israelita de licença sabática para estudar Ciências Computacionais na Universidade de Nova Iorque, conhecido por ter destruído um reator nuclear iraquiano alguns anos antes, é convidado para uma festa na casa de um famoso e rico ginecologista judeu em Manhattan. Aí conhece outro jovem, chamado Jonathan Pollard, que lhe diz estar na festa apenas para ter a honra de o conhecer. Diz-lhe ainda que é um profundo sionista e trabalha no ultrassecreto *Antiterrorist Alert Center da US Navy*, situado em Maryland, onde é responsável por monitorar todo o material secreto sobre terrorismo global. Quando Pollard lhe começa a contar várias ocasiões em que a CIA não tinha colaborado com Israel de propósito, Aviem Sella nem queria acreditar no que estava ouvindo, desconfiando que o jovem à sua frente seria um agente do FBI tentando sondá-lo ou fazendo-lhe uma emboscada. Nessa noite, telefonou para Telavive e contou o incidente aos seus superiores, que, passadas algumas horas, lhe telefonaram de volta, dizendo-lhe para, de momento, fomentar mais encontros com Jonathan Pollard.

Ao longo dos dias que se seguiram, Sella e Pollard encontraram-se várias vezes na famosa pista de gelo da Rockfeller Plaza, onde Pollard lhe entregou vários documentos secretos como prova de que estava dizendo a verdade. E foi nessa época que a Mossad informou Sella de que Pollard tinha tentado integrar a agência, mas fora descartado por ter, segundo os relatórios enviados a Telavive, uma personalidade instável. Mas, obviamente, a Mossad pedia agora a Sella que prosseguisse com a inusitada colaboração. Falando sobre o caso com Yosef Yagur, o adido israelita na embaixada responsável pela área científica, de quem era amigo, descobre também que este pertence ao *Lekem* e é o braço direito de Rafi Eitan nos EUA. A partir desse momento, Sella passa a servir de ponto de contato entre Pollard, a Mossad e o *Lekem*. Finalmente, Eitan tinha encontrado o informante que pretendia.

Nos meses que se seguiram, Aviem Sella e Yosef Yagur mimaram o impressionável Pollard com jantares em restaurantes de luxo e bilhetes para espetáculos teatrais, recebendo em troca cada vez mais informações secretas da inteligência norte-americana. Em novembro de 1984, levaram-no, a ele e à sua noiva, para passar um fim de semana em Paris, como recompensa pelos seus esforços em prol do sionismo.

No hotel esperava-o Rafi Eitan em pessoa. Durante essa noite, Eitan treinou Pollard para deixar de ser um espião amador e passar a espiar de forma laboriosa e profissional, com a supervisão de Yagur. Em vez de passar documentos na pista de gelo da Rockfeller Plaza, como se estivesse num filme, Eitan tinha estabelecido um plano. Os documentos seriam entregues, na sua casa de Nova Iorque, a Irit Erb, secretário da Embaixada de Israel nos EUA, onde uma moderna fotocopiadora tinha sido instalada na cozinha. Além disso, para não levantar suspeitas com muitas visitas a casa de Irit Erb, Pollard deveria também levar os documentos a um certo número de empresas de lavagem de automóveis. Enquanto o seu automóvel era lavado, Pollard deveria entregar os documentos a Yagur, cujo automóvel também estaria sendo lavado e no qual, por debaixo do capô, tinha sido escondida uma pequena fotocopiadora que funcionava a pilhas. Yagur enviaria depois as cópias de todos os documentos para Telavive, aproveitando o fato de, como adido diplomático, a sua mala não poder ser aberta no aeroporto.

Quando as cópias começaram a surgir no gabinete de Rafi Eitan em Telavive, a Mossad e o *Lekem* descobriram tudo o que a CIA andava lhes escondendo, desde a entrega de armamento militar por parte da URSS à Síria, ao Líbano, ao Egito e a vários outros Estados árabes, com a localização exata dos mísseis, até informações detalhadas sobre todo o arsenal químico e biológico que o Irã, o Iraque e a Síria haviam construído para ser usado contra Israel. Rafi Eitan e Nahum Admoni ficaram ainda a par de todo o conhecimento global da CIA, incluindo a obtenção secreta da bomba atômica por parte do regime sul-africano. A Mossad e o *Lekem* comunicaram então a Pretória as informações obtidas pela CIA, comprometendo toda a teia de agentes norte-americanos na África do Sul. As informações assim obtidas pela Mossad eram transmitidas de imediato ao Governo israelita, que passava a tomar conhecimento antecipado de toda a estratégia de Washington para o Oriente Médio e podia reagir com meses de antecedência. Pollard informou ainda a Mossad e o *Lekem* de todas as operações de contraespionagem da NSA contra Israel, a ponto de saberem onde se localizava cada escuta da inteligência norte-americana na Embaixada de Israel nos EUA. Mas, em 21 de novembro de 1985, Jonathan Pollard foi finalmente preso pelo FBI. Horas depois, Aviem Sella, Yosef Yagur e Irit Erb já estavam num avião da El Al a caminho de Telavive, passando a integrar a agradecida Mossad, enquanto Pollard era condenado, nos EUA, à prisão perpétua, tendo o Governo israelita e várias organizações judaicas norte-americanas desde essa data defendido a sua libertação.

Contudo, se Rafi Eitan descobriu que a África do Sul havia se tornado um país com capacidade nuclear, uma coisa também sabia, porque tinha contribuído ativamente para isso: Israel era, ela própria, uma potência nuclear.

6. A nova pedra de David

Rafi Eitan sempre temera que os Estados árabes vizinhos de Israel obtivessem da URSS a ajuda necessária para se tornarem potências nucleares. Se qualquer deles tivesse bombas atômicas durante a Guerra dos Seis Dias ou a Guerra do Yom Kippur, Israel teria sido varrida do mapa. Para Eitan e para a Mossad, era tudo claro: Israel deveria obter a bomba atômica antes deles. Afinal, era quase uma questão de justiça, pois, sem Albert Einstein, Leó Szilárd e Robert Oppenheimer, todos judeus, nunca os EUA teriam conseguido, para começar, construir a bomba atômica. Rodeada de inimigos muito mais populosos, Israel poderia ter na bomba atômica a pedra com que David derrotou Golias.

Israel tinha ponderado essa possibilidade desde o início, mas as discussões entre políticos e cientistas israelitas eram tantas, que David Ben-Gurion nunca conseguira que chegassem a um acordo. Por isso, tomou a iniciativa. Logo em 1956, a França entregara a Israel um potentíssimo reator, que, segundo Ben-Gurion, serviria para bombear toneladas de água para o deserto e torná-lo aproveitável para a agricultura. A desconfiança sobre os eventuais propósitos ocultos de Ben-Gurion levou à demissão de todos os responsáveis da Comissão para a Energia Atômica israelita, temendo que o reator servisse, na realidade, "para aventureirismos políticos que unirão todo o mundo contra nós". Os militares israelitas, surpreendentemente, apoiaram os protestos da comissão. O próprio Ariel Sharon condenou violentamente a opção nuclear, que considerou inútil num país que tinha as melhores forças militares convencionais de todo o Oriente Médio. Numa atitude típica, Ben-Gurion ignorou a discussão e mandou instalar o reator em algum lugar no deserto do Negev, num local perto de Dimona que nenhum mapa poderia doravante identificar.

Rapidamente, mais de 2,5 mil cientistas e técnicos estavam trabalhando no ainda incipiente – e totalmente secreto – programa nuclear israelita. Os agentes da Mossad guardavam as instalações e os pilotos da Força Aérea tinham ordens para abater qualquer avião que tentasse entrar no perímetro de segurança de cinco quilômetros que os rodeava. O reator estava colocado muito abaixo do nível do solo, num local ultrassecreto conhecido como Machon 2. E ali ficou, pois não servia de nada para Israel se o país não encontrasse urânio ou plutônio para fundir. E as potências nucleares recusavam-se a fornecê-los a quem quer que fosse, muito menos a um pequeno país com aspirações de liderança regional num dos pontos politicamente mais sensíveis do mundo.

Pouco depois, nasce nos EUA uma empresa de processamento de material nuclear chamada NUMEC (*Nuclear Materials and Equipment Corporation*), presidida pelo

Dr. Salman Shapiro, listado na Mossad como um proeminente sionista que costumava angariar fundos financeiros de apoio a Israel. Rafi Eitan ordenou de imediato que o doutor fosse investigado em pormenor pelo *katsa* da Mossad em Washington. O agente da Mossad descobriu ainda um documento confidencial da Comissão para a Energia Atômica avisando o Dr. Salman Shapiro de que seria punido por lei, e eventualmente acusado de espionagem, se a sua NUMEC não conseguisse cumprir todos os requisitos de segurança exigidos para empresas que lidavam com materiais nucleares. Eitan concluiu que se a Comissão para a Energia Atômica desconfiava assim tanto da NUMEC, a empresa teria uma segurança incompetente, o que fazia dela o alvo ideal para os seus propósitos.

A ameaça de ser acusado de espionagem era um procedimento habitual que não significava, de todo, que as autoridades norte-americanas desconfiassem que Shapiro pudesse envolver-se em tais atividades. Pelo contrário, a sua reputação era intocável. Doutor pela elitista Universidade Johns Hopkins, a sua inquestionável competência em Química fez com que, ainda antes dos 30 anos de idade, já trabalhasse no instituto de pesquisa e desenvolvimento nuclear de Westinghouse, dotando os submarinos da US Navy com reatores nucleares. Shapiro era um notório filantropo que financiava a academia de ciências e engenharia de Haifa, mas isso seria natural em alguém que, mesmo tendo nascido nos EUA, era não apenas judeu, como familiar de várias vítimas dos campos de extermínio nazistas. À frente da NUMEC, ainda novo, a sua responsabilidade era enriquecer urânio, processo que implica necessariamente a perda de uma vasta quantidade do material radioativo em quantidades que nunca podem ser especificamente quantificáveis. O que eram boas notícias para Rafi Eitan.

Mas a diplomacia norte-americana mudava com a eleição de John F. Kennedy. O novo presidente queria redefinir a influência dos EUA no Oriente Médio, transformando o país no árbitro por excelência entre todas as partes do interminável conflito. Como tal, Kennedy avisara Telavive que uma Israel nuclear não era admissível e, portanto, a Agência Internacional de Energia Atômica deveria inspecionar as misteriosas instalações de Dimona. Ben-Gurion protestou, mas Kennedy manteve-se inflexível, levando a que Israel se virasse para Abraham Feinberg, o principal financiador judeu do Partido Democrata e uma das figuras mais influentes de Washington. Além de ser um sionista convicto, era um defensor da obtenção de energia nuclear por parte de Israel e um dos financiadores secretos de Telavive para a construção das instalações de Dimona. David Ben-Gurion pediu então ao seu amigo Feinberg para falar com John F. Kennedy e "fazer o *putz* (idiota) entender como é realmente a vida". Feinberg já tinha sido um dos principais financiadores da campanha eleitoral de John F. Kennedy, de quem conseguira a promessa de ajudar "sempre que possível" Israel a implantar a sua política no Oriente Médio, por isso bastaria lembrar ao agora presidente a sua promessa. Além do mais, o influente secretário de Estado de Kennedy, Robert McNamara, apoiava uma Israel nuclear. Mas Kennedy estava numa luta constante com o novo secretário-geral da URSS, Nikita Khrushchev, que apoiava os países árabes, temendo assim que ao apoiar publicamente Israel nas suas aspirações nucleares causasse mais um incidente diplomático com o inimigo soviético. Um consenso foi obtido: em troca da oferta ao Exército israelita dos ultramodernos mísseis terra-ar *Hawk*, Ben-Gurion permitiria a inspeção às instalações de Dimona. Mais: a inspeção teria um aviso prévio de duas semanas e seria feita, não pela Agência Internacional de Energia Atômica, mas por uma equipe norte-americana da Comissão para a Energia Atômica. No entender de Rafi Eitan e da Mossad, era quase bom demais para ser verdade. A Mossad tratou logo de construir instalações completamente falsas perto de Dimona, com o pormenor de terem uma réplica do famoso reator francês e vários ecrãs que mostravam como toda a energia produzida ali estava sendo canalizada para a irrigação do deserto. Quando a equipe norte-americana finalmente chegou, não continha um único inspetor que sequer falasse fluentemente hebreu. Como seria de esperar, foram todos enganados pelo esquema da Mossad.

Para cúmulo do cinismo, Rafi Eitan disse então à Embaixada israelita nos EUA que pedisse autorização à Comissão para a Energia Atômica para uma equipe de cientistas israelitas, de modo a "melhor compreenderem os receios dos seus inspetores em relação ao processamento de lixo nuclear" que Israel poderia estar interessada em fazer, visitassem as instalações de uma empresa norte-americana que o fizesse. Essa empresa, claro, era a NUMEC. A Comissão para a Energia Atômica concedeu a autorização, mas o FBI foi colocado em alerta para vigiar o Dr. Salman Shapiro. Como seria de esperar, a vigilância do *Bureau* não encontrou nada minimamente suspeito, pois Shapiro era, de fato, um patriota resoluto que nunca pensaria em trair os seus amados EUA. Shapiro nunca deveria ser contatado pela Mossad para colaborar com Israel, pois o seu patriotismo à prova de bala era precisamente o que Eitan necessitava para servir de capa a toda a operação.

Eitan enviou então à NUMEC dois técnicos, um do *Lekem* e outro da Mossad. O primeiro era Avraham Hermoni, que trabalhava como consultor científico na Embaixada da Israel em Washington; o outro era Jeryham Kafkati, um *katsa* que operava nos EUA com o disfarce de escritor de ficção científica. Ambos fizeram uma visita à NUMEC em nome da Embaixada de Israel, mas Shapiro não os deixou fotografar as instalações, como pretendiam, pois isso significaria a quebra de todas as regras de segurança da Comissão para a Energia Atômica. Chegara portanto a hora de o próprio Rafi Eitan visitar a empresa. Eitan reuniu um pequeno grupo de falsos inspetores da embaixada: dois eram, na realidade, cientistas de Dimona, o diretor do inexistente Departamento de Eletrônica da Universidade de Telavive era um agente do *Lekem*, e o próprio Rafi Eitan era um suposto e também inexistente "conselheiro científico do Governo de Israel". A delegação era guiada por Avraham Hermoni, que voltava à NUMEC para apontar a Eitan todos os locais, com pouca segurança, que percebera na primeira visita. Durante dias, Eitan e a sua equipe inspecionaram as instalações da NUMEC, aprendendo aquilo de que necessitavam sobre o processamento de urânio e plutônio. Depois disso, tudo se torna nebuloso.

O certo é que, meses depois, a NUMEC surge trabalhando com o Governo de Israel num inusitado e quase absurdo projeto de "pasteurização de comida e esterilização de produtos médicos por radiação". Ao abrigo desse projeto, contentores selados com o autocolante preventivo de radiação nuclear começaram a ser enviados pela empresa para Israel. Quando o FBI quis abrir um dos contentores, a Embaixada israelita avisou o Departamento de Estado norte-americano que, se essa tentativa de interferência continuasse, consideraria oficialmente todo e qualquer contentor como material diplomático e, portanto, inviolável. Perante a possibilidade de um incidente diplomático, o Departamento de Estado avisou o Departamento de Justiça para os agentes do FBI deixarem os contentores em paz. Os agentes do FBI limitavam-se assim a ver como, sempre pela calada da noite, eram transportados contentores forrados com chumbo, um pré-requisito essencial para o transporte de urânio. A CIA foi então convocada, mas o representante da agência em Israel, John Hadden, não conseguiu descobrir qual o conteúdo dos contentores, que continuavam chegando ao aeroporto de Telavive e seguiam pelo deserto em direção a Dimona. Os transportes continuaram por quase um ano e, de repente, terminaram. Já não eram necessários. Devido aos esforços da Mossad e do *Lekem*, Israel já tinha, finalmente, a bomba atômica. O que, até hoje, Telavive continua oficialmente negando.

7. África nossa

Mas as atividades da Mossad nem sempre decorreram nas areias do Oriente Médio ou nos laboratórios *high-tech* dos EUA. Uma parte do globo sempre interessou bastante à agência israelita: a África. Desde 1959 que a Mossad contava com vários *katsas* espalhados pelo continente africano, todos com conhecimentos de medicina para conseguirem sobreviver, se necessário, na selva. Isso porque uma das primeiras medidas de Fidel Castro, quando chegou ao poder em Cuba, foi tentar internacionalizar a Revolução. A primeira tentativa, e ainda por cima bem-sucedida, foi treinar em táticas de guerrilha o revolucionário John Okello, nascido no Uganda, para derrubar o sultão Jamshid Bin Abdullah, tomar o poder em Zanzibar e transformar o pequeno país numa república socialista. O que aconteceu, tornando as ilhas de Zanzibar o quartel-general de onde Castro pretendia lançar a Revolução aos quatro cantos da África. Aproveitando a situação como uma oportunidade de também eles penetrarem na África, os serviços secretos chineses entraram em ação para dar auxílio logístico ao transporte de armas cubanas para os movimentos revolucionários africanos e ao transporte de guerrilheiros revolucionários para Havana, onde seriam treinados militarmente. Para Telavive, a perspectiva de ter milhares de revolucionários armados até os dentes em países africanos perto de Israel era problemática, mas a Mossad considerava que agir contra eles poderia ser ainda pior. Enquanto os interesses israelitas não fossem diretamente colocados em causa, os *katsas* deviam limitar-se a controlar, sem interferirem, os revolucionários africanos, os cubanos e os chineses. Mas então entrou em cena o KGB, e tudo mudou.

Os serviços secretos soviéticos começaram a recrutar revolucionários por toda a África, para serem treinados na Universidade Para a Amizade dos Povos de Moscou, rebatizada Universidade Patrice Lumumba em honra do famoso guerrilheiro independentista do Congo, assassinado, com a participação da CIA, em 1961. Em Moscou seriam treinados em guerra tática e de guerrilha, aprendendo ainda a desestabilizar regimes e a tomar o poder. Para ajudar na formação, o KGB pediu ajuda a ex-alunos da Universidade Para a Amizade dos Povos. O problema, para a Mossad, era que esses ex-alunos eram todos terroristas árabes. De imediato, o diretor da Mossad reagiu e enviou, para acompanharem os *katsas* que operavam na África, equipes do Kidon (baioneta), o mais que secreto departamento de assassinatos e sequestros da agência. A missão era simples: interferir na relação entre o KGB e os movimentos independentistas africanos, os cubanos e os serviços secretos chineses, bem como assassinar todos os terroristas árabes que encontrassem treinando guerrilheiros na África. Mas a Mossad tinha ainda outro plano: interferir ela própria nos movimentos independentistas, prometendo-lhes que, em vez do simples treino militar e venda de armas, Israel lhes daria legitimidade política quando chegassem ao poder, desde que não atacassem o país.

A primeira preocupação da Mossad não era, no entanto, o KGB, mas os misteriosos serviços secretos chineses, liderados na África pelo coronel Kao Ling. Os agentes da Mossad descobriram que Kao Ling estava financiando grupos de guerrilheiros africanos da Etiópia, Iémen e Egito para atacarem Israel, considerada por Pequim como uma extensão do poder norte-americano no Oriente Médio. A resposta foi rápida. A Mossad começou por desmantelar uma conspiração chinesa para derrubar o Governo pró-ocidental de Hastings Banda no Malawi, mas a missão dos homens do Kidon nunca seria apenas essa, começando corpos de espiões chineses a aparecer um pouco por todo o lado. No Gana, um foi assassinado quando saía de uma discoteca com a namorada. No Mali, o automóvel de outro explodiu sem explicação. Na Zâmbia, um espião chinês foi ferido e atado a uma árvore no meio da selva para os leões fazerem o resto do serviço. Ainda no Gana, em 1966, quando o pró-maoista presidente Kwame Nkrumah partiu numa visita oficial à China, a Mossad levou o tenente-general Emmanuel Kotoka a tomar o poder, sendo Nkrumah obrigado a nunca voltar ao país, onde os espiões chineses foram desbaratados por Kotoka. A violência era recíproca: espiões chineses capturaram um *katsa* no Congo e atiraram-no vivo a um charco com crocodilos, filmando a sua dolorosa morte e enviando o filme com as imagens para o delegado local da Mossad. Em resposta, este mandou pessoalmente um *rocket* contra o prédio onde os espiões chineses estavam sediados em Brazzaville, matando-os. A guerra era aberta, e a Mossad estava claramente ganhando-na; então, por intermédio do presidente Mobutu Sese Seko do Zaire, Pequim comunicou que queria uma trégua: doravante, os serviços secretos chineses e israelitas deveriam esforçar-se em conjunto para que o KGB não ganhasse mais influência na África. A Mossad aceitou. O que lhe interessava era dividir os chineses e os soviéticos. Mas a Mossad sabia que não podia contar apenas com a nova amizade circunstancial dos chineses. Precisava de um aliado verdadeiro. Encontrou-o na África do Sul: o BOSS.

O *Bureau of State Security* não perdia na comparação com a Mossad no histórico de sequestros, tortura e assassinatos. Num instante, os agentes da Mossad e do BOSS participavam em ações conjuntas por toda a África, beneficiando da aproximação política entre Golda Meir e o primeiro-ministro Hendrik Verwoerd, o ideólogo do Apartheid. A primeira foi o transporte de urânio sul-africano para as instalações de Dimona em aviões da El Al, que oficialmente continham material agrícola. A cooperação entre os dois Estados cimentou-se ainda mais em 1972, quando o primeiro-ministro P. W. Botha assinou um acordo secreto com Telavive, segundo o qual, em caso de ataque contra um dos países, o outro o auxiliaria militarmente. Do pacto fazia parte a oferta de armas norte-americanas do arsenal israelita ao regime de Pretória, e, em troca, a África do Sul fornecia um local secreto no oceano Índico onde Israel pudesse levar a cabo os seus testes nucleares.

A Mossad foi ainda responsável por treinar os brutais agentes do BOSS a não se limitarem a espancar os suspeitos, partilhando com eles métodos como a privação do sono e a tortura psicológica por meio de fuzilamentos falsos. Quanto aos constantes assassinatos do BOSS, unidades do Kidon ensinaram-nos a fazê-lo, sem levantar suspeitas ou deixar rastro. A Mossad conseguiu ainda uma lista com os nomes dos principais dirigentes do *African National Congress* (ANC) e os seus contatos no exílio na Inglaterra para o BOSS poder assassiná-los, mas o Governo sul-africano não permitiu a operação, com receio de perder o apoio da ala mais radical do Partido Conservador britânico, que ainda o apoiava.

Essa aliança caiu como uma bomba na Casa Branca. Não apenas Washington tinha optado, desde John F. Kennedy, por um apoio declarado aos processos de descolonização africanos (em parte por real apoio, em parte para desestruturar os antigos impérios europeus, que sentia como rivais), fazendo com que uma aliança entre o seu principal aliado político no Oriente Médio e o principal opositor precisamente a esses processos de descolonização pudesse, se tornada pública, causar um enorme embaraço à administração norte-americana (não apenas internacional, mas interna, pois a administração democrata tinha no movimento dos Direitos Civis um dos seus grandes apoiantes eleitorais), como os próprios EUA não queriam perder a luta pelo controle da nova geografia política africana, que poderia pender a qualquer momento para o inimigo soviético. Uma aliança entre Israel e a África do Sul – sendo esta pragmática ao ponto de, se necessário, se aliar aos chineses e aos soviéticos – eram, sob todos os pontos de vista, péssimas notícias para Washington.

A retaliação norte-americana, por isso, não se fez esperar, divulgando como centenas de judeus sul-africanos tinham combatido ao lado de Israel na guerra pelo controle do canal de Suez, o que virou contra Telavive todos os países africanos muçulmanos e muitos outros que, apesar de não serem muçulmanos, apoiavam os Estados árabes por razões ideológicas, após terem chegado ao poder guerrilheiros marxistas ligados à URSS. De todos eles, a Nigéria era o espinho que mais dolorosamente se cravou em Telavive, pois a maioria das importações petrolíferas israelitas vinham precisamente desse país, que acabava de cortar relações diplomáticas com Israel. Um embargo energético da Nigéria a Israel poderia paralisar o país, sendo que Telavive foi obrigada a chegar a um acordo secreto, segundo o qual, em troca de a venda de petróleo continuar inalterada, comprometia-se a dotar o regime de Lagos (imerso numa autêntica guerra civil) com armamento. Mas, apesar da pressão norte-americana, a Mossad não abriu mão da sua amizade com o BOSS: tendo obtido documentos secretos no Líbano, que mostravam uma ligação estreita entre a *Fatah* e o ANC, esses documentos foram entregues aos serviços secretos sul-africanos, que tiveram assim mais uma desculpa para perseguir e assassinar vários dirigentes do ANC.

Durante as décadas de 1970 e 1980, a política africana da Mossad permaneceu inalterada, sabotando as tentativas da inteligência de outros países que pretendiam implementar-se no continente e, aproveitando-se da infinidade de diferenças tribais, religiosas e políticas que mergulhavam quase toda África num banho de sangue, apoiando política e militarmente "quem quer que nos apoiasse a nós", como disse o agente da Mossad, Yaakov Cohen, cujos traços faciais obviamente judaicos foram apagados pela agência com operações plásticas para parecer africano e poder assim atuar com mais eficácia.

No entanto, a principal preocupação africana de Israel continuou sempre sendo a Nigéria. Quando, em 1984, surgiu mais um golpe de Estado no país e o primeiro-ministro Shehu Shagari é deposto pelo general Muhammad Buhari, Telavive pediu de imediato à Mossad para tentar perceber como a nova situação política poderia afetar Israel, o que não era fácil, pois ninguém sabia muito bem quais as motivações por detrás do golpe que não fossem afastar do poder o unanimemente considerado corrupto Shehu Shagari. Tanto assim que uma das primeiras medidas de Buhari no poder foi acusar o antigo ministro dos Transportes, Umaru Dikko, então desaparecido, de ter desviado milhões de dólares das vendas petrolíferas do país. O diretor da Mossad, Nahum Admoni, sentindo ali uma oportunidade única, voou pessoalmente para Lagos com um passaporte falso, onde se encontrou com Muhammad Buhari e lhe garantiu que Telavive apoiava totalmente o novo regime e que, a troco da continuidade da venda de petróleo a Israel, a Mossad encontraria Umaru Dikko e o entregaria numa bandeja. Muhammad Buhari concordou de imediato, com uma condição: a Mossad trabalharia com os serviços secretos nigerianos em absoluto sigilo para poderem ser estes a obter os louros pela captura. Nahum Admoni não viu qualquer problema nisso. A missão da Mossad sempre fora tudo menos reconhecimento público.

A equipe de *katsas* de Rafi Eitan foi espalhada pela Europa à procura do ex-ministro fugitivo. Médicos judeus que eram *sayanin* da agência ficaram de alertar a Mossad caso Umaru Dikko os procurasse em busca de cuidados médicos. *Sayanin* que trabalhavam em agências de aluguel de carros e companhias aéreas estrangeiras foram colocados de sobreaviso, bem como aqueles que trabalhavam em bancos, tentando perceber se – e onde – Dikko usava algum dos seus muitos cartões de crédito. Não se encontrando Dikko em lugar algum, a Mossad arriscou tudo na Inglaterra, onde estava concentrada a oposição ao novo regime. Trabalhando com o líder dos serviços secretos nigerianos, Muhammad Yusufu, os *katsas* da Mossad puseram-se em ação em Londres. Enquanto os espiões nigerianos se faziam passar por exilados apoiantes de Shehu Shagari, os *katsas* faziam passar-se (ironicamente) por opositores do regime sul-africano. Até que, alguns meses depois, Umaru Dikko dá sinal de vida. Descoberto ocasionalmente por um *katsa* no meio da rua, o agente da Mossad segue-o a pé e descobre onde o ex-ministro está vivendo. Enquanto quatro *katsas* vigiavam a casa 24 horas por dia, outros *katsas* treinavam os espiões nigerianos, na Embaixada da Nigéria em Londres, para realizarem uma operação de sequestro típica da Mossad. Como prometido ao general Muhammad Buhari, a parte do sequestro em si mesmo seria responsabilidade dos espiões nigerianos, o que se revelaria um grande erro.

Vindo de Lagos, chegou a Londres um avião da companhia aérea nigeriana. Assim que aterrissou, os vários agentes dos serviços secretos nigerianos apresentaram-se precisamente como agentes dos serviços secretos às autoridades alfandegárias britânicas, apenas para se verem cercados, em menos de segundos, por agentes do *Special Branch* da Scotland Yard, que os impediram de abandonar o avião. No centro de Londres, a caminhonete alugada pelos espiões nigerianos estaciona à porta da casa de Umaru Dikko e, assim que ele sai, dois desses espiões agarram-no e fazem-no entrar para a parte de trás do veículo. A secretária pessoal de Dikko presencia o sequestro e telefona à Scotland Yard, que mobiliza em minutos a sua *Anti-Terrorist Squad*. Quando a caminhonete chega ao aeroporto, é imediatamente mandada parar, pois a secretária de Dikko não teve dificuldade em descrevê-la, uma vez que o espião nigeriano responsável pelo aluguel do carro escolhera uma caminhonete de um amarelo berrante. Abrindo a viatura, os homens da Scotland Yard descobriram Umaru Dikko atado, amordaçado e anestesiado. Todos os agentes da Mossad e dos serviços secretos nigerianos seriam presos e condenados a duras penas de cadeia, sendo libertados pouco depois e entregues, incógnitos, a Israel, com o aviso de que, caso a Mossad repetisse a graça, seria considerada como uma agência inimiga pelo MI6 e pelo MI5. A quebra da velha regra da Mossad de nunca partilhar as suas operações com outras agências de inteligência tinha terminado num embaraço público. A Mossad aprendeu a lição.

8. O Osama Bin Laden da Mossad

No Ocidente, pensamos agora em Osama Bin Laden como o símbolo primeiro e último do terrorismo. A *Al-Qaeda* sempre foi seguida de perto pela Mossad, agência que, de todas as que existem no mundo, tem a maior quantidade de informações sobre essa organização terrorista. Tal como muitas outras agências, também a Mossad procurou Osama Bin Laden, mas de um ponto de vista diferente da CIA ou do MI6. Para a Mossad, nunca se tratou de encontrá-lo por encontrar. Saber onde estava Osama Bin Laden, o que estava fazendo no presente, nunca despertou a atenção da agência israelita; o que a Mossad pretendia era conseguir prever o que ele pudesse fazer no futuro e impedi-lo. Além do mais, a possibilidade de a *Al-Qaeda* se aliar aos Estados árabes inimigos de Israel sempre foi tênue, pois esses mesmos Estados são, antes de tudo, o alvo preferencial da *Al-Qaeda*. Por uma vez, estar cercada de Estados árabes jogou a favor de Telavive. Ainda assim, sabe-se que a Mossad sempre teve registros diários da localização de cada membro da numerosa família de Osama Bin Laden, das suas mulheres, dos seus irmãos e dos seus numerosos filhos, não fazendo a agência israelita segredo disso no *underground* do Oriente Médio. A mensagem que a Mossad quis passar a Osama Bin Laden com isso sempre foi clara e assumida: em caso de ataque a Israel, de imediato toda a família do terrorista saudita seria executada por *katsas*. De fato, a primeira preocupação da Mossad em termos de terrorismo sempre foi outra, um nome que, ao público ocidental, pouco ou nada diz: Imad Mughniyah, o cérebro do *Hezbollah*.

No entanto, se ao público em geral o nome não diz nada, à agência de inteligência disse muito ao longo dos anos, tanto assim que, depois de Osama Bin Laden, era o terrorista mais procurado do mundo, mesmo à frente de *Ayman al-Zawahiri* (o famoso nº 2 da *Al-Qaeda*). Fora Imad Mughniyah (muito antes de Osama Bin Laden) que introduzira o conceito de "homem-bomba" no Oriente Médio, ainda nos anos 1980, inspirado pelos pilotos kamikaze japoneses da Segunda Guerra Mundial. Durante anos, convencera as famílias de Beirute de que nenhuma outra forma seria mais adequada de servir ao Islã que sacrificar, em ataques suicidas, os seus filhos e as suas filhas. Antigo membro da *Fatah*, um dos primeiros a juntar-se ao novo *Hezbollah* em 1984, Mughniyah continuara aliado da *Fatah* e principalmente do seu líder operacional, Khalil al-Wazir. Ainda que tivesse como alvo Israel, nenhum outro terrorista, até Osama Bin Laden, foi responsável pela morte de tantos cidadãos norte-americanos. Para a Mossad, Imad Mughniyah não era "um" alvo a abater. Era "o" alvo a abater.

As tentativas, porém, sempre haviam sido fracassadas. Mughniyah era lendário pela maneira como desaparecia após cada ataque, como se o terrorista se evaporasse em pleno ar. Entretanto, um *katsa* da Mossad já tinha assassinado em Tunes, em 1988, Khalil al-Wazir na presença da sua mulher e dos seus filhos. O secretário-geral do *Hezbollah*, Abbas al-Musawi, fora abatido, juntamente com a mulher e o filho, por um míssil em 1992. Em 2004, o líder da *Fatah*, o lendário Yasser Arafat, morria misteriosamente (até hoje, como com tantos outros casos, não se conhece a real participação da Mossad na sua morte). No mesmo ano, o líder do *Hamas*, o xeque Ahmed Yassin, juntamente com dois dos seus filhos, foi também assassinado com um míssil. Todos os principais inimigos da Mossad estavam mortos. Faltava Mughniyah.

Em 2008, um *katsa* da Mossad alocado na Alemanha, que dava pelo nome de código Reuben, recebe uma pasta em Berlim. A troco de uma avultada quantia de dinheiro, um alemão colocara na pasta um antigo documento da *Stasi*, os temidos serviços secretos da antiga República Democrática Alemã. Antes da queda do Muro de Berlim, a *Stasi* apoiara várias organizações terroristas, não apenas com treino militar e dinheiro, mas ajudando os seus líderes em fuga a tornarem-se inidentificáveis por meio de operações plásticas. A pasta continha fotografias de Imad Mughniyah, e o terrorista que surgia nessas imagens não se parecia fisicamente em nada àquele que a Mossad procurava, sem sucesso, desde os anos 1980. Parecia que o diretor da agência, Meir Dagan, teria agora sucesso onde tantos dos seus predecessores tinham falhado.

Reunido com todos os especialistas da Mossad, Meir Dagan tinha decidido anos antes que, quando encontrassem Mughniyah, a melhor maneira de o assassinar seria com um carro-bomba, por questões de "justiça poética". Mas apenas existia uma fotografia conhecida dele. Essa única fotografia tinha sido entretanto analisada até à exaustão, tratada e alterada em programas de computador para se tentar perceber como o terrorista estaria passados tantos anos; óculos e barbas foram retirados digitalmente para se calcular as suas feições. Já então os especialistas da Mossad haviam concluído que Mughniyah tinha se submetido a alguma espécie de operação plástica, pois a fotografia mostrava algumas cicatrizes na cara coincidentes com operações estéticas. A Mossad procurou então descobrir onde teria sido feita, mas a pista chinesa e russa não tinha dado resultados. Até que, em 2007, um dos vários informantes árabes da Mossad informou a agência de que sabia de alguém que conhecia um familiar de Mughniyah, que lhe dissera que este tinha mandado postais à sua família de cidades como Frankfurt, Munique e Berlim. Um agente foi ao Líbano falar pessoalmente com o familiar de Mughniyah, e este confirmou a versão contada, afirmando ainda que Mughniyah estava agora na Síria, protegido pelo Governo local, mas não parecia o Mughniyah que ele conhecia. Meses depois, a real aparência do terrorista estava dentro da mala do *katsa* de Berlim. A autorização para a operação final foi assinada pelo primeiro-ministro Ariel Sharon e, após este entrar em coma, ratificada pelo seu sucessor, Ehud Olmert.

O diretor da Mossad analisou a pasta, que continha fotografias de todos os passos da operação plástica de Mughniyah. A antiga cicatriz tinha sido removida, a pele em volta dos olhos esticada para estes parecerem diferentes, o seu queixo tinha sido encurtado por meio da remoção de ossos, vários dos seus dentes da frente tinham sido substituídos por outros de formato diferente, o cabelo tinha sido pintado e lentes de contato colocadas em vez de óculos. Localizá-lo em Beirute não seria difícil.

Assassiná-lo já era outra história. Mughniyah tinha sofrido vários atentados bombistas da Mossad, por isso dificilmente cairia no erro de conduzir o seu próprio carro. Então, Meir Dagan lembrou-se de que em pouco tempo, por todo o mundo árabe, se celebraria o 25º aniversário da Revolução Iraniana, que colocara o *ayatollah* Khomeini no poder. Na Síria, a efeméride seria celebrada no Centro Cultural Iraniano pelo embaixador do Irã em Damasco. Não haveria qualquer possibilidade, segundo Meir Dagan, de Mughniyah, por mais evasivo que fosse, recusar o natural convite das autoridades sírias para atender à cerimônia, correndo o risco de ofender quem lhe dava abrigo e proteção. Na mente de Dagan não havia dúvidas. Mughniyah estaria no Centro Cultural Iraniano, e era ali que seria finalmente assassinado.

Escolheu-se uma diminuta equipe com três dos melhores agentes do Kidon. Foram-lhes entregues não apenas passaportes falsos, mas autênticas biografias falsas: "Pierre" seria um mecânico de Montpellier; "Manuel" seria um guia turístico de Málaga; "Ludwig" seria um eletricista de Munique. Caso tivessem de mostrar os passaportes às autoridades ou serviços secretos sírios, não haveria problema, pois existia de fato um mecânico francês chamado Pierre, um guia turístico espanhol chamado Manuel e um eletricista alemão chamado Ludwig, todos *sayanin* da Mossad. Para a eventualidade de serem interrogados, os três agentes tiveram ainda cursos intensivos de mecânica, eletrotécnica e turismo. Bilhetes foram marcados em diferentes companhias aéreas estrangeiras, devendo cada agente viajar em voos diferentes.

Um *sayanin* da Mossad no Líbano, empresário, viajou até Damasco para se encontrar com o ministro do Turismo e explorar a possibilidade de o Governo apoiar a construção de um projeto turístico conjunto entre a Síria e o Líbano que fomentasse a visita de estrangeiros às ruínas romanas de ambos os países. Supostamente coligindo informações sobre o importante investimento, tirou várias fotografias em locais emblemáticos de Damasco, aparecendo em várias delas o Centro Cultural Iraniano. No dia seguinte, as fotografias estavam no gabinete de Meir Dagan. Seria a esse *sayanin* que caberia a enorme responsabilidade de, numa próxima visita de negócios a Damasco, transportar os explosivos e armazená-los num local secreto, onde seriam depois recolhidos pelos agentes do Kidon. Estes partiram então para Paris, Frankfurt e Madrid, de onde apanhariam, mais tarde, os voos para Damasco. O celular de cada um continha uma das imagens de Mughniyah obtidas pelo *katsa* Reuben.

Chegados a Damasco, dirigiram-se à garagem alugada pelo *sayanin*, onde estavam o automóvel que deveria ser utilizado e os explosivos. Montaram os explosivos no automóvel e ligaram-nos a um pequeno aparelho de rádio. Guiando o automóvel munido da armadilha, passaram pelo Centro Cultural Iraniano, analisaram o local, as possíveis rotas de fuga e voltaram à garagem, onde deixaram o automóvel. No dia seguinte, dia 12 de fevereiro de 2008, estacionaram perto da entrada do Centro Cultural Iraniano. A bomba tinha sido ligada, e cada um dos agentes colocou-se numa esquina diferente da rua onde o edifício ficava. À medida que os convidados para a celebração foram chegando, tentaram reconhecer Mughniyah, mas sem sucesso. Ninguém se parecia com ele. Então, um veículo com tração nas quatro rodas estaciona perto de "Manuel". O motorista sai do veículo e abre a porta ao passageiro, Imad Mughniyah. Ele dirige-se à entrada do Centro Cultural Iraniano e, quando passa pelo automóvel da Mossad, este explode, desfazendo-o em pedaços.

9. Uma história incompleta

Não é fácil escrever sobre a Mossad e pensar que podemos contar a história completa da agência. Os milhares de documentos da Mossad, na sua maioria, estão classificados como *sodi beyoter* (altamente confidencial), por isso a esmagadora parte das suas operações ainda não foi tornada pública e, muito provavelmente, nunca será. Por todo o mundo, além dos vários *katsas* e *sayanin*, a Mossad mantém ainda milhares de "agentes antiquados", informantes que colaboram esporadicamente com a agência e que, no dia a dia, levam vidas perfeitamente normais, nunca chegando a ser identificados. Além do mais, se outras agências de inteligência, como a CIA e o MI6, são por vezes forçadas, pela pressão da comunicação social, a reconhecer os seus erros (veja-se, por exemplo, o caso Watergate) e assim a reconhecer algumas das suas operações, as ações da Mossad são tratadas invariavelmente como *ain efes*, ou seja, operações cujo fracasso nunca poderá, em circunstância alguma, ser reconhecido pela agência ou pelo Governo israelita. O raio de ação da Mossad é tão misterioso quanto largo: na agência, um local destinado a guardar um alvo de sequestro enquanto se espera que seja transportado para Israel (como se fez a Adolf Eichmann) é chamado um *tira* (palácio) e, sabe-se, ainda hoje em dia, que a Mossad mantém mais de uma centena deles constantemente preparados, um pouco por todo o mundo. Para criar mais confusão, muitas das operações da Mossad são as chamadas *zahav tahor* (ouro puro), ações em que a agência colabora com os outros ramos de inteligência israelita ou, na maior parte das vezes, com as forças de elite do Exército, por isso nem sempre – como nos assassinatos de Abbas al-Musawi e Ahmed Yassin – é fácil perceber se a responsabilidade deve ser imputada à Mossad ou aos militares.

Muitas operações ficaram por contar, como a Operação Diamante, na qual a Mossad colaborou com a agência de inteligência do Vaticano, conhecida como a Santa Aliança, para impedir que Ali Hassan Salameh assassinasse a primeira-ministra Golda Meir durante a sua visita ao papa Paulo VI em 1973, como retaliação pelo assassinato dos membros do Setembro Negro (pouco antes de o próprio Salameh ser assassinado pela Mossad). Mas certamente que as maiores operações da agência são aquelas que ninguém conhece, como a do *katsa* conhecido apenas como "Mega", que o FBI descobriu, por meio de escutas telefônicas, estar infiltrado, nos anos 1980 e 1990, ao mais alto nível na política norte-americana. Segundo o FBI, apenas poderia fazer parte da direção da CIA ou do próprio *State Department* dos EUA, mas, antes de o *Bureau* poder investigar mais, soube, por meio da Mossad, que a agência israelita tinha em seu poder várias escutas realizadas a Bill Clinton, que mostravam como o então presidente mantinha um envolvimento amoroso com uma estagiária chamada Monica Lewinsky. A investigação do FBI ficou por aí, e, até hoje, ninguém sabe quem seria Mega, tendo a Mossad afirmado que os agentes do FBI certamente confundiram a palavra "Mega" com a palavra "Elga", o nome de código para a CIA na agência israelita. Sabe-se também que a Mossad tem em seu poder um relatório exaustivo sobre a morte de Diana Spencer, tendo mesmo um *katsa* seguido o automóvel onde a Lady Di e Doddi al-Fayed morreram em Paris, supostamente para obter informações sobre a eventual participação do MI6 (devido à possibilidade de Diana Spencer estar grávida) ou da CIA (devido às suas ações contra a venda de minas antipessoais por empresas norte-americanas a países como Angola) numa conspiração. Se a intenção da Mossad seria apenas obter informações ou usá-las para chantagear o MI6 e a CIA, ninguém sabe.

Com a chegada de Barack Obama à Casa Branca, a política norte-americana, virada para o eixo do Pacífico pela emergência econômica da China e de outros países asiáticos, como Coreia do Sul e Cingapura, parece estar afastando-se cada vez mais da velha aliança com Israel. Como esta será – se é que se vai manter –, é uma incógnita, sabendo-se, no entanto, que a Mossad com certeza estará analisando a situação. Tal como estará analisando a nova realidade política que emergirá no Oriente Médio após a chamada Primavera Árabe, que pode redefinir todas as tradicionais alianças de Israel na região com países como o Egito, a Jordânia ou a Turquia.

Em Gilot, no meio de prédios, está um monumento em forma de labirinto, em cuja sucessão confusa e enganadora de paredes lisas estão gravados os nomes dos mais de 400 agentes da Mossad que morreram a serviço de Israel desde 1967, a maioria desconhecidos, muitos famosos em Israel, como Ya'akov Buqa'i, Moshe Marzuk, Baruch Cohen, Moshe Golan ou Victor Rejwan. Várias paredes estão por gravar, aguardando mais nomes. Veremos como os atuais e futuros agentes da Mossad percorrerão o labiríntico novo mundo em que vivemos.

Diretores da agência israelita ao longo da história

Diretores do *SHAI*

1946-1948: David Shaltiel

1948-1949: Isser Be'eri

Diretores da Mossad

1949-1952: Reuven Shiloaj

1952-1963: Iser Har'el

1963-1968: Meir Amit

1968-1974: Zvi Zamir

1974-1982: Yitzjak Jofi

1982-1990: Nahum Admoni

1990-1996: Shabtai Shavit

1996-1998: Dani Yatom

1998-2003: Efraim Halevi

2003-2011: Meir Dagan

2011-(…): Tamir Pardo 324

V - DGSE
(Serviços Secretos Franceses)

1. Do alto destas pirâmides espiões nos contemplam

> "A França não tem amigos. Apenas interesses."
> Charles de Gaulle

Numa nação tão antiga e durante séculos influente como é a França, os seus serviços secretos não começam com a *Direction Générale de la Sécurité Extérieure* (DGSE), como seria de esperar. Mas isso não significa que a França tenha serviços secretos centralizados, como hoje em dia os conhecemos. Ao contrário dos ingleses, a espionagem francesa demorou a estabelecer-se como uma entidade organizada e controlada pelo soberano, funcionando muitas vezes como uma parte da autêntica guerrilha entre facções e famílias rivais que se digladiavam pelo poder. No entanto, existe algo que sempre marcou a vida francesa e previsivelmente a sua inteligência: a paixão por ler a correspondência alheia. Se pensarmos que nenhuma outra nação dedicou tanta atenção à literatura epistolar como a França, isso não se revela estranho. Afinal, o que é ler obras como *Les Liaisons Dangereuses* de Choderlos de Laclos, *Lettres Persanes* de Charles de Montesquieu ou *Lettres Portugaises* de Gabriel de Guilleragues que não espiar, ainda que de forma ficcional, a correspondência alheia?

Não é pois de se estranhar que os serviços secretos franceses embrionários, criados logo em 1590 pelo primeiro soberano da dinastia Bourbon, Henrique IV, se chamassem *Poste aux Lettres* e, como o nome indica, providenciassem o rei e os seus ministros com a correspondência dos cidadãos franceses. Os serviços responsáveis por essa importante bisbilhotice tiveram vários nomes ao longo do Antigo Regime, mas eram conhecidos genericamente por *Cabinet Noir* (Sala Negra), devido ao secretismo do que lá dentro se passava. O *Cabinet Noir* fornecia aos soberanos e aos primeiros-ministros, antes de tudo, segredos de alcova sobre os nobres e diplomatas estrangeiros, que poderiam depois ser usados como chantagem. Durante toda a dinastia Bourbon, a quantidade de missivas interceptadas sobre casos amorosos era tal que, a dado momento, a secretaria do rei pareceria a redação de uma revista pornográfica atual.

Primeiros-ministros circunspectos como o cardeal de Richelieu, o cardeal Mazarin ou François Michel Le Tellier não passavam sem essa prática, usando-a estes dois últimos ainda para vasculhar a correspondência dos jesuítas, de quem o soberano absoluto Louis XIV desconfiava imensamente.

Foi, por exemplo, por meio do *Cabinet Noir* que estourou o que viria a ser conhecido como o *Caso dos Segredos*, quando, após a morte do oficial de cavalaria Jean Baptiste Godin de Sainte-Croix, os espiões de Louis XIV descobrem na sua correspondência não apenas que o militar era amante de Marie-Madeleine Marguerite d'Aubray, a influente Marquesa de Brinvilliers, como que esta envenenara o pai, os irmãos e as irmãs para ficar com a herança deles. A partir das cartas interceptadas pelo *Cabinet Noir*, descobre-se ainda que fora uma tal de Marie Bosse quem fornecer os venenos à Marquesa de Brinvilliers, e que o fizera também a várias outras damas da Corte que queriam se livrar, por uma razão ou outra, dos respectivos maridos. A situação tornou-se muito mais sinistra e escabrosa quando se apurou ainda que Marie Bosse fazia parte de uma rede controlada por Catherine Deshayes, conhecida não estranhamente como *La Voisin* (A Viúva), que praticava assassinatos de maridos, missas satânicas feitas pelo abade Étienne Guibourg, onde se sacrificavam crianças e ocorriam toda espécie de práticas e aberrações sexuais. Julgados pelo tribunal especial para os casos mais graves chamado *Chambre Ardente* (Câmara Ardente), que pertencia à Inquisição francesa, diversas damas da Corte foram implicadas, tendo Marie Bosse, Catherine Deshayes e a própria Marquesa de Brinvilliers, além de mais quase três dezenas de implicados e implicadas, sido torturados, decapitados e por fim queimados em praça pública. O caso descoberto pelo *Cabinet Noir*, com todos os assassinatos, infanticídios, rituais, orgias e, no geral, depravação e decadência moral da aristocracia e do clero que revelou (e que incluíam a própria favorita do Rei Sol, Madame de Montespan, suspeita e convenientemente deixada de fora do processo judicial), foi extremamente importante em vários aspectos, não apenas por ter influenciado a obra do famoso Marquês de Sade, que nasceu anos depois, mas por ter mostrado à população francesa como funcionavam aqueles que a lideravam, percepção desfavorável (para dizer o mínimo) que contribuiria mais tarde para a Revolução Francesa e o fim do Antigo Regime. Que o caso tenha vindo a lume durante o consulado do influente ministro das Finanças de Louis XIV, Jean-Baptiste Colbert, de origem plebeia, que assim descredibilizou a nobreza e o clero de onde provinham todos os primeiros-ministros, não é coincidência, já que usou o *Cabinet Noir* para alicerçar as suas ambições políticas.

A noção de que toda a correspondência francesa andava sendo lida levou a uma natural resposta, não se tendo os nobres e os diplomatas poupado esforços para criarem sofisticados sistemas de código que impossibilitassem o *Cabinet Noir* de perceber o que faziam, mas esta resposta levou a uma contrarresposta de espiões do *Cabinet Noir* como a família Rossignol (vários membros dela foram espiões) e Gaspard-Louis Rouillé, que se especializaram em quebrar esses códigos, descobrindo inúmeros traidores que trabalhavam a favor da inimiga Espanha. Tal foi o esforço que os espiões colocaram na decifração de códigos que, após a queda da Bastilha, os revolucionários descobrem, para espanto da população, que os reis franceses, em plena crise econômica, gastavam uma mirabolante fortuna financiando o *Cabinet Noir*.

Obviamente, o horror dos revolucionários à espionagem do *Cabinet Noir* era de fachada, pois rapidamente criaram uma rede de *Comités de Sur-veillance* (Comitês de Controle) que lhes possibilitavam fazer o mesmo: espiarem a correspondência de todos os franceses, contrarrevolucionários ou não (na época, a noção era bastante volátil, um fervoroso e dedicado revolucionário poderia ser considerado, no dia seguinte, um pernicioso contrarrevolucionário e acabar na guilhotina). A paixão nacional por violar a correspondência alheia era tal que, mesmo em plena revolução, o Governo de Robespierre considerava a prática natural, mesmo que fossem os nobres e os clérigos tentando interceptar a correspondência dos revolucionários. Pela parte que lhe tocava, criou no *Quai d'Orsay* (sede histórica do Ministério dos Negócios Estrangeiros franceses) o *Bureau Statistique*, cuja função, cumprida diligentemente, com métodos que se arvoravam de quase científicos (como o nome do serviço mostra), era interceptar a correspondência dos nobres franceses perseguidos com os seus apoiantes aristocráticos britânicos.

Mas, como em tantas outras coisas na França, foi com Napoleão Bonaparte que os serviços secretos franceses ganharam um novo impulso. A responsabilidade pela inteligência do crescente império napoleônico caiu em Joseph Fouché, o *ministre de la police*. Ardente apoiante dos jacobinos durante a Revolução Francesa, tinha sido um dos revolucionários que votou a favor da decapitação do rei Louis XVI em 1792, tendo assumido diversos cargos durante o *Directoire*, nomeadamente na direção da *Gendarmerie*, a polícia francesa. Com o fim da revolução e o nascimento do império, Napoleão Bonaparte reconduz Joseph Fouché como *ministre de la police*, tornando-o ainda (os fervores revolucionários há muito haviam passado) duque de Otrante. Reconhecido por ser tanto profissional como maquiavélico, Fouché era antes de tudo um pragmático que apoiava e servia com paixão quem estivesse no poder, como revela o fato de, antes da revolução que derrubou o Antigo Regime e levou o rei à guilhotina, ser um grande adepto da realeza, como aliás toda a região onde nascera, perto de Nantes, tendo ainda, quando os ventos da História começaram a soprar contra os revolucionários, sido um dos autores da conspiração que levaria à decapitação de Robespierre, até então seu mentor.

Esse estranho currículo monárquico e ao mesmo tempo revolucionário fazia com que os oficiais de Napoleão desconfiassem do *ministre de la police*, que consideravam um perigoso vira-casacas, mas como Napoleão desconfiava dos seus próprios oficiais, que eram controlados por Fouché, este manteve-se à frente da inteligência imperial, até porque fora um dos responsáveis pelo golpe de 1799 que levara Napoleão Bonaparte ao poder. É claro que a amizade do imperador por Fouché também era ela própria interesseira, uma vez que Napoleão necessitava dos seus contatos e conhecimentos estabelecidos durante os governos revolucionários para controlar os insurgentes jacobinos e girondinos que pretendiam acabar com o Império.

O ascendente de Fouché sobre o imperador aumentou quando, em 1804, um dos seus agentes infiltrados na Corte britânica, Méhée de La Touche, conseguiu descobrir uma conspiração para assassinar Napoleão Bonaparte, usando este as informações recolhidas pela equipe de Fouché para julgar e mandar matar os conspiradores e algumas outras figuras que, não fazendo parte da conspiração, foram dela falsamente acusadas porque Napoleão as considerava uma pedra no seu sapato. No seu *Ministère de la Police*, Fouché criou um novo departamento, a *Sûreté Générale* (Segurança Geral), liderada por Pierre-Marie Desmarest (agente lendário pelo misto de sagacidade e violência dos seus interrogatórios), que tomava as funções clássicas da inteligência e contrainteligência do império, funcionando como uma autêntica força de elite de espionagem. Pierre-Marie Desmarest era auxiliado pelo seu braço direito, Antoine Lavalette (um ex-seminarista culto que se afastara da religião durante a Revolução Francesa), incumbido na inevitável violação da correspondência alheia. Gordo e muito baixo (a baixa estatura obviamente não era óbice a uma carreira de sucesso no regime de Napoleão Bonaparte), Antoine Lavalette era um leitor compulsivo, hábito que lhe sobrara do seminário, então era a pessoa ideal para a missão, percorrendo cidades como Viena, Veneza e Dresden em busca de cartas secretas que fossem comprometedoras para os inimigos da França imperial. Como recompensa pelos seus serviços, Napoleão ofereceria em casamento a mão da sobrinha da sua mulher Joséphine a Antoine Lavalette.

Com um enorme orçamento de 600 mil francos anuais, a *Sûreté Générale* espiava diplomatas estrangeiros por todo o império, mas também os generais de Napoleão e os próprios membros da família do imperador, tendo ainda funções de censura e contrainformação, ao interceptar e destruir quaisquer missivas sobre a invasão peninsular de Espanha e Portugal, recheada de derrotas militares francesas e atrocidades cometidas contra as populações locais, que pudessem chegar ao grande público e provocar uma desmoralização. A *Sûreté Générale* de Antoine Lavalette acompanhou a expansão do império napoleônico e cedo abriu delegações nos países ocupados, como a Itália, a Espanha, a Holanda e as repúblicas alemãs, ganhando cada vez mais poder.

Mas Antoine Lavalette não tinha os dotes de pragmatismo do seu superior Joseph Fouché e, quando Napoleão cai do poder e acaba desterrado em Elba, o diretor da *Sûreté Générale* mantém-se leal ao imperador, apoiando-o mesmo na fuga e retorno ao poder, período curto mas conturbado que ficou conhecido como "os 100 dias". Napoleão dependia das informações dos serviços secretos franceses se pretendia voltar ao poder (o que nunca mais viria a acontecer), mas também desconfiava imensamente deles, não colocando a mão no fogo pela lealdade dos seus agentes. Por essa razão, uma das missões de Antoine Lavalette era espiar o seu superior hierárquico, Joseph Fouché, e reportar tudo o que soubesse ao imperador exilado, numa mala supostamente com jornais estrangeiros. Tal era a desconfiança de Napoleão em relação ao seu *Cabinet Noir*, que colocou outro homem, Louis Dubois (o prefeito da polícia parisiense) no encalço diário das atividades do *Ministre de la Police*, e com razão, pois Dubois e Lavalette descobriram que Joseph Fouché andava negociando com os inimigos ingleses.

Com a ajuda das informações secretas sobre os ingleses obtidas por Lavalette, Napoleão consegue voltar ao poder em Paris, demitindo Joseph Fouché e nomeando para o seu lugar René Savary, que já antes tinha ajudado o imperador, por meio da espionagem, a obter a sua mais famosa vitória em Austerlitz. Fouché não ficou satisfeito com a demissão, como seria de esperar, e vingou-se de Napoleão destruindo praticamente todos os documentos do *Ministère de la Police*, deixando ao brutal René Savary a descomunal tarefa de reconstruir os serviços secretos franceses quase do nada.

Quando Napoleão Bonaparte é definitivamente derrotado em Waterloo e desterrado para Santa Helena, de onde nunca sairia com vida, os novos donos do poder quiseram o mesmo destino para o seu fiel e poderoso Antoine Lavalette. Condenado à morte, Antoine Lavalette conseguiria escapar aos seus algozes de uma maneira espetacular que fez jus à aura de grande espião que tinha. Na noite anterior à execução, a sua mulher, Emilie de Beauharnais, visitou o infeliz cônjuge na sua cela e trocou de roupas com ele, tomando o seu lugar. Quando os guardas da prisão entraram na cela no dia seguinte, ficaram pasmados ao encontrarem uma mulher em vez do antigo diretor da *Sûreté Générale*, já estando Lavalette a caminho da segurança em solo alemão (a bem da verdade, o autêntico truque de prestidigitação apenas foi possível porque Lavalette era baixo e extremamente feio, enquanto a sua mulher era baixa e desfigurada desde a infância por causa da varíola). Apenas anos mais tarde a pena seria comutada pelo novo rei Louis XVIII e Antoine Lavalette pôde regressar e morrer em paz na sua amada Paris, onde durante anos violara a correspondência dos seus habitantes.

Napoleão concedia uma enorme importância aos serviços secretos, contando, além do *Ministère de la Police* e da sua *Sûreté Générale*, com um departamento inteiramente dedicado à inteligência militar no *Grand Quartier Général* liderado pelo marechal Louis Berthier, o *Bureau de Renseignements*, que dotava os soldados franceses de pequenos cartões diários com informações confidenciais sobre os inimigos que iriam combater, medida responsável por muitos dos sucessos napoleônicos. Louis Berthier era ainda responsável por encontrar informações sobre o terreno para o qual as tropas avançavam, na tentativa de descobrir tudo sobre as populações, os rios, as vias de trânsito e os mantimentos que pudessem esperar, mandando muitas vezes os seus próprios generais, como o famoso general Murat, disfarçados de camponeses, à frente das próprias tropas, para obterem essa inteligência. Uma das principais tarefas – talvez mesmo a principal – da inteligência militar de Louis Berthier era mapear os países da Europa, desenhando mapas confidenciais com todos os trajetos possíveis e imaginários que as forças francesas pudessem percorrer com celeridade, tarefa para a qual os seus agentes contavam com a colaboração de milhares de pessoas dos países ocupados ou a ocupar, principalmente minorias que se sentissem oprimidas nos seus países (como as populações judaicas) ou que sentissem animosidade em relação ao poder clerical que os governava e simpatia pelos ideais iluministas napoleônicos (como os membros da Maçonaria espanhola). Quando a colaboração não era voluntária, o *Bureau de Renseignements* ameaçava os populares que tivessem informações valiosas com a prisão ou a morte, caso não as revelassem.

Além de toda essa inteligência, Napoleão Bonaparte contava ainda com um pequeno departamento no Quai d'Orsay, liderado por Hugues Maret, que lhe providenciava inteligência política recolhida nas embaixadas e cortes estrangeiras, mantendo o imperador a par das conversações dos inimigos com países neutrais, tentando seduzi-los a integrarem a coligação antifrancesa. A rede de espiões de Hugues Maret fornecia também ao imperador inteligência comercial, ajudando-o a minar a resistência dos inimigos por meio de embargos, como o famoso embargo comercial continental à Inglaterra.

Os famosos ataques surpresa de Napoleão Bonaparte, precursores da *blitzkrieg* alemã da Segunda Guerra Mundial, não teriam sido possíveis sem essa intrincada, devota e profissional rede de espiões, destacando-se, acima de todos, Karl Schulmeister, filho de um pastor luterano, que se dedicava ao contrabando na sua Estrasburgo natal. Apesar de ser tecnicamente um criminoso, a coragem, a força física, a fluência em alemão e a capacidade de se disfarçar de Karl Schulmeister chamaram a atenção de René Savary, que o recrutou para o *Cabinet Noir*. Já como espião, Schulmeister disfarçou-se de nobre austro-húngaro e se infiltrou nas forças armadas austríacas, ganhando a confiança do general Karl Mack com falsas informações sobre as movimentações das tropas francesas e sobre as intenções de Napoleão, que dizia conhecer pessoalmente. Schulmeister também ficou à frente da obtenção de inteligência na Rússia, então, conhecendo-se a maneira desastrosa como acabou a invasão daquele país pelas forças francesas, se poderia considerar a atuação de Schulmeister um rotundo fracasso, mas até hoje desconhece-se se a inteligência recolhida pelo agente na Rússia foi insuficiente, se o demasiadamente voluntarista e idólatra Napoleão se limitou a ignorar a inteligência que lhe chegava dos serviços secretos (e que davam conta da vontade do Czar em lutar até o último dos seus homens, e não em render-se, como acreditava Napoleão) ou um misto de ambas. O certo é que a derrota na Rússia marcaria o princípio do fim do império napoleônico e, se Napoleão tinha a inteligência em grande conta, é sempre difícil perceber até que ponto esta teve real influência no destino abrupto da França imperial, pois Napoleão Bonaparte gostava de construir a sua própria mitologia pessoal e recusava-se a dar o crédito pelas vitórias aos seus generais, quanto mais a agentes secretos de baixa patente.

Após Napoleão Bonaparte, a qualidade da inteligência francesa caiu a pique. Bastou que Napoleão tivesse sido exilado em Elba para isso acontecer, o que explica como os Bourbon foram completamente apanhados de surpresa pelo retorno do imperador para governar mais uma centena de dias. Com a derrota final de Napoleão, o *Cabinet Noir* centrou as suas atividades na espionagem à correspondência trocada desde Santa Helena entre o antigo imperador e a sua família, para tentarem impedir um segundo retorno apoteótico de Napoleão, bem como em espiar o Congresso de Viena do pós-guerra, tentando perceber as intenções das potências vencedoras quanto à nova ordem europeia. Mas a grande preocupação do *Cabinet Noir*, nos primeiros tempos após Napoleão, era espiar a própria população francesa, que em boa parte se mantinha ferozmente leal ao imperador deposto, principalmente as centenas de milhar de soldados que tinham combatido às suas ordens e voltavam agora a França, ressentidos com o novo regime que consideravam ter traído o império. Apenas quando Napoleão morreu, em 1821, a nova inteligência francesa descansou um pouco.

Mas isso foi suave, pois a desconfiança da população francesa quanto aos seus serviços secretos começou a ganhar terreno e, após acrimônias discussões parlamentares, os serviços secretos foram oficialmente abolidos, apesar do *Cabinet Noir do Quai d'Orsay* continuar funcionando, incógnito, como se nada fosse, e o *Bureau de Poste*, que espiava a maioria da correspondência, ter sido apenas nominalmente extinto, sendo os seus serviços transferidos na íntegra para a *Sûreté Générale*. Quando a dinastia Bourbon é por sua vez deposta e Louis Philippe, da rival família Orléans, sobe ao trono, a proibição da existência de serviços secretos mantém-se, mas os serviços secretos voltam a ignorá-la olimpicamente. E é mesmo nessa época problemática que a inteligência francesa ganha asas próprias, deixando de ser fiel a um regime específico para seguir as suas próprias prerrogativas, pois a instabilidade política francesa – ao fim de Napoleão seguiu-se a Restauração dos Bourbon, a esta seguiu-se a Monarquia de Julho dos Orléans, a esta seguiu-se a Segunda República, a esta seguiu-se o Segundo Império – deixava na prática os agentes secretos órfãos de um regime ao qual pudessem ser leais, pois estes pouco duravam. Assim, a inteligência francesa decidiu passar a defender os interesses do Estado francês, independentemente do regime que na época o liderasse, tornando-se, como mais tarde o KGB na URSS, um "Estado dentro do Estado". Mas, ao contrário do KGB, a *Sûreté Générale* nunca chegou a limites de violência, precisamente porque se via a si própria como a defensora do Estado e portanto da ordem pública. O distanciamento da inteligência francesa em relação ao poder político fez com que nunca fosse instrumentalizada por este para fins menos dignos.

2. Cercados por inimigos

Houve intervalos nesta história, é claro, como no Segundo Império, quando o soberano Louis Napoleon Bonaparte herdou a mania do controle do seu famoso tio e dotou a França de novos serviços de segurança e inteligência, conhecidos como *Police du Château* (Polícia do Castelo), por reportarem diretamente e apenas ao rei. À *Police du Château* juntou-se outra nova força de segurança chamada *commissaires spéciaux* (comissários especiais), que supostamente deviam guardar as redes ferroviárias na fronteira e nas principais cidades francesas mas que, na realidade, procuravam traidores que quisessem sabotar Louis Napoleon Bonaparte e o Segundo Império, por livre iniciativa ou ajudados pelos países vizinhos. A *Police du Château* era tão eficaz que conseguia arrombar as malas diplomáticas dos embaixadores estrangeiros, roubar os documentos, copiá-los, devolvê-los à mala e restaurar o selo de segurança desta em poucas horas, sem que o embaixador desconfiasse sequer do que estava se passando. Essa eficiência da *Police du Château* foi experimentada pelo genial romancista (e opositor do Segundo Império) Victor Hugo, autor de *Les Misérables*, que mesmo no exílio exasperava com a maneira como toda a sua correspondência era violada. Quando a correspondência de um general francês estacionado no México começou constantemente a ser interceptada, este escreveu uma carta onde ameaçava cortar as orelhas com a sua espada ao funcionário do *Cabinet Noir* que a abrisse.

A paranoia da *Sûreté Générale* – já então conhecida entre os franceses pela designação geral com que sempre se referiram aos serviços secretos nacionais, o *Deuxième Bureau* (Segundo Departamento) ou DB, devido ao departamento de inteligência militar que supervisionava a *Sûreté* – com a violação da correspondência dos cidadãos residentes em França tinha, claro, alguma razão de ser, pois muitos consideravam que os milhares e milhares de cidadãos estrangeiros que se exilavam no país por ser considerado o centro cultural e cosmopolita do mundo poderiam, a médio ou mesmo curto prazo, ser um problema para a segurança nacional. E esta foi sempre, historicamente, a grande preocupação da inteligência francesa: impedir que cidadãos estrangeiros residentes no país o sabotassem com a ajuda das potências inimigas de onde vinham, sendo a Inglaterra e a Alemanha consideradas as principais ameaças. Quanto à inteligência no exterior, que costuma ser sempre a fatia de leão de quaisquer serviços secretos, esta era negligenciada pela *Sûreté Générale* por confiar no poderoso Exército francês, cuja inteligência interna, corporizada na *Section Statistique du Dêpot de la Guerre* (SSDG), tratava desse assunto. Entretanto, o departamento de decifração de códigos da *Sûreté Générale* entrava numa decadência imparável, não apenas porque a organização quase se limitava a espiar a correspondência dos franceses (para o qual não precisava sequer de tradutores, quanto mais de decifradores), como devido a uma ilusória noção de segurança que vinha do fato de também a Inglaterra e a Áustria, os dois grandes inimigos que haviam derrotado Napoleão Bonaparte, terem desinvestido nos gabinetes de decifração dos seus serviços secretos, sendo mesmo encerrado o *Deciphering Branch*, pelo Parlamento britânico, em 1844, e o seu congénere austríaco, por Metternich, quatro anos depois. E essa sensação de segurança era ilusória, porque os serviços secretos de Louis Napoleon Bonaparte estavam atentos ao inimigo errado: em vez de reagirem ao que a Inglaterra e a Áustria faziam, deviam antes ter estado atentos à cada vez mais militarizada e expansionista Prússia.

Segundo Wilhelm Stieber, o chefe de polícia encarregado pelo chanceler prussiano Otto von Bismarck de espiar a França, a tarefa era tão fácil como roubar um doce a uma criança, devido à política de favorecimento pessoal e cunhas que grassava no Segundo Império de Louis Napoleon Bonaparte. Devido a essa maneira de se entrar no serviço público, incluindo na *Sûreté Générale*, esta passou a ser formada por lambe-botas do regime, em vez de ser formada pelos espiões profissionais e argutos dos tempos de Napoleão. Mais, para Wilhelm Stieber, a simpatia dos poucos agentes que eram respeitáveis por Louis Napoleon Bonaparte era tênue, para não dizer nula, então o sentimento de lealdade que devia existir nos serviços secretos ao regime político não se encontrava, de todo, na França. Para piorar ainda mais a situação para os franceses, Wilhelm Stieber apontava a fraca disciplina da inteligência (muito diferente da espartana disciplina prussiana) francesa, que apenas parecia surgir em tempo de guerra para, assim que o conflito militar cessava, fosse ele qual fosse, cair num absoluto estado de desleixo. A opinião do prussiano Wilhelm Stieber não era propriamente imparcial, mas não andava muito longe da verdade. O fato é que o espião germânico conseguiu se infiltrar no próprio gabinete de Louis Napoleon Bonaparte, onde descobriu uma total incompetência em termos militares, o que levou Otto von Bismarck a decidir marchar sobre a França. Quando isso sucedeu, o Exército e o poder político franceses foram apanhados desprevenidos, sendo a tentativa atabalhoada de resposta sabotada por Stieber, que também se infiltrara no gabinete do general Patrice MacMahon, conhecendo de antemão os planos de mobilização militar e até as próprias localizações do Exército, alvos e intenções de atacar ou defender. Quando o esforço dos espiões franceses dava frutos, como no caso de Eugène Georges von Stoffel, o diplomata estacionado em Berlim que descobriu o número de soldados e intenções do chanceler prussiano ainda antes da guerra, essas informações acabavam por ser negligenciadas quer pelas altas patentes militares francesas como por Louis Napoleon Bonaparte. Ainda por cima, o *Bureau de Renseignements* antigamente liderado por Louis Berthier tinha caído num estado de desgraça com o fim de Napoleão Bonaparte, e o Exército francês desistira de mapear grande parte do seu território nacional, limitando-se a mapear as colônias ultramarinas, nomeadamente a Argélia, então, quando a Prússia invade a França em 1870, os soldados germânicos tinham um maior conhecimento das estradas e das redes de comunicações francesas do que os soldados franceses. Quando Charles de Freycinet é encarregado de organizar a defesa da França, descobre com exasperação que a inteligência militar praticamente não existe, criando às pressas serviços secretos no Exército que já vieram tarde demais.

A vitória da Prússia na guerra levou ao acirrar do nacionalismo germânico e, pouco depois, ao nascimento do que hoje conhecemos como Alemanha. Esse novo inimigo, determinado a escorraçar a França do histórico lugar de maior potência econômica, militar e cultural europeia, devia ter sido sentido pelos franceses como uma ameaça, mas não foi. O poder político decidiu que, após a guerra, o momento não era adequado para reorganizar de alto a baixo a inteligência, permanecendo esta, no novo período de paz, num estado de torpor quase letárgico (nesse ponto, como se vê, Wilhelm Stieber estava carregado de razão). Para a *Sûreté Générale*, a vida voltou ao normal, controlando a correspondência e os movimentos dos estrangeiros na França e dos políticos franceses que pudessem causar a instabilidade pública, como o republicano Léon Gambetta e os antigos líderes da revolta que levou à Comuna de Paris. A *Sûreté* também se preocupava em perseguir (quando os conseguia encontrar, claro) espiões alemães em solo francês, tarefa inglória porque pareciam estar por todo o lado, desde a diplomacia aos negócios, passando pela comunicação social, onde agentes germânicos se infiltravam em jornais ou subornavam jornalistas franceses para, com a capa de opinião imparcial em crônicas e reportagens, tentarem ludibriar o público francês sobre as intenções da Alemanha, cada vez mais militarizada. A atenção da *Sûreté* aos espiões alemães também era toldada pela necessidade de controlarem uma nova espécie de agitadores, os socialistas, colocando agentes em várias capitais europeias, incluindo São Petersburgo.

Nessa faceta da sua atividade, os espiões franceses eram muitas vezes ajudados pelos seus congêneres alemães e russos, tão ou mais preocupados do que eles com sublevações socialistas nos seus países. A colaboração constante com os serviços secretos czaristas, a *Okhrana*, era essencial, pois significava uma tentativa de aproximação à Rússia, considerada vital para conter o expansionismo alemão, que não interessava nem à França, nem à Rússia. O esforço dos espiões da *Sûreté* era homérico, pois a III República francesa assustava a monárquica, tradicionalista e imperial Rússia, que a qualquer momento poderia aliar-se às potências monárquicas e conservadoras da Alemanha e da Áustria, cenário de pesadelo para os franceses. Mas a aliança com a Rússia acabou mesmo por acontecer, muito devido à vontade da *Sûreté* em perseguir os exilados revolucionários russos do Movimento Nihilista que já tinham assassinado o czar Alexandre II e planejavam fazer o mesmo a Alexandre III. Essa colaboração era, porém, um pau de dois bicos. Quando a *Sûreté* deu por ela, já a *Okhrana* tinha montado uma teia de espiões na França completamente incontrolável, perseguindo, prendendo e assassinando revolucionários a seu bel-prazer, sem sequer informar as autoridades de inteligência locais. Essas ações na França dos temíveis serviços secretos czaristas irritou a opinião pública francesa, obrigando um desorientado ministro do Interior, Georges Clemenceau, a negar que tal situação existisse.

Entretanto, a *Sûreté* continuava violando a correspondência dos adidos diplomáticos ingleses e alemães, mas a tal ponto essa prática era corrente e conhecida, que poucos ou nenhuns transmitiam informações confidenciais por carta, deixando assim os serviços secretos franceses às moscas. A colocação da sede da nova inteligência militar, a *Section de Statistiques et de Reconnaissances Militaires do Deuxième*

Bureau ao lado da embaixada alemã em Paris também não foi propriamente o ato mais sutil que a França poderia ter feito. A desconfiança pública francesa em relação à sua inteligência continuava crescendo, alimentada pelo Affair Dreyfus, quando o leal e patriota militar francês Alfred Dreyfus acabou acusado pela *Sûreté* de colaboração com as forças alemãs e alta traição apenas por ser descendente de alemães da Alsácia e judeu, o que se provou com escândalo ser errado, tendo a inteligência deixado escapar o verdadeiro traidor. O famoso editorial do romancista Émile Zola que denunciava o tema, intitulado *J'accuse!*, fora antes de tudo uma acusação dirigida aos métodos, às motivações e à incompetência da *Sûreté Générale*. Para responder ao escândalo, a *Sûreté* e a *Section de Statistiques* abriram uma caça aos verdadeiros traidores, apenas para descobrirem que a tarefa era quase impossível de cumprir, porque o Exército francês parecia estar repleto deles. O chefe dos espiões alemães na França, o coronel Maximilian von Schwartzkoppen, por exemplo, trocava missivas regularmente com o chefe dos espiões italianos, Alessandro Panizzardi, sobre as localizações militares francesas, chegando mesmos os dois homens a trocarem mapas e documentos militares do Exército francês que lhes eram entregues por oficiais traidores. A vulnerabilidade da França parecia cada vez maior.

3. O primeiro apocalipse do século

Quando estoura a Primeira Guerra Mundial, nem a inteligência francesa nem mais ninguém é apanhado de surpresa. As disputas franco-alemãs sobre territórios ultramarinos em virtude de a nova Alemanha querer se estabelecer como uma potência colonial, a decisão de a Alemanha construir uma frota naval que rivalizasse com a todo-poderosa marinha inglesa e os turbulentos nacionalismos balcânicos incitados e manipulados pela expansionista Rússia imperial e pelo Império Austro-Húngaro eram um barril de pólvora destinado a explodir mais cedo ou mais tarde. Nesta época, a inteligência francesa teve uma resposta à altura, aumentando as suas capacidades em criptologia e levando-a a um novo nível, digno do século XX, por meio da introdução de novas tecnologias como o telégrafo, que já havia mostrado a sua utilidade quando a *Sûreté* quebrou os códigos militares da Rússia e do Japão durante a guerra nipónico-russa de 1904-1905. As inovações da inteligência francesa não ficaram por aqui, usando uma nova tecnologia até então reservada ao desporto e ao entretenimento a seu favor: o avião. Inventado por um francês, Clément Ader (pelo menos para os franceses, pois para os norte-americanos e para o mundo em geral os inventores do avião foram os irmãos Wright, exceto no Brasil, onde a paternidade do aparelho é atribuída a Santos Dumond), a *Sûreté Générale* e a *Section de Statistiques* passou a usá-lo no início do século XX para reconhecimento dos países vizinhos e potenciais inimigos, bem como nas próprias colônias francesas, como Marrocos e a Argélia, estando neste domínio muito à frente da ainda incipiente tecnologia alemã dos *zeppelins*. Na tecnologia electrônica, a *Sûreté* também era inovadora, sendo os primeiros serviços secretos a apostarem na intercepção de sinais de rádio, invenção recente, descobrindo que a Alemanha tinha a intenção de atacar a França por meio do seu ponto mais vulnerável, a fronteira com a Bélgica. Essa suspeita aumentou quando os espiões aviadores franceses descobriram treinos militares alemães precisamente nessa zona. Os espiões franceses descobriram ainda todo o poderio do Exército e da marinha da Alemanha (muito superior à força militar francesa), as novas armas que a Alemanha estava produzindo e as suas experiências com gases tóxicos, mas os avisos da *Sûreté Générale* e da *Section de Statistiques* foram ignorados quando chegaram ao poder político e militar, sendo os seus alarmistas relatórios negligenciados e mesmo hostilizados, pois o comando do Exército considerava que poderiam desmoralizar as tropas francesas. Assim, os soldados apenas receberam um muito genérico e inútil panfleto, produzido pelo Exército, intitulado *Ce Que Vous Devez Savoir Sur l'Armée Allemande* (O Que Precisa de Saber Sobre o Exército Alemão).

A criptologia francesa continuou no entanto o seu caminho nas mãos de Georges Painvin que, juntamente com Victor Paulier no *Service du Chiffre*, quebrou os códigos alemães e conseguiu localizar as estações de rádio do Exército inimigo, interceptando as suas comunicações confidenciais. Mas esse sucesso não deu muitos frutos devido às constantes mudanças de liderança no Exército francês, tendo cada general uma opinião muito diferente sobre a importância da inteligência em tempo de guerra. O fato de nas batalhas de Verdun e Somme as linhas telefônicas terem sido destruídas foi um obstáculo, pois deixava Georges Painvin sem telefonemas para interceptar e códigos telefônicos para criar, mas a sua resiliência levou-o a criar códigos pensados exclusivamente para serem transportados por pombos-correio, imunes às bombas. Outra das tarefas de Georges Painvin era controlar as comunicações francesas por meio da rede telefônica subterrânea das trincheiras, uma vez que diversos oficiais franceses tinham o péssimo hábito de discutir as suas posições e missões uns com os outros por telefone, chamadas essas que eram invariavelmente interceptadas pelos criptologistas alemães (mais do que um militar francês foi a Conselho de Guerra devido a essa negligência). A solução foi passar a fazer as comunicações das trincheiras em código Morse, que os militares não dominavam, ficando assim aquelas sob o apertado controle de Painvin. Os alemães fizeram o mesmo, mas a educação sobrepunha-se à prudência e, começando sempre as comunicações com frases de cortesia como "é meu grande prazer informar-vos que", Georges Painvin conseguia assim facilmente perceber que código estava sendo usado e quebrá-lo. Mas nem Painvin conseguia que, no calor das horrendas batalhas que se travavam na frente, a preocupação com criptologia fosse uma das prioridades dos oficiais debaixo de fogo (muitos iniciavam a comunicação sem ser em código para avisar precisamente que tudo o que viria a seguir estava encriptado, não fosse o oficial que a recebesse ficar confuso).

Outra tática usada pela inteligência francesa eram os interrogatórios a soldados alemães feitos prisioneiros. A sua eficácia, porém, não começou por ser muito boa, pois os oficiais franceses questionavam os inimigos apenas para obterem deles a confirmação da total descrença, desorientação e fome que o Exército alemão sofria perante a fantástica ofensiva francesa, o que não era verdade, mas era o que os oficiais franceses gostavam de ouvir. O responsável da inteligência francesa pelos interrogatórios, Charles Plaquet, ficava furioso com essa situação e fez tudo para alterá-la, profissionalizando a arte do interrogatório. Ao contrário dos oficiais militares, que recorriam demasiadas vezes às ameaças, aos berros e à violência, os interrogadores de Charles Plaquet mantinham-se sempre calmos e mesmo simpáticos para com os prisioneiros, ouvindo as suas queixas e compadecendo-se delas, tentando assim obter informações que o soldado desse de forma inconsciente. Outra estratégica era a arrogância falsa. Como os alemães tinham o preconceito de todos os franceses serem uns insuportáveis pedantes (tal como os oficiais franceses tinham o preconceito ainda mais desfasado da realidade de todos os alemães serem uns covardes), o interrogador fingia estar plenamente convicto da superioridade da inteligência francesa, mostrando os mapas secretos que documentavam as linhas inimigas. Irritado com tamanha soberba, o soldado entrava numa discussão azeda com o interrogador e, em desespero, para fazer valer o seu ponto, mostrando aos pedantes franceses que estavam errados, dizia abertamente quais as verdadeiras localizações dos exércitos alemães, ficando muito satisfeito por ter ganhado a discussão (mas não tanto, claro, como no íntimo ficava o interrogador). Quando isso não resultava, a inteligência francesa usava a tática da *mouton* (ovelha), lembrando a velha história do lobo vestido com pele de cordeiro.

A inteligência francesa identificava os prisioneiros alemães mais relutantes em falar e plantava no meio deles um agente secreto que fosse da Alsácia, e por isso falante fluente de alemão, fazendo-se passar por um soldado alemão recentemente capturado. As conversas que se seguiam entre o soldado alemão verdadeiro e o soldado alemão falso costumavam ser bastante frutíferas quanto a inteligência para a França.

Obviamente, por muito que os serviços secretos franceses pudessem descobrir pela intercepção de comunicações e interrogatórios, era sempre necessária a boa e velha forma de inteligência: os espiões puros e duros, lançados para trás da linha inimiga e treinados por professores da Sorbonne nas artes de se fazerem passar por alemães. Mas estes nunca chegaram a atingir a competência dos seus congéneres britânicos, como o lendário e camaleónico Sidney Reilly. Complicando a tarefa dos espiões franceses estava a dificuldade em transmitir as informações ao Exército francês do outro lado das trincheiras, pois as comunicações telefónicas não eram fiáveis. Grande parte das informações era, então, transmitida pelo método considerado mais eficaz, os pombos-correio, até que os soldados alemães começaram a perceber o que se passava e passaram a abater a tiro qualquer pombo ou ave sequer semelhante a pombo que voasse sobre as trincheiras, fosse um pombo-correio ou um inocente pombo que por ali tivesse a infelicidade de passar. Ainda assim, quase metade dos pombos-correio sobrevivia e cumpria heroicamente a sua missão.

A inteligência voadora não se limitava a pombos. Os aviadores franceses eram cada vez mais exímios e os espiões descobriam informações cada vez mais pertinentes, mas muitas vezes estas eram ignoradas pelos oficiais do Exército. No caso mais grave, os militares franceses bombardearam insistentemente uma posição alemã, apesar de já três dias antes os aviadores da inteligência terem descoberto que havia sido conquistada por soldados franceses. O maior aliado dos pilotos espiões era a câmara fotográfica presa ao avião, cada vez mais sofisticada e capaz de obter imagens da frente alemã com uma resolução espantosa, provavelmente muito espantosa, pois os serviços secretos apenas tinham dois técnicos que conseguiam analisar as imagens e perceber o que elas mostravam. O número desses técnicos, como seria de se esperar, aumentou bastante durante a guerra. Tanto que a inteligência alemã, cada vez mais preocupada com os espiões voadores franceses, tornou-se especialista em camuflagem, chegando ao ponto de movimentar exércitos inteiros por túneis, invisíveis à aviação inimiga.

Seria, porém, a intercepção de rádio a ganhar os créditos pela mais famosa missão de inteligência francesa da guerra. O posto de intercepção montado na torre Eiffel começou a descobrir mensagens telefónicas entre o representante militar alemão na Espanha, o major Albert Kalle, e os seus superiores em Berlim, que davam conta da necessidade de se pagar ao agente H-21. Pelos telefonemas, a inteligência francesa passou a saber que o agente em causa era *uma* agente, chamada Margarete Zelle MacLeod, uma cidadã holandesa que tinha abandonado o marido, oficial do Exército holandês, para embarcar numa mais ou menos bem-sucedida carreira de bailarina exótica e prostituta, tomando o nome artístico de Mata-Hari. A dançarina tinha agora um amante russo e pretendia reformar-se da sua atividade, contando com isso com o dinheiro do Exército alemão, oferecendo-se para espiar os franceses a seu favor. Treinada pela inteligência alemã, foi enviada para Paris e, assim que lá chegou, a sua ambição por dinheiro levou-a a contatar o responsável pela contrainteligência francesa na *Section de Centralisation des Renseignements*, Georges Ladoux, oferecendo-lhe os seus serviços como agente dupla. Mas Margarete Zelle MacLeod não era propriamente um Sidney Rilley e a tarefa mostrou-se excessiva para ela, cometendo um erro de principiante, ao exigir mais dinheiro a Albert Kalle, apesar da falta de qualidade das informações que lhe transmitia. Isso levou Kalle, que não tinha autonomia para decidir o aumento da espiã, a contatar Berlim, o que se provou trágico para a holandesa. Interrogada pela inteligência gaulesa, esta descobriu que, mesmo sendo a maior parte das informações que ela transmitia inventadas, a sua lista de "clientes" continha quase todos os grandes responsáveis da política e da diplomacia francesa, o que, ao ser tornado público, causaria um enorme embaraço. O primeiro-ministro Georges Clemenceau decide ainda assim tornar o caso público para, atuando sobre ele, mostrar firmeza à população, assegurando-a de que tudo na guerra estava sob controle. Presa, foi levada para um campo da cavalaria em Vincennes, onde seria executada. Posteriormente, o seu corpo seria entregue ao departamento de medicina da Sorbonne para ser dissecado. O caso ganhou mais fama do que realmente merece, pois as informações transmitidas por Mata-Hari aos alemães tinham pouco ou nenhum valor, segundo os maiores espiões germânicos da época, Walter Nicolai e August Schluga.

A sangrenta Primeira Guerra Mundial terminaria pouco depois. Por momentos, durante o armistício assinado em Versailles, a França e, por consequência, os seus serviços secretos, parecia ter saído do conflito como a grande vencedora. A Rússia e a Alemanha mostrariam que estava enganada.

4. Stalin mau, Hitler ainda pior

A ameaça alemã, com o final da grande guerra, praticamente desapareceu. Asfixiada por pesadíssimas indenizações e compensações a pagar aos vencedores, passariam anos até o país conseguir se levantar, se é que, segundo os franceses, isso alguma vez voltaria a acontecer. Agora, a França deveria voltar a atenção para um país que fora seu aliado no conflito, a Rússia. O envolvimento da Rússia na guerra, contrário à opinião dos russos, colocara os cidadãos contra o regime czarista. Essa disposição aumentou com a fome que grassou na Rússia em virtude do conflito, sendo aproveitada por movimentos revolucionários socialistas e comunistas para derrubar o secular regime. A Rússia imperial dava lugar à união das Repúblicas Socialistas Soviéticas, e isso parecia ser uma ameaça – a nova ameaça – à hegemonia francesa no continente. Para os serviços secretos franceses, a URSS também era uma ameaça. Antes da guerra, o inimigo era claramente identificado: a Alemanha. Dificilmente um francês trairia o seu país a favor dos alemães se não fosse de ascendência alemã ou por dinheiro. Isso poderia ser mais ou menos controlado pela inteligência francesa. Mas a URSS era um opositor diferente, pois, mais do que um país, mais do que uma nação, era toda uma ideologia supostamente igualitária, que poderia falar ao coração dos franceses.

Havia razões mais práticas para a inteligência francesa estar preocupada com a URSS, pois a inteligência soviética, o OGPU, marcara de fato a França como principal alvo. Por um lado, era na França que estavam exilados os opositores aristocratas ao bolchevismo, ainda fiéis ao regime czarista, liderados pelo general Aleksandr Kutepov. Com o apoio do novo *Parti Communiste Français* (PCF), este grupo de expatriados era constantemente infiltrado pelos agentes do OGPU, sem que a *Sûreté* pudesse travá-los. A impotência da inteligência francesa ficou bem expressa quando agentes do OGPU raptaram Aleksandr Kutepov em Paris, em plena luz do dia, e o transportaram para a URSS, tendo morrido na viagem, repetindo o mesmo com o seu sucessor, o general Yevgeni Miller, também sequestrado em plena luz do dia em Paris e transportado para Moscou, onde seria executado.

Os novos serviços secretos soviéticos, o NKVD, apoiavam a teoria paranoica de Stalin segundo a qual os seus famosos planos econômicos quinquenais não funcionavam devido à sabotagem de exilados russos contrarrevolucionários apoiados pelos franceses. A razão pela qual Stalin tinha essa opinião da França era que não havia mais nenhum "inimigo do povo" à mão a quem pudesse culpar pelos seus fracassos. Com a Inglaterra e os EUA cada vez mais isolacionistas, a Alemanha de rastros e o império Austro-Húngaro desfeito, a França parecia ser o único "papão capitalista" contra o qual o ditador soviético pudesse se lançar. A *Sûreté* tinha assim de estar muito atenta à nova ameaça e, por sorte, esta estava abrangida pelo velho hábito da inteligência francesa de espiar os seus próprios cidadãos, uma vez que a grande base de recrutamento do NKVD na França era o PCF, cuja liderança era escolhida pessoalmente por Stalin. A espionagem soviética no país era coordenada por Jean Cremet, membro destacado do Comitê Central do PCF, também ele escolhido por Stalin como recompensa pelos seus esforços para sublevar os soldados franceses em Marrocos e levá-los a trair o país em nome dos ideais marxistas-leninistas. Sindicalista, Cremet usou os seus contatos no mundo sindical para obter informações sobre a indústria francesa, incluindo a indústria de armamento, ajudado pelos seus camaradas de partido, Louise Clarac e Lydia Stahl, tendo infiltrado o *Centre d'Études des Chars de Combate* (Centro de Estudos de Carros de Combate) e a *Commission de Poudres de Guerre* (Comissão dos Pós-Guerra), para alarme da *Sûreté*. A indústria aeronáutica francesa também foi infiltrada por Cremet, na tentativa de ajudar a URSS a dotar-se da tecnologia que lhe permitisse construir aviões de combate, o que ainda não tinha. A ponte entre Cremet e a URSS era Uzdanski-Yelenski, do NKVD, adido da embaixada soviética em Paris, onde dava pelo nome de Abraham Bernstein. Perseguido pelas equipes de contraespionagem da *Sûreté* e do *Service de Renseignements*, lideradas respectivamente por Louis Ducloux e Eugène Josset, Uzdanski-Yelenski acabaria por ser preso e acusado de espionagem, e com ele centenas de membros do PCF, no que foi um grande sucesso da inteligência francesa. Jean Cremet conseguiria fugir para a URSS onde, dependendo das teses, morreria na década de 1930 ou (a teoria do romancista André Malraux) regressaria à França, onde continuaria a lutar na clandestinidade pelo marxismo-leninismo até morrer, na década de 1970.

O comunismo, porém, não dava dores de cabeça à *Sûreté* apenas por causa da URSS. Um dos fundadores do PCF chamava-se Nguyen Sinh Cung, mas era mais conhecido pelo nome Ho Chi Minh, sendo proveniente da colônia francesa da Indochina. Ao que a *Sûreté* e o *Service de Renseignements* apuraram, os comunistas tinham infiltrado a colônia de forma avassaladora, apoiados pelos soviéticos, o que constituía um grave problema de segurança nacional. Agentes da inteligência francesa foram transferidos para o novo *Service de Contrôle et d'Assistance des Indigènes en France des Colonies* (Serviço de Controle e Assistência aos Indígenas das Colônias na França), conhecido como CAI, cuja suposta função era ajudar a comunidade asiática que vivia na França, mas cuja verdadeira missão era espiá-la. A correspondência desses cidadãos franceses de origem indochinesa era controlada e, em cada carta, o CAI e a *Sûreté* encontravam provas de dissidência política.

Mas a ameaça soviética direta não esmorecera. Aliás, o novo líder do PCF, Jacques Duclos (após o seu predecessor, Henri Barbé, ter caído em desgraça junto de Stalin e sido executado pelo NKVD numa das várias purgas encomendadas pelo ditador soviético) ficaria envolvido em outro dos casos mais famosos da inteligência francesa, o *Affair Fantômas*. Vladimir Lenine considerava que todos os jornalistas eram agentes encapotados do capitalismo, então convidou os cidadãos soviéticos a tornarem-se jornalistas-trabalhadores (os *rabcors*). Na prática, os "artigos" publicados por essas pessoas nos jornais soviéticos eram pouco mais do que relatos daquilo que conheciam nas suas aldeias, vilas e comunidades, servindo assim de valiosa fonte de informação aos serviços secretos soviéticos. Stalin decidiu que os membros dos diversos partidos comunistas no estrangeiro também deviam se tornar jornalistas-trabalhadores, ajudando assim o NKVD na sua missão de inteligência, o que aconteceu na França, num comitê liderado por Jacques Duclos no jornal *L'Humanité*. As informações recolhidas no jornal eram então entregues à embaixada soviética por Duclos e por Izaia Byr, um francês de origem polaca que se infiltrara nos movimentos sindicais e cuja habilidade para fugir ao controle da *Sûreté* lhe trouxera a alcunha

Fantômas, uma popular figura da banda desenhada policial de então. Quando Izaia Byr finalmente é preso, o caso torna-se um fantástico sucesso de vendas para os jornais, trazendo a ameaça soviética ao grande público. Esta, porém, estava prestes a diminuir consideravelmente. Durante vários anos, os agentes do NKVD que atuavam em França eram controlados a partir da destruída Alemanha, cuja República de Weimar tolerava – ou mesmo simpatizava – com a ação do NKVD no território. Essa bonomia em relação à URSS acabaria nos anos 1930, quando um até então pequeno partido da Baviera começa a sua marcha inexorável para o poder na Alemanha: o Partido Nacional Socialista.

A inteligência francesa, liderada por Maurice Gauché a partir de 1935, compilou uma série de informações e escreveu uma série de relatórios sobre a ameaça que podia significar a chegada ao poder na Alemanha, dois anos antes, de Adolf Hitler. Provas de que Berlim estava quebrando o tratado assinado em Versailles e iniciara um rápido processo de reindustrialização e rearmamento foram colocadas em cima da mesa dos decisores políticos e militares franceses, mas estes pareciam querer ignorá-las. Quando a inteligência francesa descobre que a Alemanha estava construindo divisões atrás de divisões de tanques *Panzer*, que Hitler se preparava para invadir a Áustria e que tinha assinado um pacto de não agressão com Stalin, os alarmes continuaram a não tocar no Quai d'Orsay e no Eliseu. A inteligência francesa também descobriu as aspirações do novo líder italiano Benito Mussolini em controlar o Mediterrâneo e invadir a Eritreia, a Etiópia e a Líbia, colocando assim em risco todo o império francês na África, mas o Eliseu não respondeu a toda a "excelente informação" (segundo o próprio espião nazista Wilhelm Flicke) que lhe era entregue pela *Sûreté*. A razão de isso ter acontecido permanece objeto de mistério e disputas até hoje. De acordo com o chefe da inteligência militar tcheca da época, o general Frantisek Moravec, a culpa teria sido da burocracia e pouca comunicação hierárquica entre a inteligência e os políticos franceses. De fato, o diretor do *Bureau de Renseignements*, Louis Rivet, queixava-se de nunca ser ouvido no Quai d'Orsay e no Eliseu.

A III República francesa, regime turbulento repleto de intriga política, favorecia esse estado de distração. Os primeiros-ministros sucediam-se a um ritmo frenético (Édouard Daladier, Gaston Doumergue, Pierre Flandin, Fernand Bouisson, Pierre Laval, Albert Sarraut, Léon Blum, Camille Chautemps, novamente Léon Blum, novamente Édouard Daladier...) e certos partidários políticos da população francesa começaram a ponderar se uma liderança mais forte e robusta, como a alemã, não seria o que a França necessitava para se desenvolver, tal como a Alemanha, com a liderança carismática de Adolf Hitler, se transformara de forma espetacular desde a derrota na Primeira Guerra Mundial (os franceses não estavam sozinhos nesta sedução exercida por Adolf Hitler, pois na Inglaterra apenas Winston Churchill parecia temê-lo e a revista norte-americana *Time* chegou a considerá-lo *man of the year*). Os avisos da inteligência francesa pareciam assim muitas vezes desproporcionais ou mesmo mal-intencionados em relação ao líder alemão, que em público fazia juras de amor à França e promessas de desejar apenas a paz na Europa. Quando a inteligência gaulesa descobre as primeiras movimentações do Exército alemão, o político Paul Reynaud pede ao Parlamento francês que pondere a ideia de profissionalizar e mecanizar o Exército, defendida pelo militar Charles de Gaulle, apenas para ser quase ridicularizado. A ideia também foi mal recebida pelo próprio Exército, principalmente pelo marechal Philippe Pétain, que via a mecanização e modernização do Exército como uma traição aos soldados, como se Charles de Gaulle não confiasse nas suas capacidades de lutadores. Enquanto isso, precisamente o oposto estava acontecendo no Exército germânico, como os agentes secretos do *Bureau de Renseignements* tinham constatado na Guerra Civil espanhola.

Como numa tempestade perfeita, as chefias da inteligência francesa são nessa época "descentralizadas", passando a reportarem a entidades distintas (desde o Eliseu ao Quai d'Orsay, passando pelo *Ministère de la Guerre*), supostamente para os tornar mais ágeis, quando apenas os tornou mais confusos e incapazes de prever quando a Alemanha atacaria (a parte de *se a Alemanha atacaria* já havia passado há muito tempo). A pausa nos ataques alemães que se seguiram à invasão da Polónia, motivada pelo Inverno (durante o qual a moderna maquinaria de guerra germânica tinha mais dificuldade em se movimentar rapidamente, como era privilégio da *blitzkrieg*), foi erroneamente interpretada pelos militares franceses como uma prova da incapacidade dos alemães em "irem a todas": assoberbado com a invasão do Leste, Adolf Hitler não estaria interessado em abrir uma nova frente de batalha a Ocidente, concordando com a política de "apaziguamento" do Eliseu. Mesmo que a Alemanha atacasse, os militares estavam convictos de que controlando os Países Baixos por meio de deslocamentos de divisões blindadas teriam capacidade de derrotar facilmente um Exército alemão que tentasse invadir a França por meio da Bélgica. Afinal, os alemães já tinham tentado fazer o mesmo anos antes, na Grande Guerra, e haviam falhado. Controlando a Holanda, a França garantiria à Inglaterra que a Alemanha não alcançava um território essencial para bombardear o Reino Unido desde a Europa Continental, ganhando assim o Eliseu o apoio estratégico de Downing Street à sua política. Tudo parecia fazer sentido. Mas estavam enganados. Alguns generais franceses, secundados pela inteligência gaulesa, ainda argumentaram que levar tantas tropas para a fronteira da Holanda e da Bélgica, pela França acima, era praticamente um convite aos alemães para invadirem a França pelas Ardenas. Não foram ouvidos, as densas montanhas das Ardenas pareciam inexpugnáveis a qualquer exército, ainda mais ao alemão, com os seus enormes tanques de guerra. Neste ponto tinham razão, mas um erro da inteligência poria tudo a perder, quando um aviador alemão chamado Erich Mechelen é obrigado a aterrissar de emergência na Bélgica, devido a um intenso nevoeiro. Imediatamente detido pelas autoridades belgas, a polícia descobre-o a queimar papéis na lareira da sala onde estava preso, não que sem antes ainda conseguissem recuperar alguns fragmentos e, espantados, descobrissem que faziam parte de um documento da *Wehrmacht* sobre a invasão da França pela Bélgica, como os aliados tinham previsto. As inteligências francesa e inglesa foram informadas com celeridade, mas não conseguiram esconder o caso dos alemães. Quando Hitler teve conhecimento dele, ficou convencido de que os franceses esperavam agora cada vez mais um ataque pela Bélgica, decidindo-se pelo mais arriscado, mas imprevisível, ataque pelas Ardenas. E tudo estava pronto para tal, pois, durante a famosa pausa de Inverno que os franceses tomaram por covardia, a *Wehrmacht* tinha levado para as Ardenas divisões de blindados e artilharia aos poucos, quase uma a uma, então, no momento certo, os aviadores da inteligência francesa não descobriram nenhuma grande movimentação de forças militares que anunciasse uma invasão. Num piscar de olhos, a França foi invadida e, pouco tempo depois, os homens da *Sûreté Générale* e do *Bureau de Renseignements* viam Adolf Hitler, acompanhado pelos seus espiões da *Abwehr*, da *Gestapo* e da *Sicherheitsdienst* (SD) das *Waffen-SS*, marchar triunfalmente pelos Campos Elísios.

5. Nação ocupada, espiões divididos

A atuação dos serviços secretos durante o mais importante período da História da França no século XX, a Segunda Guerra Mundial, tem de ser dividida em duas partes distintas, como a própria França o foi: os resistentes e os colaboracionistas. Muitos mitos persistem sobre ambos, e difíceis de superar. Contudo, não foi uma questão de preto e branco, mas o cinzento foi dominante.

A ocupação da França por parte dos alemães foi total, mas não oficialmente. De acordo com o armistício assinado após a capitulação, a Alemanha anexava todo o Norte de França, incluindo Paris, enquanto uma grande parte do Sul do país era deixado, em teoria, sob administração francesa, com sede na cidade turística de Vichy, sendo denominado cinicamente Zone Libre (Zona Livre). É claro que, na prática, o "Governo" francês liderado pelo marechal Philippe Pétain não passava de um fantoche nas mãos dos alemães, mas tinha direito a um Exército e serviços secretos próprios, herdados da antiga inteligência francesa. A ideia dos nazistas era que uma França "neutral" (transformá-la, nas palavras dos nazistas, numa "grande Suíça"), em vez de ocupada, contentaria mais os ingleses e os seus sempre supostos aliados norte-americanos, deixando Berlim concentrar as suas forças no considerado maior inimigo do ponto de vista ideológico e racial: a URSS.

Esses serviços secretos de Vichy, como quaisquer outros, tinham como missão defender a segurança do Estado, mas, na França ocupada, a noção do que esse Estado devia ser não era clara, pois cabia de tudo no regime: simples oportunistas que aproveitavam a colaboração com os nazistas para subirem na carreira e obterem ganhos materiais, apoiantes da II República que tentavam salvar o pouco dela que conseguissem colaborando de forma reticente com os nazistas, fascistas pró-nazistas e consequentemente pró-alemães que colocavam a ideologia à frente do nacionalismo e fascistas (como a *Action Française* de Charles Maurras e o *Parti Populaire Français* de Jacques Doriot) que eram pró-nazistas mas não necessariamente pró-alemães, pois desejavam um Estado fascista independente. A lealdade ao Estado francês não era fácil neste contexto, pois ninguém percebia muito bem o que sobrava do Estado francês ou o que deveria tornar-se no futuro, em caso de vitória alemã na guerra.

Os espiões de Vichy ficavam dependentes do novo *Centre d'Information Gouvernemental* (Centro de Informações Governamental) ou CIG, liderado pelo general François Darlan. Para a inteligência propriamente dita, que reportava ao CIG, o Governo de Vichy criou o *Bureau des Menées Antinationales* (Gabinete dos Assuntos Antinacionais) ou BMA, liderado pelo histórico Louis Rivet, diretor-geral da *Sûreté* antes da guerra. O BMA tinha como missão combater a resistência e os comunistas, o que não era a mesma coisa, pois a resistência da França Livre era liderada por Charles de Gaulle, ferozmente anticomunista. Os agentes do BMA odiavam Charles de Gaulle, mas nem por isso muitos deles, ex-militares, deixavam de se sentir próximos de uma outra resistência, até o final da guerra considerada por todos como a que tinha mais futuro numa eventual vitória aliada (e apoiada pelos EUA), materializada no lendário general Henri Giraud, que por sua vez De Gaulle odiava.

Mas a missão do BMA também era, paradoxalmente, vigiar e lutar contra os serviços secretos alemães ocupadores. Ao contrário do que fizeram no Leste, onde seguiram secretamente uma política de puro e simples saque e destruição, os nazistas sentiam mais pudor em fazer o mesmo na ocidental França, então não podiam ocupar o tecido produtivo francês e escravizar os seus cidadãos em campos de trabalho forçado (em vez disso, os nazistas exigiam a Vichy o pagamento da astronômica soma de 500 milhões de francos diários pelo "privilégio" de estarem sendo ocupados e desvalorizavam constantemente a moeda francesa em relação ao *deutschmark* para esse valor ser artificialmente aumentado). Por essa razão, cabia à inteligência alemã espiar a indústria francesa em benefício da indústria alemã, atividade combatida em atos de contrainteligência pelo BMA, tendo sido instaurados milhares de processos a alemães por espionagem industrial.

Além disso, cabia aos agentes do BMA descobrir espiões que passassem informações aos alemães sobre o remanescente Exército francês (porque os alemães consideravam que o Exército era um viveiro de potenciais resistentes e, como os próprios alemães tinham desrespeitado o tratado de Versailles, também temiam que os militares franceses fizessem o mesmo quanto ao armistício assinado com os nazistas), como os agentes franceses da *Abwehr*, Albert Reymann, que denunciou um estoque de armamento francês escondido em Casablanca; Guillaume Alscher, que informou os alemães das movimentações secretas do Exército francês na colônia marroquina; Adrien Demoulin, que informou o *Afrika Korps* sobre a fortificação francesa em Dakar; Marc Dreesen, que informou os alemães sobre as movimentações da marinha francesa em Toulon; ou Albert Becker, que informou os alemães sobre a quantidade de equipamento militar que ainda sobrava ao Exército francês, as suas táticas de camuflagem e a atitude dos seus oficiais quanto ao III Reich. Todos eles foram descobertos pela inteligência francesa e executados, perante a relativa complacência dos nazistas.

Mas essa complacência mudaria quando a *Abwehr* deixou de controlar a França. Supostamente, num país ocupado e pacificado (do ponto de vista nazista, claro), deveriam ser apenas os serviços secretos militares alemães a terem a hegemonia na França. Estes comportavam-se de uma forma mais ou menos cavalheiresca, seguindo princípios militares que deixavam aos serviços secretos de Vichy, também eles em grande medida militares, uma larga margem de atuação e independência. Mas, como se passou na própria Alemanha, a *Abwehr* tinha rivais ambiciosos e muito mais fanáticos, o *Reichssicherheitshauptamt* (Principal Gabinete de Segurança do Reich) ou RSHA do brutal Reinhard Heydrich, braço direito de Himmler, com a sua força policial que atuava no terreno, a *Sicherheitspolizei* (Polícia de Segurança), mais conhecida pelo acrônimo SIPO e ainda mais conhecida por um dos seus departamentos, a *Gestapo*. Com a desculpa esfarrapada de proteger Adolf Hitler durante a sua visita oficial a Paris, Reinhard Heydrich enviou o seu ambicioso subordinado Helmut Knochen para a França, acompanhado de um *Sonderkommando* (Comando Espacial) com duas dezenas de agentes da SIPO. O chefe da *Abwehr*, Wilhelm Canaris, nem sequer foi informado e, supostamente, a SIPO deveria ter regressado à Alemanha com Adolf Hitler, mas isso nunca chegou a acontecer, estabelecendo-se em cada vez maior número no país ocupado e passando a controlar a inteligência francesa por meio do representante em Vichy da *Gestapo*, o capitão Hugo Geissler.

Rapidamente a inteligência francesa passou a sentir-se pressionada a colaborar com a fundamentalista agenda ideológica da *Gestapo*, começando por entregar para extradição os sociais-democratas alemães, exilados até então na França, Rudolf Breitscheid e Rudolf Hilferding. Não satisfeita com essa colaboração, a *Gestapo* resolve então supervisionar a criação de uma nova força de inteligência do governo de Vichy chamada *Milice Française* (Milícia Francesa) ou MF, um serviço em tudo semelhante à SIPO formado por fanáticos de extrema-direita franceses abertamente apoiantes do III Reich. Misto de serviços secretos e força paramilitar de elite (ou seja, iguais ao RSHA de Heydrich), a *Milice Française* foi responsável pela descoberta e detenção de milhares de comunistas, democratas, republicanos, maçons, patriotas republicanos e, no geral, qualquer francês que se opusesse aos nazistas, sendo depois executados sumariamente ou levados para o *Service du Travail Obligatoire* (Serviço do Trabalho Obrigatório) de Vichy, a instituição que transportava pessoas para os campos de trabalho alemães no Leste. Por ser formada por agentes franceses, a *Milice Française* era muito mais eficaz que a própria *Gestapo* no país e tornou-se a mais odiada força de inteligência colaboracionista, acabando o seu responsável máximo, Philippe Henriot (conhecido pela duvidosa alcunha "o Goebbels francês"), por ser assassinado por membros da resistência apoiados pelos serviços secretos da França Livre.

Estes eram liderados por André Dewavrin, estando estabelecidos em Londres e tendo sido criados por Charles de Gaulle. Começaram por se chamar *Bureau Central de Renseignements et d'Action Militaire* (Gabinete Central de Inteligência e Operações Militares) ou BCRAM, deixando cair a parte militar do nome em pouco tempo (porque, de fato, não estava ligada diretamente a nenhum Exército) e passando a chamar-se apenas *Bureau Central de Renseignements et d'Action* ou BCRA. Para as suas operações, foram buscar o mais famoso agente do BMA, Paul Paillole, até então responsável pela contraespionagem antinazista no BMA sob a capa de um suposto programa agrícola chamado *L'entreprise des Travaux Ruraux* (Empresa dos Trabalhos Rurais). Paul Paillole tinha a tarefa inglória no BMA de combater os alemães para assegurar que alguma réstia de independência sobrava à França de Vichy, mas quando os Aliados invadem o Norte da África e os alemães respondem ocupando militarmente toda a França, a sua missão em Vichy acabava e transferia-se de armas e bagagens, em 1942, para o BCRA em Londres. Em teoria, o BCRA deveria ser apoiado pelo *Secret Intelligence Service* (Serviço de Inteligência Secreta) britânico, mas esse apoio era diminuto porque a inteligência inglesa preferia apoiar os agentes antialemães que trabalhavam na inteligência de Vichy, uma vez que, pelo menos, estavam no terreno e podiam auxiliar os britânicos numa futura invasão aliada à França. Além do mais, o fato de o BCRA ser devoto a Charles de Gaulle não ajudava, pois Winston Churchill preferia claramente uma futura França governada pelo democrata e afável general Giraud do que pelo conservador e arrogante De Gaulle. Ainda por cima, a devoção nem sequer era mútua, pois o militar De Gaulle desconfiava imensamente da simples noção de inteligência civil e tinha com o BCRA uma relação de distanciamento. De Gaulle apenas suportava os seus agentes porque não tinha um exército regular que pudesse comandar. Quando, sem fundos próprios, André Dewavrin explicou a De Gaulle que não tinha dinheiro para realizar operações de inteligência e contraespionagem, o general limitou-se a responder, lacônica e friamente: "Vai pedi-lo aos ingleses".

Sem muito dinheiro e sem apoio aberto do SIS, André Dewavrin tinha de usar a criatividade para fazer espionagem, percorrendo os hospitais militares ingleses em busca de soldados franceses e refugiados que quisessem partir disfarçados para a França como espiões, como um tal de Jacques Mansion, que conseguiu voltar de França num barco com informações sobre a localização das tropas alemãs após ter sido deixado numa praia deserta no Norte do país pelo BCRA. A relação do SIS com o BCRA apenas se estreitou quando a inteligência britânica descobriu suspeitas movimentações militares nazistas na costa da Normandia, em Ouistreham, que poderiam significar os preparativos para a tão temida invasão naval alemã da Grã-Bretanha. A ajuda dos espiões franceses foi pedida, por conhecerem melhor o terreno (seria impossível ao BMA chegar à Normandia, onde apenas a inteligência alemã tinha jurisdição), tendo André Dewavrin escolhido os agentes Maurice Duclos e o tenente Beresnikoff. Como a família de Maurice Duclos tinha há décadas uma casa de férias perto de Ouistreham, o seu conhecimento do terreno era essencial. A ideia era passarem três dias na região e transmitirem as informações que conseguissem obter por pombo-correio, ficando depois Beresnikoff estabelecido na Normandia e rumando Duclos a Paris, onde estabeleceria a delegação local do BCRA que faria a ponte direta com a resistência de Jean Moulin. Quando desembarcaram numa praia supostamente erma da Normandia, descobriram que estava repleta de sentinelas alemãs. A caixa com os pombos-correio foi guardada num rochedo, pois as aves poderiam fazer barulho e denunciar os espiões, rastejando estes pelas sentinelas nazistas até chegarem à casa de férias de Duclos. Quando voltaram à praia, já sem alemães, dias depois, o intenso nevoeiro impediu-os de localizar os pombos, tendo ficado sem qualquer contato na França durante meses, tidos pelo BCRA como mortos, até que Duclos conseguiu voltar a Londres pela Espanha e Duclos por Portugal. A segunda missão teve mais sorte, quando Dewavrin enviou para Lisboa o seu principal espião, Gilbert Renault, de onde conseguiu controlar os navios do Eixo que cruzavam o Atlântico e montar uma teia de informantes que lhe permitiram monitorar à distância o Governo de Vichy e transportar para a liberdade opositores ao regime por meio dos Pirenéus. As informações eram transmitidas via rádio, desde Lisboa, num código francês, para que o SIS britânico não pudesse interceptá-las.

Durante toda a guerra, o papel do BCRA foi estranho. Os seus agentes, misto de espiões e guerrilheiros, horrorizavam os serviços secretos britânicos, para os quais a inteligência devia ser feita por pessoas inteligentes, cultas e ponderadas, enquanto as operações de sabotagem e contraespionagem seriam então entregues a forças paramilitares impetuosas, como acontecia na Grã-Bretanha com o SIS e o *Special Operations Executive* (Executivo de Operações Especiais), o SOE criado por Churchill para "incendiar a Europa". Por essa razão, o SIS não confiava no BCRA, mas este era apoiado por outro novo serviço de inteligência cujos agentes também gostavam de se ver como guerrilheiros (e que também eram odiados pelo SIS), o *Office of Strategic Services* (Gabinete de Serviços Estratégicos) norte-americano. William Donovan, o diretor da inteligência dos EUA, mantinha excelentes relações com André Dewavrin, por considerar que a ponte que o BCRA fazia com a resistência francesa no terreno seria essencial para um futuro desembarque de tropas norte-americanas na costa francesa (enquanto Churchill continuava a apostar tudo num desembarque pela Sicília). Por outro lado, as relações do BCRA gaullista com a inteligência de Vichy fiel ao general Giraud eram, no mínimo, péssimas. Com o patrocínio entusiasta do OSS norte-americano e o apoio relutante do SIS, Charles de Gaulle e Henri Giraud acabaram por se encontrar e estabelecer um acordo, por mais precário que fosse, para unir ambas as resistências. Um dos pontos acordados foi a criação de uma nova agência de inteligência que juntasse os agentes do BCRA aos agentes fiéis a Giraud. Nascia assim a *Direction Générale des Services Spéciaux* (Direção Geral de Serviços Especiais). As lutas internas na nova DGSS continuam entre gaullistas e giraudistas, acabando por ser criada, um ano depois, uma nova agência, a *Direction Générale des Études et Recherches* (Direção Geral dos Estudos e da Pesquisa). Com a derrota nazista e o final da guerra, a ascendência de Charles de Gaulle sobre Henri Giraud torna-se esmagadora e, assim, em 1945, é criada a nova inteligência francesa, destinada a durar anos: o *Service de Documentation Extérieure et de Contre-Espionnage* (Serviço de Documentação Exterior e Contraespionagem) ou SDECE. A guerra contra a Alemanha tinha terminado, mas outras surgiam no horizonte.

6. Espiões perdidos na selva

A França saída da Segunda Guerra Mundial, apesar de considerada vencedora e sentada no Conselho de Segurança da ONU, debatia-se com uma reorganização da ordem mundial que não lhe era de todo favorável. Durante anos debatera-se com a crescente hegemonia britânica no Ocidente trazida pela Revolução Industrial e pela esmagadora marinha de guerra do Reino Unido, tentando manter o seu império colonial e, pelo menos, alguma sensação de "hegemonia cultural" sobre o Ocidente. Mas agora a própria Grã-Bretanha se via assoberbada pelas novas circunstâncias: o Ocidente passava a ser um feudo privado da superpotência econômica e nuclear norte-americana, enquanto os impérios ultramarinos europeus encontravam-se no ponto de mira, não apenas dos EUA, mas da URSS, cada vez mais forte. As aspirações da URSS, inimiga histórica da França (pelo menos na visão de Stalin), em ganhar preponderância estratégica na Ásia chocavam de frente com o império colonial francês, nomeadamente com a sua grande colônia na região, a Indochina.

De início, a inteligência francesa parecia bem equipada para lidar com os movimentos independentistas indochineses, localizados em Paris e patrocinados pelos soviéticos, pois os eventuais insurgentes estavam controlados pelo *Service de Contrôle et d'Assistance des Indigènes*. Mas, com o final da guerra, o número de expatriados indochineses, a maioria deles jovens estudantes revolucionários, cresceu de forma exponencial, e outra agência teve de ser criada na França para lidar com todos eles, o *Service de Liaison avec les Originaires des Territoires Français d'Outremer* ("Serviço de Relações com os Originários dos territórios Franceses do ultramar") ou SLOtFOM. Para coordenar a inteligência sobre os estudantes indochineses recolhida pela inteligência militar, pela *Sûreté Générale*, pelo SDECE e pelo SLOtFOM, foi criado, sob os auspícios do *Ministère de l'OutreMer*, o *Bureau Technique de Liaison et de Coordination* (Gabinete Técnico de Relações e Coordenação) ou BTLC.

Esse conjunto de agências de inteligência dedicadas à Indochina recolheu de fato informações preciosas sobre o *Viet Minh* de Pac Bo, mas o Governo socialista de Vincent Auriol, que inaugurou a IV República francesa, não tinha uma estratégia definida sobre o que fazer com a Indochina. A política francesa estava mais instável do que nunca, dividida entre a pró-comunista *Section Française de l'Internationale Ouvrière* (Seção Francesa da Internacional Trabalhista) de *Auriol* e o liberal-conservador *Centre National des Indépendants et Paysans* (Centro Nacional dos Independentes e dos Camponeses) de René Coty, sendo que ambos temiam, a qualquer momento, um golpe de Estado militar liderado pelo general conservador Charles de Gaulle. Na Indochina, a situação era ainda mais complexa, pois De Gaulle tinha conseguido, no final da guerra, com o apoio dos norte-americanos que combatiam o Japão imperial, que o SDECE ganhasse uma importância enorme na colônia, onde o general esperava criar uma resistência local que a impedisse de cair nas mãos do agressor nipônico. Isso fazia com que os agentes do SDECE na Indochina fossem homens de De Gaulle, muito pouco leais ao Governo socialista da IV República. Mas essa resistência nunca surgiu, pois poucos dos 25 milhões de indochineses pareciam querer permanecer franceses e ainda menos liderados pelo abertamente colonialista, no pior sentido da palavra, Charles de Gaulle. Os agentes do SDECE tinham ainda de contar com a oposição velada mas real dos serviços secretos norte-americanos, que apoiavam o *Viet Minh* na tentativa de tornar os EUA a grande potência do Pacífico. A política local não ajudava os agentes do SDECE, pois o próprio *Comitê de Libération Nacionale* (Comitê de Libertação Nacional) local de Charles de Gaulle tinha sido infiltrado ao mais alto nível pelos serviços secretos japoneses.

Quando a guerra da independência indochinesa começa, o SDECE cria na colônia uma espécie de braço armado, o *Service d'Études Historiques* (Serviço de Estudos Históricos) ou SEH, coadjuvado pelo *Groupement des Contrôles Radio-Électriques* (Agrupamento do Controle Rádio-Eletrônico) ou GCRE, centrados em interceptarem qualquer transmissão do *Viet Minh* e em combater a sabotagem chinesa na colônia. As informações eram valiosas, mas a inteligência francesa (como a CIA, anos depois, no mesmo território) fazia frente a uma guerra pouco convencional. Já não se tratava de infiltrar a inteligência e o Exército nazistas, localizados em locais específicos. O *Viet Minh* tinha uma maneira de olhar a resistência completamente esparsa, que dificultava o seu combate. Por exemplo, quando o SDECE descobre a "capital" do *Viet Minh*, no delta do Tonkin, e transmite a informação ao representante das forças armadas francesas na Colônia, o general Jean Valluy, este manda bombardear a zona apenas para descobrir que a suposta capital não tinha praticamente nenhum guerrilheiro *Viet Minh*. A guerra que o SDECE estava travando era tudo menos convencional. As informações não estavam erradas, mas episódios como esse contribuíam para a desconfiança histórica que os militares franceses tinham sobre a inteligência civil, que cresceria durante a Guerra da Indonésia. Não acreditando no SDECE, as forças militares acabariam por se desesperar na Colônia, combatendo um inimigo que não viam, não aparecia em batalhas e por vezes parecia quase não existir, escondido pela população local e misturando-se com ela, o que levou a diversos massacres cometidos contra as aldeias do Vietnã e a métodos cada vez mais brutais de repressão. Estes contaminaram o SDECE, principalmente as suas novas forças de elite, criadas especificamente para a Indochina, os *Détachements Opérationnels de Protection* (Destacamentos Operacionais de Proteção) ou DOP, cuja fama de violência nos interrogatórios e na perseguição aos suspeitos se tornou tristemente lendária. Também a aviação francesa de inteligência, que tantos sucessos obteve na Primeira Guerra Mundial, foi reabilitada no novo departamento do SDECE, o *Service de Renseignement Opérationnel* (Serviço de Informação Operacional), mas uma coisa era sobrevoar os límpidos campos da Flandres, outra, muito diferente, era sobrevoar a densa selva vietnamita, sempre coberta, além do mais, de uma densa bruma de mau tempo. Por exemplo, quando o numeroso Groupe Mobile 1 percorreu a estrada de An Khe-Mang Yang, a aviação do SDECE fez o reconhecimento prévio de toda a zona, assegurando o batalhão de que nenhuma guerrilha *Viet Minh* existia ali, apenas para, momentos depois, todos os soldados franceses serem massacrados por uma emboscada. Com o passar do tempo, situações como essa multiplicaram-se, com os soldados franceses a serem vitimados por emboscadas, explosões e atentados terroristas, sem que o SDECE conseguisse prever de onde o *Viet Minh* surgiria. Meses depois de a guerra começar, as baixas francesas já eram superiores a todas as que o Exército francês sofreu durante a Segunda Guerra Mundial. O moral do Exército na colónia, e dos agentes do SDECE, estava arrastando-se.

O SDECE tentou contornar esses problemas da maneira mais rápida: com dinheiro. O seu orçamento foi reforçado às pressas para poder subornar as populações locais, comerciantes chineses e monges budistas, recrutando-os para os serviços secretos. Porém, como costuma acontecer a agentes recrutados por dinheiro, a maioria acaba a vender-se também ao *Viet Minh* (financiado pela China e pela CIA), tornando-se agentes duplos que forneciam informações falsas à inteligência gaulesa. Mesmo quando os agentes recrutados não trabalhavam para o *Viet Minh* e as suas informações sobre a localização da guerrilha eram válidas, a aviação do SDECE não conseguia depois, devido às condições meteorológicas, confirmar os dados a tempo de serem úteis ao desprotegido Exército.

A lógica do "se não podes vencê-los, junta-te a eles" começou a ganhar força e, em vez de optar por uma visão totalmente colonialista da Indochina, como pretendia Charles de Gaulle, a França escolheu apoiar um Governo vietnamita dito "nacionalista", liderado por Bao Dai. Na realidade, o Governo vietnamita era controlado pelo SDECE e pelo seu *Service de Propagande* (Serviço de Propaganda), que tentava fazer de Bao Dai um herói que lutava pela soberania de um Vietnã autónomo (ainda que não independente) e do *Viet Minh* um bando de terroristas que pretendiam entregar a Indochina aos soviéticos. Com a divisão oficiosa da Indochina entre o Norte controlado pelo *Viet Minh* e o Sul controlado por Bao Dai, milhares de norte-vietnamitas desertaram para o Sul, então a campanha de propaganda do SDECE teve algum êxito. Menos êxito teve a tentativa de criar uns serviços secretos vietnamitas, ideia a que Bao Dai sempre se opôs. Acabaria por dar o braço a torcer em 1951, e o SDECE treinou os futuros espiões do Vietnã, mas a rivalidade entre eles e a arrogância de todos era tal que os próprios agentes do SDECE passaram a considerá-los incontroláveis. Quando as suas operações contra o *Viet Minh* corriam mal (a maioria dos casos), esses agentes apontavam o dedo aos espiões do SDECE ou a fantasiosas teorias da conspiração onde os colonialistas, por inveja, os impediam de serem competentes.

Já os seus congêneres norte-vietnamitas, traídos pelo KGB, eram muito superiores, sendo mesmo, no terreno, superiores aos agentes do SDECE. A inteligência do *Viet Minh*, conhecida como *Quan Bao* (Inteligência Militar), tinha a vantagem de conhecer bastante bem o terreno, mas também tinha a vantagem de ter uma propensão natural para a arte do interrogatório, atividade a que se dedicava durante horas, várias vezes ao dia, até conseguir todas as informações necessárias dos prisioneiros franceses. O *Quan Bao* recorria ainda à ameaça física sobre as populações para obter informações, o que fazia com que, segundo os militares franceses, fosse quase impossível manter um segredo na Indochina. Quando os soldados se gabavam das suas operações perante as dançarinas e prostitutas de Saigão, não sabiam que a quase totalidade delas colaborava com o *Quan Bao*. A capacidade de o *Quan Bao* obter informações e antecipar os movimentos dos franceses, mesmo com recurso a interceções de telefonemas, levaria à enorme derrota em Cao Bang, na qual morreram mais de seis mil soldados gauleses, considerada pelo Exército a maior humilhação francesa desde a independência do Quebec, em 1759.

A derrota da França na Indochina, que significou o começo do fim do império ultramarino, causaria ainda uma perpétua desconfiança do SDECE em relação à CIA. Se a inteligência norte-americana tinha sido a maior aliada da sua congênere durante a Segunda Guerra Mundial, parecia agora óbvio que os EUA, e por extensão os seus serviços secretos, estavam dispostos a fazer tudo o que fosse preciso para expulsarem os franceses da Indochina e substituírem-nos como força dominadora na região, isso apesar de a CIA, liderada por Allan Dulles, supostamente ter chegado a um acordo de cooperação com a inteligência francesa, assinado com o representante do SDECE em Washington, Thyraud de Vosjoli. Os ventos da História estavam mudando, e não apenas na Ásia. A decisão final de abdicarem da Indochina feita pelos franceses foi em grande medida causada pela necessidade de defenderem outra parte do império muito grata a Paris, e bem mais perto da França.

7. Espiões perdidos no deserto

A insurreição argelina começou em 1954 com diversos atentados a bomba em cidades como Argel. Ninguém estava à espera disso, nem mesmo o ministro do Interior francês, François Mitterrand. Como era possível, pensou ele, que tal coisa tivesse acontecido na Argélia, controlada de perto pelo SDECE e por agências de inteligência (para não falar da inteligência militar) dependentes que tratavam unicamente daquela colônia? Na realidade, os sinais sempre haviam estado lá. Com a invasão nazista da colônia e a posterior tomada dela pelos Aliados, o caos tinha-se estabelecido na Argélia e os sentimentos antifranceses, motivados pela incapacidade de o colonizador assegurar a defesa do território e a segurança das populações, aumentavam. Os grafites contra a França pintados nos banheiros públicos (considerados a melhor forma de analisar a opinião pública na colônia) generalizavam-se. Quando os franceses celebraram a derrota da Alemanha nazista na Argélia, motins em Sétif causaram a morte de mais de uma centena de gauleses. A resposta da administração foi célere e brutal, o que ainda acirrou mais o nacionalismo argelino. Além do mais, a atuação das autoridades francesas seguiu o seu curso habitual quanto aos nacionalismos coloniais: apontar o dedo e castigar os moderados que se insurgiam publicamente contra o domínio francês, e cujas fichas na polícia eram volumosas, ignorando e deixando escapar os verdadeiros revolucionários, que se moviam na sombra. Por exemplo, em resposta ao massacre de Sétif, o nacionalista Ferhat Abbas, que lutava pela concessão aos argelinos da total cidadania francesa, foi preso pelos serviços secretos juntamente com quase cinco mil dos seus apoiantes, apesar de não estar minimamente relacionado com o motim. Esse modo violento e arbitrário de reagir, tanto do Exército como da inteligência francesa, servia apenas os revolucionários, pois não apenas alienava as populações locais do seu colonizador como descredibilizava os moderados, como Ferhat Abbas na Argélia e Bao Dai na Indochina.

Outro problema era a condescendência com que as autoridades francesas olhavam para os argelinos. Mesmo com o começo dos atentados, as autoridades atribuíram-nos ao fato de grande parte do Exército e da polícia militar francesa estar na Indochina, então era natural que alguma criminalidade aumentasse na colônia africana. Que ela pudesse estar a ser organizada pelo *Mouvement pour le Triomphe des Libertés Démocratiques* (Movimento para o Triunfo das Liberdades Democráticas) parecia-lhes absurdo, pois os argelinos nunca conseguiriam se organizar ao ponto de causarem uma revolta nacional. Alguns dos veteranos na *Sûreté*, que falavam árabe, não concordavam com essa visão paternalista, aproximando-se do racismo, dos argelinos, mas não foram ouvidos. Para lidar com as insurreições argelinas, era crença em Paris, bastava a polícia regular, a *Gendarmerie*. Quando o governador-geral da Argélia, Roger Léonard, sugeriu que os atentados poderiam ser o preâmbulo de algo muito mais grave, foi considerado um "alarmista" pelo Quai d'Orsay e pelo Eliseu.

A política não ajudava. O primeiro-ministro francês, Mendès-France, reagira ao nacionalismo no Marrocos e na Tunísia, admitindo publicamente conceder a autonomia a ambos os protetorados. Dificilmente os argelinos deixariam passar a oportunidade de aproveitarem um Governo francês considerado fraco pelos próprios franceses. A resposta dos franceses em Sétif marcava o caminho. Para a *Front de*

Libération Nationale (Frente de Libertação Nacional) ou FNL, mais massacres como aquele levariam inexoravelmente a mais respostas excessivas dos franceses, e assim por diante, até a população muçulmana se revoltar em grande escala. Ao contrário do *Viet Minh*, os guerrilheiros argelinos não pretendiam combater *mano a mano* ou conquistar territórios: bastava-lhes infligir o maior número possível de baixas aos franceses em atentados e esperar que a reação destes levasse os muçulmanos injustamente atingidos para os braços da FNL. Por mais que Mendès-France gritasse *L'Algerie, c'est la France* (A Argélia é a França) no Parlamento, cada vez menos pessoas na Argélia acreditavam nisso. A guerra tornou-se sem quartel quando o novo governador-geral, Jacques Soustelle, que sempre advogara maior integração dos muçulmanos nos destinos políticos da colônia, ficou de tal forma irritado e enojado com os massacres de Philippeville feitos pela FNL – o assassinato de centenas de homens, mulheres e crianças, todos eles *pieds noir* ("pés negros"), a maneira como eram designados os argelinos comuns pelos franceses – que jurou aniquilar a FNL de uma vez por todas, aumentando ainda mais a violência no território.

A comunidade internacional estava cada vez mais preocupada, mas a versão da França era que se tratava, quando muito, de uma espécie de guerra civil, pois a Argélia era tanto território francês como a Normandia ou a Borgonha. A inteligência francesa concordava com essa versão, apoiando ainda a ideia paternalista de que os argelinos eram incapazes de organizar uma revolta e portanto estariam sendo subvertidos por estrangeiros. Esses preconceitos, incríveis em serviços de inteligência que se desejam realistas, se revelariam trágicos. Ao tentar combater esses inimigos externos que estariam usando os incompetentes e desorganizados argelinos, o SDECE acabou por ajudar na internacionalização do conflito. A fúria do SDECE virou-se assim contra a Tunísia recentemente autônoma, o Egito de Gamal Abdul Nasser e os argelinos que viviam e tinham sido educados na França e por isso estariam em melhores condições de organizar o que quer que fosse. Tratava-se portanto de um ataque estrangeiro à França, cuja resposta seria sempre legítima. Thyraud de Vosjoli, o homem do SDECE nos EUA, tratou de distribuir fundos financeiros pelos Estados mais pequenos com assento na ONU para apoiarem a posição francesa nas Nações Unidas. Mas os EUA recusaram completamente essa versão, segundo a qual a FNL não passava ainda de um braço armado do KGB, e recusaram-se a apoiar a França.

O SDECE não desistiu, passando a controlar a embaixada do Egito em Paris por meio do *Service 7*, um dos seus departamentos mais secretos, responsável pelas escutas e filmagens aos corpos diplomáticos estrangeiros, ironicamente conhecido como *cinéma et publicité* (filmes e publicidade). Porém, para espanto do SDECE, o departamento liderado por Marcel Le Roy nada descobriu que ligasse o Egito à FNL. Não satisfeito, Marcel Le Roy em pessoa entrou na embaixada pela calada da noite, mas foi surpreendido pela segurança e teve de permanecer escondido no porão toda a noite. Quase ao final da noite, um funcionário da embaixada entra no porão e limita-se a atirar um monte de papéis para um cesto. Quando o funcionário sai do porão, Le Roy nem podia acreditar na sua sorte: os papéis eram contabilísticos e discriminavam em pormenor os valores com que o Cairo financiava a FNL argelina. Le Roy conseguiu escapar da embaixada sem ser visto ao final da tarde, voltando no dia seguinte, com alguns homens do *Service 7*, disfarçado de trabalhador da empresa de limpezas da embaixada, limpando o porão de todos os documentos que encontrou. A euforia de Le Roy durou pouco. Os documentos foram entregues aos serviços secretos militares, que resolveram interrogar o adido militar egípcio sobre o apoio do seu país à FNL. Negando este qualquer apoio, mostraram-lhe os documentos comprometedores, revelando que tinham sido roubados por Marcel Le Roy. Dias depois, três muçulmanos que nunca foram identificados bateram à porta de Le Roy. Não estava em casa. A sua mulher abriu a porta e foi tão violentamente espancada que entrou em coma e morreria dois anos depois em consequência dos ferimentos (o próprio Marcel Le Roy acabaria judicialmente incriminado pela morte de Ben Barka anos depois, levando ao encerramento de todo o ligeiramente ilegal *Service 7* do SDECE).

As ilegalidades do SDECE continuaram, tendo encomendado a dois criminosos o assassinato do líder nacionalista marroquino Allal El Fassi em Istiqlal, na zona espanhola de Marrocos. Mas os dois criminosos embebedaram-se e perderam a mochila repleta de granadas que levavam, sendo detidos pela Guardia Civil espanhola e tendo o SDECE de dizer que eram criminosos procurados pela polícia francesa para conseguir extraditá-los para a França antes de serem interrogados.

A atenção do SDECE virou-se então para o tráfico de armas que sustinha a FNL, começando a investigar o alemão Georg Puchert, um antigo contrabandista de meia-tijela, especializado em tabaco e bebidas alcoólicas, que se tornara traficante de armas em Tânger e o principal fornecedor da FNL. Uma equipe do SDECE foi enviada a Tânger para lhe afundar os barcos usados no contrabando, tendo apenas notado já em Marrocos que tinham se esquecido dos explosivos na França. Conseguiram então (após muitas explicações, presume-se) que Paris lhes enviasse uma mina subaquática a bordo de um voo da *Air France*. Explodiram um dos seus barcos, mas o tráfico continuou, como é óbvio.

A incompetência do agente do SDECE que se esquecera dos explosivos ganhou toda uma nova dimensão quando se apaixona pela bela e loura filha de Georg Puchert e avisa o traficante que o SDECE tem um plano para assassiná-lo. Não lhe serviu de muito. Em setembro de 1958, Georges Geitser, o especialista em explosivos de Georg

Puchert, aparece morto num hotel em Genebra, com um dardo envenenado no pescoço. Era um sinal. Em março de 1959, quando Georg Puchert entra no seu Mercedes, em Frankfurt, o automóvel explode e o traficante é finalmente assassinado pelo SDECE. Os assassinatos foram atribuídos pela inteligência francesa à *Main Rouge* (Mão Vermelha), uma suposta organização radical obscura que atuava no Magrebe, tão obscura que ninguém conhecia a ideologia que a movia, partindo-se do pressuposto que fosse marxista-leninista devido ao nome. Na realidade, segundo vários especialistas, a *Main Rouge* nunca passou de uma organização fantoche criada pelo próprio SDECE para reivindicar assassinatos feitos pela inteligência francesa, desviando atenções. O certo é que, além de Georges Geitser e Georg Puchert, assassinou ainda o sindicalista tunisino Farhat Hached, os nacionalistas tunisinos Hédi Chaker e Abderrahmen Mami, o político argelino Mohamed Aït Ahcène, o membro e alto responsável da FNL Taïeb Mohamed Boukhouf (bem como uma criança inocente que estava ao lado dele chamada Rolando Rovai) e o também traficante de armas alemão e fornecedor da FNL, Otto Schlütter. Este foi morto em Hamburgo em 1956. Não satisfeita, a *Main Rouge* assassinou ainda a mãe dele, no ano seguinte.

Até que ponto Charles de Gaulle, que entretanto tinha sido nomeado presidente francês e fundara a V República, após o caos causado pelo Maio de 1968, sabia dessas ações do SDECE é uma incógnita. O ex-general sempre desprezara a inteligência francesa, nomeadamente o SDECE, por considerar que usava "métodos pouco dignos de cavalheiros", mas, segundo Thyraud de Vosjoli, estava plenamente consciente das ações dos serviços secretos. Segundo Vosjoli, fora mesmo com a autorização de Charles de Gaulle que o SDECE assassinara o magnata do petróleo italiano Enrico Mattei, fazendo o seu avião cair após ter assinado um acordo de financiamento com a FNL, mas De Gaulle sempre negou as acusações, lembrando que Vosjoli era seu opositor político, enquanto o SDECE também negou as acusações, atribuindo-as ao ressentimento de Vosjoli para com a inteligência francesa, da qual tinha sido demitido.

O principal alvo do SDECE no Magrebe era porém Ahmed Ben Bella. Veterano do Exército francês da Segunda Guerra Mundial, condecorado pela sua bravura no conflito, os massacres do Exército francês na Argélia levaram-no a afastar-se da França e a juntar-se aos nacionalistas argelinos da *Organisation Spéciale* (Organização Especial), o braço paramilitar do *Parti du Peuple Algerien* (Partido do Povo Argelino) de Messali Hadj. Em 1949 já tinha sido detido pelas autoridades francesas por assaltar um banco para arranjar fundos para a *Organisation Spéciale*, fugindo ao esconder uma serra num pão-bengala, com a qual quebrou as barras da cela. Em 1954, Ben Bella encontra-se entre os *neuf historiques* (nove históricos) que fundaram a FNL, sendo responsável por angariar fundos e armamento em Tunis, no Cairo e em Rabat. A partir dessa data, ficou marcado pela SDECE. Tentaram assassiná-lo, primeiro por meio do agente André Achiary, que entrou no seu quarto de hotel no Cairo mas falhou o tiro; depois por meio de uma bomba na saída do seu escritório, também no Cairo, que o deixou incólume; e por fim por meio de um colaborador *pied noir* que o perseguiu pelas ruas de Tripoli e fez tamanho estardalhaço na tentativa de matá-lo que acabou ele próprio abatido a tiro.

Em 1956, Ben Bella encontrava-se no Saara espanhol para fazer um descarregamento de material militar quando começou a ser seguido por Jean Gardes, responsável da inteligência francesa em Rabat, após ter ocupado o mesmo posto em Saigão. Ben Bella está ainda no Saara para se encontrar, representando a FNL, com o sultão marroquino Mohammed V, que lhe dará carona, no seu avião privado, até Tunis, para uma conferência de cúpula de líderes árabes (muitos dizem que essa dica veio da Mossad, o SDECE afirma que a carona foi publicada com orgulho pela FNL e não era segredo). Em outubro de 1956, quando o avião faz uma parada em Palma de Maiorca, Jean Gardes entra em contato com o piloto, francês, e ordena-lhe, em nome do Ministério da Defesa, que o desvie até a Argélia. O piloto, reservista da força aérea francesa, obedece, enquanto as comissárias de bordo distraem a tripulação. Quando o avião finalmente aterrissa, todos os passageiros saem à esperando estar em Tunis, mas não. Tanques do Exército francês estão no aeroporto de Argel e o SDECE leva Ben Bella, para depois o avião seguir viagem.

A maneira como o SDECE desrespeitou as leis internacionais e o próprio soberano marroquino a bordo do avião, comportando-se como se ainda fosse a potência colonizadora de Marrocos, indignou a comunidade internacional. Mas, mais uma vez, como na Indochina, o SDECE lutava contra os ventos da História e a Argélia conseguiria a sua independência. Mas aquela maneira duvidosa de atuar da inteligência francesa (com o conhecimento do poder político ou não) prosseguiria, levando, em última análise, à extinção da própria SDECE.

A causa disso foi o político marroquino Mehdi Ben Barka, líder do partido esquerdista *Union Nationale des Forces Populaires* (União Nacional das Forças Populares) ou UNFP. Considerado o "Che Guevara marroquino" (era amigo de Che Guevara, tal como de Malcolm X e de Amílcar Cabral), grande opositor do rei Hassan II, pró-francês. Em 29 de outubro de 1965, Mehdi Ben Barka comia na Brasserie Lipp quando, ao sair, é sequestrado por três agentes da polícia francesa, para nunca mais ser visto. Rapidamente a inteligência francesa é acusada de mais uma ingerência, gravíssima, na política de Marrocos. Descobre-se que os três homens que raptaram o revolucionário marroquino também estavam ligados ao submundo criminoso francês, pertenciam ao *staff* de segurança de Charles de Gaulle e tinham, durante a

Segunda Guerra Mundial, colaborado em crimes dos nazistas na França ocupada. Teorias da conspiração envolviam ainda a CIA e a Mossad, mas o SDECE sempre se recusou, até hoje, a divulgar os seus documentos sobre o caso. De pouco lhe valeu. O escândalo foi de tal ordem que o poder político tinha de fazer alguma coisa. Charles de Gaulle passa a tutela do SDECE para o Ministério da Defesa e o SDECE torna-se, para todos os efeitos, uma instituição militar, dentro da legalidade. Ainda assim, continuaria a ser envolvida em escândalos, como a deposição do imperador Jean-Bédel Bokassa da República Central Africana a favor de David Dacko (apesar de Bokassa ser um ditador sanguinário, não deixou de ser mais uma ingerência da inteligência francesa num país soberano) em 1979 ou o apoio financeiro e logístico aos separatistas pró-franceses do Quebec. Por fim, após tantos escândalos, a decisão definitiva chega e o SDECE é extinto em 1982, dando lugar a uma nova agência, que se queria mais transparente e reportável, a *Direction Générale de la Sécurité Extérieure* (Direção Geral de Segurança Exterior) ou DGSE.

8. Do embaraço ao genocídio?

As intenções que presidiram à criação da DGSE podiam ser boas e nobres, mas os escândalos continuaram. O caso que envolveu o navio *Rainbow Warrior* da Greenpeace é paradigmático, pois trata-se não apenas de uma prova de mau julgamento por parte da inteligência francesa, mas de algo mais perigoso, a sua promiscuidade com o poder político. O antigo SDECE já tinha sido acusado (com razão) de conspirar contra os governos de Esquerda saídos do pós-guerra, conduzindo uma agenda particular pró-gaullista que levou ao fim abrupto da III República. No caso do afundamento do navio neozelandês da organização ambientalista no porto de Auckland, na Austrália, o caso mostrou uma relação pouco saudável entre o Governo francês, por meio do ministro da Defesa, Charles Hernu (que desejava atacar a Greenpeace), do diretor da DGSE, Pierre Lacoste (que obedeceu às ordens que sabia serem ilegais) e da presidência, no Eliseu (que financiou a operação).

A França estava conduzindo testes atômicos no atol de Moruroa, na Polinésia Francesa, para consternação da comunidade internacional. Essa consternação, motivada pela incompetência das detonações experimentais que causaram uma enorme radioatividade no Pacífico, não foi bem interpretada na França. Para o Governo gaulês, a presidência e a DGSE, uma França nuclear era um desígnio nacional, um retorno do país a um lugar de importância vital no concerto das nações do qual fora indevidamente expulso durante a Guerra Fria, e a tentativa de o impedir devia-se, sem dúvida, a uma conspiração invejosa anglo-saxônica que envolvia a Inglaterra e os EUA. Quando, aproveitando o desrespeito mostrado por Paris em relação à segurança das suas terras, movimentos independentistas ganham força no Taiti e na Nova Caledônia (os protetorados da Polinésia Francesa mais afetados pela radioatividade), tudo parecia fazer sentido ao Eliseu: era mais um ataque norte-americano à soberania do império francês ou do que restava dele.

A reação da França aos protestos da Greenpeace parece histérica, mas foi tudo menos estabanada, pois planos de sabotagem aos barcos da organização vinham dos tempos do SDECE, embora nunca tenham chegado a ser colocados em prática. Em 1985, tudo mudou. O chefe da *Direction du Centre d'Expérimentations Nucléaires* (Direção do Centro de Experiências Nucleares), Henri Fages, temia que os protestos da Greenpeace fizessem cair por terra o desenvolvimento do submarino termonuclear gaulês M4 e o próprio desenvolvimento de uma bomba de nêutrons que colocasse a França em pé de igualdade com as grandes potências do mundo. Algo tinha de ser feito para travar a Greenpeace. A DGSE, influenciada pelos anos de controle militar do SDECE após o desaparecimento de Mehdi Ben Barka, não colocou em causa a opinião dos militares, como uma agência de inteligência independente deveria ter feito. Também deveria ser independente do poder político, mas não foi, apoiando totalmente as opiniões do ministro da Defesa, Charles Hernu, que desejava mostrar que em termos de segurança nacional um Governo socialista como o de Mitterrand podia ser tão inflexível como os conservadores e que estava convencido que o KGB tinha infiltrado a Greenpeace e que esta (ao mesmo tempo) era financiada pela British Petroleum (BP) para atentar às empresas de energia francesas. O fato de o novo primeiro-ministro neozelandês, David Lange, ser antinuclear era, para Hernu, mais uma prova da conspiração internacional contra o ressurgimento da França.

Se o plano do Governo francês contra a Greenpeace não fazia sentido, a execução dele por parte da DGSE só o piorou. Vários agentes partiram para a Nova Zelândia desde diferentes destinos para se encontrarem com um dos máximos dirigentes da Greenpeace, a ecologista Christine-Hugette Cabon, que era na realidade uma agente da DGSE infiltrada e coronel paraquedista de "ações especiais" da inteligência francesa. Christine-Hugette Cabon tinha relatado aos seus superiores todos os planos da Greenpeace, como sequestrar políticos franceses para os colocar no meio do atol de Moruroa e assim impedir a detonação de engenhos nucleares. Que planos como esses fossem dementes e impossíveis de realizar não impediu a DGSE de levar a ameaça dos ecologistas tão a sério como se fossem um inimigo militar. Dois nadadores da DGSE mergulharam no porto de Auckland e plantaram explosivos no navio da Greenpeace, vindo à superfície meia hora depois e ligando eletronicamente os explosivos a um mecanismo de detonação. Os agentes Alain Mafart e Dominique Prieur (que tinham entrado na Nova Zelândia com passaportes suíços falsos) dirigiram-se ao porto para recolher o mecanismo de detonação, mas deram demasiadamente nas vistas e seguranças do porto anotaram a matrícula do veículo alugado que conduziam. Quando a primeira bomba explodiu, não houve feridos. Mas um fotógrafo da Greenpeace voltou a bordo do navio para recuperar as suas máquinas, sem saber que existia outra bomba a bordo. Esta explodiu e Fernando Pereira, o fotógrafo holandês de origem portuguesa, morreu.

Rapidamente se descobriu que o casal de turistas suíços Alain e Sophie Turenge que haviam alugado o veículo suspeito visto no porto de Auckland não existiam e eram na realidade Mafart e Prieur, agentes da DGSE, sendo presos dias depois pelas autoridades neozelandesas. As pistas que desastradamente deixaram durante toda a operação apontavam de forma tão óbvia para a mão da inteligência francesa no assunto que, segundo os seus superiores da DGSE, mais valia terem deixado no porto uma baguete, um *croissant* e uma garrafa de tinto da Borgonha. Dominique Prieur pode não ter deixado nenhum *croissant*, mas a suposta turista suíça deixou à polícia neozelandesa uma agenda de contatos que, uma vez analisada, provou ter vários números telefônicos de responsáveis da DGSE e do Ministério da Defesa francês. Se isso parece de um amadorismo gritante, a tentativa de encobrimento do caso pelo Governo e inteligência franceses não ficou atrás. A DGSE colocou a sua rede de jornalistas colaboradores em ação para publicarem notícias sobre a suposta ligação do fotógrafo Fernando Pereira aos soviéticos, revelando que não passava de um agente do KGB, bem como que todo o navio da Greenpeace estava a serviço da inteligência soviética e pretendia apenas espiar os testes franceses da bomba de nêutrons. Mais: todo o caso apenas estava sendo atribuído à DGSE devido a uma conspiração da CIA e do MI6 para desacreditarem a rival gaulesa. A reação não se fez esperar, tendo o ministro dos Negócios Estrangeiros francês, Rolando Dumas, de pedir publicamente desculpas ao seu homólogo britânico, Sir Geoffrey Howe. As provas acumulavam-se e os jornais norte-americanos descobriam toda a operação, mas um relatório "independente" encomendado por François Mitterrand ao jurista Bernard Tricot revelava que a DGSE não estava minimamente relacionada com o caso, o que enfureceu ainda mais a opinião pública francesa. O jornal *Le Monde* publica uma reportagem que mostra todas as falsidades do "relatório Tricot" e chama a DGSE de "estúpida e criminosa". Mitterrand exigiu um bode expiatório e este foi o diretor da DGSE, Pierre Lacoste, que se demitiu. Os jornais exigiam outra cabeça mais importante na bandeja, e o ministro Charles Hernu acabou por pedir também demissão. Não chegava. As provas do envolvimento do Eliseu eram esmagadoras, então era a cabeça de Mitterrand que a opinião pública desejava, mas tal nunca chegou a acontecer, lançando um manto de suspeita sobre a ligação entre a DGSE e o Eliseu, que existe até hoje.

Outro caso, anos depois, mostra a mesma tendência de ingerência em assuntos de países soberanos pela parte da DGSE (que não aprendeu a lição), mas cujas consequências foram infinitamente mais graves do que a morte de um fotógrafo da Greenpeace, por mais trágica que esta tivesse sido. Falamos, claro, do envolvimento da inteligência no genocídio do Ruanda. Em 6 de abril de 1994, o avião de Juvénal Habyarimana, presidente do Ruanda, cai, matando-o e ao seu acompanhante, o presidente do Burundi, Cyprien Ntaryamira. O avião tinha sido abatido e a culpa foi atribuída à *Front Patriotique Rwandais* (Frente Patriótica Ruandesa) ou FPR, partido rebelde de etnia *tutsi* que quatro anos antes tinha causado a guerra civil ao invadir o Norte do Ruanda. Os *tutsi*, ainda que uma minoria no Ruanda, sempre tinham dominado o poder político, sobrepondo-se à maioria dos *hutu*, que apenas tinham conseguido chegar ao poder na década de 1960. Juvénal Habyarimana, um *hutu*, era assim assassinado pelos *tutsi*, que pretendiam, pensou-se, voltar ao poder. O rastilho de pólvora tinha sido aceso. O grupo de extremistas *hutu* denominado *Akazu* (pequena casa), próximo do presidente assassinado, iniciou os massacres da etnia *tutsi*. Juntaram-se a eles o Exército, a polícia e por fim a população *hutu* no geral, causando, em poucos meses, 800 mil vítimas, o maior massacre desde o Holocausto na Segunda Guerra Mundial.

A França apoiava ativamente o Governo de Juvénal Habyarimana e sempre viu com desconfiança a *Front Patriotique Rwandais*, e acusações persistentes começaram a surgir sobre o treino das milícias Hutu que conduziram o genocídio por parte das forças militares estacionadas no país com mandato da ONU e pela própria DGSE. Segundo um relatório do Ruanda, os soldados e agentes não apenas treinaram as milícias como ajudaram a planejar o genocídio e mesmo a praticar as matanças, participando ativamente nelas, com conhecimento do então presidente, François Mitterrand, e do então primeiro-ministro, Dominique de Villepin. Em 2010, Nicolas Sarkozy reconheceu que a França cometeu "erros" no Ruanda em 1994, mas recusou-se a precisar quais ou a pedir desculpas formais aos ruandeses de minoria *tutsi*. A real participação da DGSE no genocídio do Ruanda nunca chegou a ser esclarecida, mas surgem mais uma vez as suspeitas de, como no incidente com a Greenpeace, ter existido, foi em estreita (demasiadamente estreita) colaboração com o poder político.

9. *Et maintenant...*

Como todas as inteligências, os serviços secretos franceses tiveram muitos sucessos ao longo dos anos, mas também cometeram vários erros. Mas quer nos erros como nos sucessos revela-se uma tendência que, em última análise, acaba sempre por descredibilizar uma agência: a promiscuidade com a política. Ao contrário da CIA, que muitas vezes se recusou a participar em planos das diferentes administrações no poder (Ronald Reagan é talvez o presidente norte-americano que mais disso podia se queixar) quando considerou que poderiam correr mal e comprometer a reputação da agência, os serviços secretos franceses parecem ter sempre andado a reboque das aspirações políticas nas diferentes repúblicas gaulesas do século XXI. Uma clara divisão entre as responsabilidades pela espionagem no estrangeiro e a contraespionagem no interior, como existe em outros países (CIA vs. NSA ou MI6 vs. MI5), ajudaria a mudar essa realidade, mas isso nunca ocorreu na França. O fato de a DGSE também ser responsável por grande parte da contraespionagem interna, tendo assim de discernir não apenas os inimigos externos como os internos, torna difícil separar as águas: quantas vezes os inimigos internos não são definidos como tal apenas para benefício do poder político?

A História também influencia essa posição da inteligência francesa, desde os tempos em que o BCRA de Charles de Gaulle fazia parte integrante da visão do general para o futuro político do país, estando, desde então, a inteligência integrada na política interna francesa, em vez de estar distanciada dela. Também à História, e à ligação íntima entre o BCRA e a resistência francesa, se podem imputar algumas práticas menos claras, como a tendência em criar grupos quase paramilitares (como o *Service 7*) dentro da agência que não são escrutináveis, o que fazia sentido na luta contra os nazistas, mas pouco sentido faz em democracia e pode levar, como quase sempre levou no SDECE, a enormes fracassos e escândalos.

E no futuro? O maior risco é que a maneira tradicional como a inteligência francesa atuou no Magrebe – culpar e perseguir os moderados, deixar fugir os radicais – possa repetir-se na atualidade, apontando a sua atenção aos moderados da enorme comunidade muçulmana na França e esquecendo-se de controlar os seus elementos ligados a grupos como a *Al-Qaeda*. Para o fazer de forma competente, necessita de apoios internacionais que a ajudem a combater a rede tentacular e transnacional do fundamentalismo islâmico, mas a posição da DGSE em favorecer a espionagem industrial, assinada como estratégica desde os tempos do diretor Claude Silberzahn, ganhou-lhe a antipatia e afastamento da CIA (a escolha que diversos países fazem entre os aviões Airbus franceses em detrimento dos Boeing norte-americanos, por exemplo, é apontada pelos EUA como sendo influenciada pela DGSE). Mais recentemente, essa estratégica atividade da DGSE entra em competição direta com a estratégia similar do MMS chinês, cada vez mais forte e poderoso. No passado, nomeadamente na Indochina, a inteligência francesa não conseguiu suplantar a inteligência chinesa. Conseguirá agora, quando a influência da França no mundo é cada vez menor e, em contraste, a influência da China cresce todos os dias? Na Primeira Guerra Mundial, a

França partiu em desvantagem em relação ao inimigo, e saiu vencedora. Na Segunda Guerra Mundial, a França partiu ainda em maior desvantagem em relação ao inimigo, e também saiu vencedora. Teremos de esperar para ver se a História se repete.

Diretores da agência francesa ao longo da História

Diretores do BCRA
1940-1945: André Dewavrin

Diretores do SDECE
1945-1946: André Dewavrin

1946-1951: Henri-Alexis Ribiere

1951-1957: Pierre Boursicot

1957-1962: Paul Grossin

1962-1966: Paul Jacquier

1966-1970: Eugène Guibaud

1970-1981: Alexandre de Marenches

Diretores do SDECE/DGSE
1981-1982: Pierre Marion

Diretores da DGSE
1982-1985: Pierre Lacoste

1985-1987: René Imbot

1987-1989: François Mermet

1998-1993: Claude Silberzahn

1993-1999: Jacques Dewatre

1999-2002: Jean-Claude Cousseran

2002-2008: Pierre Brochand

2008-2013: Erard Corbin de Mangoux

2013-(...): Bernard Bojaste

VI - MSS
(Serviços Secretos Chineses)

1. A pré-história da espionagem

> "Conhece o inimigo e conhece-te a ti mesmo,
> e poderás lutar mil batalhas sem risco de perder."
>
> Sun Tzu

Se o MSS é relativamente novo quando comparado com as outras agências de inteligência, tendo sido criado apenas em 1983, a espionagem é, como todas as coisas na China, uma prática ancestral. Na realidade, de todos os países que analisamos neste grupo (EUA, Israel, Índia, Paquistão, Rússia, Grã-Bretanha, França e Portugal), a China é de longe a mais experiente na matéria. Registros de espionagem encarada de forma profissional na China datam de muito antes do nascimento de Cristo e portanto muito antes da nossa era.

As monumentais crônicas de *Zuo Zhuan*, escritas entre 722 a.C. e 468 a.C., bem como a obra-prima *Shiji (Registros Históricos)*, do escriba Sima Qian, relatam em profundidade as fases de preparação de um combate, sendo que uma das mais importantes é apresentada como a obtenção de informação e a dissimulação perante o adversário, ou seja, formas de espionagem e contraespionagem.

Quando o general, político, filósofo e estrategista militar Sun Tzu escreve o seu famoso *Sun Tzu Bing Fa (A Arte da Guerra de Sun Tzu)* já a espionagem era há vários séculos essencial aos imperadores nas suas tentativas de expansão ou consolidação política do gigantesco território que sempre foi a China, tendo a atividade merecido várias referências de Sun Tzu, que a considerava mesmo a joia da coroa da arte de fazer a guerra. Segundo Sun Tzu, que provavelmente também é o mais prolífico dos escritores chineses, no exército imperial, "ninguém é tratado com mais familiaridade do que o espião, bem como a ninguém são oferecidas melhores recompensas do que a ele". Para Sun Tzu, a espionagem era essencial na preparação das campanhas militares e, sem ela, desconhecendo as forças e as intenções do inimigo, um general estaria cego no campo de batalha. Segundo os relatos chineses antigos, essa primeira forma de espionagem consistia em descobrir a localização do inimigo, o número de soldados que este tinha, a quantidade de armamento de que dispunha e as características do terreno onde a batalha teria lugar, mas também obter informações sobre o moral das tropas inimigas e dados biográficos dos generais inimigos que ajudassem a prever como se comportariam.

Os imperadores concordavam com Sun Tzu sobre a necessidade de conhecer o adversário, mas não apenas no que concerne ao campo de batalha. A espionagem era essencial também à própria organização, como dissemos, de um país geográfica, étnica e politicamente tão díspar e enorme. Controlá-lo pela simples força das armas seria impraticável. Para os imperadores, o controle da vasta população, dividida em diferentes tribos muitas vezes com sentimentos de animosidade entre si, dependia da obtenção exaustiva de informação. Quanto mais o imperador soubesse sobre os seus súditos, melhor poderia prever as suas ações e antecipadamente preparar-se para reagir. O controle sobre as populações era incumbência de delegados imperiais que representavam o imperador nas várias regiões da nação. Estes, por sua vez, delegavam a responsabilidade pelo controle social a três distintos grupos que interagiam entre si e significavam níveis progressivamente mais meticulosos de pormenor: a aldeia, o clã e a família. Ao controle da aldeia, à qual cabia a execução das leis gerais do Estado, chamava-se *guofa*; às regras do clã, chamava-se *zugui*; e, por fim, ao apertado controle familiar, com a sua lista do que se podia e não se podia fazer, chamava-se *jia xun*. A harmonia social da nação era assim mantida por esse complexo sistema de controles mútuos (o que hoje em dia se denominaria um sistema de *checks and balances*), em que o delegado imperial da aldeia que fazia cumprir a lei do Estado era ele próprio vigiado pelo líder do seu clã que seria, por sua vez, vigiado pelos membros da sua família. Por meio da total disseminação do controle e do medo por ele suscitado, a ordem social era mantida. E muitos séculos antes de o mesmo sistema ser usado pela Inquisição, pelo III Reich ou pela URSS.

Já na distante dinastia Xia (2070 a.C.-1600 a.C.) existia a figura do delegado imperial a quem competia a espionagem e o controle social, podendo identificar os suspeitos e puni-los por meio do confinamento em prisões, chamadas *huan tu* e popularmente conhecidas como *jun tai* ou *xia tai*. Na dinastia Shang (1766 a.C.-1122 a.C.) nasce o conceito da lei do imperador como sendo uma lei divina (conhecido como

"Mandato do Céu" ou *Tianming*), estruturada de forma feudal (*fengjian*), cabendo ao oficial delegado (*zhen bo*) prover que era escrupulosamente respeitada e descobrir quem não o fazia. E é na segunda dinastia Zhou (1046 a.C.-771 a.C.) que todo esse sistema se torna mais complexo e o controle, mais profissional, em virtude da necessidade de manter estável todo o vasto Planalto Central conquistado. Nessa dinastia, o imperador deixa de ser genericamente o representante do Céu na Terra para passar a ser responsável por prover que a ordem do Céu era traduzida literalmente na Terra ("alinhar o Céu com a Terra" ou *Yi de pei tian*), passando o controle social a ser dividido por oito departamentos administrativos responsáveis por áreas diferentes: sobre o pessoal ao serviço do império (*guan shu*); sobre as suas funções e prerrogativas (*guan zhi*); sobre a coordenação das suas diferentes responsabilidades (*guan lien*); sobre as rotinas do dia a dia (*guan chang*); sobre a aplicação das diferentes leis e regulamentos (*guan cheng*); sobre o estrito protocolo a manter em todas as ocasiões diárias pelos cidadãos (*guan fa*); sobre a supervisão a ter em relação aos súditos e oficiais do império (*guan ji*); e, finalmente, sobre a punição a quem desrespeitasse os ditames de todas as áreas anteriores (*guan xing*). A tarefa de controlar os súditos e oficiais cabia a duas espécies de delegados diferentes, o *zhun re* (responsável pela informação e acusação dos suspeitos) e o *dai sikou* (responsável pela punição dos suspeitos). Acima de tudo, controlando todos e reportando diretamente ao imperador, estava o *shikou*. O *shikou* passou a funcionar, na prática, como a cabeça da primeira agência de inteligência e espionagem da China, pela qual estavam espalhados um sem-número de espiões ou agentes, conhecidos como *difang*.

Com o fim da dinastia Zhou e do período conturbado que se seguiu, caracterizado pela luta dos vários senhores da guerra tribais pelo poder e a instauração e queda de várias pequenas dinastias pouco centralizadas, acaba por surgir a dinastia Qin (221 a.C.-207 a.C.), durante a qual a profissionalização da inteligência ganhou um grande incremento, porque o imperador desejava centralizar o seu poder, acabando com o sistema feudal, o que implicava o estabelecimento de uma organização política vertical e, claro, o seu absoluto controle. As ordens do imperador, declaradas na capital Xianyang, deveriam ser respeitadas sem exceção, então o controle dos súditos tornou-se uma quase obsessão. Para tal, o imperador contava com uma força responsável pela manutenção da ordem e controle públicos, o *zhongwei*, bem como outra força responsável pela espionagem, sabotagem e morte dos insurretos, o *tingwei*. A política de constante espionagem seguida por ambos era conhecida como *baojia*.

2. O Dzerzhinsky chinês

A experiência de todos os milênios de espionagem chinesa, nomeadamente os ensinamentos de Sun Tzu, seriam mais tarde aproveitados por Mao Tsé-Tung para espiar e sabotar os japoneses e os nacionalistas chineses, inimigos dos comunistas. E ninguém o fez melhor que o lendário Kang Sheng, muitas vezes referido como "o Dzerzhinsky chinês", em referência a Felix Dzerzhinsky, o fundador da Cheka e do NKVD, os serviços secretos soviéticos que deram origem ao KGB.

Kang Sheng nasceu em algum momento no final do século XIX (a data certa não é conhecida) em Dataizhuang, na província de Shandong, filho de um abastado latifundiário local. Nasceu com o nome Zhang Zongke, mas usaria inúmeros pseudônimos, até resolver ser conhecido como Kang Sheng.

Com uma esmerada educação, primeiro na escola de Guanhai e depois na Escola Alemã de Qingdao, visitou a Europa antes de se estabelecer em Xangai, onde daria aulas na universidade local, controlada na prática pelo Partido Comunista Chinês, e onde conheceria Qu Qiubai, o líder do partido ao qual rapidamente se juntou. Culto e educado, Kang Sheng escalou com celeridade a hierarquia do partido, tornando-se responsável pela organização laboral e iniciando uma série de sabotagens às empresas japonesas que operavam na China. Trabalhando para Yu Qiaqing, um empresário com ligações ao Governo anticomunista, Kang Sheng conseguiu sempre esconder dele que era um dos mais altos responsáveis do Partido Comunista.

Durante os anos 1930, tendo o partido passado por inúmeras lutas de poder internas, Kang Sheng era já conhecido pela sua capacidade em descobrir o que os opositores internos do secretário-geral andavam planejando, levando normalmente à execução sumária destes. É então nomeado chefe do novo Comitê Especial de Trabalho, dedicado a supervisionar todas as operações de espionagem do partido. Como tal, viaja para Moscou, onde é treinado pelo próprio Felix Dzerzhinsky e escapa assim à enorme derrota do Partido Comunista Chinês, obrigado a retirar as suas forças da província de Jiangxi para Yan'an, acontecimento que ficaria conhecido como a *Chang Zheng* – "Longa Marcha" – e começaria a consolidar o poder de Mao Tsé-Tung no partido. Inspirado pelas grandes purgas estalinistas que presenciou ao vivo, conduzidas pelo NKVD, Kang Sheng decide então criar um êmulo dos serviços secretos soviéticos, tetricamente denominado Comitê para a Eliminação de Contrarrevolucionários, mandando assassinar centenas de chineses que então viviam na URSS, acusados, com fundamento ou não, de conspirarem contra o partido.

Enviado por Stalin para Yan'an, para lutar contra a invasão japonesa da China, Kang Sheng ganha a confiança de Mao Tsé-Tung que, apesar de desconfiar do secretário-geral da URSS e das suas intromissões na política chinesa, necessita de uma ponte entre o cercado Partido Comunista da China e o seu poderoso congênere soviético. Além do mais, Kang Sheng ganhou o favor de Mao Tsé-Tung quando assegurou, usando a sua experiência de espião como garantia, que a amante e depois mulher deste, Jiang Qing, não era, contra todas as evidências, uma espiã do *Kuomintang*, o Partido Nacionalista Chinês no poder. Em mais uma prova do seu inigualável jogo de cintura, Kang Sheng, apoiante fervoroso de Stalin, passou a espiar a URSS e a perseguir os agentes do NKVD na China, para contentar o antissoviético Mao Tsé-Tung. Montando com a legitimidade que lhe era dada pelo *Yan'an Zhengfeng Yundong* (Movimento Retificativo de Yan'an), a base ideológica escrita do Partido Comunista Chinês de Mao Tsé-Tung, que previa as falsas confissões dos dissidentes como arma legítima da luta contrarrevolucionária, Kang Sheng tornou-se famoso pela brutalidade com que tratava os suspeitos, enquanto, ao mesmo tempo, liderava várias operações de contraespionagem bem-sucedidas contra as forças invasoras japonesas e contra o *Kuomintang*. Receando o imenso poder acumulado nas mãos do pouco escrupuloso Kang Sheng, Mao Tsé-Tung afasta-o da liderança dos serviços secretos do partido, mas a sua carreira como espião não termina por isso.

Destacado para supervisionar a reforma agrária, Kang Sheng leva os seus métodos para as províncias, onde espia os latifundiários – apesar de ele próprio ser filho de um, algo que o partido não sabia devido a uma laboriosa configuração de um passado pessoal que nunca existiu – e conspira com os trabalhadores rurais para assassinar milhares deles. Porém, usando a sua experiência para denegrir os seus colegas do partido e conspirar contra eles, principalmente aqueles em quem Mao Tsé-Tung não confiava, Kang Sheng volta à ribalta durante o tempo do Da Yue Ji (Grande Salto em Frente), o processo de rápida e dramática transformação da China de um país agrícola para uma potência industrial por meio da coletivização da economia, usando os seus métodos impiedosos, aprendidos no NKVD soviético, para esmagar os opositores da nova doutrina. Precisamente o que fez mais tarde, durante a Revolução Cultural com que Mao Tsé-Tung tentou travar as teses revisionistas, contrárias ao culto da personalidade, que se viviam na URSS de Nikita Khrushchev, então Kang Sheng, à frente do novo *Zhongyang Zuzhi Xuanchuan Lingdao Zu*, o Grupo Principal de Propaganda e Organização Central, aproveitou a situação para perseguir todos aqueles que considerava oporem-se à liderança de Mao Tsé-Tung, tratados como "capitalistas", liderando uma autêntica "purga estalinista" que não pouparia ninguém, incluindo responsáveis do Partido Comunista Chinês como Liu Shaoqi e o futuro líder chinês Deng Xiaoping (que escapou à morte por pouco), e levaria a China à beira da guerra civil.

Com a liderança de Kang Sheng, o Grupo Principal de Propaganda e Organização Central tornou-se uma máquina fluente de espionagem, contraespionagem e assassinatos, sendo comparado por muitos estudiosos mais à *Gestapo* nazista do que propriamente ao NKVD que inspirara, em tempos, Sheng. O sucesso foi tal que o *Maozedong si xiang* – literalmente "o pensamento de Mao Zedong", popularmente conhecido como "maoismo" – foi declarado, no 9º Congresso do Partido Comunista Chinês, realizado em 1969, como sendo tão importante, quando comparado com o comunismo, como o marxismo-leninismo. O culto da personalidade de Mao Tsé-Tung, com a infatigável ajuda de Kang Sheng, atingiu os mais altos graus.

Acometido por câncer, Kang Sheng morre em 1975 e, quando Deng Xiaoping chega ao poder três anos depois, expulsa-o postumamente do Partido Comunista Chinês. Mas a sua influência nos serviços secretos chineses, de quem é considerado o pai, continua até os nossos dias.

Kang Sheng foi o primeiro diretor do Departamento Central dos Assuntos Sociais (DCAS), os embrionários serviços secretos do Partido Comunista Chinês, criado em 1949. Com a guerra civil chinesa, após a Segunda Guerra Mundial, Sheng foi substituído por Li Kenong, um dos melhores espiões do partido, que tinha mesmo conseguido infiltrar os serviços secretos do Governo anticomunista, o *Kuomintang*, atuando como agente-duplo sob o nome Li Zetian. Nesses serviços secretos, foi designado responsável pela espionagem ao Partido Comunista, provendo a agência de inteligência com informações falsas que lhe eram transmitidas pelo líder comunista, Zhou Enlai, enquanto transmitia ao mesmo Zhou Enlai todas as informações sobre o Governo que conseguia obter nos seus serviços secretos, principalmente informações sobre o líder do *Kuomintang*, Chiang Kai-shek.

Quando foi criado o novo Departamento Central de Inteligência (DCI), praticamente todos os agentes dos antigos serviços secretos do DCAS se transferiram para o DCI. Na realidade estávamos perante uma mera mudança de designação, uma operação de cosmética, tendo mesmo o diretor, Li Kenong, sido disso exemplo ao transitar para o novo organismo. Apesar da mudança, o DCAS continuou formalmente existindo. Durante a Segunda Guerra Mundial, Li Kenong já era o braço direito de Kang Sheng no DCAS, tendo iniciado uma aproximação ao inimigo nipônico e chegado mesmo a negociar com os serviços secretos japoneses, o *Kempetai*, de maneira a conseguir, de forma não oficial, comprar víveres e medicamentos para as populações comunistas chinesas ocupadas, o que tinha sido proibido por Mao Tsé-Tung. Mais tarde, durante a Revolução Cultural, grande parte dos responsáveis por essa fatídica decisão foi executada, e Li Kenong apenas escapou a esse fatal destino porque, quiçá por sorte, nessa época tinha já falecido de causas naturais.

Durante a guerra civil, Li Kenong conseguiu infiltrar – já não pessoalmente – com espantoso sucesso os serviços secretos do *Kuomintang*, conseguindo que o

Exército Vermelho chinês tomasse conhecimento de decisões e estratégias do *Kuomintang* sobre batalhas mesmo antes de o próprio Exército dos nacionalistas saber delas, levando assim ao máximo os ensinamentos de Sun Tzu. Com a extinção oficial do DCAS, em 1949, as competências deste serviço e do DCI são aglutinadas num novo serviço de inteligência, o Ministério da Segurança Pública (MSP), comandado pelo general Luo Ruiqing, embora Li Kenong tivesse continuado a ter um papel preponderante nos novos serviços secretos.

Durante décadas, o MSP atuou como misto de polícia política interna e agência de espionagem no estrangeiro. Devido ao pouco interesse que a China suscitava nas potências ocidentais, pouco se sabe sobre a atuação do MSP, conhecendo-se mais as suas atividades internas – devido aos relatos posteriores de dissidentes exilados no Ocidente – do que as operações de inteligência, embora, pelos arquivos de agências como a CIA e a Mossad – pelo menos os arquivos tornados públicos e que são muito poucos – se conheçam alguns casos de missões do MSP no Sudão em 1964, no Malawi e no Quênia em 1965, na República Central Africana no ano seguinte, bem como no Brasil e na França, durante os anos 1970.

A preponderância das missões conhecidas quanto à sua localização, África, é natural, pois a China sempre teve uma atenção muito particular ao continente africano, desejando desde cedo influenciar politicamente essa região do globo, dividida, durante grande parte da segunda metade do século XIX, num autêntico tabuleiro de xadrez onde jogavam os EUA e a URSS. O MSP, tal como a Mossad, sempre tentou sabotar as ações da CIA e do KGB na África, então, quando muitos olham com espanto para a influência que a moderna China tem nos países africanos, tem de se ter em consideração que esse trabalho foi laboriosamente preparado pelos serviços secretos chineses, em particular pelo MSP, ao longo de décadas.

E eis-nos chegados a 1983. A China cria o novo MSS. O MSP continua existindo, mas passa a centrar-se mais no policiamento e na inteligência interna, focando o seu interesse nos dissidentes e nos opositores ao regime de Pequim, enquanto as suas funções de inteligência clássica (se é que se pode aplicar esse termo à inteligência chinesa) passam para o MSS. No entanto, ambos os ministérios colaboram harmoniosamente entre si, tal como colaboram com os diferentes serviços secretos militares, ao contrário do que sucede, por exemplo, nos EUA, onde as competências e jurisdições da CIA, NSA e FBI são fechadas e defendidas com fervor, levando na maior parte das vezes mais a amargas rivalidades entre as agências do que a um esforço comum. Pelo contrário, na China, como veremos, a inteligência funciona, a todos os níveis, "em onda".

3. As ondas da espionagem

A incógnita sede do MSS fica localizada em Xiyuan, perto do famoso Palácio de Verão, em pleno coração histórico de Pequim, mas, por ser secreta, está longe da vista das centenas de milhares de turistas que todos os anos passam por ela sem se aperceberem. Num ato característico do puro profissionalismo com que os chineses entendem tudo na vida, os principais responsáveis do MSS vivem na própria sede, num apartamento conhecido como Chien Men, que quer dizer "porta de entrada".

A sede está dividida em 12 departamentos: *o primeiro* é responsável pela espionagem doméstica e tem como objetivos controlar qualquer sinal de dissidência política, mas também, ocasionalmente, recrutar cidadãos chineses que pretendam viajar ao estrangeiro; do *segundo* depende toda a parte logística que envolve os espiões do ministério, dotando-os dos meios necessários para obterem inteligência; o *terceiro* é responsável pela espionagem em Hong Kong, Macau e Taiwan, sendo dividido em dois subdepartamentos, um responsável por espiar organizações dissidentes e opositores políticos nesses territórios, o outro por espiar os seus jornalistas, empresários, políticos e universidades. O *quarto* departamento do MSS é o tecnicamente mais evoluído, é nele que se estudam e aplicam os métodos tecnológicos de espionagem, escutas, fotografias, imagens de satélite e intercepções de rádio ou internet; o *quinto* é, à semelhança do primeiro, responsável pela espionagem doméstica, mas numa perspectiva mais apertada que inclui o controle do próprio MSS em busca de agentes duplos ou agentes que possam, por qualquer razão, opor-se ao regime político; o *sexto* é responsável pela contraespionagem e pelo esforço de sabotagem das ações das agências de inteligência estrangeiras; ao *sétimo* cabe a elaboração de relatórios de inteligência, coligindo as informações dos restantes departamentos para serem apresentadas à chefia do MSS e ao Governo chinês; o *oitavo* é o órgão de pesquisa do MSS, tentando encontrar informações relevantes em fontes abertas, como jornais e artigos publicados na internet; o *nono* ocupa-se também da contraespionagem, mas centra-se quase unicamente nas operações de dissidentes na vasta comunidade universitária chinesa (a insurreição estudantil de Tiananmen ainda está bem presente na consciência do MSS, que a esmagou); o *décimo* é responsável pela espionagem científica e tecnológica; o *décimo primeiro* pelos computadores do ministério, e tem por missão acrescida protegê-los dos ataques de *hackers* estrangeiros ou nacionais; e, por fim, o *décimo segundo* departamento é responsável pela cooperação do MSS com agências de inteligência aliadas, como a russa ou a cubana. Uff... agora vejamos o que se passa lá dentro.

Durante décadas, os EUA e os restantes países ocidentais colocaram todo o esforço, em termos de espionagem e contraespionagem, na URSS e seus países satélites ou aliados, não reservando (quiçá à exceção da Mossad, por razões geográficas) grande ou mesmo qualquer interesse à China. Apesar de ter o maior Exército do mundo em termos numéricos, a China sempre foi, ao longo dos últimos séculos, um país em vias de desenvolvimento, sem a tecnologia ou a capacidade de invadir uma potência ocidental, então a negligência com que foi tratada pode até ser compreensível. Mas, não obstante a maneira como as potências ocidentais olhavam para a China, esta olhava – e olha, cada vez mais – para todas elas com redobrada atenção, organizando um ataque, em termos de espionagem, focado e extremamente virulento contra a política e a economia dessas nações.

De uma fase de negligência e quase desprezo pelo MSS, as agências de inteligência ocidentais acordaram de um letárgico torpor e se viram, num estalar de dedos, assoberbadas por casos de espionagem diplomática, tecnológica, industrial e econômica com origem na China. Isso acontece sobretudo a partir dos anos 1980, e de tal forma que a quantidade massiva de ataques parece ser uma estratégia do próprio ataque, quase bloqueando as agências inimigas que não conseguem fazer convenientemente o seu trabalho (como quando *hackers* mandam abaixo um serviço de internet sobrecarregando-o de e-mails).

Segundo o FBI, esses ataques passam desde tentar infiltrar a CIA e o próprio FBI, levando cidadãos norte-americanos de origem chinesa que colaboram com o MSS a serem contratados por essas agências, até tentar recrutar funcionários das instalações de pesquisa e desenvolvimento nuclear de Los Alamos e Lawrence Livermore.

Mas existe algo de perene e constante no esforço de inteligência chinês: o desejo predominante de obter tecnologia estrangeira que a China não consegue, por si, produzir (ou pelo menos não tem conseguido até hoje). Esse posicionamento estratégico causa vários problemas às agências rivais, pois, de certa forma, o MSS nunca se apresentou como uma agência rival no sentido tradicional. Para americanos ou ingleses, espiar tecnologia nunca foi o prato do dia. Estavam peixes fora d'água.

Instituições como a CIA e o MI6 sempre estiveram habituadas a lidar com o KGB, a ser ameaçadas pelo KGB, a sabotar e a serem sabotadas pelo KGB. A missão do KGB fora do Pacto de Varsóvia era desestabilizar a influência política das potências ocidentais e, como a missão das agências ocidentais era precisamente proteger essa influência, o choque era inevitável e muitas vezes espetacular. Com o MSS a situação é diferente – o MSS não entra em confronto direto com as agências ocidentais, razão pela qual provavelmente tão pouco se conhece sobre os serviços secretos chineses.

A principal missão do MSS – até hoje, bem entendido – é a obtenção de tecnologia ocidental, e antes de mais nada norte-americana, o que faz com que os seus alvos sejam muitas vezes empresas privadas. Isso representa um grande problema operacional. A CIA ou o MI6 podem facilmente proteger a Casa Branca e Downing Street, pois estão ligados ao poder político, sendo que os próprios diretores das agências são escolhidos, respectivamente, pelo presidente norte-americano e pelo primeiro-ministro britânico. A CIA e o MI6 estão na Casa Branca e em Downing Street. Mas a CIA não pode estar, por exemplo, no Google, nem defender interesses que sejam alvo de ataques da espionagem chinesa. As agências de inteligência ocidentais não podem proteger todas as empresas de tecnologia dos seus países, pois, além de não terem capacidade, não têm sequer – coisas da democracia – jurisdição para o fazer. Resta assim confiar nos sistemas de segurança e controle internos dessas empresas, necessariamente muito mais falíveis que os das agências de inteligência. Não é fácil infiltrar um agente duplo na CIA, no MI6 ou na Mossad, mas é bem simples fazer com que um "agente" do MSS seja contratado pela Google, a Boeing ou empresas semelhantes. Até porque, e esta é outra das grandes dificuldades de lidar com o MSS, a inteligência chinesa não tem muitos agentes, no sentido tradicional do termo, atuando no estrangeiro.

Estamos habituados a pensar num agente secreto – num espião – como alguém formado por uma agência de inteligência ao longo dos anos, remunerado por ela, que respeita uma cadeia hierárquica de comando e obedece às ordens dos seus superiores, colocando em prática operações de inteligência ou contrainteligência previamente preparadas. Na maioria dos casos, na esmagadora maioria dos casos, nada disso ocorre com o MSS. Os agentes "tradicionais" do MSS são treinados na universidade de Relações Internacionais de Pequim. Ao contrário do que se passava com o KGB, que tentava recrutar universitários cultos e brilhantes no estrangeiro, simpatizantes do marxismo-leninismo, a atenção do MSS recai sobre estudantes com algum potencial mas que não sejam cultos nem – a parte mais importante – viajados. O MSS não deseja ter a seu serviço espiões como o lendário Kim Philby, o agente duplo doutorado em Cambridge do KGB infiltrado no MI6. O MSS atrai para si jovens estudantes promissores do ensino secundário que nunca tenham saído da China, para não correr o risco de terem estado expostos à influência estrangeira sempre considerada perniciosa pelo regime. Assim, o MSS não analisa quais os mais brilhantes universitários e tenta recrutá-los, mas recruta os estudantes antes sequer de entrarem para a universidade, então quando cursam o ensino superior já sabem que o estão fazendo, tendo em conta a futura atividade de inteligência. Na China, ao contrário do que se passava no MI6, não existem agentes exteriores ao sistema, não existem escritores ou realizadores de cinema cuja colaboração é aceita e incentivada, não há nenhum Graham Greene! Quando chegam à universidade de Relações

Internacionais de Pequim, os candidatos a agentes estudam intensivamente línguas estrangeiras e, para o MSS se assegurar que o contato com diferentes culturas não os leva a desviarem-se da ortodoxia ou mesmo a ser recrutados por agências ocidentais, todos são controlados pelo nono departamento do ministério, aquele especializado em contrainteligência e em combater a dissidência política.

Após passarem por uma bateria de testes que visam confirmar a sua lealdade ao regime, esses agentes não são treinados, como seria de se esperar, na realização de operações de espionagem tradicionais, apesar de, uma vez aceitos como agentes, frequentarem um curso intensivo de manuseamento de armas, artes marciais e técnicas de vigilância numa escola do MSS em Suzhou, perto de Xangai. Mas nenhum deles é treinado, por exemplo, para tentar se infiltrar nas agências rivais. Não é esse o propósito de aprenderem línguas estrangeiras. Essa capacidade serve para, colocados nos países-alvo, dirigirem a gigantesca rede de colaboradores locais do MSS, quase todos de etnia chinesa, mas muitos pouco fluentes em mandarim ou cantonês. Segundo dados da CIA, da NSA e do FBI, existem, só nos EUA, centenas de milhares desses colaboradores, a quem é pedido não que trabalhem para o MSS especificamente, mas sim que o façam em prol da pátria-mãe, a China – um apelo inabalável. É assim que as agências estrangeiras se deparam com centenas de milhares de patriotas, sem qualquer ligação direta ao MSS que não seja por meio do agente que lhes pede para colaborarem ocasionalmente.

Mas existe uma singularidade extraordinária na espionagem chinesa que complica ainda mais os esforços de contraespionagem das agências ocidentais: essa multidão de pessoas não tem uma ordem concreta do MSS. Recrutando-se no estrangeiro estudantes universitários, pequenos empresários, jornalistas, cozinheiros, proprietários de lavanderias, e assim por diante, nenhum deles tem uma missão específica a cumprir. O agente do MSS não lhes diz para cumprirem este ou aquele objetivo em particular. A única função que têm é estarem atentos e reportarem ao agente toda informação que considerem relevante para o interesse nacional chinês, por mais ínfima e irrelevante que possa ser. O estudante universitário contará ao agente as tendências culturais dos seus colegas de turma, se gostam de música independente ou preferem ouvir *folk music*, podendo ainda relatar a diversidade étnica dos seus colegas ou professores; o cozinheiro contará com quem viu, no seu restaurante, um influente político ou jornalista norte-americano; e por aí vai. Os colaboradores não sabem se essas informações são relevantes, os agentes também não. A missão destes é então obter essa quantidade ciclópica de informação e transmiti-la de volta à universidade de Relações Internacionais de Pequim, onde será processada por especialistas do MSS que tentarão discernir o que importa do que não importa e, após esta monumental tarefa, tentarão encontrar uma margem de interpretação que dê coerência às informações que dela se extraiam, tendo em conta o plano geral, algo que possa ser útil ao regime.

Os agentes colocados no exterior são tendencialmente da etnia Han, considerada a mais fiável e leal por Pequim, sendo que, caso o patriotismo das pessoas que contatam não se revele suficiente para as levar a colaborar, poderão ameaçar a segurança dos seus familiares, próximos ou distantes, na China. Obviamente, nem todos os chineses que trabalham e estudam no estrangeiro ou todos os cidadãos de ascendência chinesa são espiões. A maior parte limita-se a tentar obter informações legalmente, para servir aos seus próprios interesses pessoais, profissionais ou acadêmicos, mas também é isso que os colaboradores do MSS fazem, o que torna muito difícil discriminar quem está envolvido em espionagem de quem não está. Mais: mesmo quem foi descoberto envolvido em espionagem pode não estar fazendo algo necessariamente ilegal. Não é proibido ao cozinheiro contar a alguém com quem viu o político ou o jornalista influentes no seu restaurante; poderia contá-lo, por exemplo, à sua mulher em casa ou comentá-lo com os seus colegas no estabelecimento. Por essa razão, o FBI não poderá de fato acusá-lo de nada em concreto, porque tecnicamente ele não fez *nada* de proibido ou reprovável.

Mesmo o eventual uso que o MSS possa fazer depois dessa informação, isso, em si, também não é ilegal. Não existe, muitas vezes, uma diferença óbvia entre o que faz o MSS e o que fazem, por exemplo, as empresas de moda ou as empresas discográficas e os clubes de futebol por esse mundo afora que contratam *scouts* para andarem pelas ruas tentando perceber as tendências e os jogadores que podem se tornar rentáveis no futuro. E isso não é ilegal. É essa aproximação conhecida como "em onda" à inteligência por parte da China que torna tão difícil combatê-la. Mas, como tudo, a inteligência "em onda" também tem os seus defeitos, pois implica a análise de uma enorme quantidade de informação.

Se o foco principal da China é a obtenção de tecnologia estrangeira, e tendo em conta o próprio caráter rápido e volátil com que esta se comporta atualmente, o MSS corre sempre o risco de, quando os especialistas da universidade de Relações Internacionais de Pequim conseguirem extrair das informações algo útil quanto à tecnologia ocidental, esta já estar há muito tempo desatualizada. A onda de inteligência chinesa combate e embate, todos os dias, no autêntico maremoto de mudança da tecnologia ocidental.

Quanto aos agentes do MSS, estes são divididos em dois grupos, os agentes de curta duração e os agentes de longa duração. A única semelhança entre eles é que ambos saem da China para países ocidentais. Os agentes de curta duração podem sair do país por razões pessoais ou profissionais que nada têm a ver com o MSS, sendo recrutados pelo ministério quase na véspera da partida, para serem apanhados desprevenidos. Então, pede-se a eles para espiar a favor da China, começando por se integrar na comunidade chinesa do país em causa e, se possível, infiltrar organizações ou grupos informais de dissidentes e opositores ao regime de Pequim. A estes agentes são por vezes oferecidas compensações financeiras por colaborarem com o MSS, mas muitas vezes o MSS limita-se a chantageá-los, ameaçando revogar a valiosa licença de saída do país outorgada pela sua unidade laboral – o *danwei* – caso não consintam em colaborar, o que faria cair por terra os planos dos cidadãos de poderem tentar uma nova vida no estrangeiro. Uma vez no país de acolhimento, devem finalmente obter informações sobre os dissidentes, desconhecendo que alguns destes são eles próprios agentes de curta duração, forçados a espiar a favor da China após terem sido detidos na terra natal e ameaçados com a cadeia ou a pena de morte por dissidência política.

Já os *chen di Yu* (peixes de águas profundas) são agentes de longa duração, uma pequena porcentagem dos colaboradores do MSS, mas aqueles que, por serem um pouco mais profissionalizados, constituem um perigo maior para as agências rivais. Os *chen di Yu* são recrutados com antecedência e treinados em obtenção de inteligência e contrainformação, devendo embarcar em espionagem industrial e política (se o conseguirem) e na disseminação de inteligência falsa, tudo com a capa de empresários ou estudantes universitários legítimos. A ligação desses agentes ao MSS faz-se por meio de inocentes cartas enviadas às suas famílias na China, ficando assim a salvo do controle que as agências estrangeiras fazem às redes oficiais pelas quais a informação classificada costuma ser transmitida, nomeadamente a rede diplomática.

Por vezes o MSS também tenta recrutar agentes de curta duração estrangeiros, subornando-os, como sucedeu com o norte-americano Ronald Montaperto, um analista de assuntos chineses da *US Defense Intelligence Agency* acusado pela CIA de ter passado informações classificadas ao MSS servindo-se do seu cargo no *Asia-Pacific Center for Security Studies*. Mais do que casos isolados, esse perfil de pessoas que aceitam ser recrutadas a troco de dinheiro acaba por responder a um método usual do MSS, que se aproveita de quem, devido aos seus cargos ou profissões, seja suposto ter contato com militares, adidos diplomáticos ou empresários chineses, sem levantar quaisquer suspeitas.

Quanto à inteligência científica e tecnológica, os métodos do MSS variam. Uma maneira de a obter é muito simplesmente pedir a turistas chineses que comprem vastas quantidades de produtos tecnológicos nas suas viagens ao estrangeiro, devendo no regresso entregá-los ao MSS (que financiou a aquisição desses produtos) para serem analisados e reproduzidos pelos cientistas, engenheiros e demais especialistas da universidade de Relações Internacionais de Pequim. Não por acaso, o MSS também aplica esse método a estudantes levados para o estrangeiro ao abrigo de acordos de cooperação com associações de estudantes chinesas, regressando para casa quando acabam os estudos com uma infinidade de produtos tecnológicos e, por vezes, se tiverem frequentado cursos científicos (o que é muitas vezes o caso), com o próprio *know-how* para os reproduzir. Essa maneira de traficar tecnologia é dificilmente identificável e combatida, pois, para todos os efeitos é comum, ordinária e, mais uma vez, legal. Mesmo no caso de levantar suspeitas, podem sempre defender-se dizendo que estão apenas comprando um ou outro produto que, em si, de pouco vale: é a "onda de informação" que interessa ao MSS.

Quando se trata de tecnologia que não basta comprar (nenhum turista pode comprar um reator elétrico de última geração que pese toneladas e passar com ele na alfândega), outro método do MSS é comprar a própria empresa estrangeira por meio de empresas chinesas de fachada ligadas ao MSS e quase sempre sediadas em Hong Kong. Com a empresa na sua posse (o que novamente não é ilegal), tudo – os métodos de produção, os materiais, os fornecedores onde estes podem ser encontrados, as patentes que ainda não foram aprovadas, as patentes que estão em processo de desenvolvimento, a estratégia empresarial que aponte caminhos para o futuro da tecnologia e os seus funcionários especializados – tudo passa a ser controlado pelo MSS.

Mas nem todas as empresas chinesas que usam esse método são falsas. O MSS também usa empresas verdadeiras para comprar firmas estrangeiras e obter assim os seus segredos. A dificuldade em lidar com essa situação também é um osso duro de roer, pois a legalidade raramente é atravessada. Acontece apenas que as grandes firmas chinesas são públicas – e portanto controladas diretamente pelo regime de Pequim e pelo MSS – ou, quando privadas, são amiúde propriedade de oligarcas com ligações estreitas ao Partido Comunista Chinês e ao MSS, o que, em termos práticos, vai dar exatamente no mesmo. Um dos casos mais emblemáticos dessa forma de atuar ocorreu quando a CATIC (*China National Aero-Technology Import & Export Corp.*) adquiriu, no início dos anos 1990, a Mamco Manufacturing, uma empresa norte-americana especializada na produção de componentes aeronáuticos, sediada em Seattle, usando a tecnologia assim obtida a favor de Pequim, pois a CATIC é controlada pela Aviation Industry Corporation of China, um conglomerado chinês estatal que fornece tanto para a aviação civil chinesa como, mais importante, para a aviação militar. Também a união de esforços entre a Huawei e a norte-americana Symantec mereceu a preocupação e a suspeita das autoridades dos EUA, pois a multinacional chinesa, a segunda maior produtora de celulares do mundo, apesar de ser uma empresa totalmente privada, poderia usar a ligação empresarial à fabricante de *software* antivírus californiana para, de forma encapotada, ajudar na proliferação de vírus informáticos chineses, uma das áreas em que o MSS coloca maior esforço.

Esses casos não são isolados. Em 1984, Bernardus J. Smit, da Dual Systems Control Corp., entregou dezenas de microprocessadores ao MSS por meio de uma empresa sediada em Hong Kong. Na mesma época, mais computadores norte-americanos foram entregues ao MSS pelo empresário Hon Kwan Yu, responsável pela empresa Seed H. K. Ltd., cuja sede em Hong Kong era curiosamente a sede de outra empresa que se suspeitava pertencer ao MSS, sendo que nenhum funcionário de qualquer das empresas alguma vez foi visto trabalhando no edifício. Algo semelhante aconteceu quando o empresário de Hong Kong Da Chuan Zeng e os seus sócios – Kuang Shin Lin, David Tsai, Kwong Allen Yeung e Jing-li Zhang – foram detidos quando se preparavam, em 1984, para contrabandear importante tecnologia de vigilância norte-americana. Após ser detido, Da Chuan Zeng gabou-se de que, durante anos, tinha conseguido contrabandear para os serviços secretos chineses equipamento tecnológico dos EUA no valor de 25 milhões de dólares.

O controle das empresas falsas ou controladas pelo MSS faz-se por meio do seu 3º Departamento, instalado em Hong Kong e com jurisdição sobre a antiga colônia britânica e sobre Macau, pois é nessas três províncias que costumam estar as sedes das empresas (o departamento também tem responsabilidades pela espionagem e contra-espionagem em Taiwan – Formosa – território reclamado desde sempre pela China, onde se exilou a elite nacionalista chinesa após a subida ao poder de Mao Tsé-Tung e fonte dos mais melindrosos casos diplomáticos entre a China e os EUA).

Mas o MSS também se preocupa com o que poderíamos considerar espionagem "tradicional", ou seja, infiltrar e tentar sabotar ou alterar a política de um Estado estrangeiro, como a CIA fazia com a URSS e o KGB, com os EUA. Nesse caso, os agentes do MSS tentam descobrir o que um agente de qualquer outra agência também tentaria descobrir, desde as políticas geoestratégicas das potências que possam interferir com os próprios desígnios geoestratégicos chineses, até o perfil dos líderes e demais responsáveis políticos desses países, passando pela capacidade militar e econômica destes. Para o conseguir, porém, os agentes do MSS costumam usar alguns métodos pouco comuns no Ocidente, como abordar sem se identificar algum turista com acesso a informações consideradas importantes do seu país natal (jornalista ou empresário, por exemplo) que visite a China, informá-lo sobre assuntos melindrosos chineses e, depois, um outro agente do MSS, esse já identificado como tal, prendê-lo com a acusação de espionagem a favor de uma potência estrangeira, obrigando-o, para ser libertado ou lhe indultarem a pena, a contar tudo o que sabe.

Outro método muito usado – este um clássico da espionagem – envolve agentes, femininas ou masculinos, que tentem seduzir esses turistas influentes, como se passou com o famoso caso do diplomata francês Bernard Boursicot. Bernard, colocado na embaixada francesa em Pequim em 1969, com apenas 20 anos de idade, tivera várias experiências homossexuais durante os seus tempos de estudante e desejava agora conhecer e apaixonar-se por uma mulher. Durante uma festa, conhece Shi Pei Pu, um professor de 26 anos que ensinava Mandarim aos filhos dos diplomatas franceses. Shi Pei Pu apresenta-se então como uma cantora da ópera de Pequim que apenas se vestia como homem durante o dia a dia por ser obrigada pelo pai, que sempre desejara ter um filho. Bernard Boursicot acreditou no agente secreto chinês e rapidamente se envolveram, tendo-lhe mesmo Shi Pei Pu dito que estava grávida e tido um filho, Shin Du Du (na realidade comprado pelos serviços secretos numa remota província chinesa). Em plena Revolução Cultural, os amantes são separados e o lendário espião chinês Kang Sheng aborda Boursicot, dizendo-lhe que, para voltar a ver a sua amante e o seu filho, terá de lhe entregar documentos secretos da embaixada francesa, o que Boursicot concorda em fazer. Ao longo de anos, Boursicot entregou centenas de documentos secretos aos espiões chineses, até ser descoberto, em 1979, quando já vivia em Paris com a sua mulher e o seu filho, por essa época já quase adolescente. Pressionado pelas autoridades francesas, confessou ter transmitido centenas de documentos secretos, sendo acusado de espionagem e conhecendo apenas durante o julgamento o verdadeiro sexo e identidade de Shi Pei Pu. O caso tornou-se de tal forma notório que inspiraria o conhecido musical da Broadway, *Butterfly*.

Mas o MSS também usa métodos mais simples, como abordar turistas influentes que visitem a China, nomeadamente acadêmicos, recebendo estes irrecusáveis convites para colaborarem com universidades chinesas, controladas pelos serviços secretos. Uma vez entrando nesse particular mundo universitário, passam a vida sendo homenageados com cerimônias e festas de cortesia nas quais os brindes ocorrem até estarem completamente embriagados, esperando assim os seus colegas docentes – que colaboram com o MSS ou são mesmo seus agentes – aproveitarem o baixar da guarda provocado pelo álcool para obterem alguma espécie de conhecimento secreto de que o alvo nem sequer se vai lembrar, no dia seguinte, quando estiver com uma monumental ressaca, de ter deixado escapar. Método semelhante costuma ser usado – e cada vez mais, nos dias atuais, com a influência econômica da China e a atratividade do seu enorme mercado crescendo a cada dia que passa – com os empresários estrangeiros que tentam se estabelecer no país, tendo de respeitar a intrincada rede informalmente protocolar de relações interpessoais conhecida como *guanxi*. O empresário é informado sobre formas de penetrar no mercado chinês e apresentado a diversos contatos que poderão lhe abrir portas de outro modo fechadas aos estrangeiros, tendo, por cortesia, de partilhar também ele toda a informação que tem. Quando a rede se adensa, o empresário que já investiu dinheiro na China percebe que, se o *guanxi* se quebrar por algum motivo, todas as portas se fecharão e perderá todo o investimento, sendo assim pressionado a colaborar com o MSS, o que invariavelmente se vê na contingência de fazer.

4. Espiões no coração da América

Os casos de espionagem chinesa no estrangeiro não são muito conhecidos, mas existem de forma abundante. O presidente norte-americano Richard Nixon, entre as inúmeras coisas não muito abonatórias pelas quais ficou conhecido, é lembrado hoje em dia pela sua luta para irradiar o cancro e pela aproximação dos EUA à China, fomentada em grande parte pelo seu famoso *Secretary of State*, Henry Kissinger, um confesso admirador da cultura, diplomacia e métodos de inteligência chineses. Mas a ligação entre Nixon e a Ásia era mais antiga, pois costumava visitar várias vezes a então colônia britânica Hong Kong a negócios, representando a sua influente firma de advogados Nixon, Mugde, Rose, Guthrie, Alexander & Mitchell.

Em 1967, Nixon encontrava-se em Hong Kong e, como ex-vice-presidente dos EUA que era, tinha o privilégio de ser informado de qualquer assunto regional, secreto ou não, pelas autoridades diplomáticas e militares norte-americanas. Quem também estava em Hong Kong na época era Dan Grove, o homem do FBI alocado no território, que colaborava várias vezes com Pericles Spanos, o agente do Tesouro norte-americano designado para Hong Kong, especializado no combate ao contrabando e tráfico de drogas para os EUA, que mantinha uma atenta vigilância sobre o Hotel Hilton, a dois passos do consulado norte-americano. Um dos dois bares do hotel chamava-se Den (o outro era o Dragon Boat, com a forma de um barco), onde trabalhava uma lindíssima empregada chinesa chamada Marianna Liu. O Den era frequentado diariamente por oficiais militares e adidos diplomáticos norte-americanos, onde relaxavam e bebiam *cocktails*. Também era frequentado por agentes da CIA, do MI6, empresários locais importantes, patrões das tríades mafiosas e, por conseguinte, agentes dos serviços secretos chineses, que não podiam deixar escapar um semelhante viveiro de informações.

Em 1967, Spanos conta no Den, a Dan Grove, que Marianna Liu trabalha para ele como informante sobre contrabando, mas suspeita também que ela poderá ser uma agente secreta chinesa. O problema é que Spanos tinha informações sobre um encontro amoroso entre Liu e Richard Nixon, na suíte do hotel onde estava hospedado, o que poderia causar uma forte quebra de segurança em termos de inteligência, dada a importância de Nixon e os seus conhecimentos, como ex-vice-presidente, sobre a Casa Branca e o Pentágono. Os dois homens abordaram Marianna Liu no Den e ela confessou-lhes, bastante à vontade, que tinha passado a noite com Richard Nixon, juntamente com outra empregada do bar chamada Teresa e o milionário Bebe Rebozo, o construtor civil da Flórida que era o melhor amigo de Nixon. A calma com que Liu reconhecera o encontro sexual com alguém como Nixon fez Spanos e Grove desconfiarem que poderia estar mentindo. Como agente do FBI, Grove deveria informar Washington sobre o incidente, mas antes disso precisava ter certeza das suas suspeitas sobre Liu e, dirigindo-se a um dos homens da inteligência britânica em Hong Kong, este confirmou que o MI6 tinha a empregada de bar referenciada como possível agente secreta chinesa, ou pelo menos colaboradora, devido às insistentes perguntas sobre a marinha de guerra britânica e norte-americana que fazia aos embriagados clientes do Den.

A informação foi transmitida à sede do FBI, onde ficou guardada nos enormes arquivos pessoais do diretor J. Edgar Hoover, que adorava colecionar "inteligência" sobre casos amorosos ilícitos de políticos, para poder mais tarde usá-la a seu favor, como havia feito com John F. Kennedy e Robert Kennedy. Talvez não por coincidência, quando Richard Nixon, pouco depois, é eleito presidente dos EUA, uma das suas primeiras ações foi renomear J. Edgar Hoover, apesar de não gostar dele, para a direção do FBI. E essas informações permaneceram nos arquivos do FBI até 1974, já após a resignação de Richard Nixon da Casa Branca devido ao escândalo Watergate. A importância desse escândalo foi tal na opinião pública norte-americana que, quando a ligação fortuita entre Nixon e Liu chegou aos jornais, nesse ano, quase passou despercebida. Mas o mesmo não aconteceu quando, dois anos depois, o tabloide *The National Inquirer* realizou uma investigação ao caso e descobriu que a ligação entre Nixon e Liu datava de antes de 1967. Na realidade, conheciam-se desde os anos 1950 e haviam mantido uma relação – para o jornal amorosa, para o FBI esse pormenor nunca foi tão claro – quando Nixon era vice-presidente e, mais tarde, presidente, acusando-o abertamente, na manchete, de ser um "espião vermelho". O fato de Marianna Liu ter obtido um visto de residência nos EUA assim que Nixon se tornara presidente e, ainda por cima, ter decidido viver, com proteção diplomática, em Whittier, na Califórnia, precisamente a terra onde vivia Richard Nixon, não ajudou. Segundo o jornal, Liu tinha se encontrado com Nixon inclusive em plena Casa Branca, por duas vezes. A verdadeira história nunca seria revelada, mas aparentemente o ambicioso Richard Nixon, que nunca desistira de ser eleito presidente dos

EUA, teria iniciado uma aproximação aos serviços secretos chineses muito antes da sua conhecida "abertura à China".

Na época de Richard Nixon, os EUA tinham se envolvido no conflito militar entre o Vietnã do Sul e o Vietnã do Norte. O que Nixon não sabia, mas sabe-se hoje, é que os serviços secretos chineses tiveram um papel fundamental nos movimentos estudantis antiguerra. A partir de bases nos EUA e na Inglaterra, a inteligência chinesa enviava propaganda antiguerra para as principais cidades norte-americanas, divulgada depois por estudantes e professores universitários recrutados por Pequim que organizavam manifestações contra a política agressiva dos EUA na Ásia (que colocava em causa as ambições regionais da China naquela área do globo). E seriam de fato as manifestações estudantis que forçariam Lyndon B. Johnson, mais tarde, a dar a guerra por terminada.

Mas um dos casos mais famosos de espionagem chinesa é, sem dúvida, o de Larry Wu-tai Chin, o analista sênior da CIA. Nascido em Pequim, em 1922, Larry Chin doutorou-se em Inglês pela universidade de Yenching e trabalhou para o Governo norte-americano, de uma forma ou de outra, de 1948 até 1981. Chin tinha sido recrutado pelos serviços secretos chineses ainda em 1944, durante a Segunda Guerra Mundial, quando estava estacionado em Fuzhou, na China, como tradutor do US Army. De 1945 a 1952, já espião a serviço da China, trabalhou nos consulados norte-americanos de Xangai e Hong Kong como analista de línguas e no Exército norte-americano durante a Guerra da Coreia (tendo informado a inteligência chinesa, a troco de dois mil dólares, sobre os prisioneiros de guerra capturados pelos EUA, nomeadamente prisioneiros chineses que estavam colaborando com as forças norte-americanas e pretendiam pedir asilo no Ocidente, que seriam mais tarde repatriados e executados na China). A partir de 1952, trabalhou para os novos serviços secretos norte-americanos, a CIA, especificamente no *Foreign Broadcast Information Service*, tendo sido alocado em Okinawa, no Japão, de 1952 a 1961; em Santa Rosa, na Califórnia, de 1961 a 1971; e, finalmente, em Rosslyn, na Virgínia, de 1971 a 1981, quando se reformou.

Durante todo esse tempo, Larry Chin informou os serviços secretos chineses sobre as operações, os equipamentos e a estratégia do congênere norte-americano, bem como transmitiu perfis de agentes da CIA que pudessem ser controlados ou mesmo recrutados, como Virginia Loo. Larry Chin também passou a Pequim informações classificadas da CIA sobre a intenção de Richard Nixon iniciar uma abertura diplomática e econômica de surpresa com a China, deixando assim os dirigentes chineses preparados para lidar com essa estratégia antecipadamente (isso, claro, se já não a conheciam por meio de Marianna Liu), diminuindo nos meses seguintes a retórica antiamericana na imprensa chinesa, de forma a incentivar a aproximação de Nixon e assim lucrarem em dois tabuleiros ao mesmo tempo: serem reconhecidos pelos EUA como uma força essencial no eixo Ásia-Pacífico e confrontarem a URSS, com a qual Mao Tsé-Tung mantinha uma relação fria de concorrência política. Larry Chin forneceu ainda a Pequim pistas para as identidades dos agentes da CIA que operavam na China (devido à divisão da CIA em departamentos fechados, Chin não tinha maneira de ter acesso direto à identidade daqueles). Assim que os serviços secretos chineses conseguissem perceber quem os agentes da CIA eram, passariam a transmitir-lhes informações falsas sobre as intenções do regime chinês. As informações de Larry Chin eram passadas ao seu contato, conhecido apenas como "Mister Lee", num centro comercial de Toronto, no Canadá, que Chin visitava a trabalho, após ter simplesmente retirado os documentos secretos das instalações da CIA (escondendo-os no bolso do casaco) e fotografado-os em casa.

O dinheiro recebido dos serviços secretos como pagamento pelas suas atividades era aplicado por Chin na compra e venda de terrenos, mas a sua pequena fortuna pessoal, muito acima das possibilidades de um agente da CIA, poderia levantar suspeitas na agência, então Chin cultivou uma imagem de mulherengo e, antes de tudo, viciado em jogo, que lhe permitisse explicar o dinheiro que tinha com a simples sorte nos cassinos. Para o plano funcionar com perfeição, Larry Chin costumava convidar colegas da CIA para jogos de cartas, invariavelmente ganhando as partidas (Chin tinha de fato talento para o jogo), ficando estes com a certeza que de fato os seus rendimentos extras poderiam ser obtidos daquela forma arriscada. Quando se retirou, em 1981, Larry Chin recebeu uma medalha de mérito da CIA e continuou trabalhando para a agência como consultor interno em análise de inteligência, tendo mesmo a CIA pedido a Chin para considerar voltar a trabalhar nos serviços secretos em tempo integral, tal a competência e lealdade que lhe atribuíam.

Mas existia uma pessoa chamada Yu Zhensan no MSP. O pai de Yu Zhensan tinha sido casado com Jiang Qing, antes de esta se ter tornado amante do lendário espião Kang Sheng e, mais tarde, casado com Mao Tsé-Tung. Nessa época, Jiang Qing tinha uma péssima relação com o seu ex-marido, o pai de Yu Zhensan, e aquele vivia no constante receio de que a poderosa mulher do líder máximo chinês pudesse a qualquer momento mandar prendê-lo ou mesmo executá-lo. Por essa razão, Yu Zhensan cresceu com algum ressentimento para com o Partido Comunista Chinês, que foi crescendo ao longo dos anos. O seu maior desejo era sair do MSP e abandonar a China, razão pela qual contatou a CIA e alertou-a para a existência de um espião chinês infiltrado na inteligência norte-americana, sem especificar de que ramo de inteligência se tratava (convinha-lhe manter o *suspense* até estar em segurança nos EUA). A CIA iniciou de imediato uma operação de controle, mas não interna, pois não parecia concebível que a própria CIA tivesse um espião chinês infiltrado. Assim, a CIA partiu do pressuposto de que o alegado espião teria de estar infiltrado em algum dos ramos de inteligência do Pentágono e passou a informação ao FBI (a CIA não tem jurisdição para fazer investigações em solo norte-americano), que indicou o veterano agente I. C. Smith como responsável pela investigação. A investigação propriamente dita foi então entregue por ele ao *special agent* Tom Carson, conhecido no FBI pela sua extrema competência.

De início, não conseguiu alcançar grande sucesso, mas a CIA informou-o então de uma dica que poderia ser importante: Yu Zhensan tinha contado que o agente infiltrado havia viajado para Pequim num voo da Pan Am que saíra de Nova Iorque em 6 de fevereiro de 1982, tendo regressado aos EUA no dia 27 do mesmo mês. Carson descobriu então que não tinha existido nenhum voo da Pan Am de Nova Iorque para Pequim no dia indicado pela fonte, mas não desistiu, como nunca costumava fazer, apurando que no dia 5 de fevereiro um voo da China Airlines tinha destino a Pequim, mas um atraso devido às condições meteorológicas fizera com que apenas tivesse partido no dia seguinte. O problema era que a China Airlines não facultava a identidade dos seus passageiros às autoridades norte-americanas (continua, hoje em dia, sem o fazer). Carson pensou então que, se a fonte se enganou na companhia aérea que partira dos EUA, podia não se ter enganado na que fizera o sentido inverso, então vasculhou a lista de passageiros da Pan Am que no dia 27 de fevereiro tinham voado de Pequim para Nova Iorque, descobrindo que apenas dois deles eram norte-americanos e apenas um era norte-americano de ascendência chinesa. O seu nome era Larry Wu-tai Chin.

C. Smith contatou Langley e perguntou à CIA para averiguar se um tal Larry Chin trabalhava na agência. A resposta foi célere, não existia nenhum agente ou funcionário da CIA com esse nome, então a tese da CIA de que a infiltração seria em outra agência de inteligência mantinha-se. Exasperado, I. C. Smith perguntou então se *alguma vez* uma pessoa chamada Larry Chin tinha trabalhado na CIA. A agência analisou melhor os seus arquivos e percebeu, com pouco menos que horror, que um tal de Larry Chin fora funcionário da CIA por três longas décadas, tendo-se reformado, com louvor e distinção, no ano anterior.

A investigação em torno do único suspeito, que foi imediatamente colocado sob vigilância, passou então para Bruce Carlson, o maior especialista em assuntos chineses do *Bureau*, conhecido por falar mandarim de tal forma fluente que, ao telefone, ninguém conseguia perceber que ele não era chinês, nem sequer cidadãos chineses que o ouvissem falar. As escutas revelaram que Larry Chin estava planejando uma visita a Hong Kong em algum momento da primavera de 1983. Descobrindo o dia certo, o FBI atrasou o voo com uma desculpa sobre eventuais avarias no avião, para dar tempo a Bruce Carlson de revistar a bagagem de Larry Chin e colocá-la de volta no porão. Mas Carlson não descobriu nenhum documento secreto na mala de Chin. Sem nada de útil na mala, Bruce Carlson fotografou uma chave de hotel encontrada na mala, na esperança que, mais tarde, essa informação pudesse servir para alguma coisa. Analisando-a, percebeu que era de um quarto do Hotel Qianmen, precisamente o hotel onde a fonte da CIA nos serviços secretos chineses dissera que o agente infiltrado ficava quando visitava Hong Kong. O FBI teve então certeza de que podia confiar na fonte e que Larry Chin era, de fato, um suspeito muito real (a razão de Larry Chin ter querido devolver ao hotel uma chave que provavelmente trouxera para os EUA por engano – e que qualquer norte-americano jogaria logo no lixo – foi atribuída pelo FBI à maneira meticulosa como os chineses encaram a vida).

Alguns meses depois, Larry Chin encontrou-se com o seu agente controlador do MSS, Ou Qiming, para o informar de que os serviços secretos deveriam tentar recrutar uma funcionária da CIA que ele conhecera quando trabalhava na agência, chamada Veronica Liu Morton. Ela contara-lhe certa vez que um irmão dela ainda vivia na China, então não seria difícil ao MSS ameaçar matá-lo se a irmã não colaborasse, mas Ou Qiming decidiu que infiltrados a mais na CIA (Larry Chin, apesar de reformado, continuava trabalhando para a CIA como consultor) poderiam acabar por ser contraproducentes, dando muito nas vistas.

Entretanto, as informações que Yu Zhensan passava a conta-gotas à CIA davam conta de que o agente infiltrado teria um contato de Nova Iorque, um agente adormecido do MSS, chamado Mark Cheung, nada mais, nada menos, que um padre católico cuja igreja ficava em Chinatown. O FBI começou por calcular que não fosse realmente padre, apenas usasse essa profissão como disfarce. Mas não, era mesmo padre. Investigando o seu passado, o FBI descobriu que tinha sido enviado em novo para o seminário pelo MSP, então fora treinado pelos serviços secretos para infiltrar a Igreja Católica nos EUA. Mark Cheung estava em Hong Kong e foi interrogado por agentes do FBI, mas negou as acusações que lhe fizeram e voou para a China, onde desapareceu (e onde, então o FBI conseguiu apurar, tinha uma mulher).

Nessa época, o valor de Larry Chin para o MSS tinha caído, pois, como mero assessor da CIA, deixara de ter acesso aos documentos secretos na agência, então Chin, que precisava do dinheiro do MSS para manter o seu exuberante modo de vida, contou aos serviços secretos chineses que fora contratado pela *National Security Agency*, a mais importante agência de inteligência dos EUA (em termos de número de funcionários, orçamento e responsabilidades, muito mais importante que a CIA). Isso, claro, era mentira, mas para manter a mistificação – e o dinheiro do MSS rolando – Larry Chin teria de entregar algumas informações a Ou Qiming, então traduziu para mandarim passagens de um *bestseller* sobre a NSA e passou-as ao seu contato como se tivessem sido descobertas por ele. Enquanto isso, continuava, sem saber, sendo vigiado pelo FBI, que ficava cada vez mais consternado por apenas conseguir imagens de Larry Chin tendo sexo com amantes ou telefonando às amantes para marcar encontros sexuais. Apesar disso, a certeza de que Chin era o agente infiltrado era absoluta, mas o FBI nunca poderia agir contra ele sem que antes a fonte no MSS estivesse em segurança nos EUA, caso contrário arriscava-se a ser desmascarada como informante e executada. Apenas poderiam prender Larry Chin um ano ou mais após a fonte estar vivendo nos EUA, para que a sua deserção não fosse relacionada pelo MSS com a detenção do agente infiltrado na CIA, caso contrário o informante continuaria, mesmo nos EUA e sob proteção do FBI, correndo perigo de vida, pois as ligações tentaculares do MSS nos EUA eram enormes e difíceis de controlar.

Mais de dois anos depois, em 1985, três agentes do FBI bateram à porta de Larry Chin dizendo estarem tentando descobrir um agente do MSS infiltrado na CIA e pedindo-lhe colaboração, por pequena que fosse, para o identificarem. Chin recebeu-os com amabilidade. Então, os agentes do FBI informaram-no de que o suspeito era ele próprio. Larry Chin negou tudo, mas ficou preocupado quando os agentes lhe disseram que estavam sabendo da sua visita a Hong Kong em 1983 e que sabiam, inclusive, que tinha viajado até lá para receber uma medalha de mérito do MSS, mostrando-lhe uma fotografia do agente da inteligência chinesa, Li Wenchong, que lhe entregara a medalha. Larry Chin manteve-se impassível até lhe mostrarem a fotografia da chave do hotel, percebendo então que a única forma de o FBI saber em que hotel os agentes do MSS ficavam hospedados – relacionando-o assim com a inteligência chinesa – era se esta estivesse infiltrada pelos serviços secretos norte-americanos. De outra forma, o FBI apenas saberia que aquela chave era de um hotel em Hong Kong, nada mais, algo sem importância. Larry Chin percebeu que tinha sido traído. Os agentes contaram-lhe que também sabiam do encontro com Ou Qiming, quando tentara que o MSS recrutasse Veronica Liu Morton, o que fez com que Chin calculasse que o traidor era Ou Qiming. Questionando o FBI sobre isso, os agentes levaram-no a crer que, de fato, assim era. Pensando que o seu próprio contato o tinha vendido ao FBI, Larry Chin entendeu que não tinha saída possível e decidiu colaborar com o *Bureau* na esperança de salvar a pele. Larry Chin foi preso e levado para a penitenciária de Arlington.

Julgado alguns meses depois, a linha de defesa de Chin foi, no mínimo, inusitada, assegurando que apenas espiara a CIA para ajudar na troca de informações com a inteligência chinesa sobre as intenções da política norte-americana e assim poder melhorar as relações entre os EUA e a China. Não colou. Larry Chin foi acusado por 17 crimes relacionados com espionagem, sendo mais do que provável a prisão perpétua. Pouco depois, no dia da leitura da sentença, Larry Wu-tai Chin cometeria suicídio na sua cela, deixando pelo caminho a CIA publicamente embaraçada com a maneira como poderia ser infiltrada pelos tão negligenciados serviços secretos chineses.

5. Na cama com o FBI

Katrina Leung, nascida em 1954 em Guangzhou, emigrou para os EUA em 1970, seguindo as passadas de grande parte da sua família, que já se havia mudado nos anos 1930, frequentou a Washington Irving High School, em Nova Iorque, tendo posteriormente estudado na prestigiada Cornell University até 1976, conseguindo ainda um MBA pela University of Chicago. Em 1980, muda-se para um prédio habitado por vários cidadãos de ascendência chinesa sob suspeita, por parte do FBI, de fazerem contrabando de tecnologia norte-americana para a China. A própria Katrina torna-se gestora de uma empresa de importação-exportação que há muito estava na lista do FBI por esse motivo, levando as autoridades norte-americanas a pensarem que pudesse, de alguma maneira, estar ligada aos serviços secretos chineses. Mas, com a sua saída da empresa, o caso é arquivado.

Em 1982, o *special agent* do FBI James J. Smith procura-a para tentar obter mais informações sobre a ligação de membros da comunidade chinesa nos serviços de inteligência da China, e as informações que Leung lhe passa impressionam-no de tal maneira que a recruta como informante do FBI, recebendo o nome de código *parlour maid* (empregada doméstica), sendo inscrita no *Bureau* com o pseudônimo *Bureau Source 410*. Na época, Katrina Leung tinha 31 anos e o agente James J. Smith tinha 39 anos. Rapidamente se tornaram amantes, e quando James J. Smith a apresenta ao seu amigo e também agente do FBI, William Cleveland, este e Katrina também se tornam amantes. Katrina Leung passava a partilhar a cama e o sono com dois proeminentes agentes do FBI.

Em 1984, torna-se cidadã norte-americana, com a naturalização apenas tornando-se possível devido à influência do FBI, em geral, e do seu *special agent* James J. Smith, em particular. O plano do FBI era fazer com que Leung fosse recrutada pelo MSS, passando a trabalhar como agente dupla, o que acabou por acontecer. A empresária chinesa tornou-se uma das mais importantes fontes do FBI, tendo recebido do *Bureau* mais de 500 mil dólares apenas em despesas de representação. Viajava constantemente para a China e, nos EUA, recebia todos os empresários chineses que visitavam o país, conseguindo mesmo estabelecer uma ligação de amizade com o presidente da China, Yang Shangkun. Katrina Leung era assim considerada pelo FBI como os "seus olhos e ouvidos" no misterioso regime chinês. Tanto assim que fora ela, mandada pelo Partido Comunista Chinês, a escolher pessoalmente a localização para o novo consulado nos EUA, tendo a escolha recaído em Shatto Place, perto do lugar onde vivia, na Califórnia. As suas informações eram tidas na mais alta consideração pelo FBI e pela CIA, tendo sido enviada à China após o massacre de Tiananmen para obter informações sobre o regime chinês e sobre a maneira como este estava lidando com a sensível situação. Tal era a estima do FBI pela sua fonte, que James J. Smith receberia uma medalha do *Bureau* por tê-la descoberto e recrutado.

Mais tarde, em 1990, o agente do FBI William Cleveland é designado para uma missão de espionagem na China, fazendo-se passar por membro do *State Department*. Lá chegando, Cleveland percebe que o MSS parecia estar a par das suas atividades com antecedência. Voltando aos EUA, continuou o seu trabalho como chefe do departamento do FBI para a contrainteligência chinesa. Nessa época, a NSA intercepta um telefonema entre os EUA e Pequim, em que uma voz feminina, denominada Luo, fala em mandarim com o seu superior do MSS, identificado na conversa apenas como Mao. Para que todo o teor da conversa fosse devidamente percebido, a NSA envia a gravação à delegação do FBI de São Francisco, onde fica o mais importante departamento de tradução de mandarim e cantonês do *Bureau*. A gravação chega assim às mãos do responsável pela seção asiática, William Cleveland, que percebe, espantado, que nessa conversa todos os planos da sua operação à China estão sendo discutidos meses antes de ter ocorrido. Pior, Cleveland reconhece imediatamente a voz feminina na gravação: a sua amante, Katrina Leung. A possibilidade de ela ser agente do MSS, e não agente dupla a favor do FBI, seria um desastre para o *Bureau*, mas mais ainda para ele próprio, William Cleveland, caso confessasse ser sua amante. Numa palavra, seria o fim da sua carreira. Mas o sentimento de honra que o levara a ser agente do FBI, logo para começar, era mais forte, e denunciou Leung às suas chefias como sendo agente do MSS.

A partir desse momento, não era apenas a sua própria carreira que estava em risco, mas também a do recrutador e contato de Leung no FBI, James J. Smith. Questionado pelo diretor do FBI sobre o caso, James J. Smith explicou-lhe que, atuando como agente dupla, Katrina Leung passava informações ao MSS, mas estritamente com a sua autorização. Porém, no íntimo, o *special agent* sabia que as atividades em solo chinês de William Cleveland não faziam, de todo, parte dessas informações. O caso era uma autêntica bomba. As informações que a sua amante lhe fornecia sobre o MSS tinham chegado diretamente à Casa Branca e, portanto, influenciado a forma como o *State Department* lidava com a China. E essas informações, ao que parecia agora, sempre tinham sido falsas. Assim, James J. Smith e William Cleveland encontram-se para traçarem um plano que salvasse a carreira de ambos: reunirem-se com as chefias do FBI em Washington e assegurarem que as informações que Katrina Leung passara sobre as atividades de Cleveland faziam parte da sua missão como agente dupla, com pleno conhecimento e autorização de Smith. Paul Moore, o maior especialista em assuntos chineses do FBI, após pesar os prós e os contras do caso, decidiu que deviam continuar confiando em Katrina Leung, como Smith e Cleveland defendiam.

O que Smith, Cleveland e Moore desconheciam é que outros departamentos do FBI já suspeitavam há mais de um ano que Katrina Leung era uma agente do MSS. Após a abertura do consulado chinês em Shatto Place, uma equipe do FBI liderada pelo *special agent* Lance Woo tinha conseguido quebrar a segurança do local e colocado cada telefonema e fax trocado com Pequim sob vigilância. Mas, de repente, a equipe de Lance Woo viu-se impossibilitada de obter informações. Todas as fotocopiadoras e computadores do consulado tinham sido embarcados para a China, para serem analisados por especialistas no MSS em contraespionagem. A conclusão era óbvia: alguém tinha informado o consulado sobre a operação do FBI. Teria de ser alguém com conhecimentos dentro do FBI e ao mesmo tempo dentro do consulado. Katrina Leung era agente dupla do FBI e tinha estado desde o primeiro momento envolvida com as autoridades chinesas na escolha da localização do consulado. Ela era a primeira suspeita. Até porque o FBI tinha em sua posse um vídeo gravado por Katrina Leung em Pequim, onde se via claramente a entrada e o interior da supersecreta sede do MSS. Aquela espécie de acesso ao coração dos serviços secretos chineses por alguém que supostamente não passava de um mero colaborador recrutado nos EUA, que não estivera sequer a maior parte da vida na China, parecia excessivo.

Sem saber disso, James J. Smith saíra da reunião com as chefias satisfeito. Mas, no fundo, sabia que era mentira, então confrontou a sua amante com a gravação, perguntando-lhe como é que ela estabelecera ligação com um homem que a CIA identificara como sendo Mao Guohua, o principal diretor do MSS em relações norte-americanas. Katrina Leung respondeu-lhe que Mao Guohua tinha descoberto que ela era uma agente dupla que trabalhava para o FBI e forçara-a a prestar-lhe mais informações do que aquelas que James J. Smith a autorizava a passar ao MSS. James J. Smith acreditou nela.

Um mês antes, Leung tinha contado a James J. Smith sobre uma reunião que tivera com o secretário-geral do Partido Comunista Chinês, Jian Zemin, com Jia Chungwan, o poderoso diretor do MSS, e com Mao Guohua, o responsável do

MSS para assuntos norte-americanos. Durante a reunião, teriam pedido a Katrina Leung para analisar as reais possibilidades de George Bush ganhar a reeleição à Casa Branca que estava disputando e, caso considerasse que tinha de fato possibilidades de vencê-las, a melhor forma de financiar a sua campanha, pois consideravam-no pró-China. Katrina Leung ficou assim encarregada de financiar o Partido Republicano e entrar no seu círculo de poder. Mais uma vez, James J. Smith acreditou nela.

Enquanto isso, novos sinais começavam a surgir. Em 1992, uma fonte do FBI conta ao *Justice Department* que uma mulher chamada Katrina é uma agente dupla do MSS no FBI. James J. Smith considera a fonte "misógina" e recusa-se a abrir um inquérito interno. Em 1995, um responsável do FBI começou a suspeitar de todo o dinheiro que Leung parecia ganhar, pensando que poderia estar sendo financiada não apenas pelo FBI mas também pelo MSS. Quando investigou melhor o assunto, descobriu que Katrina havia uma década que não era submetida a qualquer teste de polígrafo, como o regulamento do FBI exige que se faça periodicamente às suas fontes. Avisou a direção do FBI e exigiu um teste imediato, mas as chefias de James J. Smith, preocupadas em não melindrarem o valioso *special agent* e comprometer a sua mais importante fonte, recomendaram-lhe apenas, em vez de exigirem, que submetesse Katrina ao teste, então Smith ignorou a recomendação. Com as constantes mudanças de direção geral e departamental no FBI, nenhum inquérito sobre Katrina Leung, James J. Smith ou William Cleveland tinha êxito, sempre cancelados a meio ou nem sequer chegando a serem formalmente iniciados. Quando James J. Smith é nomeado diretor do departamento para os assuntos chineses do FBI, passando assim a um cargo administrativo, os regulamentos do *Bureau* exigiam que deixasse de ser agente de terreno e, por conseguinte, transferisse a supervisão sobre a fonte Katrina Leung para outro agente, porém mais uma vez a vontade do *Bureau* em não melindrar o famoso *special agent* fez com que lhe permitissem continuar controlando pessoalmente a sua fonte.

Entretanto, Bill Clinton ganha a corrida à Casa Branca e, imediatamente, começam a surgir rumores de um alegado financiamento chinês à sua campanha. O FBI lança a operação *Campcom*, que se dedica a investigar o assunto. Como estava em causa a China, James J. Smith ficou encarregado de dirigir as operações. O FBI descobriu que o empresário norte-americano Johnny Chung tinha se encontrado em Hong Kong com o chefe da inteligência militar chinesa, o general Ji Shengde. Nesse encontro, entregara-lhe 300 mil dólares para ajudar na eleição de Bill Clinton. Após essa descoberta, James J. Smith interroga Johnny Chung e a conclusão parece ainda não incriminar Leung. Mas a cobertura de Katrina estava prestes a ser exposta. É aqui que surge Ted Sioeng, um milionário indonésio amigo pessoal de Katrina. Ted é responsável pela fabricação dos mais populares cigarros chineses, os *Hongtashan*, e teria financiado a campanha eleitoral de Bill Clinton com 250 mil dólares, colaborando com Katrina Leung em vários eventos da comunidade chinesa da Califórnia. O diretor do FBI, Louis Freeh, garantiu ao Senado norte-americano que Ted Sioeng estava sendo financiado pelo MSS, mas Sioeng negou todas as acusações, sendo apoiado publicamente por Katrina Leung.

Em 2000, um informante do FBI na China garante que Leung não é apenas uma agente do MSS infiltrada no FBI, ele garante que ela é a própria fonte. Mais uma vez, James J. Smith é encarregado de averiguar o caso, mas desta vez a operação prossegue dentro do FBI, em outros departamentos. Quando as investigações não encontraram mais indícios comprometedores para Leung e foram canceladas, o informante não desiste e lança uma última cartada, revelando que Katrina Leung estava "na cama" com a delegação do FBI de Los Angeles. As chefias resolveram não dar demasiada importância à dica mas, pelo sim pelo não, James J. Smith decide aposentar-se pouco depois. Na festa de despedida, repleta de agentes e diretores de longa data do FBI, Katrina Leung não apenas apareceu ao lado de James J. Smith como se encarregou das lembranças. Montou uma câmera num tripé, no fundo da sala, alegadamente para ficar com uma recordação da festa, filmando todas as pessoas presentes nela. James J. Smith recebeu o *National Intelligence Medal of Achievement* das mãos do diretor da CIA, George Tenet, mas agora, sem estar no FBI, não poderia mais controlar futuras investigações à sua amante.

Nesse mesmo ano, o sucessor de James J. Smith à frente do departamento para os assuntos chineses, Ken Geide, resolve investigar as suspeitas que rondavam, havia anos, a principal fonte daquele, percebendo que, na balança entre as informações que Katrina Leung fornecia (instruída pelo FBI) ao MSS e aquelas que, em troca, revelava ao FBI sobre o MSS, as coisas não pendiam propriamente para a agência norte-americana. Investigando mais a fundo, concluiu que havia fortes indícios de ligações de Leung ao MSS desde os seus tempos de estudante universitária, o que significava que, muito provavelmente, todas as informações que ela transmitira ao departamento para os assuntos chineses eram falsas e, portanto, todas as operações realizadas com base nelas, inúteis. Ken Geide também se aposenta nesse ano, mas não sem antes conseguir que Katrina Leung fosse colocada sob escuta telefônica e vigilância. Nessa época já corriam rumores sobre a ligação amorosa de Katrina com James J. Smith, confirmadas quando as imagens da videovigilância começaram a surgir. O novo diretor do FBI, Robert Mueller, e o seu braço direito, Les Wiser, não podiam acreditar no que os seus olhos viam: não apenas Katrina Leung era uma agente do MSS infiltrada no FBI, como os dois maiores especialistas do departamento para os assuntos chineses sabiam disso e, pior, ambos eram amantes da espiã.

Les Wiser começou a investigar o assunto. Para começar, deu o nome de código *Poetic Fit* a Katrina Leung, para que documentos sobre a investigação não surgissem misturados com todos os outros documentos do FBI sobre a fonte Parlour Maid, podendo qualquer outro eventual agente a soldo do MSS descobrir o que estava se passando. Wiser colocou James J. Smith sob vigilância e descobriu que, mesmo aposentado, continuava encontrando-se com Leung. Katrina deixou de receber pagamentos do FBI e começou a desconfiar que algo se passava.

Interrogado por Les Wiser e a sua equipe, James J. Smith confessou que talvez, enquanto trabalhara no FBI, tivesse dado muitas informações à sua fonte, mas negou que tivesse um relacionamento amoroso com Katrina Leung ou que tivesse visitado com ela Hong Kong por duas vezes após se ter aposentado, o que Wiser sabia ter acontecido. Quando chegou a vez de Katrina ser interrogada, dois dias depois, os agentes do FBI tiveram uma surpresa, pois a fonte admitiu imediatamente ter roubado vários documentos secretos da mala do seu contato no FBI ao longo dos anos, especificando inclusive quais. Mas também negou ser sua amante. Pressionada, acabou por confessar ser amante de James J. Smith e mostrou aos agentes um dos documentos que roubara da sua mala, a transcrição da conversa telefônica que fizera com Mao Guohua, reconhecendo que este era o seu contato no MSS, e voltou a contar a mesma história com que iludira Smith: que Mao descobrira que ela era agente do FBI e forçara-a a fornecer-lhe mais informações do que aquelas que estava autorizada a divulgar, ameaçando denunciá-la ao MSS. Katrina confessou ainda que costumava roubar da mesma maneira vários documentos da mala de Smith e depois fotocopiava-os em casa e voltava a colocá-los no mesmo lugar, sem Smith perceber, ou limitava-se a tirar apontamentos de tudo o que lia, sem necessitar de roubá-los. De qualquer maneira, as informações acabavam sempre na secretária de Mao Guohua.

Os agentes do FBI revistaram então toda a casa de Leung e descobriram mais documentos, dezenas, incluindo um, escrito por um agente do FBI em Hong Kong, que revelava como o MSS estava tentando comprar tecnologia nos EUA que lhe permitisse interceptar a rede de satélites da CIA e da NSA para obter, em tempo real, todas as informações que estes captassem. O documento mostrava ainda que dois empresários chineses responsáveis pela compra da tecnologia, Liu Zuoqing e Zheng Dequan, estavam em parte incerta, tendo o MSS colocado uma recompensa pelas suas cabeças de um milhão de euros a qualquer agente que os encontrasse e matasse. O curioso é que o importantíssimo documento nunca chegara às chefias do FBI. Em vez disso, estava ali, no quarto de Katrina Leung.

Depois, a equipe do FBI foi atrás de William Cleveland. Por incrível que pareça, após aposentar-se, tinha sido contratado pelos laboratórios nucleares de Livermore (os mais importantes dos EUA depois a Los Alamos) como chefe de contraespionagem, sendo responsável, em particular, por combater as tentativas de roubo de informações e tecnologia por parte dos chineses. Mais incrível – e irônico – ainda, uma das tarefas de Cleveland era informar os funcionários e os cientistas dos laboratórios sobre as melhores maneiras para evitarem serem manipulados por agentes do MSS, em particular por agentes femininas que tentassem os seduzir. Interrogado por Les Wiser, confessou que era amante de Leung e que há vários anos sabia que ela poderia ser uma agente do MSS.

Dia 8 de abril de 2003, Katrina Leung e James J. Smith foram detidos. Leung foi acusada de espionagem a favor de um país estrangeiro, Smith de "grave negligência no manuseamento de material relacionado à segurança nacional". William Cleveland não foi detido nem acusado, pois não havia provas de que tivesse alguma vez passado informações secretas a Katrina Leung ou que esta tivesse roubado essas informações, então poderia ficar em liberdade, uma vez que, conforme o FBI afirmou na época, o seu único problema foi ter confiado em Leung e "a incompetência não é crime". Ainda assim, quando o caso chegou a julgamento e se tornou público, William Cleveland foi despedido do seu emprego nos laboratórios Livermore.

Mas, como não existe no sistema penal norte-americano qualquer referência concreta a "espionagem", as penas foram leves: James J. Smith e Katrina Leung foram condenados a três anos de pena suspensa, após terem se declarado "culpados" e chegado a um acordo judicial. As autoridades políticas norte-americanas tinham assim o que desejavam: impedir que ambos fossem presentes a um julgamento aberto, televisionado e altamente divulgado, evitando que as informações que seriam reveladas durante o julgamento embaraçassem (humilhassem é mais o termo) o FBI e a Casa Branca. Katrina Leung, a espiã do MSS, estava livre. A sua sorte fora muito maior que a de Larry Chin.

6. Espiões que não o eram

Peter Hoong-yee Lee nascera em Chungking, em 1939, tendo no entanto crescido em Taiwan e emigrado para os EUA, onde obteria a nacionalidade norte-americana em 1975 e se graduaria em Física pelo California Institute of Technology. Introvertido, Peter Lee era um apagado cientista dos laboratórios de armamento nuclear Livermore, após ter trabalhado em Los Alamos. No início dos anos 1980, durante uma viagem de negócios à China, Lee contara a um colega que, durante a noite, alguém quisera falar com ele no hotel, o que era muito estranho. O colega concordou e aconselhou-o a escrever isso no seu relatório, pois a inteligência norte-americana poderia ter algum interesse em saber do caso. Mas Peter Lee não o referiu no relatório, ao contrário do seu colega. Essa discrepância fez com que as suspeitas do FBI recaíssem sobre ele. Interrogado pelo agente William Cleveland, Peter Lee afirma apenas que não considerara o incidente digno de nota e, por isso, se esquecera de o assinalar. Não havia muito mais que o FBI pudesse fazer que não colocar Lee nos registros do *Bureau* e deixar as coisas como estavam.

E as coisas assim ficaram até que, uma década depois, James J. Smith recebe uma denúncia de um informante sobre a passagem de documentos secretos por Peter Lee ao MSS. Smith abre uma investigação de imediato. Nessa época, em 1994, Peter Lee trabalhava na TRW (uma empresa subcontratada pelos laboratórios Livermore), onde era um dos responsáveis pelo *Radar Ocean Imaging Program*, um esforço milionário dos EUA e Reino Unido, liderado pelo Pentágono, para construírem tecnologia que permitisse aos seus satélites e aviões detectarem submarinos debaixo de água ou à superfície, em qualquer ponto do mundo que se encontrassem. Em segredo, o FBI plantou escutas na casa de Lee.

Em 1997, Peter Lee e a mulher visitaram a China, passando por cidades como Pequim, Xangai e Guangzhou. Lee tirara uma licença de férias da TRW para viajar, o que implicava que pagaria pela viagem, mas isso não era verdade. Na realidade, a viagem seria paga pelo Instituto de Física Aplicada e Matemática Computacional de Pequim, que o convidara a dar uma palestra nas suas instalações. Durante a palestra, falou sobre o *Radar Ocean Imaging Program* e mostrou até mesmo fotografias e gráficos sobre como detectar submarinos, dando ainda uma profusão de detalhes técnicos sobre o programa da TRW a cientistas como He Xiantu, Chen Nengkuan e Yu Min, do programa nuclear chinês. Quando terminou a palestra, Peter Lee rasgou a fotografia e os gráficos. Quando voltou de férias, assegurou por escrito à TRW que os chineses não lhe haviam feito qualquer pergunta sobre pormenores técnicos da área na qual trabalhava. Porém, mais ou menos um mês depois, Peter Lee descobre uma escuta em sua casa. Percebe que está sob vigilância e que, portanto, ficara comprometido.

O FBI avança. Um agente interroga Peter Lee num hotel, enquanto, no quarto contíguo, sem Lee saber, James J. Smith e toda a equipe do seu departamento acompanham a conversa por vídeo. Peter Lee confessa que mentira ao assegurar à sua empresa que os chineses não tinham lhe feito perguntas sobre assuntos secretos do seu trabalho, mas jura que não os tinha informado de nada e que tinha pagado a viagem à China, então não teria qualquer favor a retribuir. Mas, semanas depois, o FBI intercepta um telefonema de Peter Lee para Guo Hong, um oficial do MSS, pedindo-lhe que forjasse bilhetes, em seu nome e da sua mulher, dos EUA para a China. O agente chinês disse-lhe que trataria do assunto e, um mês depois, Peter

Lee apresenta os bilhetes falsos à equipe de James J. Smith, para provar que estava dizendo a verdade. As suspeitas do FBI cresciam cada vez mais.

Peter Lee aceita então submeter-se a um teste de polígrafo e falha. Perante isso, admite ao FBI que de fato falou com oficiais chineses e passou-lhes informações secretas, mas apenas porque estes tinham lhe pedido ajuda e ele não podia recusá-la a um país miserável e subdesenvolvido como a China, onde nascera. Mas contou mais do que os agentes do FBI estavam esperando. Relatou também pormenores sobre outra viagem que fizera à China uns anos antes, no início de 1985, quando ainda trabalhava em Los Alamos, onde participava de um programa secreto que tentava construir armas que usassem a energia a laser para provocar pequenas explosões termonucleares controladas e direcionáveis. Durante a viagem, contou Lee, foi contatado no hotel por Chen Nengkuan, da Academia Chinesa de Engenharia Física, responsável pelo programa de armamento nuclear chinês. Peter Lee não começara por dizer nada a Chen Nengkuan sobre o programa, apenas respondera a perguntas que este lhe fizera acenando positiva ou negativamente com a cabeça. Mas rapidamente não resistira e contara tudo sobre o programa em que trabalhava a Chen Nengkuan. No dia seguinte, Chen Nengkuan levou-o a outro hotel de Pequim, onde vários cientistas chineses o aguardavam e lhe pediram, na sala de conferências, que lhes passasse todas as informações técnicas de que se lembrasse sobre o programa de Los Alamos, o que Lee fez.

Já eram duas ocasiões em que Peter Lee, segundo ele próprio, transmitira informações secretas aos chineses. O FBI tinha bastante matéria para avançar. O caso foi entregue ao magistrado Jonathan Shapiro, que pensou ter boas bases para processar Peter Lee e levá-lo perante a justiça, mas começou a encontrar dificuldades no *US Attorney's Office* e no *Justice Department* (mais ou menos o equivalente a Ministério Público e Ministério da Justiça) sobre a melhor maneira de o fazer. O *Justice Department* desejava escolher o método de atuação, o que era uma novidade para Shapiro, pois não costuma interferir nas decisões do *US Attorney's Office*. O juiz Shapiro percebeu rapidamente qual o problema: as informações que Peter Lee passara aos chineses eram secretas à época dos acontecimentos, mas entretanto tinham deixado de o ser, então qualquer bom advogado poderia aproveitar essa brecha na acusação.

Não seria fácil condenar Peter Lee a uma pena pesada por algo que, na época do julgamento, não seria tecnicamente um crime. Além do mais, a classificação de um documento como "confidencial", "secreto" ou "ultrassecreto" era uma decisão do presidente dos EUA ou do Pentágono e não tinha força de lei. Uma pessoa poderia passar um documento "ultrassecreto" a um país estrangeiro e não ser condenada em tribunal por isso, desde que a justiça considerasse que a fuga de informações, por mais que fossem consideradas ultrassecretas pela Casa Branca ou pelo Pentágono, não tivessem relevância suficiente para comprometerem de facto a segurança nacional. Para tornar tudo ainda mais complicado, a própria *Energy Agency* norte-americana começara, a partir de 1993, a divulgar a países estrangeiros algumas informações sobre testes termonucleares com laser, como forma de os levar a fazer testes controlados e dissuadi-los de realizarem as tradicionais deflagrações nucleares a céu aberto, outro argumento que poderia servir de álibi a Lee. Para cúmulo, o próprio diretor do *Radar Ocean Imaging Program*, Richard Twogood, tinha discutido pormenores do programa em público, o que lançava sérias dúvidas sobre a legitimidade de ser considerado como secreto. Questionado por Shapiro sobre o nível de classificação do programa, Twogood hesitara e dissera apenas que sempre lhe parecera "mais ou menos secreto". O caso de Peter Lee era mais complicado do que parecera em princípio a Jonathan Shapiro.

Mas as surpresas ainda não tinham acabado para o jovem magistrado. O caso não era sólido. John Schuster, responsável na US Navy pela segurança do programa de submarinos, explicou que as informações sobre estes não eram propriamente secretas, apenas as informações sobre o "rastro" que os submarinos deixam no oceano e que tornariam possível detetá-los via satélite poderiam ser consideradas "secretas". Além do mais, John Schuster assegurou que trazer o caso a público com um julgamento, durante o qual todos os pormenores do programa seriam escrutinados, poderia causar maior dano à segurança e interesse nacionais dos EUA do que a própria passagem de informações aos chineses. O maior receio de John Schuster era que, no decurso do julgamento, surgissem informações sobre outros programas sobre deteção de submarinos inimigos, esses sim "ultrassecretos".

Os superiores de Jonathan Shapiro informaram-no de que devia começar por ameaçar Peter Lee com acusações de espionagem e de pôr em risco a segurança nacional de maneira a que, sob pressão, confessasse a culpa e fosse possível chegar a um acordo extrajudicial que evitasse um melindroso julgamento de que ninguém sairia bem-visto. Não havia plano B. Se Peter Lee recusasse a sua culpa, Shapiro voltaria ao escritório para então ser decidido qual caminho seguir. Já o FBI fez saber a Shapiro que, mais do que um julgamento, o que interessava ao *Bureau* era a possibilidade de poderem futuramente usar Peter Lee para obterem informações sobre a inteligência chinesa. Jonathan Shapiro estava desolado. Mas Peter Lee aceitou ser culpado de ter transmitido documentos secretos. Assumiu-o "com a consciência de que poderiam ser usados para beneficiar os interesses da República Popular da China". Com esse expediente, Lee chegou a um acordo extrajudicial e ficou em liberdade.

Porém, dois anos mais tarde, um relatório do Comitê do Senado sobre espionagem concluía que as informações passadas por Lee à China poderiam servir para, num futuro próximo, este país atentar contra submarinos nucleares norte-americanos que eram até aí indetectáveis. A US Navy, perante a possibilidade de o grande público pensar que os submarinos nucleares dos EUA estariam em risco, ficou furiosa com o relatório. Peter Lee acabou por ir mesmo a julgamento, mas sairia com uma mera multa de 20 mil dólares. Pior a emenda que o soneto.

Wen Ning nascera em Xangai em 1949. Graduou-se em engenharia térmica pela universidade de Qing Hua em 1976, tendo ainda obtido uma outra especialização universitária dois anos depois. O melhor aluno da turma, Wen Ning obteve autorização das autoridades chinesas para viajar até os EUA em 1980 e continuar os seus estudos académicos ao abrigo do acordo de cooperação estudantil entre ambos os países. Em 1984, Wen Ning já tinha obtido uma pós-graduação e um MBA na universidade de Berkeley na Califórnia. Regressando com a sua mulher à China, entrou para o corpo diplomático. Subiu na carreira devido às suas habilitações acadêmicas e ao seu fluente domínio do inglês, e em 1986 foi nomeado adido diplomático em São Francisco, onde a sua mulher, Lin Hailin, também começou a trabalhar como telefonista. Em 1988, quando a China abre o consulado em Shatto Place, Wen Ning é ali colocado como adido responsável pela área científica e tecnológica. Mas o curso da história haveria de o colocar em outra rota. Em 1989, Wen Ning torna-se publicamente amargo em relação à política chinesa, após o massacre da Praça Tiananmen. Por essa razão, é contatado por um agente do FBI, Steve Johnson, que o aconselha a permanecer no corpo diplomático chinês, que tinha ameaçado abandonar, trabalhando ao mesmo tempo como informante do *Bureau*. Para o convite ser irrecusável, Steve Johnson prometeu-lhe que conseguiria um visto de entrada nos EUA para a sua filha, que tinha sido anteriormente negado. O FBI conseguia assim o que queria: um agente colocado no corpo diplomático chinês que, não sendo um dissidente, e portanto imediatamente renegado, poderia transmitir informações secretas durante anos.

Wen Ning – que recebeu o nome de código Anubis, em referência ao deus egípcio do mundo dos mortos – passou ao FBI várias informações sobre a influência do MSS no consulado de Shatto Place. Em 1991, Wen Ning é abordado por um oficial chinês que lhe pede para ajudar um amigo na China. Wen Ning é então contatado por esse "amigo", Qu Jian Guo, funcionário de uma empresa de eletrônica, a Rich Linscience Electronics, que lhe pede para contrabandear tecnologia norte-americana para Hong Kong, nomeadamente *microchips* que poderiam ser usados militarmente, o que Wen Ning começa a fazer, sem que o FBI descobrisse. Em 1992, Wen Nig decide abandonar o consulado chinês e pedir asilo diplomático aos EUA. É ajudado por James J. Smith, que lhe arranja uma casa segura. Wen deixa uma carta no consulado explicando as suas razões e onde diz esperar "ainda poder ajudar a pátria-mãe". Segundo ele, tinha sido convidado para empregos bem pagos em empresas de tecnologia de ponta norte-americanas e essa era a razão de querer desertar, para poder, com esse dinheiro, contribuir para o desenvolvimento da China. E, quem sabe, no futuro, com os seus conhecimentos. Além do mais, deixava contatos de familiares seus, nos EUA e no Canadá, para a eventualidade de as autoridades chinesas alguma vez precisarem falar com ele.

Em 1993, Wen é contratado por um dos maiores fabricantes de máquinas de fazer gelo dos EUA, a Manitowoc Company. Alguns anos depois, em 2000, a Manitowoc Company envia Wen para a China como presidente da nova delegação de Hangzhou. Para James J. Smith, ter um colaborador em plena China, e com a autorização para viajar entre a China e os EUA, é uma oportunidade de ouro. Wen começa a contar ao FBI o que sabe sobre os empresários e políticos chineses com quem se relaciona. Da China, Wen telefona todos os dias à sua mulher, que ficara nos EUA, para saber como corre o negócio familiar que haviam lançado anos antes, a Wen Enterprises. Esta comercializava *microchips* de computadores para a China, tendo tornado Wen um homem razoavelmente rico. Entretanto, trabalhava em Hangzhou com a perspectiva de aumentar o negócio da Manitowoc Company, aproveitando os Jogos Olímpicos que decorreriam em Pequim em 2008: dezenas ou mesmo centenas de hotéis seriam construídos no país para servirem de infraestrutura ao evento desportivo, e todos eles precisariam de máquinas de gelo.

Mas, em 2011, uma empresa norte-americana que vendera *hardware* à Wen Enterprises avisa o Office of Export Enforcement que os componentes tinham acabado por ser vendidos por Wen à China, numa clara violação das leis de comércio norte-americanas. Ainda por cima, tinham sido vendidos a um instituto que, segundo a *Defense Intelligence Agency* (DIA), dotava os serviços públicos chineses com tecnologia, incluindo os serviços de segurança e os serviços militares. Wen estava agora sob suspeita. Em 2004, após receber mais uma denúncia que envolvia a Wen Enterprises, o *Department of Commerce* pede ao FBI para colocar Wen Ning sob escuta e, por questões de segurança, Wen é retirado da lista de pagamentos do FBI. A equipe de James J. Smith é completamente apanhada de surpresa pela investigação, pois, ao longo de todos os anos que Wen colaborara com o departamento para os assuntos chineses, nunca dissera a Smith que geria uma empresa de importação-exportação, e muito menos uma empresa que comercializava produtos eletrônicos ilegalmente.

As escutas começam a mostrar que Wen e a mulher contatam várias vezes o empresário Qu Jian Guo, marcando com ele transportes de produtos em diversos barcos, para despistar a alfândega norte-americana, bem como combinando com ele falsificar autorizações da alfândega para o transporte desses produtos. Numa das conversas, Wen e a mulher discutem animadamente o escalar de manobras militares chinesas ao largo de Taiwan, comentando que, se a China declarasse guerra à ilha separatista, isso seria ótimo para o negócio de Qu Jian Guo e, em consequência, para a Wen Enterprises. Em outra conversa, Qu Jian Guo combina com Wen visitar os EUA com a sua mulher para os dois casais se encontrarem. Assim que Qu Jian Guo e a mulher aterrissam nos EUA, em setembro de 2004, são detidos pelo FBI, acontecendo o mesmo a Wen e sua mulher, que veem ainda a mansão que haviam comprado penhorada.

Na acusação de que os quatro são alvo, podia ler-se: "são acusados de terem ilegalmente transferido matéria classificada de interesse nacional para a República Popular da China sem a obrigatória autorização de exportação", sustentando que esses materiais poderiam ser usados na China para fins militares. Um mês depois, são acusados de conspiração para violar as leis do comércio e de branqueamento de capitais, sendo ainda Wen acusado por perjúrio. Todos se declararam culpados para evitarem penas pesadas. Fazendo acordos extrajudiciais, Qu Jian Guo foi condenado a quatro anos de cadeia, a sua mulher a seis meses e a mulher de Wen a três anos e meio de cadeia. Wen Ning, porém, prefere ir a julgamento.

Então, declara que não pode ser julgado, alegando imunidade diplomática, uma vez que, na maior parte dos anos em que alegadamente fizera os crimes de que era acusado, trabalhava no consulado chinês. Isso chamou a atenção do *State Department*, que queria evitar um incidente diplomático. Por isso, os magistrados decidiram abdicar de acusar Wen pelos crimes cometidos entre 1987 e 1992, quando trabalhara no corpo diplomático chinês, limitando-se a acusá-lo pelas infrações cometidas após 1992; ainda assim, segundo os magistrados públicos, suficientes para lhe garantirem prisão efetiva. O juiz, na leitura da sentença, considerou Wen Ning "uma pessoa diligente e trabalhadora", o que fazia com que lhe "custasse muito" aplicar-lhe a pena: cinco anos de cadeia, a serem cumpridos na penitenciária federal de Duluth, uma prisão de segurança mínima.

7. O MSS rouba areia

O caso de Wen Ning, com acusações de branqueamento de capitais e evasão fiscal, não tem os condimentos do clássico caso de espionagem. Isso porque, na realidade, provavelmente nunca foi. O FBI nunca encontrou indícios que Wen Ning alguma vez tivesse colaborado com o MSS, sido contatado diretamente por alguém do MSS ou que os produtos tecnológicos que vendia à China fossem usados pelo MSS. Mais, o FBI nunca conseguiu perceber se o próprio Qu Jian Guo estaria de alguma forma ligado ao MSS, sabendo no entanto que a sua empresa era legítima e não uma empresa falsa dos serviços secretos chineses. Tecnicamente, Wen Ning não poderia ser acusado de espionagem, razão pela qual de fato não foi, mas apenas por contrabando, lavagem de dinheiro, evasão fiscal e perjúrio. Mas Wen Ning espiou a favor da China. Mesmo de forma inconsciente, a "ajuda à pátria-mãe" que ele expressou na carta ao consulado acabou por ser, sob qualquer perspectiva, espionagem industrial.

É este o grande problema que as agências ocidentais de inteligência enfrentam quando lidam com a espionagem chinesa. Por cada Larry Chin e Katrina Leung, agentes do MSS infiltrados em agências estrangeiras em busca de documentos secretos e segredos de Estado, há milhares de Wen Ning e Peter Lee, pessoas "diligentes e trabalhadoras" que apenas, no seu entender, estão ajudando a "pátria-mãe" chinesa como podem e como, segundo eles, é seu dever. Isso não acontece com mais nenhuma inteligência do mundo. O método de "onda" da inteligência chinesa revela-se extremamente eficaz, ao ponto de, na maioria esmagadora dos casos, nem sequer precisar de usar agentes profissionais para obter informações e tecnologia.

O espírito da polícia secreta chinesa pode sintetizar-se numa piada que os agentes do FBI contam entre si. Qual a diferença entre as agências de inteligência russa, norte-americana e chinesa, caso tivessem de saber tudo sobre uma praia com 100 mil grãos de areia? A inteligência russa mandaria um submarino militar e deste sairia uma equipe de atléticos e frios agentes de elite que sequestrariam numa operação-relâmpago um monte de areia; os americanos fariam uma série de pesquisas à praia por meio de satélites topo de gama comandados em tempo real por especialistas e analistas num ambiente *very high-tech*; por fim, a inteligência chinesa simplesmente pediria a 100 mil turistas chineses para trazerem de volta, cada um, um grão de areia. Afinal de contas, o MSS ficaria sabendo mais sobre aquela praia do que qualquer uma das outras agências. Demora mais tempo, porém é muito mais eficaz. É a famosa paciência do chinês.

Diretores da agência chinesa ao longo da história

Diretores do DCAS

1939-1948: Kang Sheng

1948-1949: Li Kenong

Diretores do MSP

1949-1959: Luo Ruiqing

1959-1972: Xie Fuzhi

1972-1973: Li Zhen

1973-1977: Hua Guofeng

1977-1983: Zhao Cangbi

1983-1985: Liu Fuzhi

1985-1987: Ruan Chongwu

1987-1990: Wang Fang

1990-1998: Tao Siju

1998-2002: Jia Chunwang

2002-2007: Zhou Yongkang

2007- (...): Meng Jianzhu

Diretores do MSS

1983-1985: Ling Yun

1985-1998: Jia Chunwang

1998-2007: Xu Yongyue

2007-(...): Geng Huichang

VII - RAW
(Serviços Secretos Indianos)

1. James Bond no *British Raj*

> "Não vale a pena ter liberdade
> se não incluir a liberdade de cometer erros."
>
> Mahatma Gandhi

As origens dos serviços secretos nos territórios a que hoje chamamos Índia e Paquistão datam do tempo do Império Britânico, quando, em 1885, o general Charles Metcalfe MacGregor foi nomeado *quartermaster general* do *British Raj* (como era conhecida então a colónia britânica) e responsável pelo *Intelligence Department do British Indian Army* em Simla, com a missão de controlar as movimentações do Exército imperial russo, temendo o Reino Unido que o czar Alexandre III tentasse invadir o *British Raj* pelo Afeganistão. Com a ameaça russa pairando sobre o Império Britânico, o novo *Intelligence Department* do Exército britânico tentava tornar mais profissional a inteligência na Índia, até então nas mãos quase amadoras (pelo menos em termos de espionagem pura e dura) do *Survey of India*, sediada em Dehradun, a agência fundada em 1767 para assegurar a segurança e expansão da *British East India Company*, mas cuja principal responsabilidade era, mais do que inteligência, a criação de mapas e obras de engenharia. A inteligência recolhida pelos agentes da *Survey of India* era, assim, antes de mais nada, topográfica, e não estava preparada para lidar com as movimentações militares russas. Na época, chegou também à colónia o *Indian Department of Criminal Intelligence* (DCI), um ramo do *Crime Investigation Department* (CID) britânico focalizado única e exclusivamente no *British Raj* para apoiar o *Intelligence Department* de Charles Metcalfe MacGregor.

A Rússia imperial nunca chegou a invadir o *British Raj*, mas a inteligência na gigantesca colónia continuou ativa muito em parte devido às ameaças de outro país, bem mais próximo da Inglaterra: a Alemanha. De fato, desde sempre a Alemanha tentara desestabilizar o seu rival britânico, tendo como alvo a razão do seu poder: o império ultramarino. Perante a perspectiva de os alemães tentarem sabotar o *British Raj*, apoiando os movimentos nacionalistas no Punjab e em Bengala, protagonizados por Rash Behari Bose, que causavam cada vez maior caos e problemas na colônia, foi criado o *Indian Political Intelligence Office* (IPIO) em 1909, que passou a centralizar toda a inteligência inglesa no território, liderado pelo espião John Arnold-Wallinger. Com o incremento do clima beligerante que levaria à Primeira Guerra Mundial, as preocupações britânicas em relação ao *British Raj*, e a uma possível infiltração dos serviços secretos alemães, aumentaram consideravelmente, até porque eram conhecidos os esforços do chanceler Theobald von Bethmann-Hollweg para aproximar a Alemanha politicamente do Império Otomano, o que poderia levar o sultão a declarar uma *jihad* contra os ingleses e a sublevação dos milhões de habitantes muçulmanos da colônia (os mesmos que, anos depois, formariam o Paquistão). Quando estoura a Primeira Guerra Mundial, e o Império Otomano acaba por se aliar à Alemanha, os piores pesadelos dos ingleses pareciam ter-se tornado realidade.

O Ministério dos Negócios Estrangeiros alemão (*Auswärtiges Amt*) cria então uma célula de inteligência sediada em Constantinopla e centrada na desestabilização do Império Britânico, nomeadamente na Pérsia, no Egito e na Índia, o *Nachrichtenstelle für den Orient* (Gabinete de Inteligência para o Oriente), de maneira a desviar as atenções do inimigo britânico para o seu império e enfraquecê-lo na guerra que se travava na Europa. A equipe era liderada pelo barão Max von Oppenheim, um conhecido diplomata e arqueólogo que fora dos primeiros ocidentais a escavar as tumbas dos antigos faraós do Egito, país onde, de forma reveladora, ganhara entre os locais a alcunha de "o espião". As operações no *British Raj* eram dirigidas pessoalmente por Otto Günther von Wesendonck, que rapidamente começou a apoiar o independentista marajá de Alwar, Mangal Singh Bahadur Prabhakar, bem como o *Ghadr Party* (Partido da Revolta) de Har Dayal, Sohan Singh Bhakna e Maulvi Barakat Allah, o partido formado nos EUA e no Canadá que advogava a independência da Índia. Ao apoiá-lo, encontrava-se o mais sênior agente do *Nachrichtenstelle für den Orient*, Franz von Papen, que anos mais tarde se tornaria o último chanceler do II Reich, antes da chegada ao poder de Adolf Hitler.

O espião Franz von Papen deveria comprar armas nos EUA e contrabandeá-las para o *British Raj*, onde as entregaria ao *Ghadr Party* para iniciar uma revolução no território que se alastraria depois a todo o mundo muçulmano, sendo então apoiada por Paul von Lettow-Vorbeck, o responsável pela *Deutsch-Ostafrika*, a agência militar alemã que tentava subverter as colônias britânicas na África. Franz von Papen e

Otto Günther von Wesendonck tentariam ainda que o rei do Afeganistão, Habibullah Khan, pressionado pela população muçulmana incendiada por propaganda alemã, declarasse a *jihad* contra as forças britânicas no vizinho *British Raj*. Todos esses esforços seriam apoiados pelo sultão otomano (que já havia declarado a *jihad* contra a Grã-Bretanha) e pelo general responsável pelo seu poderoso exército, Enver Pasha, bem como pelo espião alemão Wilhelm Wassmuss, que tentaria a sublevação na Pérsia. Com isso, a Alemanha pretendia, idealmente, que a colônia inglesa ficasse cercada por todos os lados de inimigos pró-alemães. Mas assim não aconteceu. Os planos alemães sairiam fracassados: o germanófilo Enver Pasha nunca conseguiu do sultão otomano um apoio massivo à desestabilização da Índia, o agente alemão Oskar von Nierdermayer não conseguiu sequer que Habibullah Khan declarasse a *jihad* contra a Inglaterra e abandonasse a neutralidade do reino afegão e Paul von Lettow-Vorbeck nunca conseguiu realmente causar grandes problemas aos ingleses nos países da África que professavam a fé islâmica. No entanto, a Grã-Bretanha pensou durante toda a Primeira Guerra Mundial que os esforços alemães estariam sempre prestes a ter resultado, o que, na mais bondosa das análises, mostrava a ineficácia conjunta do *Indian Political Intelligence Office* e do *Indian Department of Criminal Intelligence*.

Para mudar essa preocupante realidade, foi criado com o final do primeiro conflito mundial o *Indian Political Intelligence* (IPI), que reportava oficialmente ao *India Office* e ao *Director of Intelligence Bureau* (DIB), mas que na prática estava ligado diretamente aos serviços secretos internos britânicos, o MI5. O IPI continuaria, ao longo dos anos, a lutar contra as tentativas alemãs de desestabilizar o *British Raj*. O *Ghadr Party* continuava ativo e, ao longo dos anos 1930, procurou, para os desejos independentistas, apoio do III Reich de Adolf Hitler que, apesar de não ter qualquer interesse direto na colônia britânica, pretendia explorar qualquer ponto fraco do seu futuro inimigo britânico. Para tal, foi formada em 1941 a *Indische Freiwilligen-Legion* (Legião Índia Livre), que começou por ser responsabilidade do Exército alemão e treinada pelo marechal Erwin Rommel, mas rapidamente passaria a ser controlada pelas *Waffen-SS* de Heinrich Himmler por intermédio de Subhas Chandra Bose, então presidente do *Indian National Congress*. Um ano depois, os alemães patrocinam a criação do *Azad Hind Fauj* (Exército Nacional Indiano) e conseguem mesmo fazer com que seja criado um Governo indiano no exílio, sedeado em Cingapura, o *Arzi Hukumat-e-Azad Hind* (Governo Provisório da Índia Livre). Porém, o IPI não conseguiria travar o percurso da História e, com o final da Segunda Guerra Mundial, o *British Raj* finalmente acaba e divide-se em dois países independentes, a Índia e o Paquistão. Com eles, nascem também duas agências de inteligência: o *Intelligence Bureau* indiano e o *Intelligence Bureau* paquistanês.

2. Dos escombros do Império: o RAW

Logo após a independência da Índia, o novo país sentiu necessidade de criar uma agência de inteligência própria que a protegesse do seu novo vizinho e inimigo, o Paquistão. O *Intelligence Bureau* foi assim formado e a direção entregue a Sanjivi Pillai, substituído por B. N. Mullick após o primeiro líder indiano Mahatma Gandhi ter sido assassinado por um fundamentalista hindu. Mullick seria diretor do IB durante quase duas décadas, tornando a agência de inteligência uma das mais poderosas instituições da Índia. De fato, não apenas o IB começou a desenvolver um papel predominante na segurança interna e externa, como aos poucos se foi tornando essencial à própria definição da política externa indiana, fosse quem fosse o presidente do país. A estreita ligação de B. N. Mullick ao presidente Jawaharlal Nehru levou a que fosse o IB a decidir várias das localizações militares indianas durante a guerra com a China, em 1962, mas não o impediu de ser completamente apanhado de surpresa pela invasão chinesa logo para começar, lançando suspeitas de incompetência sobre a agência e sobre o presidente.

Ainda assim, a reputação do IB manteve-se em alta devido à forte onda de nacionalismo indiano que encontrava no povo terreno fértil em resultado da guerra com a China, mas não só, também devido ao excelente trabalho de Sanjivi Pillai que, na sua curta carreira à frente da inteligência indiana, tinha conseguido autorização para colocar espiões nas embaixadas da Índia na Alemanha, França e, claro, Paquistão. Com B. N. Mullick, os espiões do IB alargaram-se às embaixadas na China, no Sri Lanka e em vários países do Médio Oriente. Mas a incapacidade de qualquer um deles prever o ataque chinês à Índia levou as autoridades políticas a ponderar a criação de uma agência de inteligência ainda mais moderna e profissional. Além disso, o *director of Military Intelligence*, M. N. Batra, tinha ficado com a fama pelo desastre de 1962, pois a maioria da população indiana pensava que a responsabilidade pela obtenção de inteligência no país recaía nos militares, e não no IB, cuja missão, propósitos ou mesmo a simples existência era desconhecida de muitos. M. N. Batra fez, assim, tudo ao seu alcance para convencer o comandante do exército indiano, o general J. N. Choudhury, da necessidade de criar uma agência de inteligência mais competente e popular. M. N. Batra e J. N. Choudhury iniciaram então uma viagem pelos EUA e pela Inglaterra, para analisarem como funcionava a CIA, a NSA, o MI5 e o MI6. Ambos também estudaram a maneira como funcionava a Mossad – sendo que desde o início Israel foi um aliado político da Índia – e, quando regressaram a Nova Deli, M. N. Batra escreveu um relatório ao ministro da Defesa Y. B. Chavan, no qual defendia a criação de uma agência similar às que conhecera no Ocidente. Y. B. Chavan levou-o então à nova primeira-ministra do país, Indira Gandhi. Indira assentiu na sua criação, mas com uma premissa: a nova agência devia reportar-se diretamente a ela, e não ao Ministério da Defesa ou ao Parlamento, ao contrário do que costuma ocorrer com as agências de inteligência ocidentais.

No dia 21 de setembro de 1968, nascia assim o *Research & Analysis Wing of the Cabinet Secretariat*, que começaria a ser tratado por R&AW e, rapidamente, pelo mais simples acrônimo RAW.

O novo RAW ficou nas mãos do antigo espião do IB, Rameshwar Nath Kao, auxiliado pelo também espião do IB, Sankaran Nair, tendo ambos sido escolhidos devido à eficácia com que haviam montado a delegação do serviço de inteligência indiano no Gana e como tinham ajudado o país africano a criar, do nada, o seu próprio serviço de espionagem. Além de Rameshwar Nath Kao e Sankaran Nair, 250 agentes do IB transferiram-se para o RAW, tendo no entanto muitos outros permanecido no IB (entretanto transformado numa agência interna, à semelhança do MI5) e, ocasionalmente, muitos desses agentes trabalhavam conjuntamente para o RAW e o IB, o que nunca ajudou à eficiência da inteligência indiana nem a uma clara definição das tarefas e responsabilidades de cada um dos serviços. Apesar de tudo, em poucos anos, Rameshwar Nath Kao conseguia transformar o RAW numa agência muito maior e mais importante que o IB, tendo mesmo ao seu dispor milhares de agentes e uma equipe de reconhecimento aéreo treinada pela US Air Force e pela CIA chamada Aviation Research Centre.

O primeiro grande sucesso do RAW data precisamente desta época. Numa época em que o Paquistão ainda era oficialmente dividido em dois territórios, um a oeste e outro a leste, o Paquistão Leste inicia em 1971 uma campanha de guerrilha independentista bengali, apoiada pelo RAW. A insurreição foi duramente esmagada pelo Exército paquistanês, causando, segundo os resistentes, mais de três milhões de mortos (enquanto o Paquistão apenas reconhece oficialmente a morte de pouco mais de 20 mil civis) e à fuga para a Índia de 10 milhões de pessoas. A agência de Rameshwar Nath Kao decide treinar e armar o *Mukti Bahini* (Exército de Libertação), organização paramilitar inspirada em Che Guevara, levando-o a atacar postos militares do Paquistão Oeste. Em retaliação e na forma de um ataque preventivo que visava impedir o deflagrar de uma guerra civil, o Paquistão Oeste invade os territórios vizinhos, causando uma – antecipada pelo RAW – guerra entre os dois países. Com o final da guerra, que a Índia vence em todos os aspectos, um humilhado Paquistão vê-se obrigado a aceitar a independência do Paquistão Leste, que passa a chamar-se Bangladesh e torna-se imediatamente aliado político e militar da Índia. No entanto, o RAW não conseguiu impedir o assassinato do primeiro presidente do Bangladesh, Mujibur Rahman, pelas mãos de extremistas islâmicos apoiados pelo ISI paquistanês.

Menos feliz foi a decisão do RAW, nos anos 1970, de apoiar o movimento guerrilheiro *Liberation Tigers of Tamil Eelam* (LTTL) de Velupillai Prabhakaran, que pretendia tornar-se independente do Sri Lanka e criar um novo país denominado Tamil Eelam, exclusivamente de etnia tamil.

O RAW apoiava ao mesmo tempo os rivais deste grupo – o *Tamil Eelam Liberation Organization* (TELO), o *People's Liberation Organization of Tamil Eelam* (PLOTE), o *Eelam Revolutionary Organization of Students* (EROS), o *Eelam People's Revolutionary Liberation Front* (EPRLF) e o *Tamil Eelam Liberation Army* (TELA) –, pretendendo assim dividir o movimento independentista tamil e impedir que o país vizinho entrasse numa provável guerra civil de consequências imprevisíveis para a Índia. O RAW pretendia ganhar ascendência sobre o agradecido Governo do Sri Lanka e assim ajudar a Índia a tornar-se uma potência regional, plano que teve início com a criação, patrocinada pelo RAW, de uma nação independente: o Bangladesh. Apesar da oposição da primeira-ministra Indira Gandhi a uma intervenção indiana, em quaisquer moldes que ela fosse, no Sri Lanka, o RAW pensava ter a situação controlada, treinando mais de 500 militantes do LTTL em Dehradun, Chakrata e Himachal Pradesh.

Mas nem tudo corria a contento para os agentes do RAW no Sri Lanka. Cada vez mais descontrolado, o LTTL embarcou numa série de atentados terroristas e massacres que vitimaram vários políticos locais e mesmo indianos, voltando assim, como se costuma dizer, o feitiço contra o feiticeiro. Quando a situação descambou numa violenta guerra civil, e a causa dos tigres tamil ameaçava seduzir a população indiana da mesma origem étnica, nomeadamente na província de tamil Nadu, o RAW viu-se obrigado a arrumar a confusão que criara, levando a Índia a invadir o Sri Lanka. Começando por estacionar forças militares de paz no Sri Lanka, o Exército indiano viu-se rapidamente envolvido numa série de batalhas com o LTTL por todo o país. Desde essa data, o RAW tem sido criticado pela população indiana pela maneira alegadamente leviana como envolveu a Índia num conflito sem fim, principalmente após 1991, quando o primeiro-ministro indiano acabou assassinado num atentado suicida pelo fundamentalista do LTTL Thenmozhi Rajaratnam, protestando contra o fato de o RAW ter parado de apoiar a sua causa. Rajaratnam fora treinado anos antes pelo próprio RAW. As coisas não corriam muito bem.

Ocupado com as suas operações mais ou menos bem-sucedidas no Bangladesh e no Sri Lanka, o RAW passaria outra vez por uma fase menos feliz em 1977, quando Morarji Desai é nomeado primeiro-ministro. A Índia tinha atravessado um dos mais turbulentos e controversos períodos da sua história moderna, quando, devido a protestos contra a sua liderança e acusações de fraude nas eleições legislativas, a primeira-ministra Indira Gandhi instaurara no país o estado de emergência, o que lhe garantia poderes para legislar como bem lhe apetecesse, o que incluía cancelar eleições e acabar com as liberdades civis. Na prática, Indira Gandhi tornara-se ditadora durante três anos, até ser deposta pelo *Janata Party* (Partido do Povo) de Morarji Desai. O mesmo que durante todo o período de estado de emergência considerara o RAW como um dos pilares da provisória ditadura de Indira Gandhi – tendo os serviços secretos sido responsáveis pela perseguição e detenção de vários membros da *Rashtriya Swayamsevak Sangh* (Associação Nacional de Voluntários) que advogavam a resistência pacífica conhecida como *Satyagraha*. Desai não perdoou os serviços secretos e, assim que é eleito primeiro-ministro, decide reduzir enormemente as responsabilidades, poderes e orçamento da agência, levando a que o novo diretor, Sankaran Nair, se demitisse pouco depois de ter sido escolhido para o cargo, apenas voltando quando a própria Indira Gandhi se tornou novamente primeira-ministra.

A desconfiança em relação ao RAW, porém, não é, nem nunca foi, exclusiva de Morarji Desai.

3. Espiões com rédea solta

O problema, quando se tenta analisar o RAW, aqui ou mesmo na Índia, é a absoluta falta de informação sobre a maior e mais influente agência de inteligência indiana. Para as centenas de milhões de indianos, isso é praticamente tudo o que sabem sobre a organização: que é a sua maior e mais influente agência de inteligência. Exatamente por que ou como já é algo a que ninguém sabe responder, nem sequer os especialistas em espionagem e, segundo ex-agentes do RAW, nem sequer os próprios espiões indianos. Ao contrário da maior parte das outras agências conhecidas, muitas das quais temos analisado, o RAW não tem sequer departamentos, pelo menos que se tenham tornado conhecidos. Quando o RAW foi criado, não foram conferidos à agência pela então primeira-ministra Indira Gandhi nenhum objetivo particular, responsabilidades específicas ou enquadramentos legais nem limites que não pudessem ser ultrapassados, apesar de os responsáveis pela agência os terem pedido e continuarem a pedir. Muitos dizem que essa maneira de estruturar a agência de inteligência foi propositada e visava, não lhe estabelecendo objetivos ou limites, fazê-los depender do próprio primeiro-ministro, servindo assim o RAW como um cão de guarda da política indiana, externa ou interna.

O RAW, diga-se, talvez por isso mesmo, nunca fez muito para se desviar dessa imagem, sendo constantemente acusado pelos diferentes partidos indianos de ingerência abusiva nos assuntos políticos (sempre a favor do primeiro-ministro que na época estivesse no poder) e pelos cidadãos indianos de falta de transparência e mesmo responsabilidade perante os seus atos, pois o RAW, de fato, não se reporta a ninguém que não o primeiro-ministro, e mesmo a este pouco ou nada deve.

O único enquadramento legal do RAW, por incrível que pareça (e parece a milhões e milhões de indianos), é o *Official Secrets Act*. Até aqui nada parece estranho, quando se fala de uma agência de espionagem, mas acontece que a lei draconiana foi aprovada ainda no tempo do *British Raj* para que os serviços secretos ingleses pudessem perseguir, controlar e deter indianos independentistas em total sigilo e sem se reportarem a ninguém. Que o único enquadramento legal do RAW seja uma lei de 1921, do tempo do império colonial britânico, que por alguma razão nunca ninguém revogou, é algo que muitos não entendem, nem acham admissível, na Índia. Além do mais, quando todas as outras agências de inteligência indianas (o *Intelligence Bureau*, o *Directorate of Military Intelligence*, o *Joint Intelligence Committee*, a *Defense Intelligence Agency*, o *Directorate of Naval Intelligence*, o *Directorate of Air Intelligence*, o *Defense Image Processing and Analysis Centre*, o *Directorate of Signals Intelligence*, o *Joint Cipher Bureau*, o *Directorate of Revenue Intelligence*, o *Economic Intelligence Council*, o *Directorate of Income Tax Investigation*, o *Narcotics Control Bureau*, o *Central Economic Intelligence Bureau*, o *Directorate of Economic Enforcement* e o *Directorate of Anti-Evasion*), e são dezesseis, se sentem compelidas a mostrarem-se responsáveis, devido à aprovação do recente *Right to Information Act*, que o RAW declaradamente não respeita, pois a tal não está obrigado pelo *Official Secrets Act*.

Esse limbo jurisdicional em que o RAW se move faz com que muitos oficiais da agência – segundo referem alguns ex-agentes –, não se reportando a qualquer outra agência governamental, se sintam não apenas acima da lei, como, muitas vezes, se sintam como sendo a própria lei – atitude normal em agências de inteligência de regimes totalitários (os serviços secretos soviéticos, os serviços secretos iraquianos de Saddam Hussein etc.), mas estranha – para dizer o mínimo – numa democracia que, ainda por cima, exibe muitas vezes com orgulho o epíteto de ser a maior democracia do mundo.

Assim, não parece estranho que apenas em 1990, décadas após ter sido criado, o primeiro-ministro indiano V. P. Singh tenha dado finalmente ao RAW, ainda que de forma não escrita e não oficial, os seus objetivos. Passaram estes a coligir, produzir, analisar e processar qualquer informação secreta externa de interesse para a Índia, nos campos político, militar, econômico, científico e tecnológico, devendo ainda partilhá-la com outras agências de inteligência indianas que tenham interesse nelas; planejar e executar operações de espionagem e contraespionagem no estrangeiro, ainda que estas também possam ser realizadas por outras agências de inteligência indianas, mediante aprovação do primeiro-ministro; fazer a ponte entre a Índia e as diferentes agências de inteligências estrangeiras, presentes em território indiano ou não, ainda que a ligação às agências estrangeiras no que concerne a assuntos de contraespionagem também possa ser feita pelo *Intelligence Bureau*, mediante aprovação prévia do primeiro-ministro; reportar unicamente ao primeiro-ministro; colaborar, sempre que requerido, com o primeiro-ministro, o Ministério dos Negócios Estrangeiros, o Ministério dos Assuntos Internos e o Ministério das Finanças.

Como se vê, a confusão de jurisdições entre o RAW e as outras agências de inteligência, como o IB, permaneceu mesmo com a aprovação das diretrizes oficiosas que supostamente deveriam esclarecer de uma vez por todas as responsabilidades da agência. Pior, o *Intelligence Bureau*, que tinha vindo a ser esvaziado de responsabilidades externas desde a criação do RAW, nos anos 1960, aproveitou a diretriz que passou a lhe possibilitar organizar operações de contraespionagem para se fortalecer em número de agentes e em orçamento, lançando ainda mais confusão sobre que agência é efetivamente responsável por cada área de atuação, confusão aumentada exponencialmente quando as novas (as primeiras, para se ser mais preciso) diretrizes do RAW colocaram ainda a agência para colaborar, sempre que necessário ou requerido, com o Ministério das Finanças, sobrepondo-se assim às áreas de atuação e às responsabilidades do *Directorate of Revenue Intelligence*, do *Economic Intelligence Council*, do *Directorate of Income Tax Investigation*, do *Central Economic Intelligence Bureau*, do *Directorate of Economic Enforcement* e do *Directorate of Anti-Evasion*. Essa amálgama de responsabilidades veio, como se não bastasse, lançar ainda mais conjecturas negativas sobre o RAW perante os cidadãos indianos, os quais toleravam que os seus assuntos econômicos fossem investigados e controlados pelas seis agências de inteligência supracitadas, pois reportam ao Parlamento e têm *accountability*, mas passaram a ver com maus olhos que uma agência de inteligência ultrassigilosa que não reporta a ninguém o passasse também a fazer.

Segundo a conhecida Lei de Murphy, se existe a hipótese de um assunto correr mal, então é porque vai mesmo correr mal ou ainda pior do que se esperava. Foi isso precisamente que aconteceu com as novas diretrizes do RAW, pois a possibilidade de outras agências tomarem para si responsabilidades que eram exclusivas do RAW levou mesmo à criação de mais serviços de inteligência. Estava aumentada a confusão. Foi criada a *National Technical Facilities Organization* (NTFO), rapidamente rebatizada *National Technical Research Organization* (NTRO). Esta nova NTRO deveria ser a congênere indiana da *National Security Agency* (NSA) norte-americana, a maior e mais importante agência de inteligência dos EUA, responsável pelo controle das comunicações internas, pelo desenvolvimento de códigos que protejam as comunicações norte-americanas e por desenvolver maneiras de sabotar ou encontrar fraquezas nas comunicações estrangeiras e nos seus sistemas de segurança. Ao contrário da CIA, tantas vezes acusada de incompetência, a NSA é a mais respeitada agência dos EUA, altamente profissional e eficaz, e era assim que a Índia desejava que a nova NTRO também fosse. Mas não, infelizmente, isso não aconteceu. Por quê? Mais uma vez por causa do RAW.

A missão da NTRO se chocava frontalmente com as responsabilidades que o RAW também tinha no assunto, então este se recusou a colaborar com a nova agência (apesar do primeiro diretor do NTRO, R. S. Bedi, ser um ex-agente do RAW). Essa recusa refletia-se em coisas básicas e operacionais, como utilizar recursos comuns. O RAW, ao recusar-se a partilhar os aviões do Aviation Research Centre, que possibilitam fazer espionagem por satélite, obrigou a NTRO a encontrar fundos para comprar os seus próprios aviões e satélites, duplicando o esforço financeiro do Estado para uma mesma tarefa. Mais uma vez o povo indiano criticou severamente a forma como eram conduzidos os assuntos de inteligência no seu país.

Para muitos indianos, o fato de o RAW ser uma das mais importantes agências de inteligência do mundo parece decorrer apenas de ser a principal agência de espionagem de um dos mais importantes países do mundo, e não necessariamente por mérito próprio dos seus agentes e diretores. A essas críticas o RAW nunca respondeu. A organização mantém-se totalmente hermética. Até muito recentemente era proibido mostrar fotografias dos seus diretores nos jornais, então satisfazer qualquer dúvida que a comunicação social pudesse ter estava no domínio do impossível.

Outra crítica que tem sido reiteradamente feita à inteligência indiana em geral, e portanto, também ao RAW, é a absurda competição entre as diferentes agências, principalmente entre as principais, o RAW, o *Intelligence Bureau* e o *Directorate of Military Intelligence*.

A inveja e a competição entre elas são antigas. Nos tempos do primeiro ministro Jawaharlal Nehru, o *Intelligence Bureau* era a agência responsável por *toda* a inteligência indiana, interna, externa, civil e militar. A espionagem e a contraespionagem competiam ao *Intelligence Bureau*, bem como as operações humanas e as operações tecnológicas. Grande parte do próprio policiamento do país pertence ao *Intelligence Bureau*, mas tudo acabou quando a parte externa do IB se transferiu para o RAW em 1968, ficando o *Intelligence* com um amargo de boca e um ressentimento que continuou até os dias de hoje.

Num cenário de fracassos consecutivos do RAW e do *Intelligence Bureau*, o *Directorate of Military Intelligence* decidiu criar na sua própria organização departamentos com as mesmas responsabilidades das duas outras agências; dispensável será referir que no complexo caldo da inteligência indiana isso enfureceu as duas agências. Mas isso era apenas o princípio. Nos anos seguintes, o exemplo do *Directorate of Military Intelligence* foi seguido e praticamente todas as organizações de policiamento, militares ou paramilitares indianas criaram, de uma forma ou outra, a sua própria agência ou departamento de inteligência. Apenas uma coisa os unia: odiavam-se todos mutuamente.

A relação azeda entre as agências de inteligência indianas é levada ao cúmulo do absurdo quando, na fronteira com o Paquistão, centenas de antenas das diferentes agências captam, lado a lado, os mesmos sinais de rádio do inimigo, sendo que as informações recolhidas por cada uma delas (as mesmas informações) acabam na secretária da mesma pessoa, o primeiro-ministro. Acontece que as informações são iguais, mas, se não fossem, nenhuma agência de inteligência indiana admitiria partilhar as suas informações captadas com as outras agências, até porque os diretores das diferentes organizações secretas, e mesmo os seus agentes, nem sequer se falam ou, em cerimônias oficiais ou reuniões de trabalho governamentais, se cumprimentam. Essa situação é tanto mais caricata quanto pelo menos um quarto de todas as informações recolhidas pelo RAW acabam no *Directorate of Military Intelligence*, pois são de cunho militar, mas não são transmitidas diretamente à inteligência militar, pois as duas organizações não se relacionam. As informações militares do RAW são transmitidas ao primeiro-ministro e este, se considerar que são relevantes, transmite-as, então, por meio de uma teia de outras agências, ao *Directorate of Military Intelligence*. A possibilidade de essas informações passarem direta e rapidamente entre as duas agências sempre foi excluída por qualquer uma delas.

O azedume entre essas agências é ainda maior devido às suas características e impedimentos legais. A possibilidade de o *Directorate of Military Intelligence* fazer espionagem e contraespionagem no estrangeiro é limitada devido aos seus estatutos, ao contrário do que se passa, por exemplo, com as inteligências militares norte-americana e israelita, que se sobrepõem, ou mesmo substituem, sem grandes problemas, à atuação da CIA e da Mossad. O mesmo acontece na Índia, sendo que uma considerável parte da inteligência de que as forças armadas indianas necessitam sobre os seus inimigos históricos (nomeadamente o Paquistão e a China) *tem* de ser obtida pelo RAW. Mas o RAW, ao longo dos anos, tem dado cada vez menos importância à inteligência de assuntos militares, centrando as suas atividades na obtenção de informações políticas e tecnológicas. As críticas do *Directorate of Military Intelligence* são que, como quase toda a inteligência política e tecnológica provém de *open sources* (jornais, televisão, artigos científicos, internet), poderia ser feita por qualquer das dezenas de agências de espionagem existentes no país, devendo o RAW voltar a centrar-se em inteligência militar. Para o *Directorate of Military Intelligence*, a razão do RAW não prestar muita atenção à inteligência militar não passa do seu desejo fútil de se assemelhar às agências mais conhecidas, como a CIA, a Mossad e, claro, o MI6 britânico, sofrendo assim o RAW, segundo os militares, de uma espécie de complexo de inferioridade pós-colonial.

O RAW responde a essas acusações lembrando ao *Directorate of Military Intelligence* que é responsável apenas pela inteligência militar estratégica, e não tática, sendo que a entrada em pormenores, como a localização, número e força dos exércitos inimigos, não lhe compete, devendo o *Directorate of Military Intelligence*, se o deseja, fazer o serviço por si próprio. Além disso, o RAW queixa-se de que, como não está autorizado a reunir informações militares táticas, não sabendo assim a localização, número e força dos exércitos inimigos, não pode cumprir com total competência a sua missão de analisar o inimigo e desenvolver inteligência militar estratégica. Para o RAW, foi isso que no passado levou aos vários vexames militares da Índia, sustentando que a culpa é do *Directorate of Military Intelligence*, que não lhe fornece mais dados. Mas o dedo do RAW não para de apontar aqui, culpa ainda o *Intelligence Bureau* por não fazer o mesmo quanto aos dados internos, o que impede o RAW de responder de forma mais eficaz ao poderoso terrorismo interno que assola a Índia. O *Directorate of Military Intelligence* responde a *estas* críticas afirmando que, como último receptáculo das informações militares, cabe a ele usá-las para colocar em prática operações do Exército, então não existe necessidade de informar as outras agências – incluindo o RAW – dos dados militares que já estão naquele momento sendo usados em operações. Além do mais, as informações militares – quer as obtidas pelo *Directorate of Military Intelligence*, quer as obtidas pelo RAW – são sempre transmitidas ao primeiro-ministro. Ambas as agências recusam-se a passar informações uma à outra, para que o crédito perante o poder político pela sua obtenção não seja atribuído à agência rival. Um caso complexo de identidade e orgulho próprio.

A situação torna-se ainda mais confrangedora quando, ocasionalmente, estando em posse das mesmas informações, o RAW as transmite em segredo à comunicação social, por meio de fuga de informação, para surgirem nos jornais, passarem a ser do conhecimento público e assim humilharem o *Directorate of Military Intelligence* quando surge com elas à frente do primeiro-ministro como se fossem de vital importância e altamente confidenciais. E, por vezes, até acontece o oposto. Quando estalam revoltas no distrito de Kargil, em Caxemira, em 1999, o Paquistão atribui-as a insurgentes sem qualquer relação com Islamabad ou com os seus serviços secretos, o ISI. Nova Deli não acredita e começa a curta, mas sensível – pois havia a possibilidade de escalar para um conflito nuclear – "Guerra de Kargil". Durante o primeiro mês da guerra, que durou apenas três, o Paquistão insistiu sempre que não estava relacionado com os insurgentes. Foi então que o RAW decidiu se impor. Para mostrar a sua competência, e ao mesmo tempo demonstrar a inabilidade do *Directorate of Military Intelligence*, revelou, em primeira pessoa, nas televisões e rádios da Índia, uma conversa telefônica interceptada entre o primeiro-ministro paquistanês Pervez Musharraf e o seu *chief of Staff*, o general Mohamed Aziz, que provava como a revolta tinha sido planejada pelo Exército paquistanês e pelo ISI, tendo sido liderada pelo general Ashraf Rashid. Isso demonstrava a sua supremacia. O problema é que a decisão do RAW em divulgar publicamente a conversa interceptada para se gabar perante a opinião pública e o primeiro-ministro indiano, humilhando por alto os rivais militares da agência, levou a que o ISI percebesse que a linha secreta de satélite que ligava Islamabad a Pequim tinha sido comprometida, desligando-a de imediato e deixando assim o RAW e a Índia sem acesso a uma fonte de informações privilegiada.

Quanto ao *Intelligence Bureau*, as relações com o RAW não são muito melhores. Cabe ao IB, enquanto agência de segurança responsável pela espionagem e contraespionagem interna, controlar áreas como o tráfico de drogas e o contrabando, mas acontece que, na Índia, muitas vezes o contrabando de armas é feito pelo próprio ISI paquistanês para grupos controlados por Islamabad na Caxemira indiana. Essa atividade serve para financiar esses mesmos grupos terroristas, sendo que, nessa situação, o contrabando e o tráfico de drogas passam automaticamente a ser também áreas de atuação do RAW, entrando em conflito com o IB. Parece confuso à primeira vista? Vejamos um caso prático. Um insurgente islâmico recrutado na Índia pelo ISI é controlado pela seção de contraespionagem do IB, mas, assim que atravessa a fronteira para ser treinado no Paquistão, o seu controle passa a ser responsabilidade do RAW. Como esse insurgente passa a vida viajando entre o Paquistão e a Índia (para ser treinado, obter armas, ser informado das missões do ISI etc.), a confusão torna-se incontrolável. Como seria de se esperar, a troca de informações entre o IB e o RAW é nula, comprometendo assim muitas vezes a própria segurança nacional da Índia. Mas a situação torna-se ainda mais intrincada, pois, enquanto esse insurgente está recebendo treino em terrorismo e armamento do ISI no Paquistão, é controlado pelo RAW. Quando atravessa a fronteira com o armamento para fazer os atentados terroristas para os quais foi treinado, o seu controle passa a ser responsabilidade do IB, como vimos. A não ser que esse insurgente realize atentados terroristas contra alvos militares indianos, como muitas vezes acontece em Jammu e Caxemira, passando então a responsabilidade pela investigação e inteligência sobre ele para o *Directorate of Military Intelligence*. Vejamos ainda outro exemplo que revela a confusão que se abate sobre a inteligência indiana. Se o insurgente estiver no Paquistão e contatar a rede terrorista na Índia por meio de um telefonema ou de um e-mail, o RAW pode apenas saber que ele fez o telefonema ou enviou o e-mail, mas não pode interceptá-los, pois o destino da comunicação era a Índia e a intercepção de comunicações no interior da Índia é um exclusivo do IB, a não ser que o assunto seja militar, passando então a ser responsabilidade do *Directorate of Military Intelligence*. O RAW poderá apenas interceptar telefonemas e e-mails que sejam enviados e recebidos por terroristas paquistaneses no interior do Paquistão ou do Paquistão para outros países, como o Afeganistão. Apesar de a maioria dessas comunicações ser, devido ao eterno conflito sobre Caxemira, enviada para o interior da Índia, o RAW perde a jurisdição e é cego e surdo no respeitante ao mais sensível conflito do seu país, um completo *nonsense*.

Mesmo quando o RAW intercepta comunicações no estrangeiro, o sucesso não é garantido, devido às suas péssimas relações com o *Ministry of External Affairs*, o equivalente ao nosso Ministério dos Negócios Estrangeiros (num país em guerra fria com o Paquistão, como está a Índia, o *Ministry of External Affairs* tem uma importância bem superior na segurança nacional que o nosso MNE). Sendo ambos responsáveis pela definição da política externa dos respectivos países, sendo que a política externa da Índia envolve sempre questões militares e nucleares, a dificuldade na relação coloca problemas muito complexos e expõe a Índia a perigos importantes.

Como responsável pela definição da política externa indiana, todas as informações recolhidas pelo RAW no estrangeiro devem ser transmitidas ao *Ministry of External Affairs*, mas isso nem sempre acontece. O RAW sempre quis – e conseguiu – influenciar a definição tanto da política externa como interna da Índia, extrapolando claramente as suas funções. Mesmo sendo um ministério, o RAW não suporta sequer a instituição que supostamente devia tutelá-lo.

Talvez com o objetivo de amenizar este relacionamento estranho foi criada, dentro do RAW, a figura do *foreign service adviser*, que deveria fazer a ponte com o *Ministry of External Affairs* e, em nome do ministério, monitorar a atuação dos serviços secretos, avaliando a sua competência. Dispensável será dizer que, rapidamente, o RAW conseguiu que a figura do *foreign service adviser* se tornasse pouco mais que decorativa, recusando-se a receber ordens do ministério. Neste caso, é principalmente o *Ministry of External Affairs* que tem as principais razões de queixa, mas, segundo o RAW, os seus agentes também enfrentam problemas desnecessários causados pela diplomacia indiana. Tendo muitas vezes de usar a diplomacia para fazer as suas operações (como acontece com todas as agências de informação do mundo, que têm agentes plantados nas embaixadas do seu país no estrangeiro, com anuência e colaboração do corpo diplomático), o RAW acusa os funcionários do *Foreign Office* indiano de odiarem os agentes do RAW e de os tratarem como pouco mais que mercenários que não merecem passar por diplomatas.

Mas, nos últimos anos, a competição do RAW com as outras agências cresceu ainda mais e pelo mais prosaico dos motivos – porque novas agências surgiram. Já vimos como as relações do RAW com o *National Technical Research Organization* (NTRO) são péssimas, mas não são muito melhores as relações com a também recente *Defense Intelligence Agency* (DIA), que nasceu após o conflito em Kargil com a missão de unir a inteligência militar. A DIA ganha a tutela sobre o *Directorate of Signals Intelligence* e sobre o *Defense Image Processing and Analysis Centre*, sendo na prática responsável por toda a obtenção informática e tecnológica de inteligência militar. Nesse caso, segundo o RAW, isso significa que os serviços secretos deviam deixar de a fazer, o que criou imediatamente um conflito com a DIA assim que foi criada e que continua até a atualidade.

Outra crítica que tem sido feita ao RAW, desta vez por figuras importantes da política indiana, como Shashi Tharoor (um dos grandes candidatos a suceder a Kofi Annan como Secretário-Geral da Organização das Nações Unidas, cargo que acabou por recair em Ban Ki-moon), é a quase paranoica mania da agência com o secretismo das suas operações e da sua estrutura. De fato, a vontade de não "mostrar as suas cartas" às agências de inteligência rivais indianas é tal no RAW que não se sabe absolutamente nada sobre a agência, no estrangeiro e na própria Índia. Não existe nenhum estudo especializado sobre o RAW feito na Índia, provindo a maior parte da informação sobre os serviços secretos indianos de estudos realizados no Paquistão, o país menos imparcial para os fazer. Segundo esses estudos, normalmente patrocinados pelo ISI, o arquirrival, é imputada ao RAW toda uma série de operações que andam sempre no limite do terrorismo puro e duro e, muitas vezes, da mais simples maldade e incompetência, levando a mania de secretismo do RAW a que a agência nunca confirme nem desminta tais acusações, por mais atrozes e infundadas que sejam. Segundo vários políticos indianos, essa atitude é a principal causadora da péssima imagem que o RAW tem junto da população indiana, quando, na realidade, a sua atuação serviu várias vezes ao interesse nacional e os seus agentes deveriam ser reconhecidos publicamente por isso.

O fato de não existir qualquer forma de responsabilizar o RAW pelos seus atos também contribui, segundo essas figuras, para a má reputação dos serviços secretos indianos junto da sua população. Se o RAW fosse controlado por alguma entidade, como a CIA é controlada nos EUA pelo *Senate Select Committee on Intelligence* e pelo *House of Representatives Permanent Select Committee*, ou como o MI6 é controlado na Grã-Bretanha pelo *Intelligence and Security Committee* do Parlamento, talvez o RAW fosse mais favoravelmente visto pela população em geral e pela comunicação social indiana em particular. Quando todas as agências de inteligência dos países democráticos são escrutinadas por alguma entidade mais ou menos independente, parece-lhes pouco recomendável que a Índia, que se gaba de ter a mais antiga agência de inteligência ainda em funcionamento do mundo (o *Intelligence Bureau*), tenha tão pouca consideração pela imagem pública da sua inteligência. Apelos ao escrutínio do RAW têm sido feitos, por todos os quadrantes, ao longo dos anos, desde a sua criação, mas os efeitos práticos desses apelos têm sido escassos ou nulos. Para se defender (e com alguma razão), o RAW lembra constantemente que quando V. P. Singh era primeiro-ministro existiu uma proposta de monitoração dos serviços secretos e que chegou a existir uma reunião com os principais responsáveis do RAW, que se mostraram satisfeitos e entusiasmados com a ideia, pensando que reportarem a uma comissão parlamentar lhes daria a possibilidade de explicar ao público indiano, por meio da representatividade do Parlamento, as suas missões, o sucesso destas e a maneira como contribuíam, todos os dias, para a segurança do país. Mas o governo de V. P. Singh caiu antes que a medida pudesse ser posta em prática, e o RAW, mais uma vez, atribui aos políticos a responsabilidade pela falta de escrutínio do RAW. É culpa dos políticos que os serviços secretos reportem diretamente ao *National Security Council Secretariat* (NSCS), que é tutelado pelo primeiro-ministro, e não pelo Parlamento Indiano.

No meio dessa troca de acusações múltipla – entre as diferentes agências, e entre as diferentes agências e os políticos indianos, não é de admirar que uma das poucas vezes – senão mesmo a única – que algo relacionado com o RAW veio a público tenha sido um escândalo que o embaraçou.

4. A toupeira da CIA

Em 2006, a Índia acordou em pânico com a notícia de que a CIA tinha infiltrado o RAW ao mais alto nível e que o agente duplo, para variar, tinha escapado ao controle dos serviços secretos e fugido do país. O suposto agente duplo em causa era um espião sénior do RAW (*join secretary*) e chamava-se Rabinder Singh. As televisões e os jornais foram invadidos com notícias e reportagens sobre os segredos de interesse nacional que o traidor teria passado à inteligência norte-americana antes de escapar às barbas do RAW, causando um enorme escândalo nacional. Segundo alguns jornais, Rabinder Singh tinha fugido para os EUA, mas ninguém – incluindo o RAW – sabia a sua localização exata. Segundo outros jornais, toda a gente minimamente informada – incluindo o RAW – sabia em que bairro de Nova Iorque Rabinder Singh vivia. O Governo indiano assegurou à população, em resposta às notícias, que Rabinder Singh não tinha transmitido aos norte-americanos qualquer informação de relevância, mas isso não explicava a razão, nesse caso, conforme aparecia nos jornais, de o agente ter estado sob vigilância do RAW durante longos meses.

Rabinder Singh era um agente do RAW educado que vinha de família rica de Amritsar, antigo militar e veterano das guerras com o Paquistão. Tendo entrado para o RAW em 1985, havia sido sempre considerado pelos seus superiores como um dos melhores espiões indianos (tanto nas suas tarefas de obtenção de informação sobre o exército paquistanês e o apoio deste a terroristas *sikh* treinados pelo ISI como, mais tarde, nas suas tarefas de controlar esses movimentos terroristas *Sikh* no Sudeste Asiático e na Europa Ocidental, nomeadamente na Inglaterra e nos Países Baixos), tendo por isso sido rapidamente promovido a cargos de chefia nos serviços secretos.

Em 2004, o RAW fez um exercício de controle aos seus funcionários, a primeira vez que acontecia (por incrível que pareça) nos serviços secretos indianos, apesar de ser um procedimento habitual nas principais agências de inteligência do mundo, e foi nessa época que as suspeitas começaram a recair sobre o *join secretary* Rabinder Singh. Toda a operação fora feita apenas para conseguirem ver o interior da sua pasta, mas nunca se soube exatamente o que nela terão encontrado, nem sequer se lá estaria material que o comprometesse, uma vez que é prática comum no RAW os seus agentes levarem as malas com o material que estão analisando para casa, como se tivessem uma qualquer profissão normal que implicasse fazer noitadas de trabalho na sala de estar. As pastas dos agentes do RAW não são controladas por ninguém, então, mesmo que a operação tivesse encontrado documentos confidenciais na posse de Rabinder Singh, este poderia sempre dizer que isso era algo comum a todos os outros agentes, tanto assim que, como *join secretary*, costumava receber informações confidenciais, conforme era prática comum no RAW, não apenas fora das horas de serviço, mas até o fim de semana e mesmo quando se encontrava de férias.

A operação de controle obteve ainda fotografias de Rabinder Singh fotocopiando documentos secretos nas instalações do RAW, o que em outras agências de inteligência é absolutamente proibido. Mas, mais uma vez, isso tinha sido sempre prática comum no RAW, não apenas porque era considerado mais seguro que os oficiais fotocopiassem documentos secretos para continuarem a estudá-los em casa, como também era recomendado que o fizessem pessoalmente, em vez de delegar a tarefa de fotocopiá-los aos seus subordinados, supostamente menos confiáveis (por alguma razão não tinham chegado ao posto de oficial). Após o controle interno do RAW, Rabinder Singh nunca mais colocou os pés nas instalações da agência, mas também isso tinha de ser considerado normal, uma vez que era comum aos oficiais responsáveis por cargos de chefia burocráticos passarem semanas ou mesmo meses sem aparecerem ao serviço, fazendo o seu trabalho em casa. O problema é que, quando tentaram contatá-lo em casa, algumas semanas depois, ele não estava lá. Aliás, não estava em qualquer local que se conseguisse perceber. Muito simplesmente Rabinder tinha sumido do mapa.

Nessa época, o processo interno conseguira averiguar que havia entrado em contato com um diplomata norte-americano na embaixada dos EUA em Nova Deli que se suspeitava ser um dos muitos agentes da CIA integrados ao corpo diplomático dos norte-americanos. Mais informações começaram a surgir. O seu motorista garantia que o tinha deixado numa estação de comboios, de onde partira cheio de malas, como se se preparasse para embarcar numa longa viagem. Quando se descobriu que Rabinder Singh partira de fato para os EUA, muitos consideraram que, ainda assim, poderia ter viajado àquele país para visitar a filha, que lá vivia há anos, como aliás a maior parte da sua família. Descobriu-se ainda que Rabinder Singh tinha pedido autorização às autoridades alfandegárias indianas para sair do país, respeitando assim todos os trâmites legais, o que seria estranho se a sua intenção fosse fugir do país, mas que o pedido tinha sido recusado, o que era natural acontecer na Índia mesmo aos agentes do RAW que estivessem de férias e pretendessem simplesmente visitar outro país. tornava-se pouco claro se Rabinder Singh tinha desertado ou apenas partido para os EUA sem avisar ninguém devido aos problemas levantados pela burocracia indiana. Descobriu-se depois que a irmã de Rabinder Singh, que também vivia nos EUA, trabalhava na *United States Agency for Internacional Development* (USAID), uma organização civil que sempre se suspeitou não passar de uma fachada da CIA para os seus agentes poderem viajar a países estrangeiros sem levantarem suspeitas. Mas as investigações geravam resultados: descobriu-se que no passado uma das operações de Rabinder Singh no RAW tinha sido precisamente obter informações sobre os EUA usando a sua irmã, e que poderia, portanto, ter sido nessa época que fora recrutado pela CIA para transmitir informações falsas aos serviços secretos indianos, como a que dava conta de um plano maquiavélico dos militares para derrubarem o então primeiro-ministro Rajiv Singh. As coisas não pareciam famosas para Rabinder Singh.

E pioraram ainda mais quando se descobriu também que, por longos anos, tinha lutado contra problemas financeiros, devido aos tratamentos de que a sua filha, vítima de um acidente rodoviário, necessitava regularmente, e que ele suportava. Rabinder Singh tinha mesmo pedido ao RAW para ser colocado como agente nos EUA, onde o tratamento seria mais acessível, mas os serviços secretos, como era sua característica, tinham declinado o pedido, temendo que uma vez nos EUA pudesse ficar mais suscetível a ser recrutado como agente duplo pela CIA. Ao que parece, a intenção de Rabinder Singh nunca tinha sido tornar-se agente duplo, mas o receio de que pudesse fazê-lo – e que esteve na origem do seu pedido de transferência ser recusado pelo RAW – é que tinha feito com que, em desespero, oferecesse os seus serviços à CIA, a troco de tratamentos para a filha nos EUA. Desde essa data, Rabinder Singh tinha levado uma vida repentinamente mais desafogada, paralelamente à época em que a sua filha se mudara para os EUA, o que poderia indicar que, de fato, tinha sido recrutado pela CIA. Estávamos no início dos anos 1990.

A ineficácia do RAW em lidar com os seus próprios agentes tornou-se mais gritante quando se soube que o controle interno da agência tinha interceptado Rabinder Singh a transmitir à embaixada norte-americana em Islamabad informações obtidas pelo RAW sobre o Paquistão, e que nessa época as chefias dos serviços secretos indianos tinham decidido colocar o oficial sob vigilância, mas que, por uma razão ou por outra, principalmente devido à burocracia – ou ao mais completo desleixo e incompetência, segundo os jornais indianos da época –, a autorização para as escutas por parte do Governo apenas tinha sido dada mais de um mês depois, precisamente no dia em que Rabinder Singh desapareceu para nunca mais ser encontrado.

Outros jornais avançaram que a razão de as escutas não terem sido aprovadas pelo *national security adviser*, Brajesh Misra, era a proximidade de eleições legislativas, que, e de acordo com as sondagens, o seu partido não voltaria a ganhar e assim a ser reeleito, preferindo, por essa razão, não manchar a campanha eleitoral com um escabroso caso de "toupeiras" no RAW e deixar a batata quente ao Governo que viesse depois.

Após as eleições legislativas, Rabinder Singh foi sumariamente demitido do RAW ao abrigo de uma lei que possibilita ao presidente fazê-lo sem uma inquirição prévia, pois esta é considerada, pelas informações sensíveis para a segurança interna que dela podem sair, contrária ao interesse nacional indiano. Ao mesmo tempo, as autoridades indianas exigiram aos EUA a extradição de Rabinder Singh, mas esta foi negada precisamente porque nenhuma inquirição tinha sido feita e portanto Rabinder Singh nunca tinha sido considerado culpado de coisa alguma.

Rabinder Singh nunca mais foi encontrado, deixando questões embaraçantes para o RAW responder à população. O fato de ser sabido que o oficial tinha fugido para os EUA, devido à negação desse país em extraditá-lo, levantava suspeitas assustadoras. Normalmente, Rabinder Singh deveria ter sido preso assim que as suspeitas começassem a cair sobre ele, o que não aconteceu. Isso parecia indicar que fora protegido por outros oficiais do RAW, talvez mesmo seus superiores hierárquicos. Deixarem-no sem vigilância, possibilitando-lhe a fuga do país, seria assim uma maneira de evitarem que, sob interrogatório policial e enfrentando uma pesada pena judicial, pudesse denunciá-los como agentes duplos. O fato de os EUA terem acolhido Rabinder Singh parecia indicar o mesmo, pois seria do interesse da CIA que Rabinder Singh não revelasse quem eram os outros espiões ao serviço dos EUA no interior do RAW.

Todo o caso Rabinder Singh apenas fez a população indiana desconfiar mais dos seus serviços secretos. Em outras agências, um caso semelhante teria sido, mais tarde ou mais cedo, descoberto pelo departamento de contraespionagem. Mas a população descobriu que o RAW *não tem* qualquer departamento de contraespionagem que controle os seus funcionários. Ou melhor, tinha um departamento, mas, quando o seu diretor o abandonou, foi praticamente deixado às moscas.

Seguiu-se a descoberta pública que Rabinder Singh não era um caso virgem. Alguns anos antes, em 1987, o oficial do RAW K. V. Unnikrishnan já tinha sido condenado por espionagem após se ter descoberto que era amigo de um agente da CIA e que haviam partilhado a mesma amante. A mulher era uma comissária de bordo da *Pan American Airlines* e tinha entrado em contato com ele porque o seu amigo norte-americano considerava que ela podia servir a K. V. Unnikrishnan, caso se sentisse solitário no seu novo posto, em Chennai. K. V. Unnikrishnan sentia-se só e iniciou um romance com a comissária, tendo acabado por transmitir-lhe segredos sobre as operações do RAW no Sri Lanka, que ela depois transmitiu ao amigo comum norte-americano, agente da CIA, ao que parece com conhecimento de K. V. Unnikrishnan. Apesar de julgado e condenado a um ano de cadeia, o caso tinha sido mais ou menos abafado. Agora que vinha a público, os indianos ficavam furiosos não apenas por perceberem que o RAW e os poderes políticos tinham dado pouca importância ao caso como que ser condenado por espionagem apenas merecia dos tribunais uma pena inferior à que receberia um vulgar batedor de carteiras.

A reputação do RAW na Índia caiu por terra, e assim continua hoje em dia, espezinhado na opinião pública após ter sido incapaz de antecipar os sangrentos atentados de Bombaim em 2008.

5. Dos escombros do império: o ISI

A inteligência paquistanesa propriamente dita começa com o *Intelligence Bureau* (IB) que, à semelhança do seu congênere *Intelligence Bureau* (IB) indiano, tem as raízes no *Indian Political Intelligence Office* britânico. O *Intelligence Bureau* começou por ser a principal agência do novo país, trabalhando em conjunto com os serviços secretos militares, o *Directorate-General for the Military Intelligence*, criados pelo *Deputy Chief of Staff* do Exército paquistanês, o general britânico de origem australiana Robert Cawthom. O IB agregava a responsabilidade pela inteligência externa e interna, bem como pelas operações de contraespionagem, sendo o alvo principal, em qualquer uma delas, a vizinha Índia. Porém, a vida do IB seria curta devido à Guerra Indo-Paquistanesa de 1947-1948, travada pelo controle de Caxemira e Jammu. A incapacidade de o IB prever os sucessivos movimentos militares indianos levou o Paquistão a uma humilhante derrota e, no seguimento desta, à noção de que toda a máquina da inteligência paquistanesa teria de ser reorganizada, mantendo-se o IB, mas criando-se uma nova agência que o complementasse.

De tal ficou encarregado o general Robert Cawthom, que já antes tinha fundado o *Directorate-General for the Military Intelligence*. A principal missão do novo *Directorate for Inter-Services Intelligence*, mais conhecido apenas como *Inter-Services Intelligence* (ISI), era, como o próprio nome *Inter-Services* indica, coordenar a inteligência entre os três ramos das Forças Armadas Paquistanesas (*Musalah Afwaj-e-Pakistan*): o Exército do Paquistão (*Pak Fouj*), a Força Aérea (*Pak Fiza'ya*) e a Marinha (*Pak Bahr'ya*). A defeituosa comunicação entre estes três ramos militares tinha levado ao descalabro contra o Exército indiano e, portanto, devia o ISI velar para que tal nunca mais voltasse a acontecer. O caráter eminentemente militar ou paramilitar do ISI está bem patente no fato de, desde o início, em 1948, o diretor dos serviços ter sido sempre um general de três estrelas. Essa é uma originalidade do ISI quando comparado com os restantes serviços de inteligência que temos analisado, mas é compreensível se pensarmos que toda a história social e política do Paquistão foi dominada, desde a sua fundação, pelos militares, tendo as forças civis do país pouca ou nenhuma influência na condução dos destinos do país. Pela mesma razão, para uma maior proximidade ao poder militar, a sede do ISI começou por ser estabelecida, não na então capital do Paquistão, Karachi, mas em Rawalpindi, onde ficava o quartel-general do Exército, até ser mudada para Islamabad quando a nova capital do país foi construída (durante a construção da cidade, a capital foi provisoriamente Rawalpindi, o que mostra mais uma vez o poder dos militares paquistaneses nos destinos do país).

O ISI começou por limitar-se a servir de agência de contraespionagem, não tendo jurisdição para atuar internamente no Paquistão (ao contrário do anterior *Intelligence Bureau*), à exceção da parte de Caxemira ocupada pelo Paquistão, conhecida por POK (*Paquistan-Occupied Kashmir*), e da área Norte do país, Gilgit-Baltistan, devido à importância estratégica da zona, rodeada pela região montanhosa afegã de Wakhan, pela China e pelas províncias indianas de Jammu e Caxemira. Mas o presidente do Paquistão, o general Muhammad Ayub Khan, desconfiado das motivações dos agentes bengaleses do *Subsidiary Intelligence Bureau* (SIB) do IB em Daca, que supostamente apoiariam a independência do território (o que viria de fato a acontecer, tornando-se o atual Bangladesh), permitiu ao ISI que operasse em Daca e, de uma penada, em grande parte do Paquistão.

Foi Muhammad Ayub Khan que, ao longo dos anos, fortaleceu a importância do ISI, que via como um grande aliado na manutenção do poder. Ainda na década de 1950, Ayub Khan criou no ISI, liderado então por Robert Cawthom, a *Covert Action Division*, para apoiar em termos de inteligência e armamento os insurgentes *sikh* indianos (desde sempre estabelecidos em Punjab, na fronteira com o Paquistão), desestabilizando assim o principal inimigo. Esse apoio viria a tornar-se mais poderoso e visível ainda quando coube ao ISI ajudar à criação do *Sikh Home Rule Movement* em Londres, dirigido por Charan Singh Panchi. Esse movimento independentista viria a dar lugar ao *Khalistan Movement*, liderado por Jagjit Singh Chauhan, que seria fortemente apoiado pelo ISI em colaboração com a CIA, seguindo as instruções do *national security adviser* dos EUA, Henry Kissinger. A vontade de Kissinger em enfraquecer a Índia provinha da aproximação feita por este país à URSS pelas mãos de Indira Gandhi, que ainda por cima odiava pessoalmente Richard Nixon. Como tal, a CIA e o ISI, com ordens de Kissinger e Nixon, embarcariam ainda em várias campanhas de difamação da primeira-ministra indiana, acusando-a de oferecer aos soviéticos uma base militar em Vizag, uma aldeia pitoresca no leste da Índia com mais de 13 séculos de história. Essas campanhas apenas acabariam quando Indira Gandhi foi assassinada pelos agentes extremistas do *Khalistan Movement*, apoiados pelo ISI.

Couberam ainda ao ISI outras missões de relevo. Destas, destacam-se: controlar e coligir inteligência sobre os movimentos nacionalistas da enorme província de Sindh (cuja influente minoria hindu era apoiada diretamente pela Índia); controlar os numerosos paquistaneses xiitas que, após a Revolução Iraniana, poderiam desejar causar uma revolução que levasse à instauração de um regime teocrático antimilitar; e, não menos importante, controlar os maiores opositores internos da ditadura militar, o *Pakistan Peoples Party* (PPP), partido de Esquerda liderado pela família Bhutto-Zardari (originária precisamente de Sindh); neste caso em particular, a atuação do ISI sempre foi impiedosa, como prova o fato de ter assassinado em 1985, envenenando-o na Riviera francesa, um dos irmãos de Benazir Bhutto, numa conseguida tentativa de intimidação ao líder no exílio do PPP.

A mais famosa tentativa de desestabilização do inimigo indiano por parte do ISI ficaria conhecida como "Operação Gibraltar", denominada assim em honra do território de onde os muçulmanos iniciaram a conquista da Península Ibérica e, consequentemente, a instauração do lendário *Al-Andaluz*.

Após a primeira guerra por Caxemira entre o Paquistão e a Índia, que terminou com a maior parte do disputado território nas mãos dos indianos, o ISI não parou de tentar ganhar influência sobre as áreas de Caxemira que ainda não estavam sob domínio militar de Nova Deli. Aproveitando a oportunidade dada pela guerra entre a Índia e a China que estalou em 1962 (provocada por disputas territoriais sobre os Himalaias mas, também, pelo fato de a Índia ter concedido asilo diplomático ao Dalai Lama após a insurreição do tibete), o ISI decidiu fomentar o sentimento antigovernamental da minoria muçulmana da Índia.

Explorando a suposta vulnerabilidade momentânea da Índia, o ISI enviou para Caxemira e Jammu milhares de agentes disfarçados de aldeões muçulmanos locais, para provocarem insurreições e motins, com o apoio total do primeiro-ministro paquistanês, Zulfiqar Ali Bhutto, sendo a intenção principal conturbar as forças armadas indianas envolvidas na guerra com a China e forçar assim Nova Deli a encontrar alguma espécie de acordo diplomático com o Paquistão (e, claro, favorável ao Paquistão) sobre a questão de Caxemira, muito mais que pretender causar um conflito armado total com a Índia, algo que, em ocasiões anteriores, já se revelara trágico para Islamabad. À operação preliminar do ISI para encontrar maneira de penetrar a fronteira com a Índia, infiltrar agentes em Caxemira e auxiliar os indianos muçulmanos na sua insurreição e eventual retaliação do Exército da Índia foi dado o nome de código *Nusrat* ("assistência").

Embora o presidente do Paquistão tivesse várias reservas sobre a "Operação Gibraltar", o Exército paquistanês e o ISI prosseguiram com ela, atravessando a fronteira com a Índia milhares de homens liderados pelo general Akhtar Hussain Malik e apoiados pelos serviços secretos paquistaneses, para iniciarem a revolta em Caxemira.

Enquanto o ISI incitava a população islâmica a revoltar-se, o Exército paquistanês faria ações de guerrilha, destruindo infraestruturas indianas, como estradas, pontes e caminhos de ferro, bem como pistas de aviação e quartéis do Exército indiano. Para o ISI, a enfraquecida Índia não iria responder e seria uma questão de tempo até grande parte da tornada caótica Caxemira ficar em mãos paquistanesas.

Mas o ISI tinha cometido um trágico erro de avaliação, em todas as escalas. Não apenas o Exército indiano conseguiu identificar rapidamente os agentes infiltrados do ISI como não sentiu grandes dificuldades em capturá-los, o que aconteceu principalmente porque a população muçulmana local não saiu em sua defesa. De fato, ao contrário do que o ISI tinha previsto, a insurreição muçulmana provocada pelos agentes infiltrados foi o fracasso total. Praticamente não aconteceu e, ainda por cima, foram vários os muçulmanos indianos que, munidos de um sentido patriótico maior que o seu sentimento religioso, denunciaram às autoridades da Índia a presença do ISI no território. A resposta indiana foi, por uma vez, rápida e determinada, esmagando as forças do Exército paquistanês e do ISI, o que causou um sensível incidente diplomático entre ambos os países.

De uma forma sem precedentes, a Índia não se limitou a fazer queixas políticas contra Islamabad, iniciou efetivamente uma contraofensiva militar de larga escala que fez cair várias posições do Exército paquistanês em Caxemira. Como resultado da operação do ISI, o Paquistão passava agora a controlar ainda uma menor parte do território de Caxemira. E a situação pioraria ainda mais, com o Exército indiano passando à ofensiva e a invadindo o Paquistão pela fronteira com o Punjab. Resultado: mais uma guerra aberta entre a Índia e o Paquistão e mais uma derrota para Islamabad. Desde 1965 que este país colecionava derrotas.

Mantendo-se alinhada com o espírito da Guerra Fria, a colaboração entre o ISI e a CIA seria reforçada durante os anos 1980, com a invasão soviética do Afeganistão. Os EUA não podiam permitir que a URSS alcançasse uma influência desproporcionada numa das regiões mais sensíveis do globo, mas ao mesmo tempo faltava à CIA capacidade logística e humana para atuar diretamente no Afeganistão, então a ajuda paquistanesa se revelou absolutamente valiosa. Por sua vez, o Paquistão não desejava que o país vizinho, sempre instável, se tornasse um satélite soviético, para mais numa época de ligeira aproximação da Índia à URSS por meio do movimento dos países não alinhados, o que poderia tornar-se a curto prazo uma bomba-relógio para Islamabad. Dessa forma, a confluência de interesses entre os EUA e o Paquistão era perfeita, já que o ISI sempre quisera e conseguira, de uma forma ou de outra, influenciar a política interna dos afegãos, tradicionais aliados da Índia.

Dando corpo a uma estratégia, centenas de agentes da *Covert Action Division* foram treinados nas bases secretas da CIA nos EUA, recebendo formação em inteligência, operações militares e capacidade tecnológica. Todo o treino visava permitir ao ISI uma maior eficácia no apoio aos resistentes afegãos à invasão soviética, os *mujahedin*, que em árabe quer dizer simplesmente "lutadores". As administrações quer do democrata Jimmy Carter quer do republicano Ronald Reagan trabalharam assim em conjunto com o regime do presidente paquistanês Zia-ul-Haq e o seu ISI para transformarem os *mujahedin* numa gigantesca pedra no sapato da união Soviética.

Tendo em conta a particular e difícil geografia do Paquistão, bem como a sua intrincada rede de relações tribais – falam-se mais de 50 línguas diferentes na região – CIA e ISI sabiam que não seria necessário um grande exército para fazer frente à URSS naquelas condições. Pequenos grupos de homens fortemente armados e motivados por estarem a lutar em nome da *jihad* se mostrariam muito mais eficazes. Ao longo dos anos, a CIA e o ISI providenciaram aos *mujahedin* milhares de milhões de dólares em armamento, nomeadamente os famosos mísseis Stinger que se tornariam uma imagem de marca dos guerrilheiros afegãos, Além de armas convencionais e baterias antiaéreas que os *mujahedin* usavam para abater helicópteros e aviões soviéticos, servindo ainda os mísseis Stinger para destruir os tanques do Exército Vermelho. Muitas das operações dos *mujahedin* contra as forças soviéticas eram dirigidas por homens do ISI e mesmo uma boa parte dos próprios *mujahedin* eram paquistaneses recrutados nas *madrassas* (as escolas religiosas muçulmanas) um pouco por todo o país e depois treinados em Islamabad e no campo do ISI em Badaber, uma localidade próxima de Peshawar.

Apesar de todas as teorias que dão conta do apoio direto, nesta época, da CIA e do ISI a Osama bin Laden, sendo assim de certa forma responsáveis pela formação futura da *Al-Qaeda*, nenhuma alegação a esse respeito foi alguma vez demonstrada, tendo-se centrado o apoio da inteligência norte-americana e paquistanesa, nos anos 1980, nos bem mais influentes *mujahedin* (à época) Gulbuddin Hekmatyar e Ahmad Shah Massoud, também conhecido como o "Leão de Panjshir". Ainda assim, é quase certo que sem o apoio dado na época aos *mujahedin* em geral pela CIA e pelo ISI, provavelmente Osama bin Laden nunca se teria tornado o líder da *Al-Qaeda* e, quem sabe, talvez mesmo a própria *Al-Qaeda* nunca teria encontrado terreno fértil para chegar alguma vez a existir. Sinais dos tempos em que a ação imediata não perspectivava os tempos futuros.

Mas não era apenas com armas e treino militar que a CIA e o ISI apoiavam os guerrilheiros afegãos. Enquanto a CIA orquestrava uma das suas famosas campanhas de propaganda internacionais, passando a ideia dos *mujahedin* como humildes *freedom fighters* unidos contra o opressor totalitário soviético (na realidade, os *mujahedin* eram tudo menos unidos, lutando constantemente pelo poder local afegão, mesmo enquanto combatiam o Exército Vermelho, tendo-se Gulbuddin Hekmatyar notabilizado neste campo), o ISI dotava os líderes guerrilheiros afegãos de todas as condições possíveis e imaginárias para cultivarem, produzirem e venderem heroína, não apenas como uma forma de financiarem a luta armada (e pagarem o apoio do ISI, claro), mas como parte de uma vasta estratégia da inteligência norte-americana e paquistanesa para viciar os soldados soviéticos na poderosa droga, enfraquecendo-os.

O dinheiro do tráfico de heroína servia ainda à CIA para financiar as suas operações na África e na América do Sul, enquanto servia ao Paquistão, em parte, para impedir a sua própria economia de colapsar e entrar na mais completa falência. Essa estratégia se revelaria perigosa para os EUA a médio prazo, uma vez que, após a retirada do Exército Vermelho do Afeganistão, em 1988, a produção e o tráfico de droga dos "senhores da guerra" afegãos continuou. Mas, sem o "mercado soviético" a quem a vender, viraram as suas atenções para o Ocidente, fazendo com que, em pouco tempo, as ruas das principais cidades norte-americanas estivessem inundadas de heroína e *crack* e, por isso, com preços baratos e acessíveis. Já para o ISI, o tráfico de heroína significou uma enorme fonte de rendimentos que usava para continuar a manter os *mujahedin* paquistaneses leais e para diversificar as áreas onde poderia usá-los, nomeadamente a fronteira com a Índia e, mais tarde, novamente no Afeganistão, por meio de um grupo de fundamentalistas *wahabitas* provenientes das madrassas paquistanesas que se autodenominavam, precisamente por isso, *taliban* (estudante), significando isso no mundo muçulmano "estudante de teologia".

E, quem sabe, talvez uma parte de leão do dinheiro obtido pelo ISI com o tráfico de heroína no Afeganistão tenha servido para financiar o seu programa de obtenção de segredos nucleares, organizado mesmo antes de a Índia realizar os seus primeiros testes atômicos em Pokhran, em 1974. Com o dinheiro da heroína, e o apoio da Líbia, Arábia Saudita, China e Coreia do Norte, o Paquistão conseguiria, graças aos esforços do famoso físico paquistanês Munir Ahmad Khan, adquirir poder nuclear. Até hoje desconhecem-se as eventuais – mas bastante prováveis – ligações de Munir Ahmad Khan ao ISI. Um indício de como a atuação do ISI durante a invasão soviética do Afeganistão era alargada é o fato de terem colaborado, não apenas com a CIA, mas também, de forma algo inusitada, com a Mossad. De fato, as forças soviéticas foram atacadas por – ironicamente – armas de fabrico soviético que Israel capturou durante a invasão do Líbano e depois, por meio do ISI, transferiu para o Paquistão e finalmente para as montanhas do Afeganistão, onde acabaram nas mãos dos *mujahedin*. toda a operação foi feita sem o conhecimento do KGB e da inteligência afegã, o *Khadamat-e Etela'at-e Dawlati* (Agência de Informações do Governo), mais conhecido pelo acrônimo KHAD, controlado pelos serviços secretos soviéticos.

Entretanto, o ISI não tinha esquecido a humilhação que representou a "Operação Gibraltar". Ao longo dos anos – e das guerras –, o domínio indiano sobre Caxemira apenas se tinha intensificado, sendo que, em 1988, moralmente inspirado pelo sucesso na luta indireta contra o Exército Vermelho travada no Afeganistão, o ISI resolveu voltar à carga. Com a "Operação Tupac", designada em honra do resistente ameríndio tupac Amaru II, que liderara a revolta nacionalista peruana no século XVIII contra o colonizador espanhol, o ISI pretendia novamente desestabilizar a Índia e, agora, atacá-la em atos de sabotagem, espionagem e contraespionagem não apenas em Caxemira, mas também por meio das fronteiras indianas com o Nepal e o Bangladesh.

Mas o ISI mostrou que aprendera a lição: não podendo contar com o apoio das populações muçulmanas indianas, os serviços secretos paquistaneses decidiram criar eles próprios apoiantes na Índia, fomentando o aparecimento de vários grupos terroristas de inspiração mais ou menos *wahabita*, sendo o mais famoso o *Lashkar-e-Taiba* (Exército dos Puros). Juntamente com a 12ª divisão do Exército paquistanês, o ISI apoiou e treinou militarmente o movimento liderado por Hafiz Mohammed Saeed e Zafar Iqbal, que já anteriormente tinham criado a organização tradicionalista de cariz *Hadita Jamaat-ud-Dawa* (Organização para a Pregação). Além de vários ataques terroristas contra a Índia – o massacre de Wandhama em 1998, os ataques de Red Fort em Nova Deli de 2000, o ataque ao aeroporto de Srinagar no mesmo ano, os atentados ao Parlamento indiano de 2001, orquestrados juntamente com o *Jaish-e-Mohammed* (o "Exército de Maomé", outro grupo islâmico paquistanês com alegadas ligações ao ISI, liderado por Maulana Masood Azhar), o massacre de Kaluchak em 2002, o massacre de Nadimarg em 2003, os atentados à bomba em Nova Deli e Varanasi de 2005 e 2006, os atentados aos comboios em Bombaim de 2006 ou o ataque à embaixada indiana em Daca – ficaria ainda conhecido por integrar o fundamentalista palestino Abdullah Yusuf Azzam, mentor e ideólogo de Osama bin Laden.

6. Frankenstein no deserto

O ISI está organizado em diversos departamentos, que trataremos pelas respectivas siglas em Inglês, como são conhecidos. O primeiro departamento é o *Joint Intelligence Bureau* (JIB), responsável, como são conhecidas na gíria da espionagem, pela *Open Sources Intelligence* (OSINT) e pela *Human Intelligence* (HUMINT), ou seja, pela obtenção de informações desclassificadas em jornais, artigos científicos, revistas e internet, e pelas operações tradicionais dos agentes em busca de informações classificadas, quer no interior do Paquistão, quer no estrangeiro. Naturalmente, este departamento tem uma subseção dedicada inteiramente à OSINT e à HUMINT para a Índia. O segundo departamento é o *Joint Counter-Intelligence Bureau* (CI), responsável pela contraespionagem e controle dos corpos diplomáticos estrangeiros no Paquistão, no Médio Oriente, no Sudeste Asiático, na China, no Afeganistão e nas ex-repúblicas soviéticas predominantemente muçulmanas. O terceiro departamento é o *Joint Signal Intelligence Bureau* (JSIB), responsável pela transmissão e intercepção de comunicações de inteligência no Paquistão e no estrangeiro, nomeadamente na Índia. O quarto departamento, e um dos mais importantes, é o *Joint Intelligence North* (JIN), responsável pelas operações do ISI em Caxemira e Jammu, bem como pela coordenação do apoio paquistanês aos *taliban* no Afeganistão. É também este departamento que controla o apoio a organizações internas e externas de orientação fundamentalista islâmica, como a *Al-Qaeda*, o *Lashkar-e-Taiba* e o *Jaish-e-Mohammed*, bem como o tráfico da heroína produzida no Afeganistão pelos *taliban*. O quinto departamento é o *Joint Intelligence X* (JIX), responsável pela coordenação de todos os outros departamentos do ISI e respectiva contabilidade e logística, bem como pela elaboração dos relatórios do ISI entregues ao Exército e ao governo paquistaneses. O sexto departamento é o *Joint Intelligence Technical* (JIT), responsável pela espionagem tecnológica e por dotar os restantes departamentos de armas inovadoras. O JIT é ainda responsável por uma forma especial de contra-espionagem, a luta contra ataques informáticos de outros países a suas agências de inteligência, principalmente contra bases nucleares paquistanesas, e é ainda responsável pelo desenvolvimento de armas químicas e bacteriológicas para o ISI e para o Exército. O sétimo departamento é o *SS Directorate* (SSD), responsável por monitorar, investigar e combater grupos terroristas antipaquistaneses que atuem dentro das fronteiras do país, sendo ainda responsável por grande parte das missões militares e paramilitares do ISI, sozinho ou em conjunto com as forças de elite das forças armadas paquistanesas. Por último, com a caricata e genérica designação *Joint Intelligence Miscellaneous* (JIM), o oitavo departamento é responsável pela maior parte das ações do ISI, incluindo as operações paramilitares, de espionagem e contraespionagem no estrangeiro e pela espionagem industrial e nuclear no exterior.

Durante a Guerra Fria, o JIM era particularmente ativo em espionagem nuclear na URSS, sendo ainda a ponte entre Islamabad e a Coreia do Norte, cujo programa nuclear foi fortemente apoiado pelo ISI. Aliás, foi o *Joint Intelligence Miscellaneous* que treinou e formou grande parte dos cientistas e engenheiros nucleares norte-coreanos. Esse departamento foi ainda responsável por um dos grandes embaraços do ISI, pois o general Shujjat, responsável pela cooperação nuclear entre o *Joint Intelligence Miscellaneous* e o regime de Pyongyang, andou durante anos colaborando, sem o conhecimento dos seus superiores, com os programas nucleares iraniano e iraquiano, a troco de vastas quantidades de dinheiro. Quando o escândalo estourou, o general Shujjat fugiu do Paquistão e procurou asilo na China, tendo Pequim, para evitar um conflito diplomático com Islamabad, negado o pedido e entregado o militar ao ISI, nunca mais se tendo ouvido falar dele.

O ISI, com todos os seus departamentos, está suposta e oficialmente obrigado a reportar ao primeiro-ministro paquistanês em funções, representante da sociedade civil que o elege, mas na prática isso não acontece, reportando, pelo contrário, ao *Chief of Army Staff* (COAS) do Exército paquistanês. O COAS, por tradição, recomenda ao primeiro-ministro um nome para diretor-geral do ISI, mas essa "recomendação" acaba sempre por ter um caráter vinculativo. Quando isso não aconteceu, o primeiro-ministro inundou-se de problemas. Por exemplo, quando Benazir Bhutto tentou desmilitarizar o ISI durante o seu primeiro mandato, tornando-o controlado pelo poder político e civil, ignorou a recomendação do COAS e apontou para diretor-geral do ISI um velho aliado do seu pai, e militar na reserva, o general Shamsur Rahman Kallue. Essa decisão enfureceu o Exército paquistanês, que entrou em conflito com a primeira-ministra a um ponto que esta acabou por se ver forçada a renunciar ao cargo. Após a resignação de Benazir Bhutto causada pelos militares, o novo primeiro-ministro, Nawaz Sharif, resolveu substituir o general Shamsur Rahman Kallue na direção do ISI pelo general Javed Nasir, que lhe era próximo, ignorando também ele a recomendação do *chief of Army Staff*, o general Nawaz Janjua. Em consequência dessa decisão, Nawaz Sharif perderia o apoio dos militares, o que levaria também à sua queda. Afastado Nawaz Sharif e o general Nawaz Janjua, Benazir Bhutto volta ao cargo de primeira-ministra em 1993 e, desta vez, decide não entrar em conflito com o *chief of Army Staff*, primeiro o general Abdul Waheed Kakkar e depois o general Jehangir Karamat. Ainda assim, decide transferir alguma da responsabilidade pelo apoio aos *taliban* do *Joint Intelligence North* do ISI para o Ministério do Interior liderado pelo general Nasirullah Babar, antigo elemento do JIN, responsável pelas importantes operações em Cachemira.

Para se proteger de eventuais retaliações, Benazir Bhutto entrega ainda a responsabilidade das operações do Ministério do Interior ao general Pervez Musharraf, próximo do ISI. Mas toda essa cautela não lhe terá servido de nada, pois uma parte do ISI, leal ao presidente Farooq Leghari, mandaria assassinar o seu irmão, levando-a, mais uma vez, a resignar ao cargo. Mas as coisas não ficariam por aí, quando Nawaz Sharif volta a ser eleito primeiro-ministro, em 1997, decide indigitar o general Ziauddin, engenheiro de formação, para diretor-geral do ISI, contrariando a "recomendação" do novo *chief of Army Staff* Pervez Musharraf. A resposta foi rápida, tendo Pervez Musharraf ignorado olimpicamente o novo diretor do ISI e transferido todo o *Joint Intelligence North* (embora não tivesse poder de o fazer) para a alçada do Exército. Nawaz Sharif, preocupado, envia o diretor-geral do ISI aos EUA para se encontrar com representantes do presidente Bill Clinton e transmitir-lhes as reservas do primeiro-ministro paquistanês quanto à lealdade e às reais intenções do cada vez menos controlável Pervez Musharraf. A administração Clinton fez saber ao general Ziauddin que apoiaria o primeiro-ministro Nawaz Sharif caso o Paquistão lidasse de uma vez por todas com Osama bin Laden. O general Ziauddin voltou ao Paquistão e dirigiu-se de imediato a Kandahar, onde tentou convencer o líder dos *taliban*, o *mullah* Mohammad Omar, a colaborar com a CIA na detenção e extradição de Osama bin Laden, mas Pervez Musharraf, tomando conhecimento da reunião, voou ele próprio a Kandahar, onde ordenou ao *mullah* Omar que ignorasse o pedido do diretor do ISI e continuasse a seguir a estratégia do *Joint Intelligence North* sob sua alçada, o que viria a acontecer.

Como se vê, ao contrário de muitas outras agências de inteligência, o ISI não responde nunca perante o poder político, mas apenas e exclusivamente ao Exército. Quando ousa não o fazer, cai no ostracismo e na irrelevância.

A influência do ISI na política interna do Paquistão é, como se vê, e ao contrário do que se passa com a maioria das suas agências congêneres, enorme. De fato, pode dizer-se que raro – se algum – é o primeiro-ministro paquistanês que fica no cargo sem a aprovação tácita do Exército e dos serviços secretos. Toda a maneira como a sociedade paquistanesa funciona é, de certo modo, controlada e dirigida pelo ISI. Por exemplo, quando se deu a Revolução Iraniana do *ayatollah* Khomeini, o ISI respondeu imediatamente à eventual tentação dos xiitas paquistaneses imitarem o exemplo iraniano, formando milícias fundamentalistas sunitas, como o *Sipah-e-Sahaba*, liderado por Maulana Haq Nawaz Jhangvi, Maulana Zia-ur-Rehman Farooqi, Maulana Eesar-ul-Haq Qasmi e Maulana Azam Tariq. Quando, em resposta, os xiitas paquistaneses se revoltaram em Gilgit, o ISI massacrou-os sem misericórdia por meio da *Al-Qaeda* de Osama bin Laden e dos *taliban* do *mullah* Mohammad Omar. Quando o partido liberal secular *Muhajir Qaumi Movement* (Movimento Nacional dos Emigrantes) também se rebelou contra o poder do Exército, no início dos anos 1980, o ISI mandou assassinar vários dos seus dirigentes sem contemplações. O constante apoio a novos grupos fundamentalistas por parte do ISI fez mesmo com que acabasse por perder o controle sobre eles, acabando a violência por se instalar entre as próprias partes da sociedade paquistanesa que defendem a visão *deobandi* do Sunismo (mais radical) e as que defendem a visão *barelvi* (mais moderada), cujas críticas ao *wahabismo* cada vez mais fomentado pelo ISI têm subido de tom nos últimos anos.

A crescente violência entre sunitas não foi a única coisa a escapar ao controle do ISI, pois os próprios *taliban*, uma criação anterior aos serviços secretos paquistaneses, chegou a um ponto de fundamentalismo que não mais se deixou controlar diretamente pelo ISI, preferindo antes seguir acriticamente a influência de Osama bin Laden, com as consequências que se sabem. Dificilmente ataques diretos contra os poderosos EUA, como foi o 11 de Setembro, teriam autorização do ISI. No entanto, o ISI nunca deixou de apoiar a *Al-Qaeda* e este jogo perigoso ficou bem patente quando Osama bin Laden foi encontrado e assassinado pela CIA em Abbottabad, perto do maior quartel de treino do Exército paquistanês, sempre repleta de agentes e diretores do ISI que, supostamente, ajudavam os EUA nas buscas pelo famoso terrorista saudita.

O apoio aberto do ISI ao terrorismo islâmico não fica, segundo Nova Deli, só pela *Al-Qaeda*.

Ao acreditar no RAW e no governo indiano, o ISI terá organizado um plano conhecido como *Karachi Project*, que visa o apoio constante a organizações fundamentalistas sunitas indianas e a promoção de múltiplos atentados terroristas em solo indiano, principalmente por meio do *Indian Mujahideen* (IM), um movimento considerado como organização terrorista por Nova Deli e Washington, que reivindicou em nome próprio, até agora, atentados como os de Jaipur (2008), Bangalore (2008), Ahmedabad (2008), Nova Deli (2008), Pune (2010), Varanasi (2010), Jama Masjid (2010) e Bombaim (2011), que causaram milhares de vítimas.

Segundo o RAW, o propósito do Karachi Project é atacar a Índia por meio de movimentos indetectáveis de forma a que não se possa responsabilizar diretamente o ISI. Da seguinte forma: primeiro enfraquecendo a crescente influência econômica da Índia (uma das mais importantes potências emergentes chamadas a liderar a nova ordem internacional) por meio de ataques aos seus principais centros industriais e financeiros, afastando assim o investimento estrangeiro; em segundo lugar, provocando retaliação legislativa, forçando a própria Índia aprovando leis antiterroristas muito mais rígidas que tivessem como alvo natural a comunidade sunita indiana e assim pudessem contribuir para futuras rebeliões *jihadistas* muçulmanas que seriam apoiadas pelo ISI.

O apoio do ISI aos *taliban* e, por extensão, à *Al-Qaeda*, nem sempre é bem compreendido no Ocidente. Tendemos a pensar que o ISI compartilha com os *taliban* uma mesma noção de Islã e de prática diária da sua religião, mas a realidade é diferente. A união entre o ISI e os *taliban* tem duas vertentes que convém analisar, uma primeira quase nacionalista e uma segunda, de longe a mais importante, estratégica, que não difere muito do apoio que, por exemplo, a própria CIA começou por oferecer aos guerrilheiros afegãos.

Mas a ligação entre o Paquistão e os *taliban* é, de fato, muito estreita. Isso porque não se trata de os paquistaneses formarem os *taliban*. Muitos deles *são* paquistaneses. Antes de o *Da Afghanistan Da Khalq Dimukratik Gund* (Partido Democrático do Povo do Afeganistão), de inspiração marxista, tomar o poder, em 1978, vários afegãos estudavam em escolas teológicas nas províncias mais remotas e rurais do Afeganistão. Estes dividiam-se entre os meros estudantes (*talib*) e os seus líderes (*mullah*), sendo todos afegãos. Viviam principalmente em mesquitas e, com a chegada ao poder de um partido comunista, rapidamente se viram hostilizados pelo novo regime, sendo quase empurrados para a resistência, integrando grupos de *mujahedin* que viam a luta contra um regime próximo do ateísmo como sendo uma *jihad*. Pressionados pelo Exército afegão, muitos desses *talibs* e *mullah* acabaram por abandonar o país, atravessando a fronteira e estabelecendo-se no Paquistão, onde o fato de a maior minoria étnica ser a Pashtun (que é a maioria étnica do Afeganistão) os fazia sentirem-se quase em casa. No Paquistão, esses *talib* e *mullah* continuaram os estudos em teologia nas *madrassas* locais, dividindo-se em dois grupos, os que estudaram em *madrassas* controladas por refugiados afegãos (seguindo precisamente os mesmos estudos que teriam frequentado no Afeganistão, como estudos corânicos, a lei islâmica e a língua árabe) e os que começaram desde cedo a ser treinados pelo Exército paquistanês, pelo ISI e pelo *Jamiat Ulema-e-Pakistan* (Assembleia do Clero do Paquistão), um dos mais influentes partidos do país, com uma interpretação tradicionalista *deobandi* do Islã. Quando o movimento *taliban* é organizado, são esses *talib* e *mullah* que regressam ao Afeganistão para formar o grosso das forças *mujahedin*. Mas, em grande medida, não eram eles quem as liderava.

A liderança do movimento ficou adstrita aos afegãos que frequentaram *madrassas* controladas pelos paquistaneses, em particular pelo *Jamiat Ulema-e-Pakistan*, onde o currículo escolar é mais completo, estudando, além do Alcorão, da lei islâmica (*Shari'ah*) e da língua Árabe, disciplinas como gramática, sintaxe, lógica e filosofia árabes. Seriam esses afegãos que controlariam o movimento *taliban* quando regressaram ao Afeganistão e acabaram por tomar o poder, tendo assim uma forte ligação com o Paquistão, não apenas militar como política. A esses guerrilheiros juntavam-se ainda os jovens estudantes de teologia paquistaneses, muitos de etnia Pashtun, levados pelos *mullah* do *Jamiat Ulema-e-Pakistan* a juntarem-se à *jihad* no Afeganistão.

Quando a URSS se retira do Afeganistão e a força do *Da Afghanistan Da Khalq Dimukratik Gund* cai a olhos vistos, muitos dos oficiais do Exército de etnia Pashtun, preocupados com a crescente influência de grupos não Pashtun no antigo partido do poder, acabam por juntar-se aos *taliban*, fornecendo ao movimento predominantemente religioso o que ele não tinha: experiência militar. Como o movimento era formado no Paquistão, a aproximação dos ex-militares do regime afegão a esse país tornou-se maior, mas nunca foi completamente natural nem isenta de atritos. Por sua vez, existiam os *taliban* que nunca tinham pertencido ao Exército e, pelo contrário, haviam passado anos lutando contra ele e contra as forças soviéticas que o apoiavam. Esses *mujahedin* eram militarmente pouco experientes, conhecendo apenas a guerrilha mais ou menos desorganizada, então, sendo desde o início treinados e formados pelo ISI, a sua lealdade ao Paquistão era muito maior. Até porque, não tendo nunca feito parte oficialmente do movimento *taliban*, viam-se agora, depois do colapso da URSS, numa situação delicada: se até aí tinham sido financiados pela CIA e pela Arábia Saudita para combater os soviéticos, viam-se agora sem qualquer forma de remuneração, então a integração no movimento *taliban*, e consequente financiamento por parte do Exército paquistanês e do ISI, dava-lhes uma fonte de sustento bastante razoável, sendo que muitas vezes era a única.

Mas a influência do ISI no Afeganistão não implica necessariamente o apoio a grupos terroristas, como prova o fato de já na Primavera de 1974, quando em

Portugal se vivia a Revolução de Abril, ter apoiado uma tentativa de golpe de Estado contra o presidente afegão Mohammed Daoud Khan por parte da *Al-Ikhwan al-Muslimun* ("Irmandade Muçulmana"), uma das mais importantes organizações transnacionais do mundo árabe com delegações em quase todos os países muçulmanos e que tem sido sempre criticada pela *Al-Qaeda* por não incitar de forma incisiva à *jihad*, chegando mesmo a defender, muitas vezes, eleições livres. Quando a *Al-Ikhwan al-Muslimun*, apoiada logisticamente pelo ISI, foi esmagada pelas forças do presidente Daoud Khan, muitos dos seus membros atravessaram a fronteira e fugiram para o Paquistão, onde continuaram sendo treinados pelos serviços secretos paquistaneses. As motivações do ISI, nessa data, não eram a de promover *por si* o terrorismo, mas implodir a visão de Mohammed Daoud Khan de um "Grande Afeganistão" que unisse todos os membros da etnia Pashtun numa espécie de Pashtunistão (o nome chegou mesmo a ser usado), o que, se tivesse acontecido, significaria a divisão do Paquistão em dois e uma mais que provável guerra civil entre etnias. Assim, o apoio à tentativa de golpe de Estado da *Al-Ikhwan al-Muslimun* dado pelo presidente paquistanês Zulfiqar Ali Bhutto e pelo lendário general Akhtar Abdur Rahman, então recentemente nomeado diretor do ISI, era simplesmente política, e não, de todo, fundamentalista ou sequer religiosa.

Por essa razão, o ISI continuou a apoiar os *ikhwanis* (como são conhecidos os membros da Irmandade Muçulmana) afegãos exilados no Paquistão, treinando-os no campo militar de Peshawar para uma nova tentativa de derrubar o regime paquistanês, estando entre eles o jovem Ahmad Shah Massoud (na época ainda não conhecido como o "Leão de Panjshir"), que liderou ataques no interior do Afeganistão, em 1975, à frente de uma pequena equipe de *ikhwanis* orientados pelo ISI e vestindo uniformes do Exército paquistanês. O grupo acabaria por ser esmagado, e Ahmad Shah Massoud teve de fugir, mas o ISI tinha deixado claro o ponto que pretendia passar ao regime de Cabul: o Paquistão tudo faria para dinamitar a utopia de Mohammed Daoud Khan em criar o "Pashtunistão".

Entretanto, Mohammed Daoud Khan tinha sido derrubado e assassinado, não pela *Al-Ikhwan al-Muslimun* ou pelo ISI, mas pelo Partido Democrático do Povo do Afeganistão, num golpe patrocinado diretamente pela URSS (e orquestrado pelo KGB), de quem o presidente afegão, de início socialista, vinha a se distanciar cada vez mais, tentando criar relações estratégicas com o Irã. Assassinado Daoud Khan e com um novo regime comunista pró-soviético instalado em Cabul, o ISI teve de começar a pensar em maneiras de sabotar o regime de Cabul, pois a última coisa que o Paquistão desejava era ter uma URSS expansionista à porta de casa, principalmente a partir do momento em que o Exército Vermelho entra ostensivamente no

Afeganistão, em 1979. Para o fazer, o ISI de Akhtar Abdur Rahman planejou apoiar e levantar uma insurreição pan-arábica na região que enfraquecesse o extremo Sul do império soviético e travasse o seu avanço nos países muçulmanos, quer armando a guerrilha de Ahmad Shah Massoud, quer financiando o *Hezb-e-Islami de Gulbuddin Hekmatyar*. Em ambos os casos, Akhtar Abdur Rahman contava com o apoio logístico e financeiro da CIA e da *Ri'asat Al Mukhabarat Al A'amah* (Presidência Geral de Inteligência), os serviços secretos sauditas. Enviando milhares de *mujahedins* treinados pelo ISI para o conflito afegão, a guerra civil no país vizinho tornava-se, para Ahmad Shah Massoud, uma autêntica guerra travada também pelo Paquistão. Assim, aos poucos, o ISI passou de apoiar qualquer grupo de *mujahedins* que lutasse contra as forças soviéticas no Afeganistão para apoiar apenas aqueles que o fizessem seguindo a estratégia e o interesse de Islamabad. Não interessava ao ISI derrubar o regime pró-soviético afegão e afastar o Exército Vermelho do país vizinho para se limitar a colocar depois em Cabul um governo que não pudesse ser controlado pelos serviços secretos paquistaneses.

Isso levou a que os diferentes grupos de *mujahedins* não se conseguissem organizar e delinear uma estratégia e uma política coesa para o futuro de um Afeganistão pós-comunista, ficando sempre colados à imagem, mesmo o grupo liderado pelo muito competente Ahmad Shah Massoud, de guerrilheiros ferozes, mas pouco confiáveis. Tanto assim que, quando a URSS se retira finalmente do Afeganistão e se tenta chegar a um acordo internacional para o país, os *mujahedins* são afastados dos Acordos de Genebra entre o Afeganistão e o Paquistão (controlados pelos EUA e pela URSS).

Os acordos foram muito vantajosos para o Paquistão, conseguindo acabar com a influência soviética na região, mas o resultado foi que, ostensivamente afastados das negociações e sentindo-se traídos pelo ISI, os *mujahedins* não os aceitaram e a guerra civil continuou no Afeganistão, mesmo após a retirada soviética. Pior, do ponto de vista de Islamabad, estes grupos de *mujahedins* cortavam agora relações com o Paquistão e passavam a perseguir, autonomamente, os seus próprios interesses, deixando de estar sob a alçada do ISI, o que se tornava, de *per si*, uma nova e enorme dor de cabeça para o regime paquistanês.

Aqui a situação torna-se caricata: por um lado os líderes oficiais dos *mujahedins* afegãos encontravam-se no Paquistão, financiados pelo ISI, mas por outro lado os comandantes dos *mujahedins*, no Afeganistão, deixavam de lhes respeitar as ordens e ignoravam os ditames dos serviços secretos paquistaneses. Antigos e corajosos *mujahedins* aliados do ISI, como Ahmad Shah Massoud e Ismail Khan, passavam agora a ser, para todos os efeitos, seus inimigos.

O ISI lutava agora num tabuleiro estranho e armadilhado. O Paquistão não via com bons olhos o governo provisório afegão de Mohammad Najibullah que, apesar de ter mudado o nome do país de República Democrática do Afeganistão para simplesmente República do Afeganistão (cortando assim o cordão umbilical com os soviéticos e as suas famosas "repúblicas democráticas"), continuava sendo financeiramente dependente da URSS. Mohammad Najibullah era por isso combatido pelos *mujahedins* no interior do Afeganistão, que o ISI deixara de controlar e que haviam caído na alçada da CIA, que apoiava *qualquer* grupo *mujahedin* que combatesse a influência soviética. O ISI queria derrubar o inimigo Mohammad Najibullah mas, ao fazê-lo, arriscava-se a colocar no poder os *mujahedins* que, de certa maneira, também haviam se tornado adversários do Paquistão. Nessa vereda tenta derrubar o presidente afegão militarmente, por meio do *mujahedin* ainda controlado pelo ISI, Gulbuddin Hekmatyar, e de Shahnawaz Tanai, um dos principais líderes comunistas afegãos (e antigo diretor do KHAD, os serviços secretos afegãos) que tentava ficar com o lugar do seu ex-aliado e ex-amigo Mohammad Najibullah. No entanto, a tentativa de golpe de Estado, ocorrida em 1990, falha, deixando o ISI confuso, desmoralizado e com muitas explicações a dar ao enfurecido presidente do Paquistão, Ghulam Ishaq Khan.

Nesta época, os *mujahedin* afegãos organizavam-se oficialmente numa reunião em Kunar, formando um Conselho coeso, o que dava ainda mais dores de cabeça aos serviços secretos paquistaneses. O ISI enviou milhares de homens numa operação secreta, liderados por Gulbuddin Hekmatyar, para derrubarem Mohammad Najibullah, mas os *mujahedins* afegãos descobriram a operação e as forças de Ahmad Shah Massoud e marcharam para Cabul, deixando a situação num impasse que nem as forças da ONU presentes no Afeganistão conseguiram resolver. Mesmo após a queda de Mohammad Najibullah – que se demitira por ser incapaz de chegar a acordo (como a ONU pretendia) com o seu maior rival político, mas ao mesmo tempo amigo pessoal, o *mujahedin* Ahmad Shah Massoud – o ISI insistiu em colocar em Cabul um regime de transição liderado por Gulbuddin Hekmatyar, o que Massoud nunca permitiu.

Foi então que, falhadas as tentativas de controlar politicamente o Afeganistão por meio dos *mujahedins* mais influentes, que o ISI se virou, já quase em desespero, para o grupo radical de *mujahedins* conhecidos como *taliban*, que odiavam tanto governos afegãos civis semelhantes ao de Mohammad Najibullah como *mujahedins* nacionalistas e moderados como Ahmad Shah Massoud e Ismail Khan. O resto, como se costuma dizer, é História.

Os *taliban*, apoiados, treinados e armados pelo ISI no Paquistão, acabariam por tomar o poder, assassinar brutalmente o antigo presidente Mohammad Najibullah e, com a ajuda da *Al-Qaeda*, assassinar Ahmad Shah Massoud (apenas Ismail Khan conseguiu escapar com vida, apesar de os *taliban* terem tentado o matar, sendo atualmente ministro da Energia do Afeganistão), antes de serem finalmente depostos pelo Exército norte-americano após os atentados do 11 de Setembro. Ainda assim, e mesmo tendo fugido de certo modo ao controle total do ISI durante alguns anos – quando se aproximaram mais de Osama bin Laden –, os *taliban* resistem, hoje em dia, ainda apoiados pelo ISI nas montanhas do Paquistão, e são cada vez mais as vozes que acham inevitável, quando os EUA retirarem as suas tropas do país, como prometido e recentemente confirmado pelo presidente Barack Obama, que os *taliban* voltem ao poder em Cabul. Como se vê, a força do ISI continua sendo algo a levar muito seriamente em consideração pelas potências ocidentais.

7. E agora?

Não é fácil, como se viu, escrever sobre o RAW e sobre o ISI. As suas operações são praticamente desconhecidas e, as que se conhecem, apresentam-se sempre dúbias. Quase tudo o que se sabe sobre o RAW provém das acusações que o ISI lhe faz, e vice-versa. RAW e ISI são duas agências ao abrigo de qualquer escrutínio público, que nunca dão explicações sobre os seus atos, então é ingrato tentar analisá-las. Mas o extremo secretismo e as nuvens de contrainformação que atiram uma sobre a outra são, do ponto de vista delas, compreensíveis. Não se pode esperar que o RAW confirme que participou ou orquestrou ataques a bases militares ou políticos paquistaneses, como o acusa o ISI, uma vez que ao fazê-lo pode dar início a um incidente diplomático que leve a uma guerra aberta entre os dois países, tal como o ISI não pode confirmar que participou ou orquestrou atentados terroristas em solo indiano, como o acusa o RAW, pelas mesmas razões. E nunca se pode esquecer que, em caso de conflito bélico entre o Paquistão e a Índia, motivado pelas ações dos seus serviços secretos, estamos lidando com duas potências nucleares.

Apesar da falta de escrutínio e conhecimento sobre os serviços secretos paquistaneses e indianos, devemos continuar tentando entendê-los. Por um lado, com a recente – ainda que não confirmada – capacidade nuclear do Irã, todo o xadrez geoestratégico do Médio Oriente e do Próximo Oriente pode mudar, faltando perceber qual será a reação do Paquistão e dos seus serviços secretos a este novo *player* regional. Por outro lado, a Índia está chamada a tornar-se uma das novas potências econômicas mundiais, em conjunto com a China e o Brasil, então o RAW vai revestir-se de ainda mais importância no futuro. Neste momento, são mais e muito maiores as dúvidas do que as certezas sobre o que nos reservam o RAW e o ISI.

Aconteça o que acontecer, essa geografia de grande complexidade, herdeira e continuadora dos conflitos gerados pela Guerra Fria, epicentro de movimentos terroristas mais ativos, ao mesmo tempo uma potência econômica, energética e nuclear, continuará sendo uma das zonas mais quentes do globo. Aqui se escreveram páginas decisivas e marcantes da história da humanidade desde a antiguidade até os nossos dias.

Mais que possível, é mesmo provável que isso continue acontecendo. É melhor estarmos atentos.

Diretores da agência indiana

Diretores do RAW

1968-1977: Rameshwar Nath Kao

1977-1977: Sankaran Nair

1977-1983: Naushervan Framji Suntook

1983-1986: Girish Chandra Saxena

1986-1987: S. E. Joshi

1987-1990: A. K. Verma

1990-1991: G. S. Bajpai

1991-1993: N. Narasimhan

1993-1993: J. S. Bedi

1993-1996: A. S. Syali

1996-1997: Ranjan Roy

1997-1999: Arvind Dave

1999-2000: A. S. Dulat

2000-2003: Vikram Sood

2003-2005: C. D. Sahay

2005-2007: P. K. H. Tharakan

2007-2009: Ashok Chaturvedi

2009-2010: K. C. Verma

2010-(...): Sanjeev Tripathi

Diretores do ISI

1959-1966: Riaz Hussain

1966-1971: Mohammad Akbar Khan

1971-1978: Ghulam Jilani Khan

1978-1980: Muhammad Riaz

1980-1987: Akhtar Abdur Rahman

1987-1998: Hamid Gul

1989-1990: Shamsur Rahman Kallu

1990-1992: Asad Durrani

1992-1993: Javed Nasir

1993-1995: Javed Ashraf Qazi

1995-1998: Nasim Rana

1998-1999: Ziauddin Butt

1999-2001: Mahmud Ahmed

2001-2004: Ehsan ul Haq

2004-2007: Ashfaq Parvez Kayani

2007-2008: Nadeem Taj

2008-(...): Ahmad Shuja Pasha

VIII - SIS
(Serviços de Informação Portugueses)

1. O príncipe perfeito das informações

> "Tal há de ser quem quer, com o dom de Marte,
> Imitar os ilustres e igualá-los:
> Voar com o pensamento a toda parte,
> Adivinhar perigos e evitá-los,
> Com militar engenho e subtil arte
> Entender os inimigos e enganá-los,
> Crer tudo, enfim, que nunca louvarei
> O Capitão que diga: 'Não cuidei.'"
>
> Luís Vaz de Camões
> *Os Lusíadas* (Canto VIII)

Apesar de Portugal ser um pequeno país, tanto no contexto europeu como nas relações atlânticas, a sua relação com os espiões é bem mais antiga do que se possa pensar. Ao longo de séculos de história, foram muitos os reis portugueses que perceberam a relevância da obtenção de informações como instrumento indispensável para terem sucesso nas suas estratégias, quer nas relações internacionais, quer nos jogos de poder internos, quer nos objetivos econômicos e comerciais que tinham debaixo de olho em outras regiões do mundo.

O próprio processo de reconquista territorial e de unificação política de Portugal, com D. Afonso Henriques, que remete logo para a fundação do país, foi sustentado pelo trabalho aturado de agentes que obtinham informação nas fases preparatórias dos ataques às defesas muçulmanas, e de que a conquista de Santarém, em 1147, é um excelente exemplo.

Essa tradição manteve-se durante séculos. Juntos, D. João I e o seu Condestável, D. Nuno Álvares Pereira, elaboraram um minucioso estratagema de obtenção de informações, que foram depois analisadas e tidas em conta na elaboração da brilhante tática que acabou por garantir a vitória portuguesa na Batalha de Aljubarrota, em 1385. Mas seria com D. João II que a importância das informações viria a ser traduzida em termos práticos como instrumento fundamental da estratégia da Coroa.

D. João II passou à história como o Príncipe Perfeito, e perfeita terá sido também a sua política externa alicerçada em decisões esclarecidas e estrategicamente pensadas em função da informação privilegiada de que dispunha, e de que é expoente máximo o Tratado de Tordesilhas, em 1494, um dos acontecimentos mais importantes na história das relações internacionais.

O Príncipe Perfeito foi precursor do segredo de Estado e da salvaguarda dos segredos ou da tecnologia em que baseava a sua política de expansão marítima: proibiu a venda de caravelas a entidades terceiras, bem como a divulgação dos seus planos de construção; instituiu penas severas para quem violasse o sigilo imposto; pilotos, mestres e marinheiros eram proibidos de servir nações estrangeiras rivais; restringiu o acesso a certos níveis de informação. Livros de bordo, registros de escrivães de bordo, cartas náuticas, mapas, livros de marinharia, de astronomia ou de viagem ou roteiros eram, como é habitual dizer-se hoje, material classificado e patrimônio secreto da Coroa.

Como se isso não bastasse, com D. João II foi elevada a política de Estado o ardil deliberado para levar os adversários ao engano, como a elaboração de fraudes cartográficas ou de lendas que foram postas a circular sobre características únicas das caravelas portuguesas, verdadeiros prodígios de engenharia naval, que lhes permitiam ultrapassar todas as dificuldades colocadas por grandes viagens marítimas, espantosas criaturas mitológicas e fenômenos da meteorologia. Esses segredos eram propriedade do reino e permitiam, como escreveu Luís Vaz de Camões, em *Os Lusíadas*, no Canto VIII, "Adivinhar perigos e evitá-los", o mote que figura atualmente no brasão do SIED (Serviço de Informações Estratégicas de Defesa).

Quando muitas das potências estrangeiras rivais de Portugal – Espanha, Inglaterra ou França – ainda confiavam nas informações esparsas e de duvidosa credibilidade recolhidas por nobres amadores na arte de espiar, Portugal montou, durante o reinado de D. João II, uma rede de espiões diligentes que a todos os níveis se poderia considerar quase profissional. Dentre os mais destacados contam-se, sem dúvida, aqueles que ficaram conhecidos como os "lançados" (ou "tangomãos"), cuja missão era obter informações na África, que Portugal começava então a explorar.

Ao contrário do que o nome possa indicar, esses homens não eram, felizmente para eles, lançados borda fora das caravelas portuguesas, mas deixados na costa africana, de onde deviam partir para o interior, a fim de tentarem obter informações sobre a costa oriental da África e sobre o mítico reino do Preste João que pudessem ser de utilidade à Coroa.

Não devemos negligenciar a coragem desses lançados. Se pensarmos no muito que arriscaram os espiões britânicos e norte-americanos durante a Segunda Guerra Mundial e a Guerra Fria, sujeitando-se constantemente a serem descobertos, detidos ou mesmo assassinados, em Lisboa, Berlim ou Viena, por agentes da *Gestapo*, KGB ou *Stasi*, o que dizer dos lançados, cristãos devotos – como todos os portugueses e restantes europeus na época – e, por conseguinte, crentes na visão ptolemaica do mundo, patrocinada pelo Vaticano, onde o Universo girava em volta da Terra, que eram deixados sozinhos em terras desconhecidas e distantes, as quais, segundo todos os mapas, estavam repletas de monstros aberrantes cuja única inclinação parecia ser matar e comer cristãos?

Muitos dos lançados já tinham estabelecido contato com os mercadores e comerciantes árabes, e, portanto, sabiam que, até certo ponto, a África berbere não era habitada por mostrengos, mas do Saara para baixo nem os árabes podiam garantir que tal não pudesse ocasionalmente suceder. Desconhece-se hoje em dia o destino da maioria deles, porém, tendo em conta que o termo "tangomão" ou "tangomau" significa atualmente "aquele que morre ausente ou desterrado da pátria", é de crer que a sorte de grande parte deles não tenha sido muita e que possam ter perecido às garras de um Adamastor qualquer.

Entre os mais famosos desses protoespiões portugueses encontra-se Afonso de Paiva, que começou como um pouco carismático cobrador de impostos em Castelo Branco e morreu, no Cairo, em 1490, depois de uma jornada épica de obtenção de informações na fase preparatória da viagem de Vasco da Gama à Índia, na companhia de Pêro da Covilhã, por ordem expressa de D. João II. Antes de Afonso de Paiva, outro aventureiro, João Fernandes Lavrador, tinha sido lançado na África para explorar a região do Rio do Ouro (na atual Mauritânia) durante meses, aproveitando, não se sabe bem como, para aprender num átimo a língua das tribos locais. Nessa época, João Fernandes Lavrador era apenas conhecido como João Fernandes, tendo ganhado a sua alcunha quando, com autorização de D. Manuel I para explorar o Atlântico Norte, descobriu vastas terras no que viria a ser o Canadá, ficando com a maior parte delas como sua propriedade privada e dando-lhes o seu nome, que ainda hoje mantêm. Morreu em 1505; lavrador e, mais que tudo, bastante rico.

Mas terá sido Pêro da Covilhã o português mais próximo da imagem romântica que hoje em dia atribuímos a um espião a serviço de Sua Majestade, um Lawrence da Arábia *avant la lêttre*, com a arte e o engenho para atravessar um continente e misturar-se com a população local com o objetivo de obter informações; um autêntico James Bond, que dominava várias línguas, incluindo o árabe, e era exímio no manejo da espada; um verdadeiro aventureiro, que nasceu às portas da Serra da Estrela e se despediu da vida terrena na remota Etiópia.

Foi o Príncipe Perfeito quem escolheu Pêro da Covilhã para ir à Abissínia e à Índia, em busca do mítico reino do Preste João, uma demanda que durante séculos alimentou a fantasia de monarcas e aventureiros. Acompanhado por Afonso de Paiva, Pêro da Covilhã partiu de Santarém, em maio de 1487, para Rodes, Alexandria, e depois para o Cairo. No Egito, teve o duvidoso privilégio de ser um dos primeiros ocidentais a contrair a febre do Nilo, que quase o matou. Recomposto, atravessou o deserto do Sinai e chegou a Medina e Meca, onde fingiu adorar Maomé para passar despercebido (ação arriscada, uma vez que os infiéis que fossem descobertos pisando em Meca eram imediatamente condenados à morte).

Já separado do colega espião Afonso de Paiva, que rumaria à Etiópia, Pêro da Covilhã embarcou em naus que o levaram a Calecute, Goa e Ormuz, e, descendo a costa oriental africana, a Sofala, com o objetivo de obter informações sobre a navegação até a Índia e sobre a exequibilidade de circundar a África por via marítima, o que seria feito, pouco depois, com grande proveito para Portugal, por Vasco da Gama.

De regresso ao Cairo, cerca de 1490 ou 1491, Pêro da Covilhã toma conhecimento da morte de Afonso de Paiva e decide levar a cabo a missão do seu companheiro de aventura. Parte para a Etiópia, onde não descobriria o fabulosamente rico reino do descendente do rei Salomão e da rainha de Sabá, mas, em compensação, tomaria conhecimento de que o imperador etíope, Nahu, tinha o estranho hábito de não permitir a saída dos forasteiros que entrassem no seu reino, por isso Pêro da Covilhã permaneceria na Etiópia até morrer, conselheiro régio, rico e pai de numerosa prole, não sem antes entregar o seu agora famoso relatório *Verdadeira Informação das Terras do Preste João das Índias*.

O relatório do nosso homem na Etiópia foi colocado nas mãos do padre Francisco Álvares, que o visitara (como é que o padre Francisco Álvares evitou a exagerada hospitalidade do imperador Nahu e chegou a sair da Etiópia é algo que se desconhece). Pêro da Covilhã apenas voltaria a Portugal quase 500 anos depois, pelo menos em efígie, repousando a sua estátua no Padrão dos Descobrimentos, construído para a Exposição do Mundo Português pelo Estado Novo, quando os espiões portugueses eram sinistramente menos românticos e aventureiros do que o mais dileto filho da Covilhã.

Para além de Pêro da Covilhã, D. João II poderá ter contado com outro espião, que se tornaria ainda mais famoso: Cristóvão Colombo. A tese é polêmica, ainda que cada vez mais defendida por alguns acadêmicos. Supostamente, Cristóvão Colombo – fosse ele genovês, catalão, alentejano ou cristão-novo – estaria a soldo do Príncipe Perfeito na montagem de um monumental conluio para convencer os soberanos rivais de Portugal, num espantoso ato de mistificação, de que a melhor, mais rápida e mais prática maneira de alcançar a Índia seria, não contornando África, mas por ocidente, navegando sempre em frente pelo oceano Atlântico afora.

Se atualmente sabemos que essa trajetória é a mais longa possível para se atingir esse propósito, necessitando-se de atravessar a maior massa de água existente no planeta Terra, o aparentemente interminável oceano Pacífico, na época pensava-se que apenas o Atlântico separava a Europa do Japão, por isso, teoricamente, a proposta de Cristóvão Colombo não era descabida de todo e foi aceita pelos Reis Católicos, impedidos, de qualquer maneira, pelo Tratado de Alcáçovas-Toledo, de circundarem a costa africana.

Assim, quando muito, o plano do alegado espião português Cristóvão Colombo seria o de arquitetar uma manobra de diversão que permitisse a D. João II alcançar a Índia e reclamar a nova rota das especiarias enquanto os exploradores espanhóis ainda estivessem perdidos em algum lugar do Atlântico. A dúvida sobre as ações de espionagem de Cristóvão Colombo a favor de Portugal permanecerá para sempre. Mas, tendo em conta que Colombo nunca percebeu que não alcançara o Japão, mas um novo continente, que permaneceu duas décadas na América pensando que estava no Japão, e que morreu com a convicção de que descobrira o caminho marítimo para o Japão, podemos também dizer que, se foi, de fato, um espião português, não terá sido o mais sagaz.

A decadência e os carrascos

Com o fim do reinado de D. João II, o processo de obtenção de informações a serviço de uma estratégia do Estado entra em agonia e irá definhar durante vários séculos. A partir de D. Manuel, há um claro desinvestimento nessa política que tão bons frutos trouxe ao Príncipe Perfeito, devido a fatores tão diversos como a notória falta de visão dos governantes, a ocupação filipina entre 1580 e 1640 e decisões desastrosas de quem mandava, como a violenta expulsão dos judeus, no final do século XV.

Foi preciso esperar pelo Marquês de Pombal para assistir ao reaparecimento das redes de espiões na folha de pagamentos da Coroa. Pombal, figura arquetípica do déspota iluminado, elevou o Estado a entidade autônoma em relação à sociedade restante (o que esteve na origem de conflitos graves com a Santa Sé), introduziu a censura de livros políticos e perseguiu os jesuítas. Modernizou o Estado e centralizou o poder absoluto, uma dicotomia aparentemente inconciliável sem a criação, em 1760, da Intendência-Geral da Polícia da Corte e do Reino, uma entidade com amplos poderes em matéria de segurança pública e que integrava uma rede de espiões, responsável pela obtenção de informações. O seu primeiro intendente, o desembargador Inácio Ferreira Souto, acabaria, no entanto, por passar à história mais pelo papel que desempenhou na perseguição aos Távoras do que pela gestão que fez da polícia secreta que administrava. Em outras palavras, a rede de operações de Pombal era usada na repressão aos seus inimigos e aos que atentaram contra a vida de D. José I, não numa verdadeira política de salvaguarda dos interesses da Coroa.

Um episódio curioso ocorreu depois do terrível terremoto de 1755, quando o Marquês de Pombal foi obrigado a lidar com uma operação clássica de contrainformação. Os jesuítas, seus inimigos indefectíveis, puseram a circular boatos, que rapidamente se espalharam por toda a Europa, de que o abalo fora um castigo divino dirigido ao governante e aos seus correligionários. Mais: acrescentavam que os Açores estavam desaparecidos sob o Atlântico e que o grau de destruição de Coimbra e da Madeira era atroz, entre outras informações falsas. Pombal foi obrigado a desdobrar-se em cartas para negar tudo isso.

Quando o Marquês caiu em desgraça, depois da morte de D. José I, a rainha D. Maria I nomeou Diogo Inácio de Pina Manique como intendente-geral da Polícia, em acumulação com os cargos de desembargador da Casa de Suplicação, contador da Fazenda, superintendente-geral dos Contrabandos e Descaminhos e fiscal da Junta de Administração da Companhia de Pernambuco e Paraíba. Eram, em definitivo, outros tempos.

Apesar de, aparentemente, soterrado em afazeres e títulos pomposos, Pina Manique tomou nas mãos o combate feroz às ideias iluministas vindas do exterior. Via com particular terror a influência da Revolução Francesa na ordem instituída e proibiu, perseguiu e mandou prender todos aqueles que pensavam de modo independente – um feito nada louvável, mas que não teria sido plenamente levado a cabo sem a rede de agentes montada anos antes.

Em 8 de novembro de 1833, foi abolida a Intendência-Geral da Polícia da Corte e do Reino, 73 anos após a sua criação. Ao gênio, à ambição, à visão do século, sucedeu a manipulação das polícias numa lógica meramente repressiva e de vigilância dos inimigos de ocasião, que duraria séculos e culminaria na trilogia PVDE/PIDE/DGS do Estado Novo. A herança de D. João II tinha sido desbaratada. Em vez de estratégia, algozes; no lugar de um Pêro da Covilhã, bufos.

2. Ninguém vigiava os regicidas

Examinada muito brevemente a tradição de obtenção de informações pelos reis portugueses, ou melhor, pelos seus governantes, importa detalhar as muitas arquiteturas operacionais e as molduras legais em que trabalharam as polícias e os serviços secretos durante o século, mais próximo de nós, e que estiveram na origem dos atuais Serviço de Informações de Segurança (SIS), Serviço de Informações Estratégicas de Defesa (SIED) e Centro de Informações e Segurança Militares (CISMIL).

O SIS é parente (muito) afastado da Polícia Cívica, criada com a instauração da República em Portugal, em 1910. A vocação nacional para proceder a batismos e rebatismos, fundações e refundações das suas forças de segurança vem de longe, como se vê, porque a Polícia Cívica, por sua vez, era descendente direta do Corpo de Polícia Civil de Lisboa e do Corpo de Polícia Civil do Porto, independentes entre si e com nascimento ocorrido em 1867. Ao longo da década seguinte, multiplicaram-se forças idênticas em outras capitais de distrito, num organograma intrincado e burocrático de distritos, divisões, esquadras, postos e seções, que permanece, em parte, até hoje, na contemporânea Polícia de Segurança Pública.

Em 1893, durante o reinado de D. Carlos, a polícia sofre novas mudanças orgânicas e é criado o cargo de juiz de instrução criminal. Em 1898, mais uma reforma: aparece a Polícia Preventiva, encarregada de obter todas as informações, fatos e documentos que pudessem perturbar a ordem pública, assim como a integridade e a segurança do Estado. Essa norma tinha uma leitura tão ampla, que os policiais preventivos resolveram estendê-la até mesmo aos assuntos ou fatos que não constituíam crime. Aliás, sobretudo esses últimos é que eram atempadamente comunicados ao Governo. A Polícia Preventiva era considerada pelos republicanos e pelas organizações subversivas em geral, desde o seu aparecimento, como uma polícia secreta incumbida da tarefa de os espiar. Não era uma desconfiança que andasse muito longe da realidade.

Tanto essas diretivas como a designação "Polícia Preventiva" ganham contornos de humor negro, se tivermos presente que a revolução republicana foi fazendo o seu caminho na sociedade portuguesa e que organizações como a Carbonária, que chegou a ter milhares de "primos" (os seus membros), ameaçavam não apenas o regime como a própria vida do rei D. Carlos. A família real era achincalhada em ocasiões públicas, circulavam panfletos e jornais subversivos, debitavam-se discursos inflamados de figuras de proa do republicanismo, da Maçonaria ou da Carbonária, ameaçando pendurar D. Carlos pelas orelhas.

O policiamento agressivo, as detenções arbitrárias, as intentonas de golpes que falharam por motivos risíveis, os ataques bombistas e as notícias alarmantes que iam sendo despejadas sobre as secretárias do chefe de Governo, João Franco, e das autoridades policiais e militares não provocaram o alarme suficiente, nem conduziram à tomada das diligências que se impunham, para impedir que, a 1o de fevereiro de 1908, os regicidas Manuel Buíça, Alfredo Costa e outros carbonários matassem D. Carlos e o príncipe D. Luís Filipe, em pleno Terreiro do Paço, no coração da capital do Reino.

Antes disso, em 1899, tinha-se intentado uma reorganização do Exército. Foi criado um Estado-Maior, em que, sinal dos tempos, funcionavam as denominadas 2ª e 3ª Repartições, os departamentos encarregados de obter e processar as informações de caráter militar. Foi um período de forte agitação social, como se sabe, e a ameaçade uma revolução, que era dada como iminente, constituía a preocupação número um de todos aqueles que tinham como missão antecipar as estratégias republicanas e evitar o seu sucesso. A Lei de 19 de setembro de 1902 decretou providências preventivas e repressivas no que dizia respeito aos crimes contra a segurança do Estado, atentados à ordem social constituída e, curiosamente, na mesma leva, endurecendo o combate à moeda falsa. Foi inútil.

A Primeira República criou o Ministério do Interior, logo em 8 de outubro de 1910, e extinguiu, de imediato, o juízo de instrução criminal herdado da monarquia. Os republicanos procuraram, desde o início, reorganizar os serviços de polícia. Em maio de 1911, nasceu a Guarda Nacional Republicana (que, fato digno de elogio, sobreviveu cem anos com o mesmo nome), o Conselho Superior de Defesa Nacional e o Estado-Maior do Exército, onde se criou um departamento exclusivo para tratar das informações militares.

Como não podia deixar de ser, regressou o carrossel de alterações, diplomas legais e batizados, que, a cada poucos meses, reestruturavam as forças de segurança e lhes atribuíam novos nomes e funções. A Polícia Preventiva deixou a dependência da Polícia de Investigação e tornou-se autônoma. Depois foi criada a Direção-Geral da Segurança Pública, que absorveu a Polícia Preventiva. Enquanto os gabinetes se aperaltavam, na rua as lutas fratricidas seguiam imparáveis.

O assassinato do presidente da República, Sidónio Pais (ou presidente-rei, dada a forma ditatorial como exerceu brevemente o poder), poucos dias depois de ter sobrevivido a uma outra tentativa de lhe pôr termo à vida, abona pouco a favor das informações ao dispor da polícia de então e, a par das tentativas de contragolpe dos monárquicos, levaram os responsáveis políticos a atribuir a superintendência dos serviços policiais aos governadores civis, excetuando os assuntos de imigração.

Em 1919, como não podia deixar de ser, a Polícia Preventiva passou a chamar-se Polícia de Segurança do Estado. Esta, em 1922, passou a ser a Polícia de Defesa Social, e foi colocada sob a tutela do governador civil de Lisboa, por delegação do ministro do Interior.

Os acontecimentos da noite infame de 1922 – um ajuste de contas tenebroso que merece bem o nome com que a história o fixou – provocaram[1] alterações de variada ordem. Entres essas, inclui-se, como é óbvio, a mudança do nome da Polícia de Defesa Social para o bem mais apelativo Polícia Preventiva e de Segurança do Estado. Ironias à parte, essa é uma alteração decisiva, pois determina uma clara atribuição de competências na "vigilância dos elementos sociais perniciosos ou suspeitos e ao emprego de diligências tendentes a prevenir e evitar os seus malefícios" – uma forma mais burocrática de citar Luís Vaz de Camões e o seu celebrado "adivinhar perigos e evitá-los".

3. O Estoril de Humphrey Bogart

Às 4h47 da madrugada de 1º de setembro de 1939, o cruzador alemão *SMS Schleswig-Holstein* despejou vários tiros de canhão sobre posições polacas, na atual cidade de Gdansk. Foram os primeiros tiros da Segunda Guerra Mundial. Com a violenta abertura de hostilidades, Portugal tornou-se uma encruzilhada excepcional para a atividade dos espiões e da corte que os segue para todo o lado, como os informantes, sabotadores, oficiais à paisana, agentes de ligação, diplomatas, pessoal diverso a serviço e, a acreditar na copiosa ficção do gênero, muitas amantes, uns tantos pianistas e um número nada desprezível de *barmen*.

Os operacionais de espionagem e contraespionagem estavam de tal modo ativos em Portugal que, em 1943, os serviços secretos norte-americanos elaboraram uma lista dos hotéis considerados seguros para os Aliados: o Aviz, o Palácio (no Estoril), o Metrópole ou o Europa eram "OK". Os hotéis amigos do Eixo eram o Hotel Suíço, o Tivoli, o Duas Nações, o Vitória (o mais perigoso de todos, ao que parece) e o Avenida Palace (que tinha uma ligação direta da Praça dos Restauradores à Estação do Rossio, para permitir entradas e saídas discretas).

Nos cafés lisboetas, consta que o Chave d'Ouro era frequentado pelos Alemães e pelos seus simpatizantes; o Nicola, quase ao lado, era o preferido dos Aliados e respectivos adeptos. Nas frentes de guerra da Europa, África ou Ásia, combatia-se e levavam-se a cabo as maiores atrocidades na luta pelo terreno, tantas vezes conquistado palmo a palmo e à custa de incontáveis mortes. Mas, por aqui, vivia-se o

---

[1] Na noite de 19 para 20 de outubro de 1921, foram assassinados em Lisboa António Granjo, primeiro-ministro demissionário, o almirante Machado Santos, o "herói da Rotunda" no 5 de Outubro; o comandante Carlos da Maia, que liderou a revolta da Marinha no mesmo 5 de Outubro; o comandante Freitas da Silva, chefe de gabinete do ministro da Marinha; o coronel Botelho de Vasconcelos, antigo ministro de Sidónio; e o motorista Jorge Gentil.

ambiente do *glamour* dos agentes secretos à imagem de James Bond, cujo autor esteve na Costa do Sol, em maio de 1941, quando trabalhava para o *Naval Intelligence Department*. Fleming, Ian Fleming, usou a sua passagem pelo Casino Estoril como inspiração para a primeira aventura do agente secreto da ficção mais famoso de todos os tempos em *Casino Royale*.

Apesar do seu vastíssimo império colonial, a dimensão europeia de Portugal era insignificante. Geoestrategicamente, estava condicionado pelo Atlântico e por uma única fronteira terrestre, com *nuestros hermanos*.

Politicamente mais próximo da Espanha de Franco, que apoiara durante a Guerra Civil, e menos da Alemanha nazista e da Itália fascista, Salazar quis preservar a todo custo o projeto colonial e a relação preferencial com as potências marítimas atlânticas. No entanto, quando Hitler morreu, a bandeira nacional foi colocada a meio-mastro. Entalado na guerra entre as grandes potências da época, "orgulhosamente só", como proclamou Salazar, Portugal tinha inaugurado a Exposição do Mundo Português, em Belém, e apostou num exercício de difícil execução: a neutralidade.

Para o conseguir, e para que se perceba a importância que foi dada às relações internacionais, bastará dizer que Salazar acumulou a pasta dos Negócios Estrangeiros com a Presidência do Conselho, entre 1936 e 1947. Eram tempos de grandíssima volatilidade e temia-se uma invasão alemã da Península, uma hipótese que ficaria irreversivelmente afastada com sucessivas derrotas da Alemanha nazista no Norte de África e, depois disso, com a abertura de novas frentes de combate, em Itália e na Normandia. A leste, eram os russos que apertavam a tenaz.

A Lisboa – um porto de abrigo com as comunicações e os transportes ainda funcionando entre a Europa –, à América e a África afluíam refugiados anônimos e exilados régios, muitas cabeças coroadas de casas reais europeias colocadas em fuga pelo apocalipse em que o continente estava mergulhado. Aproveitando todo esse movimento nos portos, estações de comboios e aeroportos, aqui vieram dar centenas de espiões dos dois lados – uma Torre de Babel das polícias secretas, que transformou o país num posto de escuta de importância mundial.

Homens e mulheres trabalhando para dezenas de serviços secretos deixaram aqui muitos milhões em troca de informação econômica, militar e industrial. Foi em Portugal que, pela primeira vez, os Aliados tomaram conhecimento dos tenebrosos planos nazistas para a "Solução Final", o extermínio em massa de judeus que estava sendo implementado na Europa Central.

Além de Ian Fleming, outros nomes ilustres passaram por Portugal; um deles foi Kim Philby, do MI6. Philby, na década de 1960, foi identificado como um agente duplo soviético infiltrado nos serviços secretos britânicos, e acabou por desertar durante a Guerra Fria, refugiando-se em Moscou. Com Philby, em Lisboa, trabalhou o escritor inglês Graham Greene, que colaborou na identificação e na desmontagem da rede de espionagem da Alemanha nazista. Greene, diz-se, deixou inesperadamente os serviços secretos britânicos por que se apercebeu da vida dupla do seu amigo Philby e preferiu sair em vez de o denunciar. A personagem principal do seu romance *The Third Man* terá sido inspirado na "toupeira" mais célebre de sempre do MI6.

Por Portugal também passaram o almirante alemão Wilhelm Canaris, da *Abwehr*, chefias de agências como a OSS (*Office of Strategic Services*) e dezenas de agentes com finalidades tão diversas como a sabotagem e destruição de navios, rastreio de material de guerra e alimentos ou iniciativas relativas a interesses nas minas nacionais de volfrâmio (atualmente "tungstênio"), um minério essencial na época. Portugal, principalmente o eixo Lisboa-Cascais, era como o café de Ricky, a personagem de Humphrey Bogart em *Casablanca*, onde os espiões se cruzam, lutam e, alguns, morrem. Entre essas baixas, conta-se o ator inglês Leslie Howard, que viajava num avião alegadamente abatido pela *Luftwaffe*, depois de deixar Lisboa.

Alguns portugueses viram-se diretamente envolvidos no conflito. O mais célebre desses casos é o dos bacalhoeiros recrutados pelos Alemães para espiarem o movimento de comboios navais de abastecimento de material de guerra e víveres entre a América do Norte e a Grã-Bretanha. Relatórios da contraespionagem britânica, que possuía um sistema de intersecção e descodificação das comunicações alemãs, em outubro de 1942, garantiam que um em cada quatro barcos de pesca portugueses transportava agentes nazistas – um número assombroso.

Parecia que Portugal tinha instituído a política de dar uma no cravo e outra na ferradura, porque, ao mesmo tempo, permitia aos navios aliados abastecerem-se em Cabo Verde ou nos Açores. O caso mais célebre desses refinados trâmites de espionagem piscatória foi o de Gastão Freitas Ferraz, radiotelegrafista do navio Gil Eannes, recrutado por Ernst Schmidt, chefe da delegação de Lisboa da *Abwehr*, a espionagem alemã, no já referido café Chave d'Ouro. A *Abwehr* acenou-lhe com 1.500 escudos mensais, uma soma avultada para a época, e Ferraz tornou-se um homem das polícias secretas.

Não foi a ideologia ou a procura de emoções fortes que o moveram. A Alemanha nazista recrutou muitos outros espiões portugueses, entre marinheiros, caixeiros-viajantes e diplomatas, com o apelo mais elementar e convincente num país de pobres: o dinheiro. Quando lhe acenaram com tanto dinheiro, Ferraz nem hesitou. E por tê-lo feito, diz-se, mudou o rumo da Segunda Guerra Mundial pelo simples fato de ter sido caçado.

A história cativante do radiotelegrafista Gastão conta-se em poucas palavras. Logo à partida, havia um prenúncio de que tudo estava destinado a correr muito mal: o nome de batismo do *Gil Eannes* era *Lahneck*, de origem alemã. A frota portuguesa batia, há séculos, os mares da Terra Nova e do Canadá. O *Gil Eannes*, um navio-hospital, prestava apoio aos barcos de pesca, num vaivém constante que cruzava todo o Atlântico Norte, do Sul dos Estados Unidos da América ao Círculo Polar Ártico. A missão de Ferraz era a de enviar mensagens encriptadas aos comandantes dos submarinos alemães sobre o movimento de comboios aliados, incluindo o tipo de navios de que se tratava, o estado do tempo ou o tráfego naval nos portos em que o *Gil Eannes* acostava.

Em novembro de 1942, os Aliados puseram em marcha a Operação Tocha – o desembarque de uma força de grande envergadura no Norte da África com o objetivo de derrotar o *Afrika Korps* do general alemão Erwin Rommel, a "Raposa do Deserto". Gastão de Freitas Ferraz e a *Abwehr* não sabiam que os ingleses conseguiam intercetar e perceber todas as mensagens que utilizavam o código que os alemães julgavam indecifrável, incluindo, já se vê, tudo o que era emitido do *Gil Eannes* com destino à máquina de guerra nazista. Numa troca de comunicações da contraespionagem britânica, escreve-se textualmente que *"Freitas is a german agent"*, Freitas era um agente alemão e o *War Cabinet* britânico temia que o radiotelegrafista denunciasse a marcha dos navios aliados envolvidos na Operação Tocha.

Os ingleses, com medo de que uma eventual captura de Ferraz levasse os alemães a perceberem que os Aliados tinham decifrado o seu código, chegaram a ponderar o afundamento do *Gil Eannes*. Em outubro de 1942, cinco dias antes do desembarque aliado em Marrocos e na Argélia, o *HMS Duke of York* intercetou o barco e o "agente alemão Freitas" foi preso. Ferraz foi prisioneiro dos britânicos até setembro de 1945.

A atividade de espiões da Alemanha nazista em Portugal, com uma tal "Organização de Bremen" à cabeça, estava em alta. Os alemães escondiam os seus agentes sob designações que têm tanto de clássico como de pueril, como "adido comercial da embaixada", ou algo refinado do mesmo gênero. Os casos que foram sendo coligidos pela polícia secreta britânica deram origem a um relatório sustentado, que obrigou Salazar a ceder.

Em 1943, talvez inspirado pelas sucessivas vitórias aliadas, o ditador criminalizou a espionagem de estrangeiros contra terceiros em Portugal, ou seja, contra os Aliados. Em outubro desse ano, a PVDE fez rusgas em casas do Estoril e apreendeu transmissores-recetores de TSF e deteve vários espiões alemães, incluindo Fritz Kramer, o chefe da rede de espionagem alemã na Península Ibérica.

A PVDE executou aquilo que lhe foi ordenado: prendeu muitos portugueses que trabalhavam para os alemães e expulsou do país os agentes do Eixo identificados pelos serviços secretos ingleses. O apoio de Portugal aos Aliados se prolongaria até depois de 1945, com a cessão da Base Aérea das Lajes, primeiro à Grã-Bretanha e só depois aos EUA, e conquistou para Portugal um lugar nas organizações nascidas do pós-guerra, como a OTAN, a OCDE ou a ONU, um desfecho histórico que, em definitivo, não estava nos horizontes de um modesto radiotelegrafista de um barco da frota bacalhoeira portuguesa.

4. Operação Dulcineia

Ainda sob as cinzas e as ruínas da devastadora Segunda Guerra Mundial, o mundo embrenhou-se, quase de seguida, na Guerra Fria. Foi um período de enorme tensão, em que a Humanidade se viu à beira do terror apocalíptico atômico e em que o conflito militar clássico foi, em grande medida, substituído por um conflito estratégico entre dois blocos, liderados pelas novas superpotências, Estados Unidos e União Soviética. Os serviços secretos estavam na linha da frente do combate. Portugal era um mero peão nesse jogo pelo domínio mundial, mas, a partir da década de 1960, viu-se profundamente envolvido com o eclodir das guerras de luta pela independência nas antigas colônias africanas de Angola, Moçambique e Guiné-Bissau.

As polícias secretas portuguesas têm, há muito, um "esqueleto no armário", que condiciona fortemente a forma como a opinião pública encara a função de obtenção de informações: a PIDE/DGS, duas siglas que foram sinônimo de opressão e que constituíram, cada uma no seu tempo, um dos mais importantes bastiões do Estado Novo. É uma condicionante psicológica dominadora, que poderá levar gerações a desaparecer e que permanece mesmo depois da consolidação do atual estado de direito democrático.

A marca da PIDE na memória coletiva do país não encontra paralelo em outros povos que foram oprimidos por regimes ditatoriais, incluindo o exemplo historicamente mais próximo dos países da Cortina de Ferro. No entanto, para o que aqui interessa, deve realçar-se que a PIDE não era um serviço de informações tal como é concebido num país moderno e democrático. Era uma polícia política, encarregada de zelar pela perpetuação do Estado Novo e tendo como objetivo a perseguição e repressão violenta de todos aqueles que se lhe opunham.

A polícia política, a exemplo do que aconteceu na bem conhecida tumultuosa situação da Primeira República, foi sendo reorganizada e rebatizada ao longo das décadas. Com a ditadura militar, saída do golpe de 28 de maio de 1926, foi extinta a

Polícia Preventiva e de Segurança do Estado, passando as suas funções para a Polícia de Investigação Criminal. Ainda nesse ano foi criada a Polícia de Informações de Lisboa, seguindo-se, no ano seguinte, uma estrutura idêntica no Porto. Em 1928, fundem-se os dois organismos na Polícia de Informações e é criada a PIP, a Polícia Internacional Portuguesa.

A primeira ocupava-se do interior, e a segunda do controle das fronteiras terrestres e, a partir de 1931, da repressão do comunismo. Em 1931, continua a montanha-russa administrativa: é extinta a Polícia de Informações e as suas funções transitam para a Polícia de Segurança Pública. O ano fulcral de todas as mudanças é 1932: é criada a Direção-Geral de Segurança Pública, no Ministério do Interior, que concentra todas as polícias, e, em 5 de julho, Salazar assume a chefia do Governo.

Em agosto de 1933, foi criada a Polícia de Vigilância e Defesa do Estado (PVDE), com duas seções: a Seção de Defesa Política e Social, com competências na repressão dos crimes de natureza política e social, e a Seção Internacional, que vigiava a entrada e a saída de estrangeiros, detinha forasteiros inconvenientes e conduzia a contraespionagem. Em 1934, foi criada uma nova dependência, a Seção de Presos Políticos e Sociais, uma designação sombria que anunciava desde logo ao que vinha e que objetivos servia. A vertigem policial e repressora torna-se imparável. Em 1936, reorganizam-se os serviços prisionais: é criada a Colônia Penal de Cabo Verde, no remoto Tarrafal, e o Forte de Peniche é destinado ao encarceramento dos presos políticos.

A PVDE tinha a seu cargo a repressão dos crimes políticos e a vigilância das fronteiras, e foi aumentando cada vez mais a sua autoridade discricionária, dominando todo o processo legal da investigação, prisão e condenação, com o poder de decidir quem podia ou não permanecer em liberdade, com recurso frequente à tortura e a decisões dos tribunais plenários que apenas confirmavam a acusação policial.

A Guerra Civil de Espanha e um atentado contra Salazar, em julho de 1937, levaram a uma reorientação de prioridades da PVDE, de vínculo ideológico mais determinado e com a missão específica de combate ao comunismo: para isso, contaram com a consultoria técnica prestada pela OVRA, a polícia fascista de Mussolini, e pela Alemanha nazista, por meio da *Gestapo*. A OVRA introduziu as técnicas da tortura da privação do sono, da estátua ou da sensação de afogamento, em vez da simples e pura agressão física. A *Gestapo* formou os agentes nas técnicas de obtenção e análise de informações, que, antes disso, eram grosseiramente coligidas e processadas pelos agentes da PVDE. Essa polícia tornou-se um instrumento essencial de manutenção do *status quo* político, ao ponto de o seu diretor, todas as semanas, ir despachar com o próprio Salazar.

Em 1945, foi criada a Polícia Internacional e de Defesa do Estado, a PIDE, concebida como um organismo de polícia judiciária e autoproclamando-se tributária do modelo da Scotland Yard, mas que, na verdade, apenas alargou os poderes e o raio de ação da sua predecessora. Em termos formais, caiu o "V" de "Vigilância" da extinta PVDE, substituído pelo "I" de "Investigação" da nova PIDE, um sinal de Salazar, na ressaca da Segunda Guerra Mundial, de que Portugal acompanhava as profundas mudanças do pós-guerra e estaria preparado para assegurar a sua segurança interna e externa.

No entanto, e apesar de algumas mudanças cosméticas, como a tramitação da supervisão de penas para o Ministério da Justiça, a PIDE foi sucessivamente reforçando a sua ação prepotente na defesa do conceito da ordem, tal como era definido pelo regime. Ao contrário dos atuais SIS e SIED, que operam num quadro legal democrático e sem qualquer competência policial, a PIDE estava colocada na dependência do Ministério do Interior e cabia-lhe a instrução dos processos de crimes contra a segurança do Estado, os serviços de emigração e passaportes, as fronteiras terrestres e marítimas e a vigilância do trânsito de estrangeiros pelo país.

Na década de 1950, a PIDE passou a ser responsável pela troca de informações com serviços estrangeiros e viu a sua ação estender-se às antigas colónias. A PIDE tornou-se, em definitivo, um organismo indispensável ao Estado Novo e a sua omnipresença em todos os setores da vida nacional explica a marca indelével que deixou até hoje, mesmo nas gerações nascidas depois do 25 de Abril de 1974.

A PIDE usava métodos variados de obtenção de informação, típicos de uma entidade que impunha a ordem corporativa de um estado totalitário. Era incentivada a denúncia, violada a correspondência ou executadas escutas telefônicas sem supervisão judicial. A PIDE tinha um exército de informantes, agentes infiltrados em setores sensíveis e contava com a colaboração das forças policiais, como a PSP e a GNR, da Legião Portuguesa (que possuía um serviço de informações com o objetivo de neutralizar os inimigos do Estado) e das autoridades administrativas locais.

Às ordens do regime, ou seja, totalmente politizada e funcionando como Santa Inquisição do Estado Novo, a PIDE podia recomendar medidas dissuasoras (para utilizar um eufemismo) sobre os elementos subversivos, aplicá-las e dirigir os presídios políticos, numa sucessão de atropelos de toda a ordem aos direitos dos detidos e utilizando a tortura como instrumento banal de investigação.

Toda essa rede tentacular não foi suficiente para antecipar o mais espetacular golpe levado a cabo contra o regime de Salazar: a tomada do paquete *Santa Maria*, por Henrique Galvão, um dos mais fervorosos opositores do ditador de Santa Comba Dão. O objetivo era despertar as democracias ocidentais para a subjugação da

Península Ibérica às ditaduras de Salazar e Franco por meio de um feito aparatoso que servisse de rastilho a um levante popular que derrubaria o regime.

Em 22 de janeiro de 1961, nas Caraíbas, Henrique Galvão, à frente de 24 revolucionários, pôs em marcha a Operação Dulcineia e tomou o *Santa Maria*. À comunicação social, Galvão declarou esse feito inédito como a "libertação de uma parcela do território nacional" e rebatizou o paquete com o inspirador nome "Santa Liberdade". Foram 13 longos dias que tiveram amplo eco na imprensa internacional e constituíram um enorme sucesso para a propaganda antissalazarista e um fiasco monumental para a PIDE.

O culminar da ação violenta da PIDE foi, em 1965, o assassinato do general Humberto Delgado, o "General sem Medo", candidato presidencial que ameaçara destituir Salazar (com o célebre: "Obviamente, demito-o!") nas eleições fraudulentas – que perdeu, é claro –, e que intentara um golpe de Estado em 1962. Antes disso, a PIDE assassinou o dirigente comunista "Alex", em 1944, e o também comunista Dias Coelho, em 1961. Tudo isso em nome da luta contra grupos bem determinados, políticos e sociais, com o comunismo à cabeça, para o bem da nação e do culto do chefe, António de Oliveira Salazar.

5. Os Flechas e o turismo de Angola

O processo de autodeterminação dos povos colonizados tinha-se tornado imparável desde o final da Segunda Guerra Mundial e era uma das características predominantes da nova ordem internacional. Com o eclodir da Guerra Colonial, em 1961, a PIDE assumiu a liderança dos serviços de informações em Angola, Moçambique e Guiné-Bissau, fazendo cumprir a estratégia de Salazar de não abrir mão do império colonial.

Em 1954, a atividade da PIDE nas colônias tinha sido colocada sob a tutela do ministro do Ultramar e, em 1956, fora criada uma estrutura administrativa e operacional de segurança interna para a troca de informações relativas à defesa nacional e à prevenção de atos subversivos e de espionagem. Quando a guerra começou, estava já montado um sistema mínimo de obtenção de informações essenciais à condução da guerra, que viria a dar origem ao SCCIA (Serviço de Coordenação e Centralização de Informações de Angola), em 1961, ao SCCIM (o seu congênere em Moçambique), em 1962, e a um outro SCCI na Guiné, em 1964.

Esse sistema foi pensado e implantado pelo então major Pedro Cardoso, o mesmo que na década de 1980 viria a criar o Sistema de Informações da República Portuguesa, o atual SIRP. Os três SCCI eram desprezados pela PIDE, porque não os controlava. Cardoso delegou a direção dos SCCI, mas manteve-se à frente do CITA, o Centro de Informação e Turismo de Angola, um organismo que parece saído de um romance de John le Carré, por onde passavam muitos estrangeiros e, em consequência disso, abundava aquilo que mais lhe interessava: a informação.

No início da década de 1960, a estratégia militar portuguesa consistia na manutenção das principais povoações e vias de comunicação nas zonas de conflito. Depois, a estratégia tornou-se paulatinamente mais agressiva, com operações de envergadura contra as guerrilhas e envolvendo a mobilização das populações africanas. O esforço pedido às Forças Armadas era tremendo: três teatros de guerra milhares de quilômetros afastados uns dos outros, e ainda mais da metrópole, e um total de efetivos que começou por ser de 40 mil homens, no início da guerra, e foi de escalada em escalada até atingir cerca de 217 mil no seu término, em 1974.

Um esforço de guerra com essa duração e amplitude exigiu um trabalho contínuo de inteligência militar, efetuado, na primeira linha, pelas Companhias de Caçadores, que, no entanto, não possuíam formação para essa tarefa específica. Também os batalhões faziam a sua própria pesquisa, por meio das forças enviadas para as zonas de combate, com recurso a informantes, documentos, interrogatório de guerrilheiros capturados, reconhecimentos aéreos e escuta de rádio.

Com a criação, em 1962, das regiões militares de Angola e Moçambique, foi agilizado o comando das forças no terreno e tornada mais fácil a tomada de decisões. Apareceram, em consequência disso, processos pensados de busca de informações. Nesse campo, granjearam fama os célebres Flechas, uma milícia armada que auxiliava a PIDE nas operações de obtenção de dados sobre os movimentos independentistas, esconderijos e objetivos da guerrilha.

A importância dos Flechas na Guerra Colonial é amplamente reconhecida, sobretudo em Angola, apesar de também ter sido formado um corpo semelhante em Moçambique, que não teve tanto êxito. Organizados em grupos de combate de 30 homens, e equipados com material das Forças Armadas portuguesas ou capturado ao inimigo, os Flechas começaram a ser usados como batedores dos agentes da PIDE e, mais tarde, na vanguarda de operações especiais antiguerrilha. Os Flechas eram forças não convencionais capazes de bater o terreno em ações prolongadas e com grande autonomia. Revelaram-se magníficas fontes de informação, estavam enquadrados na orgânica militar colonial por agentes da PIDE e receberam treino de forças especiais.

Para levar a cabo a sua missão durante a Guerra Colonial, a PIDE fez uso dos métodos que a tornaram temida na metrópole. Além do assassinato seletivo de dirigentes independentistas e sabotagens de toda ordem, a PIDE montou uma rede de informações que lhe permitiu reprimir muitas movimentações hostis, até nos territórios vizinhos, como o Zaire, a Zâmbia ou a Tanzânia. Além disso, conseguiu produzir relatórios, com grande pormenor, sobre o inimigo, as suas cúpulas, divergências internas e objetivos que estavam debaixo de olho da guerrilha.

O arrastamento da guerra no tempo e as vozes que dela discordavam, e que até mesmo nas cúpulas do Estado Novo já se começavam a ouvir, a subida ao poder de Marcello Caetano e algumas alterações pontuais no regime levaram à criação, em 1969, da Direção-Geral de Segurança (DGS), que substituiu a PIDE.

À DGS foi dada uma nova orgânica, com a criação de quatro direções: a de informações (também incumbida da contrainformação e das telecomunicações), o contencioso (encarregando-se da ligação com a Interpol), o serviço de estrangeiros e fronteiras e, por fim, os serviços administrativos. Ao mesmo tempo, foi alargada a rede de pessoal da polícia política, que teria de cerca de três mil funcionários em 1974. Por comparação, registre-se que, em 1933, a PVDE, antecessora da PIDE e da DGS, tinha apenas cerca de cem elementos. No entanto, a rede de informantes, depreciativamente apelidados como "bufos", de que a DGS dispunha em todo o território nacional, fazia subir esse número para patamares bastante superiores.

A revolução de 25 de abril de 1974, por meio de uma decisão-relâmpago da Junta de Salvação Nacional, extinguiu a DGS e passou a tarefa das informações para as Forças Armadas. A 2ª Divisão do Estado-Maior General das Forças Armadas (EMGFA), que esteve na origem da DINFO (Divisão de Informações Militares), na dependência do chefe do Estado-Maior General das Forças Armadas (CEMGFA), passou a coordenar a atividade da polícia secreta portuguesa.

Foi um período de enorme caos político e social, e os esforços empreendidos para organizar um verdadeiro serviço de informações moderno foram boicotados por organizações congêneres paralelas, alinhadas com os poderes políticos e sindicais que se batiam nas ruas. Os boicotes eram muitas vezes estimulados pelos gabinetes do primeiro-ministro ou da Presidência da República, pelo MFA e pelas chefias militares, numa anarquia que traduzia bem o ambiente desregrado da época.

O Partido Comunista Português, por exemplo, tinha um serviço de informações competente, que conhecia com detalhe o que se passava na vida sindical, reforma agrária e autarquias, bem como as ameaças a que os seus militantes, sedes ou dirigentes estavam sujeitos numa década de todos os perigos, em que o país esteve à beira da guerra civil e conheceu episódios de terrorismo extremista político.

Depois de o primeiro-ministro Vasco Gonçalves ter tentado criar o Departamento Nacional de Informações (DNI), o que não logrou conseguir, em maio de 1975 foi criado o Serviço Diretor e Coordenador da Informação (SDCI), na dependência do Conselho da Revolução, que teve uma vida tão efêmera como a maior parte das estruturas estatais altamente politizadas do PREC. O SDCI foi arrumado na gaveta da história quando, na sequência dos acontecimentos de 25 de novembro de 1975, a 2ª Divisão do EMGFA voltou a apoderar-se das informações.

Com a estabilização política, já depois da eleição do general Ramalho Eanes como presidente da República, o brigadeiro Pedro Cardoso apresentou, em 1977, o Serviço de Informações da República (SIR), que deveria aglutinar todos os assuntos relacionados às informações de âmbito civil e militar, e que chegou a ser formalmente estruturado... no papel.

No espaço de um ano, num esforço ao mesmo tempo de diplomacia entre sensibilidades e de notável criatividade, foram elaboradas 19 versões do projeto do SIR, que seria um serviço civil, complementar da DINFO. Nenhuma delas chegou a ver a luz do dia. O projeto foi chumbado e a 2ª Divisão do EMGFA manteve o raro privilégio de continuar a ser o único serviço de agentes secretos do país, fazendo jus à frase de John le Carré de que a espionagem é "o teatro secreto da nossa sociedade".

Não consta que, mesmo ao lado, alguém tenha aberto um eventual Centro de Informação e Turismo de Portugal.

6. SIS, SIED e Luís Vaz de Camões

O SIRP (Sistema de Informações da República Portuguesa) é a estrutura coordenadora dos serviços secretos portugueses nascida da necessidade de enquadrar os órgãos e os serviços do Estado encarregados do tratamento das informações necessárias à defesa nacional, ao cumprimento das missões das Forças Armadas e à manutenção do Estado de direito e da legalidade democrática.

Além do SIS, ao SIRP também pertence o SIED (Serviço de Informações Estratégicas de Defesa). Em conjunto, os dois serviços alimentam o SIRP com informações imprescindíveis à defesa da segurança interna e da independência nacional e são responsáveis pela produção de informações que ajudem na tomada de decisões pelos órgãos de poder político.

O SIS, como se viu pela descrição do seu símbolo e da sigla que rege o trabalho dos agentes, *Principiis Obsta*, deve conhecer antecipadamente as ameaças para a segurança do Estado e dos cidadãos. Assim, contribui para a prevenção da sabotagem, do terrorismo, da espionagem econômica, tecnológica e científica, fenômenos graves de criminalidade organizada, como as armas de destruição em massa, o branqueamento de capitais, o tráfico de drogas, o tráfico de pessoas e os atos que visem à alteração do Estado de direito estabelecido na Constituição da República.

O SIED encarrega-se das informações de caráter militar e estratégico que garantam a segurança externa de Portugal e das funções que são responsabilidade das Forças Armadas, quer na defesa do país, quer nas missões de militares portugueses no estrangeiro, no âmbito da OTAN, da ONU ou de forças internacionais conjuntas, entre as quais, nos últimos anos, se salientam as missões no Líbano, Timor-Leste, Kosovo ou de combate à pirataria no Índico.

Não está suficientemente estudado o papel da poesia épica de Luís Vaz de Camões nas polícias secretas portuguesas. O brasão do SIRP ostenta o lema "E com força e saber que mais importa", de Os Lusíadas, e os agentes do SIED trabalham sob a inspiradora divisa camoniana, do Canto VIII da mesma obra, "Adivinhar perigos e evitá-los". Essa influência talvez seja devida à carga de trabalhos épica que esteve na origem do SIRP que conhecemos hoje, uma azáfama que, ao que tudo parece indicar, não ficará por aqui.

A lei orgânica do Sistema de Informações da República Portuguesa, de 1984, previa a formação não de dois, mas três serviços de informações: o Serviço de Informações Estratégicas de Defesa (SIED), o Serviço de Informações Militares (SIM) e o Serviço de Informações de Segurança (SIS). No entanto, na década de 1990, a lei do SIRP foi alterada: caiu o SIM e a inteligência militar foi incorporada no SIED, que alterou a sua designação para SIEDM (Serviço de Informações Estratégicas de Defesa e Militares). Ao ritmo de uma alteração orgânica por década, já em 2004, o SIRP foi novamente reformado. O SIEDM voltou a perder a componente militar e viu a sua designação alterada para a atual: SIED (Serviço de Informações Estratégicas de Defesa).

Com a Lei nº 4/2004, de 6 de novembro, a inteligência militar perdeu o "M" do finado SIEDM, mas ganhou competências na identificação de ameaças terroristas, redes internacionais de crime organizado, rastreamento de armas do tipo nuclear, biológico ou químico, segurança das comunidades portuguesas residentes no estrangeiro e prevenção de ameaças a setores de interesse nacional vital, na economia e energia, por exemplo, aos órgãos de soberania política, à defesa nacional e às prioridades da política externa portuguesa. Muitas vezes apelidada na comunicação social como "a polícia secreta militar", quer pelo já referido "M" de "militares", quando ainda era SIEDM, quer por ter estado, durante largos anos, na dependência do Ministério da Defesa Nacional, o SIED é, e sempre foi, um organismo civil.

Tanto o SIED como o SIS gabam a articulação feita pelo SIRP, que é um sistema integrado e de grande complementaridade de produção de informações com aplicação prática na diplomacia, economia ou de utilidade preventiva para as forças policiais portuguesas. Na caracterização que faz da função que leva a cabo, o SIED rejeita ser equiparado a um serviço secreto, com o argumento de que os serviços secretos são, por definição, aqueles cuja existência é negada ou até mesmo desconhecida.

Mais: alega que tem a sua atividade regulada por lei, fiscalizada por um órgão democrático, o Parlamento, com um responsável identificado pela opinião pública e escrutinado por uma audição parlamentar antes de ser nomeado. No entanto, paradoxalmente, e apesar de não se considerar um serviço secreto, o SIED classifica tudo aquilo que produz como segredos de Estado. Em outras palavras, o SIED não se vê como um serviço secreto, mas, dada a natureza das suas funções, não revela o que lá acontece sob pena de comprometer a eficácia das operações que executa. Estas, *quod erat demonstrandum*, são secretas.

O SIS, como já vimos, produz informações destinadas a garantir a segurança interna, prevenir a sabotagem, o terrorismo, a espionagem clássica e econômica, o crime organizado, o extremismo político e religioso, o branqueamento de capitais, o tráfico de armas e atos que visem a alteração ou a destruição do Estado de direito constitucionalmente estabelecido. Trata-se de uma ação essencialmente preventiva, que pretende antecipar ameaças e, se necessário, alertar as forças de segurança encarregadas da investigação criminal. Ao contrário do que aconteceu durante a ditadura, o SIS está limitado à obtenção de informações, não podendo em caso algum proceder à investigação criminal ou efetuar detenções.

A informação é coligida pelo SIS, majoritariamente, por meio de três métodos: fontes abertas e documentos não secretos ao alcance do público em geral (a chamada OSINT – *Open Source Intelligence*), fontes humanas (a HUMINT – *Human Intelligence*) ou por meio de protocolos com entidades públicas que lhes facultem o acesso aos seus arquivos. Não é permitido ao SIS: limitar os direitos, as liberdades e as garantias, fazer escutas (a SIGINT – *Signals Intelligence*, e COMINT – *Communications Intelligence*), deter pessoas, instruir inquéritos ou processos penais ou levar a cabo atos da competência dos tribunais ou das entidades policiais. Em outras palavras, há uma dissociação total entre os serviços secretos, as polícias e as Forças Armadas.

Quase toda a informação analisada pelo SIS tem origem nas agências amigas de países aliados com quem coopera, e refere-se a temas tão diversos como as movimentações terroristas, o tráfico de droga, a pedofilia ou a espionagem econômica. Há pouca informação produzida em Portugal por agentes solidamente implantados no terreno, sendo que a função do SIS que costuma receber mais elogios é a de análise e tratamento da informação (sobretudo documentos não publicados, mas também livros), que agentes com diferentes graus de especialização transformam em relatórios.

O SIS começou a ser pensado durante os perigosos anos dos atentados das FP25, que originaram várias mortes. Com o medo da PIDE/DGS ainda enraizado na sociedade portuguesa, não foi fácil convencer os responsáveis políticos e a opinião pública de que um serviço moderno de informações, sem qualquer responsabilidade na acusação criminal, era uma ferramenta essencial de combate ao terrorismo. A primeira sede do SIS, na Rua Alexandre Herculano, em Lisboa, teve protestos constantes à porta e os manifestantes chegaram mesmo a escrever "Morte à PIDE" na parede do edifício.

O sentimento geral anti-FP25 e as garantias de controle democrático levaram à criação do SIRP e, em 1985, o SIS começou finalmente a funcionar, ainda a conta-gotas, e com o apoio técnico da CIA, do MI5, da Mossad, do CESID espanhol e dos serviços secretos amigos da Holanda, Alemanha ou França, onde os agentes do SIS, depois de admitidos e feita a formação básica, estagiavam durante algumas semanas. Mas foi necessário ocorrer um acontecimento trágico, o assassinato do diretor-geral dos Serviços Prisionais, à porta de casa, para que tudo mudasse. Seis dias depois, foi nomeado o primeiro diretor do SIS, Ramiro Ladeiro Monteiro, que desempenharia o cargo até 1994.

O segredo de Estado

A Lei nº 6 de 1994 regula o segredo de Estado e determina que pertencem a essa categoria "os documentos e informações cujo conhecimento por pessoas não autorizadas é suscetível de pôr em risco ou de causar dano à independência nacional, à unidade e integridade do Estado e à sua segurança interna e externa". Em outras palavras, tudo aquilo que cai no raio de ação e no âmbito das atividades dos serviços secretos nacionais.

O segredo de Estado é muito mais restritivo do que o segredo de justiça ou o segredo profissional, sobre os quais prevalece, e a sua violação é punida com maior rigor. Ao contrário do que acontece na maior parte dos países ocidentais, o segredo de Estado em Portugal só pode ser determinado pelo poder executivo, por intermédio do primeiro-ministro e do ministro da Justiça, um zelo que é muito criticado na comunidade das polícias secretas.

É uma opção do legislador, que se pode explicar de duas maneiras. Mais uma vez, por um trauma nacional coletivo causado pelas piores práticas da PIDE, durante o Estado Novo, mas também pelo fato de Portugal nunca ter sido sujeito a ataquesde extrema violência e terror, como os de 11 de setembro nos Estados Unidos ou de 11 de março na vizinha Espanha.

Até no que concerne aos serviços de informação, Portugal pode ser classificado, como garante a nossa tradição oral, um país de brandos costumes. Um bom exemplo disso é o divisor de águas que marcou uma relação diferente do SIS com o terrorismo. Não foi um atentado, uma ameaça ou um qualquer episódio violento, mas sim a descoberta, com contornos picarescos, em 2010, de uma casa da ETA cheia de explosivos, que iriam ser utilizados num atentado em Madrid.

Tutela do SIRP

Desde a reestruturação do SIRP, em 2004, o SIED e o SIS passaram a estar na dependência direta do primeiro-ministro. A direção das atividades dos dois serviços é realizada pelo secretário-geral do SIRP, a quem cabe a responsabilidade de coordenar o sistema de informações.

O chefe do Governo também preside ao Conselho Superior de Informações, um órgão interministerial de consulta e coordenação do setor, e informa o presidente da República sobre as matérias relevantes. Além do chefe do Governo, o Conselho Superior de Informações é composto pelos ministros de Estado e da Presidência, o membro do Governo titular da delegação das competências do primeiro-ministro no âmbito do SIRP, os ministros da Administração Interna, Defesa Nacional, Justiça, Negócios Estrangeiros e Finanças, os presidentes dos Governos Regionais da Madeira e dos Açores, o chefe do Estado-Maior General das Forças Armadas, o secretário-geral do SIRP e dois deputados designados pela Assembleia da República por maioria de dois terços dos deputados. Além dessas entidades, o primeiro-ministro pode solicitar a presença de outras figuras relevantes, considerando o teor e a especificidade dos assuntos a tratar.

O secretário-geral do SIRP

Como em tudo na vida, perdem-se umas coisas e ganham-se outras. O SIEDM perdeu o seu M, quando passou a SIED, mas o SIRP recuperou-o. O M das aventuras de James Bond, o poderoso chefe ficcional do MI6, é, em Portugal, o secretário-geral do SIRP, uma designação menos extravagante, mas que, na prática, designa o mesmo tipo de funções.

O Sistema de Informações da República Portuguesa funciona no edifício da Presidência do Conselho de Ministros, uma opção que não ajuda a diminuir a sensação de que as polícias secretas não passam de um peão no tabuleiro do xadrez político e são manipuladas pelo poder do momento para espiar adversários políticos. Essa ideia sai reforçada quando verificamos que a identificação dos agentes do SIS é um cartão de membro do Gabinete de Estudos da Presidência do Conselho de Ministros ou de funcionário do Ministério da Administração Interna ou do Ministério da Defesa. Já foi sugerida, a propósito do problema da politização das informações, a criação de um funcionalismo público independente, neutral face ao poder político e à agitação que percorre os cargos de nomeação a cada vez que muda o Governo.

A dirigir o SIRP está o secretário-geral, que depende diretamente do primeiro-ministro e tem a sua nomeação precedida por uma audição na Assembleia da República. Compete-lhe a coordenação da atividade do SIS e do SIED, transmitir informações às entidades a quem tem de reportar, garantir a articulação entre os serviços de informações, presidir aos conselhos administrativos, dirigir a atividade dos centros de dados do SIS e do SIED e conduzir as relações internacionais do SIRP, entre outras competências administrativas óbvias que cabem a um responsável público equiparado a secretário de Estado, como é o caso.

Quem vigia os vigias?

Num Estado democrático, a atividade dos serviços secretos não pode acontecer sem escrutínio e sem a convicção de que se age cumprindo as leis, a constituição e os direitos, liberdades e garantias dos cidadãos. Para que isso esteja garantido, existe um Conselho de Fiscalização do Sistema de Informações da República Portuguesa, composto por três cidadãos de reconhecida idoneidade e no pleno gozo dos seus direitos civis e políticos, eleitos pela Assembleia da República por voto secreto e maioria de dois terços dos deputados.

O Conselho tem um mandato de quatro anos e compete-lhe apreciar relatórios sobre a atividade dos serviços de informações, fiscalizar os processos em curso e realizar inspeções – de rotina ou no caso de existirem suspeitas de eventuais irregularidades – e ainda emitir pareceres sobre o funcionamento ou a legislação que regula o SIRP. Esse Conselho também acompanha a troca de informações entre os serviços secretos, bem como o seu relacionamento e sua cooperação com as polícias. Não se trata de um órgão de fiscalização banal: a lei orgânica do SIRP permite-lhe apreciar os relatórios e as atividades de SIS e do SIED, inquirir, junto do primeiro-ministro, os critérios de orientação governamental em matéria de obtenção de informações ou solicitar elementos aos centros de dados dos dois serviços e também ao das Forças Armadas.

Esse órgão nem sempre trabalhou na sua plenitude. Entre 1995 e 1999, o Conselho de Fiscalização esteve quatro anos sem funcionar, devido a dificuldades de entendimento entre os dois maiores partidos com assento parlamentar, PS e PSD. Em 1995, dois dos seus membros demitiram-se alegando falta de meios para desempenharem as suas funções com eficácia. Passados dois meses, demitiu-se o terceiro membro. E, desde aí, têm-se reeditado episódios do mesmo gênero com alguma frequência.

Os centros de dados, permitidos por lei e indispensáveis ao funcionamento dos serviços de informações, guardam os elementos recolhidos e funcionam de forma autônoma, sem qualquer contato um com o outro. Para salvaguarda do trabalho efetuado nos dois departamentos, foi criada a Comissão de Fiscalização de Dados do SIRP, constituída por três magistrados do Ministério Público indicados pelo procurador-geral da República. Apenas a Comissão de Fiscalização de Dados do SIRP pode ter acesso direto ao Centro de Dados do SIS. Até os próprios funcionários ou agentes da polícia secreta necessitam de autorização superior para lhe acederem. A Comissão tem poderes para verificar a existência de violações dos direitos, liberdades e garantias dos cidadãos e, caso estas se confirmem, promover a competente ação penal e comunicar o ocorrido ao Conselho de Fiscalização do SIRP. Mas fora do circuito formal de fiscalização há encontros informais das polícias secretas com órgãos do poder político. São os casos dos *briefings*, à porta fechada, dos serviços de informações no Parlamento. Os assuntos tratados são os que caem no radar das polícias secretas, das ameaças terroristas à criminalidade organizada e de outros temas que a cada momento façam a agenda pública. O funcionamento do SIS e do SIED ficam fora da informalidade. Esse tipo de reunião é tido como regular, e até habitual, como acontece nos Estados Unidos e em outros países ocidentais, sendo inclusive considerado um reforço da democracia.

7. Péricles e as informações militares

Há milênios que a obtenção de informações é inerente à natureza da ação militar. Em Portugal, a produção de informações táticas e operacionais e de segurança militar, no quadro da organização interna das Forças Armadas, cabia à Divisão de Informações Militares (DIMIL), que reportava ao chefe do Estado-Maior General das Forças Armadas. A DIMIL sucedeu, na década de 1990, à DINFO (Divisão de Informações do EMGFA). Atualmente, o serviço competente para a obtenção de informações em matéria de defesa é o SIED, em cooperação com o CISMIL, o Centro de Informações e Segurança Militares.

O CISMIL é sucessor do DIMIL. Mantém as competências exclusivamente de âmbito militar, mas queixa-se, em surdina, como a comunicação social já tem feito eco, de falta de meios humanos e materiais para garantir a sua missão. Note-se mais uma vez, ao contrário do que se julga, que o SIED é um serviço estritamente civil; é o CISMIL que merece verdadeiramente a designação "polícia secreta militar".

Cabe ao CISMIL a produção de informações necessárias ao cumprimento das missões específicas das Forças Armadas e à garantia da segurança militar. Nesse sentido, o CISMIL promove a pesquisa e a análise de informações fundamentais para as missões de Exército, Forças Armadas e Força Aérea, dirige as células de informações militares constituídas, assegura a ligação aos adidos militares acreditados em Portugal e representa o país nos organismos internacionais das informações militares. Essa polícia secreta também está obrigada a comunicar às autoridades competentes de investigação judicial os ilícitos criminais que detecte, obviamente ressalvando o segredo de Estado.

Uma célula de agentes do CISMIL acompanhou os 192 militares portugueses que em Cabul, desde 2005, estavam encarregados de dar formação às Forças Armadas afegãs. A sua missão era a de fornecer informações às forças nacionais no terreno para que pudessem preparar as suas missões. Essa informação chegava-lhes por meio de uma rede a que tinham acesso todos os serviços congêneres dos 47 países da OTAN presentes no conflito. Tratava-se de um teatro de guerra minado por perigos de ordem diversa e elementos subversivos que combatiam o Governo afegão e as forças da Aliança Atlântica, que tinha obrigatoriamente de ser enquadrado pela polícia secreta das Forças Armadas. Por outro lado, a deslocação de tropas nacionais para o Afeganistão colocava Portugal sob mira dos radicais islâmicos.

A presença do CISMIL ficou marcada não tanto pelo êxito operacional, mas pela polêmica levantada pelo fato de o ministro da Defesa na época, um homem de Letras e admirador de Péricles, ter revelado publicamente o envio da polícia secreta para o Afeganistão e para o Líbano, identificando o ponto de vigilância das polícias secretas nacionais sobre o terrorismo fundamentalista islâmico – o Norte de África. Ao mesmo tempo, e na pior tradição das rivalidades e sobreposições institucionais que o país conhece de outros setores da sociedade, gerou-se um conflito de competências entre a célula do CISMIL e os elementos do SIED destacados para o Afeganistão com o mesmo objetivo. Esse foi amplamente publicitado pela tutela e profusamente discutido na comunicação social.

Tratou-se apenas de mais um dos episódios que têm marcado a desarticulação entre o poder político e o trabalho das polícias secretas na democracia portuguesa. Além disso, ocorreu numa época sensível e de enorme perturbação internacional na área desse tipo de serviços, dada a fuga de mais de 90 mil registros e relatórios sobre a guerra no Afeganistão, com origem nas Forças Armadas e nos serviços secretos norte-americanos no Afeganistão, pelo site WikiLeaks.

Em 1999 desenrolou-se um outro caso com contornos rocambolescos: um relatório do antigo Serviço de Informações Estratégicas de Defesa e Militares (SIEDM), incluindo nomes, cargos e colocação de agentes dos serviços secretos, foi publicado no jornal semanal *O Independente*. A lista tinha sido distribuída na comissão parlamentar que estava investigando, ironia das ironias, alegadas irregularidades e fugas no SIEDM, como anexo de um relatório, e não apresentava o carimbo de segredo de Estado. Um monumental tiro no pé, que matou o SIEDM logo ao surgir, condenando-o a desaparecer na imensa vala comum das siglas das forças de segurança portuguesas.

8. O que se passa na Ameixoeira fica na Ameixoeira

Atualmente, o SIS tem sede no Forte D. Carlos I, na Ameixoeira, em Lisboa. Trata-se de uma estrutura que serviu durante muito tempo como quartel do Exército português, quer para alojamento de pessoal, quer como paiol, e tem centenas de metros de túneis e de salas no subsolo. Em 2006, o Forte da Ameixoeira, como também é conhecido, deixou cair a sua vocação de armazém de balas e munições e passou a guardar os segredos da polícia secreta portuguesa em divisões protegidas por tecnologia de ponta, que as tornaram "à prova de bala" e de escutas. Foi uma troca de enorme carga simbólica.

O SIS está equiparado a uma direção-geral e é financeiramente dotado pelo Orçamento Geral do Estado. Sabe-se o dinheiro que recebe mas não como o gasta, pois goza de autonomia financeira e presta contas em exclusividade ao primeiro-ministro e ao ministro da Administração Interna. Em termos administrativos, o SIS é o pior pesadelo do Tribunal de Contas: os consumos ditos "normais" são facultados em rubricas com designações muito genéricas, mas as despesas secretas, como o pagamento a "informantes", o Forte da Ameixoeira só as partilha com a tutela.

Apesar do secretismo evidente que escondem aquelas três letras, nos últimos anos, o SIS tem tentado abrir-se mais ao olhar público e a partilhar os objetivos da sua missão, quer por meio do site (www.sis.pt), quer por via de uma maior visibilidade dos seus responsáveis. A ideia é passar a mensagem de que está a serviço da democracia e do Estado de direito e nos antípodas das polícias políticas do Estado Novo. No entanto, tudo o que se passa no Forte D. Carlos I é para lá ficar, bem guardado nos paióis de informações da Ameixoeira.

O SIS teria, em 2011, cerca de 600 funcionários, incluindo administrativos, de informática, seguranças e pessoal auxiliar (se usarmos uma metáfora da sétima arte, são as Miss Moneypenny da Ameixoeira). No seu arranque, ainda na Rua Alexandre Herculano, o SIS até dispunha de mecânicos próprios para não ter de enviar os carros para oficinas.

O agente típico do SIS deve ter nacionalidade portuguesa, idade entre 23 e 55 anos, formação superior, estar disposto a ver a sua vida devassada por uma investigação do serviço prévia ao recrutamento (que pode ser solicitado no site) e submeter-se a provas de inteligência, personalidade e memória, que se prolongam durante meses. Também lhe são pedidos conhecimentos sólidos sobre a política nacional, história, economia ou geopolítica mundial e uma boa cultura geral. Dada a natureza do trabalho, é imprescindível o domínio de línguas estrangeiras, como o francês e o inglês, e há uma procura cada vez maior de agentes que falem russo, árabe ou chinês, o que pode evidenciar uma atenção particular da polícia secreta aos países BRIC (Brasil, Rússia, Índia e China) e do Golfo Pérsico, economias em rápido crescimento e de importância estratégica para Portugal.

Apesar de serem sobretudo investigadores e analistas de informação, os Portugueses continuam a ver os seus agentes secretos como versões nacionais de James Bond, com licença para fazer o que bem entendem, ou, no caso das gerações mais novas, como sósias de Jack Bauer (o anti-herói da série norte-americana *24 Horas*) que salvam a pátria semana sim, semana não, com grande sacrifício pessoal. Mas, na verdade, a maioria dos agentes nunca utilizou a arma de serviço e garante que grande parte do seu trabalho é monótono e com pouco ou nenhum *glamour*.

Há até um lado negativo em ser agente secreto, uma característica que faz com que apenas homens e mulheres com personalidade forte possam abraçar essa carreira: a fachada (ou, como o SIS prefere chamar-lhe, a discrição). Um agente do SIS nunca pode dizer o que faz aos filhos ou aos amigos e condiciona com mão de ferro a informação que partilha de si próprio nas redes sociais da internet, na sua vida pessoal, com os vizinhos etc. Práticas habituais do cidadão comum, como receber vendedores em casa ou responder a inquéritos telefônicos, estão-lhes vedadas. Uns poucos quebram psicologicamente por entrarem numa lógica paranoica em que desconfiam de tudo e de todos e identificam perigos e adversários na mais pura banalidade dos fatos. Importante: os agentes do SIS nunca levam documentos do serviço para casa.

Os agentes do SIS estão em constante formação, tanto no terreno como nas bases teóricas essenciais ao trabalho de análise e pesquisa. São organizados *workshops* sobre temas de interesse do serviço, cobrindo dezenas de áreas. Organizam-se até aulas de teatro com professores que os ensinam a representar. Os agentes aprendem a seguir e vigiar pessoas, mas também a evitar que sejam eles o alvo da vigilância adversária, a trabalhar as fontes de informação. Depois da formação básica, especializam-se na pesquisa ou na vigilância e têm acesso direto a bases de dados públicas.

Fala-se que um agente secreto em Portugal pode receber até 3 mil euros por mês, no topo da carreira. No entanto, no começo da profissão, os aspirantes a seguir a tradição secular de Pêro da Covilhã começam com um número claramente mais modesto, provavelmente abaixo dos 800 euros. O diretor recebe cerca de 3,6 mil euros. Por comparação, o chefe do Estado-Maior General das Forças Armadas tem um salário de quase 5 mil euros, o diretor da PJ ganha perto de 6 mil euros e o diretor da PSP recebe cerca de 4 mil euros. Que se saiba, não existem sindicatos do SIS.

Nota-se um certo incômodo nas polícias secretas quando se divulgam, na comunicação social, os orçamentos e as verbas envolvidas na espionagem nacional. É que os serviços secretos estrangeiros não divulgam esses dados, que são considerados sigilosos e reveladores do nível de investimento ou atividade que o país desenvolve na espionagem ou contraterrorismo, por exemplo, e a transparência portuguesa é dada como contraproducente.

Em 2011, as polícias secretas recusaram o envio de informações à Secretaria de Estado do Tesouro, como o número e as matrículas das viaturas a serviço do SIS e do SIED ou os valores das rendas dos imóveis que ocupavam. Há muito que as polícias secretas usam automóveis com matrículas falsas e a lei também lhes permite a criação de uma biografia alternativa, com documentos de identificação fictícios, diplomas ou registros criminais, que comprovem a história de vida do agente na organização onde pretende infiltrar-se. São métodos de grande utilidade para os agentes, mas podem dar origem a episódios delicados, como aquele que aconteceu na véspera da Cimeira União Europeia-África, que decorreu em Lisboa, em 2007.

Um carro de vidros escurecidos foi estacionado num local proibido, no Restelo, perto de várias embaixadas e residências de embaixadores, e ali ficou durante longas horas. O antigo e falecido presidente líbio, Muammar Kadhafi, chegava à capital portuguesa no dia seguinte, por isso um funcionário da embaixada da Líbia preferiu não arriscar e chamou a PSP. Os policiais verificaram que a matrícula não correspondia ao modelo do carro registrado na DGV. Veio o Corpo de Inativação de Engenhos Explosivos, que chegou rapidamente ao local e, depois de tentar identificar a presença de explosivos, com recurso a cães, passou à etapa seguinte do protocolo para esse tipo de situações: fazer explodir a viatura. No último momento, a operação foi cancelada, o aparato policial desmontado e o carro em questão acabou por ser simplesmente rebocado. Motivo: pertencia ao SIS e estava carregado com equipamento de vigilância.

Em relação ao Sistema de Informações da República Portuguesa, as verbas gastas estão descritas nas rubricas do Orçamento Geral do Estado e permitem avaliar quanto o poder político vai disponibilizando às polícias secretas. Na sequência do 11 de Setembro, os serviços de informações portugueses cresceram aproximadamente 20%, entre 2004 e 2009, em número de funcionários. Em 2006, o orçamento do SIRP era de quase 27 milhões de euros, distribuídos pelo gabinete do secretário-geral do serviço, pelo SIS (15.258 milhões de euros) e pelo SIED (10.431 milhões de euros). Os dados disponíveis apontam que, na época, o SIS dispunha de cerca de 500 funcionários. No SIED seriam por volta de 300. Em 2005, SIED e SIS consumiam 22,4 milhões de euros, que aumentaram para 25,7 milhões no ano seguinte, desceram para os 25 milhões em 2007 e voltaram a subir em 2008. Em 2009, foram orçados, para a totalidade do SIRP, 37,1 milhões de euros.

Desde então tem sempre descido. O montante inscrito no Orçamento do Estado para 2012, para as duas polícias secretas, não era muito diferente do valor concedido em 2011. Em conjunto, SIS, SIED e departamentos comuns, dependentes do SIRP, tinham um orçamento de 27.455.631 euros, contra 29.410.392 euros no ano anterior. Quem viu o seu bolo aumentar foram as estruturas comuns dirigidas pelo SIRP, que subiram de 10.584.615 euros para 11.268.469 euros. Um prenúncio da fusão das duas polícias secretas? Veremos.

O aumento do orçamento dos departamentos partilhados e a ligeira quebra nos montantes definidos para o SIS e para o SIED devem-se à intenção de operar uma total reestruturação das polícias secretas. Como consequência da grave crise que Portugal atravessou e ainda atravessa, nos últimos anos foram encerradas sete das 11 estações do SIED, em especial no Magrebe, onde tinham ocorrido revoltas populares num efeito dominó que varreu toda a região. Os agentes do SIED no Egito e em Marrocos (a primeira delegação aberta pelo SIED, em 2003) voltaram a casa e passaram, eventualmente, a acompanhar a situação pela estação televisiva Al-Jazeera.

Foram adiados, *sine die*, os projetos de colocação de agentes na Tunísia e na Líbia, muito antes da queda de Muammar Kadhafi, com prejuízo evidente para a produção de informações que assegurassem os interesses vitais geoestratégicos portugueses em petróleo e gás natural da região. Também fechou a seção de Madrid, que tinha a seu cargo o acompanhamento da situação na Argélia.

A limpeza nos serviços de informações também abrangeu o adormecimento de 32 espiões (do SIS, SIED e CISMIL) fora do território nacional, ou seja, foram desativados e mandados regressar para casa. Em 2011, o jornal humorístico *Inimigo Público* satirizava essa situação, escrevendo que, devido às contingências orçamentais, os agentes secretos portugueses passavam a usar apenas meio bigode falso.

Cada vez com maior insistência, devido à austeridade, foi sendo avançada a possibilidade da fusão de SIS e SIED, uma ideia que foi ganhando adeptos e que é ferozmente combatida por aqueles que a consideram um erro. No entanto, poderá ser essa a tendência de evolução natural do SIRP: um único serviço de informações que resulte apenas de uma política de redução de custos, e não de uma reflexão aturada sobre o papel do velho binômio segurança interna/segurança externa em que assenta a atual separação das duas polícias secretas. Também aqui ressaltam preocupantes questões de soberania.

Do lado dos que advogam um único serviço de informações, argumenta-se que Portugal não tem um inimigo interno e que, por conseguinte, as polícias secretas deveriam dedicar-se ao combate das ameaças vindas de fora, o que não é a vocação do SIS, porque os perigos que exigem medidas de contraterrorismo ou contraespionagem têm origem no estrangeiro. Do lado oposto, contrapõe-se que essa é uma questão de poder e de quem ficará a tutelar um todo-poderoso serviço único de informações. Pelo meio, há ideias para todos os gostos, incluindo os que defendem o reforço da DIMIL.

Do mesmo modo, também tem sido sugerida a extinção do SIRP, entendido como um controle administrativo sobre o SIS e o SIED, fruto da época em que nasceu e das ideias do seu criador, o general Pedro Cardoso. No caso de desaparecer esse guarda-chuva formal, os serviços secretos passariam a reportar diretamente ao ministro da tutela, e este informaria o primeiro-ministro, tal como acontece em numerosos países da OTAN.

Nessa discussão sobressai, mais uma vez, o conflito shakespeariano que tem caracterizado o serviço de informações português e que não ajuda a desmentir as notícias saídas na comunicação social de que SIED e SIS travam um conflito fratricida pelo controle das polícias secretas, numa lógica de poder que facilita a alegada politização da sua atividade ou a nunca confirmada influência maçônica do Grande Oriente Lusitano nas suas atividades. Acima de tudo isso está o SIRP, como um Rei Lear que distribuiu poderes pelas estruturas que lhe ficam abaixo no organograma das informações e que agora pondera seriamente se terá sido essa a sua melhor opção.

Barulhos esquisitos e estalinhos

Caso único no mundo dos serviços secretos ocidentais: o SIS não pode fazer escutas telefônicas ou de comunicações por meios eletrônicos. Em Portugal, só a Polícia Judiciária pode realizar escutas, depois de devidamente autorizada pelo Poder Judiciário. No entanto, são recorrentes as histórias de políticos, magistrados ou empresários que dizem estar sendo seguidos ou escutados. Pinto Monteiro, procurador-geral da República, elevou essa queixa a todo um outro nível de burlesco quando disse numa entrevista que ouvia barulhos esquisitos no celular e que não tinha certeza de que não era escutado.

Mas a desconfiança tinha sido institucionalizada muito antes disso. Em 1994, foi encontrado um microfone sob o soalho do gabinete de trabalho do procurador-geral da República, um acontecimento bizarro que marcou o arranque da caça ao microfone-espião. As instalações oficiais de magistrados e órgãos de soberania política, incluindo a própria Presidência da República, foram varridas por brigadas de limpeza eletrônica, que nada viriam a descobrir. Na época, o dedo acusatório foi desde logo apontado ao SIS, e o seu diretor apresentou a demissão. Mais tarde, apurou-se que o microfone tinha sido instalado por um técnico de telecomunicações e estava relacionado com o célebre processo do Fundo Social Europeu. Era muito tarde: o SIS, mais uma vez, já tinha servido como bode expiatório.

Para muitos analistas e ex-responsáveis das polícias secretas, sem a possibilidade de interceptar comunicações, o SIS fica reduzido a um mero gabinete de estudos e vê-se impedido de combater eficazmente formas sofisticadas de criminalidade e de terrorismo. Na origem da legislação que conduziu a essa ordem das coisas, parece estar, mais uma vez, o espectro da PIDE e da DGS e a crença da opinião pública de que o SIS é a PIDE (ou, na hipótese mais benévola, um FBI com competências policiais) e o SIED é a CIA.

Especialistas também consideram que os serviços secretos portugueses não têm os poderes que deveriam ter. Para obterem informações sobre atividades criminosas ou que ameacem a segurança interna, argumentam, tanto o SIS como o SIED deveriam monitorar o rastro de dinheiro com origem ilícita e as comunicações dos agentes criminosos.

Os que defendem essa posição também destacam outra vantagem: a de que as escutas poderiam passar a ser registradas e escrutinadas por um juiz. Mas não é essa a realidade atual. Daqui à acusação de que a lei é muitas vezes "contornada" e que as polícias secretas fazem escutas quando bem entendem vai um pequeno passo.

9. *Al-Qaeda* no Euro 2004

Em 2003, uma esplanada do Chiado, em Lisboa, foi invadida por um aparato de segurança raro em Portugal. Uma operação conjunta do Serviço de Estrangeiros e Fronteiras (SEF) e do SIS deteve Sofiane Laib, um argelino com ligações à *Al-Qaeda* e membro da célula de Hamburgo da organização terrorista que executou os atentados de 11 de Setembro nos Estados Unidos. Laib tinha em seu poder uma autorização de residência, cartões de crédito e bilhetes de identidade. Tudo falso.

Há mais de duas décadas que Portugal não conhece casos de terrorismo interno. No entanto, como se viu durante a Segunda Guerra Mundial, encerra características únicas para ser utilizado como palco para conflitos de países vizinhos e é uma excelente plataforma de recuo para os terroristas. O caso mais evidente é o de Espanha e dos separatistas da ETA, mas o nosso território já conheceu episódios violentos, como os dos atentados nos anos 1980 contra alvos palestinos ou turcos. Depois do 11 de Setembro, por força do alinhamento geopolítico nacional e dos compromissos no âmbito da OTAN, Portugal teve de prestar especial atenção aos radicais islâmicos e aos movimentos xenófobos.

No Relatório de Segurança Interna de 2005, lia-se que "as redes jihadistas transnacionais representam hoje para Portugal uma ameaça real. Foi detectada a presença de indivíduos com ligações às redes europeias, suspeitos de integrarem células terroristas noutros países e de estarem envolvidos em recrutamento e preparação de atentados". O seu objetivo era reunir documentos falsos e financiamento, o que conseguiam graças a atividades criminosas, como o roubo, o tráfico de droga e o furto de documentos.

Entre 1997 e 2002, como fizeram eco os jornais da época, desapareceram milhares de passaportes, vinhetas e selos brancos. Foram roubados em Portugal e também de embaixadas e consulados portugueses de Paris, Islamabad, Lusaca, Genebra, Berlim, Sarajevo e vários outros postos diplomáticos pelo mundo afora. Muitos deles acabaram por ser usados pela *Al-Qaeda*. Dos 2,4 mil passaportes em branco desviados de Zurique, recuperaram-se apenas 116, a maioria a indivíduos de origem árabe. Três dos 644 passaportes roubados no Consulado do Luxemburgo foram depois apreendidos a elementos conotados com a *Al-Qaeda*.

Sofiane Laib, o argelino detido no Chiado, residiu na Alemanha entre 1998 e 2001 e mantinha contatos regulares com extremistas islâmicos que praticaram vários crimes de fraude, falsificação de documentos e roubo em Portugal, com o objetivo de financiar atos terroristas. Sofiane foi condenado por falsificação de documentos, e não por associação terrorista. Durante o julgamento ficou registrado que "elementos do grupo de Hamburgo deslocaram-se para Portugal ou Reino unido na sequência dos atentados de 11 de setembro de 2001".

Na mesma época, foram detidos vários outros indivíduos relacionados com a adulteração de documentos e uma rede de apoio logístico à imigração ilegal. Sofiane lidava diretamente com um outro argelino, Ben Yamin Issak, que foi detido em Liverpool. Issak tinha na sua posse um bilhete de identidade português, em que os dados pessoais correspondiam aos de um terrorista envolvido no ataque ao metropolitano da capital inglesa. Sofiane e Ben Yamin vieram várias vezes a Lisboa.

Este último chegou a viver numa pensão do Ameal, no Porto, e tinha no "currículo" a partilha de uma casa com Mohammed Atta, na Alemanha. Atta, como se sabe, pilotava o primeiro avião atirado contra o World Trade Center, em 11 de setembro de 2001. Um bilhete de identidade português na posse de Ben Yamin Issak, que pertencia a um toxicodependente do Porto, chegou a ser utilizado por Kamel Bourgass, um membro da *Al-Qaeda* que estava preparando os atentados com ricinina ao metrô de Londres e que recebia pessoalmente instruções de Bin Laden.

E foi essa intensa troca de informações entre o SIS e os serviços de informações de países aliados que poderá ter evitado um atentado em Portugal. Noureddine El Fatmi, um holandês descendente de magrebinos, que partilhou a casa com o assassino do realizador Theo Van Gogh e pertencia à célula Hofstad da *Al-Qaeda*, também esteve alojado na mesma pensão do Porto onde viveu Ben Yamin Issak.

O SIS tinha sido alertado porque Noureddine deixara uma carta à família anunciando que ia tornar-se um mártir. Uma escuta, na Holanda, permitiu descobrir que o seu destino era Portugal. A secreta acreditava que o objetivo do radical islâmico podia ser o Euro 2004, mais exatamente um jantar envolvendo 700 personalidades internacionais, no Porto. Noureddine foi detido e expulso do país. A pensão onde vivia foi passada a pente fino. Sensatamente, por recomendação do diretor da PJ, o primeiro-ministro português na época, José Manuel Durão Barroso, decidiu não comparecer.

Mas foi apenas depois do 11 de Março de 2004, com a forte repercussão que o ataque de Madrid teve em Portugal, que o Governo começou a prestar mais atenção aos relatórios do SIS. A descoberta de que alguns dos terroristas da Estação de Atocha possuíam documentação, armas e explosivos portugueses arrepiou as autoridades nacionais. A presença de indivíduos suspeitos tinha aumentado, e estabeleceu-se que elementos suspeitos de pertencerem à *Al-Qaeda* e com ligações ao 11 de Setembro mantinham apoios em Lisboa, no Porto e no Algarve. Alguns possuíam até documento de identidade português, como se viu. Mais: em 25 de fevereiro de 2004, um taxista espanhol transportou até Lisboa Serhane Ben Abdelmajid, também conhecido como "o Tunisino" e um dos cabeças do ataque de Atocha.

O tom de preocupação aumentava: a Europol, num relatório do mesmo ano, informava que tinha detectado em Portugal "120 transações financeiras efetuadas por indivíduos suspeitos de ligações terroristas", que teriam servido para financiar os ataques de Madrid. A presença de elementos radicais islâmicos em Portugal foi desprezada durante anos, apesar de Abdullah Azine Bin Laden, irmão de Osama Bin Laden, ter passado pelo Algarve no verão de 2001, meses antes do ataque às Torres Gêmeas e ao Pentágono, assim como Mohamed Atta, o líder operacional do atentado que marcou o início do século XXI.

Duas semanas antes das explosões de Atocha, em Madrid, em 11 de março de 2007, dois romenos partilharam uma cela algarvia com dois marroquinos, que lhes revelaram a preparação de um grande atentado em Madrid e até a data em que veio, com efeito, a ocorrer. Os romenos tinham ordem de expulsão do país e contaram tudo ao SIS, que passou a informação a relatório e informou à Espanha. Aparentemente, não foi dada a devida importância à informação.

Vivem cerca de 20 milhões de muçulmanos na Europa Ocidental e cerca de 50 mil em Portugal. São, na sua maioria, cidadãos portugueses residentes na Grande Lisboa, embora existam pequenos núcleos no Porto e em outros pontos do país. Muitos têm origem africana, da Guiné-Bissau, Senegal, Guiné-Conacri, Mali e Mauritânia, ou indiana, vindos de Moçambique. Na construção civil, há muitos imigrantes do Magrebe, sobretudo marroquinos, do Paquistão e do Bangladesh.

O SIS considera a comunidade islâmica bem integrada e pacífica, mas não hesitou, no verão de 2008, em colocar a Avenida José Malhoa, em Lisboa, sob alerta antiterrorista. Na Mesquita Central de Lisboa, reuniu o movimento *Tabligh Davah* (que significa "grupo que propaga a fé"), uma organização ordeira mas que, pelas suas características ortodoxas, poderia ser infiltrada por radicais. Centenas de "ministros do culto" do Paquistão, Índia, Bangladesh ou Reino Unido vieram a Portugal. O SIS, temendo essa penetração jihadista, vigiou o encontro.

Na mesma época, um relatório da polícia secreta, entregue ao Governo, alertava para o "crescente peso de uma facção fundamentalista na direção da comunidade islâmica de Lisboa". Tratava-se da *Tabligh Jamaat*, uma organização que foi muitas vezes citada em investigações sobre terrorismo, integrada majoritariamente por imigrantes indo-paquistaneses. Da *Tabligh Jamaat* fazia parte o argelino Samir Boussa, um nome referido numa lista de 300 nomes de suspeitos de ligações a movimentos extremistas islâmicos e que era vigiado pelo SIS desde 2004. Boussa foi detido no Porto, juntamente com 20 suspeitos de estarem preparando um ataque terrorista ao Euro 2004.

Essa atenção do SIS não era fruto do pânico pós 11 de Setembro. A *Al-Qaeda*, mais do que uma rede de terrorismo clássico, tornou-se uma espécie de *franchising* do terror em que cada pequena célula goza de enorme autonomia. No entanto, a ideologia continuava a ser servida pronta para consumo por meio de mensagens de Bin Laden ou do seu número dois, Al-Zawahiri. Durante a primeira década deste século, nessas mensagens da "Sede", foram aumentando as referências à reconquista do Al-Andaluz, o território islâmico ibérico perdido há muito para os infiéis. A ameaça do radicalismo religioso anunciava a extensão das suas atividades a Portugal.

Sabe-se que, em 2002, o então líder da *Al-Qaeda* na Europa, Delower Hossain, visitou mesquitas em Lisboa, Palmela e Odivelas. Abu Dahdah, condenado a 27 anos de prisão, que liderava a célula da *Al-Qaeda* na Espanha, ajudou a organizar os atentados de Nova Iorque e as suas listas de contatos referiam magrebinos residentes em Portugal. Jamal Ahmidan, o líder operacional dos atentados de Madrid, tinha na sua posse munições de 9 mm, fabricadas em Moscavide, e pistolas-metralhadoras Sterling de um lote importado para as Forças Armadas portuguesas. Abu Salem, um indiano com mandado de captura internacional pela autoria do ataque que, em 1993, provocou 257 mortes em Bombaim, foi detido em Lisboa, em 2002. Serguei Malischev, um bielorrusso que tem passagem comprovada por campos de treino da Tchetchênia e do Azerbaijão, pertencia à *Al-Qaeda* e foi apanhado na Ponte do Guadiana, quando tentava entrar ilegalmente em Portugal. E há mais exemplos.

A vigilância do SIS aos suspeitos de integrarem redes de extremismo islâmico tem outros componentes. Em 2009, alguns detidos na prisão de Guantânamo foram libertados por um juiz norte-americano, que considerou ilegais as provas apresentadas pela CIA e o recurso à tortura durante os interrogatórios a que tinham sido submetidos, sendo transferidos para vários países aliados. Dois deles vieram para Portugal e foram, de imediato, colocados sob o radar do SIS, apesar de não terem cometido qualquer crime. Viviam em casas cedidas pelo Estado português, recebiam um subsídio do Ministério da Administração Interna e para se deslocarem para outro país da União Europeia tinham de solicitar um visto especial.

As autoridades nacionais exigiram que fosse mantido o sigilo sobre a identidade dos indivíduos, mas um jornal americano acabou por revelá-las: Moammar Badawi Dokhan, citado em quatro listas diferentes de alegados membros da *Al-Qaeda*, guerrilheiro talibã que se gabava de ter apertado a mão a Osama Bin Laden; e Mohammed Khan Tumani, que teria sido detido ainda quando era menor de idade só porque o seu nome e o do pai eram referidos nas tais listas de membros da rede do terrorista saudita. Os dois sírios foram sempre vigiados pelo SIS, uma vigilância que só não incluiu escutas telefônicas, o que não aconteceu em casos semelhantes em outros países aliados, que também receberam refugiados de Guantânamo, como Bélgica, Grã-Bretanha, Dinamarca ou França, entre outros.

Outro indivíduo vigiado pelo SIS foi Paulo José de Almeida Santos, que combateu no Afeganistão nas fileiras da *Al-Qaeda* e ficou conhecido como o "talibã português". Em certa medida, e dadas as devidas proporções, Santos é um "primo afastado" de Gastão Freitas Ferraz, o radiotelegrafista do navio *Gil Eannes* que colaborou com a Alemanha nazista. Em 1991, em Roma, Abdullah Yusuf (o nome muçulmano de Paulo José de Almeida Santos) fez parte de um comando da *Al-Qaeda* que tentou assassinar o rei afegão exilado, Zaher Shah. Santos convertera-se ao Islã pouco antes desse atentado, cumpriu pena na Itália e combateu no Afeganistão, onde se terá cruzado com Bin Laden. Regressou a Portugal, por motivos familiares, tendo sido sempre vigiado pelo SIS, com quem chegou a conversar. Mais recentemente, voltou a dar sinal de vida por ter sido consultor de José Rodrigues dos Santos durante a escrita de um romance sobre a *Al-Qaeda*.

Em 2008 voltaram a soar os sinais de alarme no Forte da Ameixoeira. Foram detidos 14 radicais islâmicos em Barcelona, e o Centro Nacional de Inteligência de Espanha alertou a polícia secreta portuguesa: a vigilância efetuada a esses membros do grupo extremista *Lashkar-e-Taiba* (Exército dos Puros) revelou que estavam sendo preparados ataques a bomba na Espanha, na França, na Inglaterra, na Alemanha e em Portugal. O território nacional tinha sido definido como alvo, mais uma vez, devido à presença de forças portuguesas na Força Internacional de Assistência e Segurança e na Força de Reação Rápida da OTAN no Afeganistão. O SIS recebeu as fotografias dos 14 homens detidos na Espanha e tentou confirmar a sua passagem por Portugal. Foi apurado que alguns deles tinham aqui estado no âmbito dos encontros internacionais da *Tabligh Jamaat*.

Até agora, Portugal tem estado imune a atentados de maior ou menor impacto, como os que fustigaram Nova Iorque, Washington, Londres ou Madrid. O desempenho das forças de segurança nacionais é até alvo de aplausos. Da Espanha, por exemplo, chovem elogios à colaboração de Portugal no combate à ETA. Especialistas em terrorismo islâmico enaltecem a eficiência das polícias portuguesas na prevenção e no combate a esse tipo de organização. Portugal é referido como um caso singular na Europa, um continente em que quase todos os países têm problemas sérios de radicalismo e de recrutamento de terroristas. Nas esplanadas do Chiado, que se saiba, nada mais houve a registar.

10. Uma fábrica de bombas da ETA em Óbidos

O principal interesse do SIS, em termos do contra terrorismo, é a *Al-Qaeda* e a ameaça radical islâmica. No entanto, o SIS não pode ignorar que sente o efeito de conviver com um vizinho que tem problemas graves de terrorismo e separatismo por resolver, tanto com a ETA como com os galegos da Resistência Galega (RG), uma organização criada em 2005, que já levou a cabo atentados na Galiza e mantém ligações com os terroristas bascos. A RG faz de Portugal um porto de abrigo, como demonstra o descobrimento, em 2006, de panfletos dos terroristas galegos junto a 26 bombas prontas a detonar, numa casa abandonada de Vieira do Minho. Os explosivos teriam sido adquiridos em fábricas de fogos de artifício do Norte.

As bombas minhotas foram descobertas por mero acaso. E foi também um acontecimento fortuito que esteve na origem da operação de contraterrorismo anti-ETA mais notável feita em Portugal, executada por dois soldados da GNR que responderam a um vulgar alerta do que parecia ser um assalto a uma residência.

Numa noite de fevereiro de 2010, dois elementos da GNR de Óbidos entraram numa vivenda de Casal de Avarela, uma aldeia de apenas 300 habitantes na Região Oeste. Na vivenda ao lado morava um agente do Departamento de Trânsito da PSP de Caldas da Rainha, que chamou a GNR quando viu que a porta da casa dos vizinhos estava aberta e que a casa tinha as luzes acesas há vários dias. Três dias antes, a GNR tinha encontrado uma caminhonete com detonadores e placas falsas, que desobedecera à ordem de parar numa *blitz* e foi depois abandonada. A GNR não deu importância ao assunto. Mas o que os polícias viram, na garagem da vivenda, não podiam ignorar: estava cheia de explosivos. Do muito material deixado para trás na fuga atabalhoada, vários papéis com o símbolo da *Euskadi Ta Askatasuna* (Pátria Basca e Liberdade), a organização separatista basca ETA, indicaram com clareza a quem tudo aquilo pertencia.

A fábrica de bombas da ETA em Óbidos, como ficou conhecida, mudou a atitude do SIS em relação à atividade dos terroristas bascos em Portugal e permitiu esclarecer alguns enigmas que continuavam em aberto. Também ficava mais uma vez demonstrado que a ETA usava Portugal como local de refúgio, um estratagema que entretanto se tornou mais difícil devido à declaração de guerra comum ao terrorismo, dos Governos de Portugal e Espanha, que foi a promessa de criação de equipes mistas de investigação, acordos para perseguições transfronteiriças de suspeitos, controle das vendas de explosivos e um sistema de alerta para o desaparecimento de material perigoso de fábricas de fogos de artifício portuguesas.

As polícias secretas já sabiam que os etarras usavam viaturas portuguesas para se deslocarem e mesmo para atentados, como aconteceu em 22 de agosto de 2007, quando uma caminhonete de placa portuguesa explodiu em Durango, no País Basco. Dois meses antes, outro carro alugado em Portugal foi abandonado com 115 quilos de explosivos em Ayamonte. Em janeiro de 2009, um automóvel que tinha sido alugado em agosto do ano anterior, em Faro, foi deixado junto a instalações militares em Salamanca. Lá dentro encontrava-se uma bomba, que não chegou a explodir devido a uma falha técnica. Esse mesmo carro tinha sido utilizado como veículo de fuga em Málaga, após um atentado, e os documentos usados para o alugar foram encontrados na fábrica de bombas etarras em Óbidos.

O suposto etarra Telletxea Maia foi localizado e detido em Portugal. As autoridades espanholas pediram a sua extradição, em 1996, mas o Supremo Tribunal de Justiça português negou essa pretensão. José Luis Sistiaga, a quem a polícia espanhola atribui a autoria de 30 atentados e 16 mortes, fugiu diversas vezes para Portugal. Foi preso na França e cumpre uma pena de 300 anos de cárcere. Antón García Matos, pretenso líder da Resistência Galega foragido na Espanha, poderá estar escondido no Norte de Portugal. Óscar Ortiz e Antoni Erazo refugiaram-se em Portugal depois de cometerem atentados em Valência, Alicante, Andaluzia e Marbella.

Apesar de circularem pelo território nacional, os terroristas bascos não veem Portugal como um alvo, mesmo contra interesses espanhóis aqui localizados. Para a polícia secreta portuguesa, a ETA não representa uma ameaça para a segurança interna, ao contrário da *Al-Qaeda*. O SIS limita-se a vigiar, a pedido da polícia secreta espanhola, determinados elementos que atravessam a fronteira, e tem conhecimento dos contatos que a ETA aqui mantém, sobretudo com elementos da esquerda revolucionária. É uma colaboração que vem de longe: durante anos, os etarras venderam armas às FP25 e os terroristas portugueses arranjavam abrigos seguros para os bascos, muitas vezes em pensões no Porto.

Até 2007, a ideia dominante era a de que Portugal era apenas um local de abrigo para os terroristas, um lugar onde descansavam da vigilância apertada que tinham de enfrentar na Espanha. Entretanto, percebeu-se que era bem mais do que isso. Já em 2003, um alerta da Europol dizia haver "a possibilidade de existir uma estrutura de apoio da ETA em Portugal, para abrigar terroristas e planejar operações". A hipótese de existir um comando em Portugal era cada vez mais crível. Perseguida na Espanha e na França, Portugal apresentava-se como o único ponto de recuo da ETA. Em janeiro de 2010, os etarras Iratxe Ortiz e Garikoitz Arrieta foram detidos em Torre de Moncorvo e Foz Coa, quando, ao que tudo indica, se dirigiam para a vivenda de Óbidos com vários detonadores e componentes elétricos, os componentes que faltavam para a fabricação das bombas encontradas na garagem pela GNR.

11. O mundo em que vive o SIS

O trabalho do SIS, já vimos, consiste essencialmente em antecipar riscos e ameaças. As reuniões de cúpula e as visitas de Estado de líderes estrangeiros ao nosso país são momentos de alguma tensão nas forças de segurança. Exigem a mobilização de um aparato policial visível nas ruas e de um trabalho intenso de bastidores por parte da polícia secreta portuguesa. As estadas e os deslocamentos de figuras de proa, como o presidente Barack Obama, de dezenas de chefes de Estado e Governo para a cimeira da OTAN em Lisboa, ou do papa Bento XVI, foram preparadas com enorme antecedência pelo SIS, que passou a pente fino a vida de centenas de pessoas que iam cruzar-se com o sumo pontífice ou com as altas personalidades da Aliança Atlântica.

A visita de Bento XVI foi classificada pelo SIS com um nível de ameaça 3, numa escala que vai até 5. É um grau significativo, mas que o SIS utiliza para quase todos os chefes de Estado que visitam o país. As principais preocupações foram as 90 pessoas que receberam a comunhão diretamente das mãos do papa, nas missas de Lisboa, Porto e Fátima, as personalidades que o cumprimentaram no Centro Cultural de Belém ou em encontros que Bento XVI manteve em Portugal, os jornalistas que o acompanharam de forma mais próxima, equipes de televisão, funcionários e empregados e até os membros do clero que com ele lidaram diretamente. Únicas exceções para esse escrutínio apertado: os convidados oficiais presentes nas cerimônias.

A visita do presidente angolano José Eduardo dos Santos, em 2009, teve a mesma classificação de grau de ameaça – 3 numa escala de 1 a 5 – e obrigou o SIS, como é habitual com comitivas desse tipo, a articular-se com a segurança pessoal trazida de Luanda. Nesse caso, o agente de ligação foi o brigadeiro Xavier Esteves, conhecido como Xavita, o estrategista da polícia secreta angolana, o SIE (Serviços de Inteligência Externa). Numa comitiva extensa, como foi o caso, cabe ao SIS credenciar os agentes da polícia secreta estrangeira, bem como o tipo de armas e munições que transportam. O SIS teria dado credenciais a 12 elementos, mas os jornais da época contaram um número nunca inferior a 50 agentes de segurança na comitiva angolana. O trabalho do SIS, no que diz respeito a Angola, não se esgota nos momentos de encontros diplomáticos; segundo a comunicação social, a polícia secreta portuguesa (nesse caso em "competição" com o SIED) tem dossiês pormenorizados sobre as muitas centenas de investimentos que Luanda tem feito em Portugal na última década.

O SIS também atua na prevenção de ameaças internas de segurança e está atento à agitação social que possa imobilizar o país ou colocar em causa setores-chave da economia. Os espiões recebem relatórios de análise do clima social português e previsões sobre a estabilidade de focos de tensão que podem eclodir ou movimentos que possam vir a se formar devido à austeridade provocada pela maior crise econômica que o país atravessou nas últimas décadas.

Na memória do SIS estão os distúrbios de 1994, quando apenas alguns caminhoneiros conseguiram bloquear a Ponte 25 de Abril, em Lisboa. Talvez por causa disso, agentes dos serviços secretos infiltraram-se nos piquetes de caminhoneiros, em 2008, passando informações à PSP e à GNR. A antecipação do SIS já chegou ao ponto de vigiar os empresários dos carrosséis das feiras de diversões que ameaçaram fazer algo parecido, em 2010, e que se envolveram em confrontos feios com a polícia.

O SIS também se infiltrou no Partido Nacional Renovador, o movimento de extrema-direita com maior visibilidade em Portugal. O objetivo era obter informações, tal como aconteceu quando analisaram o fenômeno dos partidos políticos e a sua infiltração por *skinheads* e neonazistas. O SIS estará particularmente atento aos grupos Frente Nacional, Juventude Nacionalista e Plataforma Identitária.

O Relatório Anual de Segurança Interna de 2006 considerava os neonazistas "um fator de risco efetivo para a segurança interna no tocante ao incitamento e promoção da violência política e racial", e o SIS tem vigiado a violência dirigida contra os imigrantes e as agressões por motivos xenófobos e racistas, que conheceram o seu auge com o assassinato de Alcino Monteiro, no Bairro Alto, em Lisboa.

Não há falta de assunto no SIS. Partindo do contraterrorismo, os serviços secretos estabeleceram ligações a outras formas complexas de criminalidade. É crença profunda do serviço de informações que o terrorismo internacional está associando-se cada vez mais ao tráfico de drogas, uma ameaça de grande magnitude à soberania dos Estados e com tentáculos à escala planetária. O Afeganistão, para onde Portugal enviou tropas, é um bom exemplo disso. Com o Triângulo Dourado Birmânia-Tailândia-Laos, o Afeganistão e o Paquistão são dos maiores produtores mundiais de ópio, cujos lucros revertem para o financiamento de organizações terroristas. O SIS colabora com as forças policiais portuguesas e com as polícias secretas estrangeiras para combater o crime organizado, a lavagem de dinheiro e tentar reduzir a entrada de estupefacientes na Europa.

Trata-se de um mercado em constante renovação e que envolve cálculos assustadores, como o que nos diz que todos os anos chegam cerca de 140 toneladas de heroína à Europa. Outro dado preocupante: os consumidores europeus são cada vez em maior número e de faixas etárias mais jovens. É do conhecimento público, dadas as centenas de apreensões efetuadas anualmente, que Portugal é uma importante porta de entrada de cocaína sul-americana e haxixe marroquino na Europa, assim como de drogas sintéticas que têm os Estados Unidos como destino preferencial.

Em 2006, os jornais noticiaram que o SIS e o SIED estavam infiltrando agentes não identificados em determinados serviços públicos com o objetivo de combater a criminalidade organizada a operar dentro dos departamentos do Estado. Essa medida, prevista na lei orgânica do SIRP, foi tomada ao abrigo da Lei nº 9/2007, que determina que "por motivos de conveniência de serviço e de segurança, aos funcionários e agentes do SIED e do SIS, a exercer funções em departamentos operacionais, podem ser codificadas as respectivas identidade e categoria e pode prever-se a emissão de documentos legais de identidade alternativa". Em outras palavras: os agentes secretos infiltraram-se nos ministérios da Administração Interna, dos Negócios Estrangeiros e das Finanças com falsas identidades.

Essa integração de agentes nos departamentos da função pública é feita por meio da celebração de protocolos com os organismos que se pretendem colocar sob vigilância. As negociações entre as duas partes arrastam-se por longos períodos devido à desconfiança dos responsáveis e apesar da fiscalização do Conselho de Fiscalização do Sistema de Informações da República Portuguesa.

O SIS também colabora com as forças policiais para determinar o grau de risco a que determinadas individualidades estão sujeitas, desde titulares de cargos políticos a magistrados envolvidos em processos complexos, como o das FP25 ou da Casa Pia, passando por testemunhas em processos judiciais ou vítimas de ameaças dadas como críveis. O SIS faz apenas a análise da situação porque, como já se viu, não é uma força policial. As pessoas para quem recomenda proteção ficam depois sob a responsabilidade de elementos do Corpo de Segurança Pessoal da PSP.

Foram os casos, por exemplo, da proteção dos três juízes que julgaram os 25 acusados de pertencerem ao grupo que ficou conhecido como "Máfia Brasileira", uma quadrilha acusada de homicídio, associação criminosa, sequestro e extorsão, crimes cometidos para tomar conta do negócio da segurança privada ilegal nos locais de diversão noturna da Margem Sul e de Lisboa. A procuradora que os acusou, por recomendação do SIS, também recebeu guarda-costas da PSP 24 horas por dia.

Desde os períodos tumultuosos da Primeira República e do Estado Novo que Portugal não assiste a atentados à vida dos seus governantes e chefes de Estado. O que não quer dizer que não possam vir a ocorrer no futuro. Jogando, mais uma vez, na antecipação, a partir de um alerta da Unidade Nacional de Contraterrorismo (UNCT) da Polícia Judiciária, em 2010, o SIS pôs-se em campo para apurar a credibilidade de uma ameaça ao Presidente da República, aparecida na internet, no blogue de uma determinada Rede Libertária. O grupo era vigiado pelo SIS desde 2007, quando 150 membros tentaram impedir as festividades do 25 de Abril, atiraram *verylights* e *cocktails molotov* e se envolveram em confrontos com o Corpo de Intervenção. A incitação à violência contra altas figuras do Estado é crime, por isso a ligação à internet foi localizada e a casa onde esta teve origem foi alvo de buscas.

O âmbito dos interesses do SIS assume, por vezes, contornos inesperados. É o caso dos combates de cães, uma prática ilegal que motivou uma investigação da polícia secreta e acabou por resultar num inquérito do Departamento de Investigação e Ação Penal. O SIS contatou associações de proteção aos animais, investigou e conseguiu determinar o processo de treino de animais, para reforço da sua agressividade, muitas vezes enjaulando-os e com recurso a cães vadios, o circuito e as condições dos combates, uma prática ilícita e potencialmente perigosa.

E se algumas vezes é o SIS que vai à procura das pessoas, em outras ocasiões são as pessoas que procuram o SIS. Na primeira vez que o maior navio do mundo, o *Queen Mary 2*, atracou no Funchal, transportava mais de 3 mil pessoas, entre passageiros e tripulação. À sua espera estava uma recepção oficial, diversas iniciativas para assinalar a passagem de tal prodígio da engenharia naval pela Madeira e uma equipe de agentes do SIS, integrada às forças de segurança, que garantiu que esse momento solene não seria estragado por acontecimentos inesperados.

Os interesses econômicos portugueses também entram, como se percebeu, no conceito de defesa nacional. Essa componente do trabalho da polícia secreta é ainda mais importante quando se trata de empresas exportadoras e com relações diárias com o estrangeiro, quer com os parceiros políticos de Portugal, quer com os mercados emergentes. Para isso, o SIS tem um programa, a que chamou Programa de Segurança Econômica, sem custos para as empresas, para prevenir os riscos decorrentes daquilo que classifica como atividades contrárias aos interesses nacionais: a espionagem econômica e a espionagem industrial, que utilizam cada vez mais recursos e métodos da espionagem militar. O SIS promete formação às empresas portuguesas na área da contraespionagem, com toda a discrição e confidencialidade, a exemplo do que os serviços secretos ocidentais fazem nos seus países.

Outras vezes, o SIS é ultrapassado pela realidade e falha na sua missão de antecipar os acontecimentos. Terá sido isso que aconteceu, em 2007, quando ativistas ecológicos radicais de um grupo chamado Verde Eufémia invadiram e destruíram um campo de milho transgênico em Silves e entraram em conflito com a GNR de Armação de Pera. Um relatório do serviço de informações, anterior à invasão, classificava o acampamento de onde saíram, o Ecotopia, como pacífico e com fins apenas ambientalistas, o que se verificou ser um erro de análise.

E quando a casa é roubada, tranca-se a porta. Depois desses acontecimentos, o movimento foi devidamente investigado e o SIS verificou que parte dos implicados já tinha se envolvido em distúrbios em outras ocasiões, junto à antiga sede da PIDE, em Lisboa, lançando *cocktails molotov* ao Instituto Cervantes e infiltrando-se em manifestações.

Não é só a *Al-Qaeda* que aprecia os passaportes e os documentos portugueses para poder movimentar-se à vontade. Há poucos anos, as polícias secretas portuguesas viram-se envolvidas num caso que parece saído diretamente do baú de memórias da Guerra Fria. Um espião russo com passaporte português entregou, durante anos, informações secretas da OTAN e da União Europeia a Moscou, depois de ter subornado Herman Simm, um oficial do Ministério da Defesa da Estônia.

Jesus, como ficou conhecido o agente russo, tinha passaporte português, um procedimento que parece estar no topo das preferências das polícias secretas russas e que estará a ser estudado pelos serviços secretos portugueses, em colaboração com outras agências de países da Aliança Atlântica.

Simm cooperou durante 10 anos com os Russos e foi preso. Jesus desapareceu para nunca mais ser visto. Trata-se de uma estrela da espionagem internacional, um espião sem cara que brilhou durante a passagem de Vladimir Putin pelas duas cadeiras do poder que logrou conquistar. O único dado seguro sobre ele é que usava um passaporte português e que viveu alguns meses em Lisboa, na década de 1990.

Não se sabe se os serviços secretos russos continuam falsificando passaportes portugueses e usando Lisboa nas suas operações de espionagem. Mas, se for esse o caso, terão à espera os seus adversários portugueses no "jogo", a expressão usada para definir os golpes e contragolpes da época áurea da espionagem, a Guerra Fria, herdeiros de um beirão que há 500 anos atravessou um continente em busca da maior de todas as preciosidades: a informação.

Organograma do Sistema de Informações da República Portuguesa

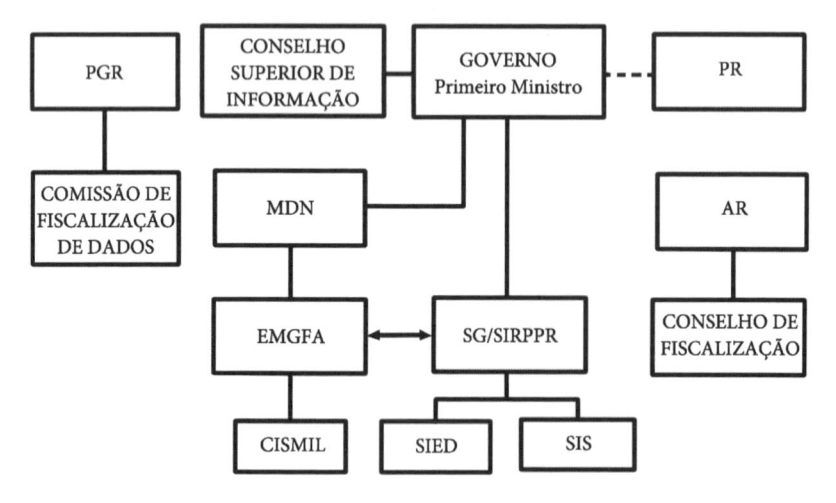

Fonte: SIS (baseado na Lei-Quadro nº 4/2004 e na Lei nº 9/2007).

Epílogo

Ao contrário de quase todas as atividades profissionais que muitas vezes são valorizadas por terem eco na opinião pública, quando se trata de Espionagem e Agências Secretas o mais importante é o silêncio. Sempre que a comunicação social fale de espiões e agentes secretos podemos ter uma certeza: alguma coisa correu mal. Os espiões vão sempre fazer os seus relatórios ao chefe, nunca aos jornais, o que se aplica também aos espiões jornalistas. É um contrassenso. Quando se chega a gastar tinta, é porque alguém corre perigo de vida ou estão envolvidas astronômicas somas de dinheiro.

Percorrida a história essencial das maiores Agências Secretas desde os primórdios da sua criação até o final do século XX, importa refletir um pouco sobre o que pode acontecer no futuro. Nos dias de hoje, com o fantástico desenvolvimento – e também democratização – das tecnologias de informação, as atividades que todos conotamos com a espionagem clássica e com os espiões românticos que o cinema americano ajudou a popularizar, como usar disfarces, microcâmaras, encontros secretos em esplanadas movimentadas ou trocas de agentes em pontes inóspitas, alteraram-se para sempre.

Os espiões são agora muito mais tecnológicos e muito menos atléticos. Usam óculos graduados, sabem programação de computadores, cálculo matemático e são sociólogos; provavelmente nem vão às academias de ginástica. Mesmo quando são militares, podem ser franzinos e com um aspecto mais próximo do *nerd* da escola que do valentão. Será que até na espionagem o mundo já não é como dantes?

Os mais eficazes espiões da atualidade não são perigosos operacionais da CIA, do MI6 ou da Mossad, nem assassinos profissionais, nem agentes de elite, são aqueles que por meio da internet sabem encontrar os caminhos para dominar o mundo.

O treino militar que fazia parte do "treinamento básico" de cada 007 da vida real vale agora tanto como o curso vestibular. Mas o maior perigo para a sociedade está no fato de que esses espiões do presente, ao não possuírem as referências institucionais do sistema militar, ficarão órfãos de modelo ético mas também de sistema de aprendizagem. São muitas vezes impossíveis de controlar.

Os *hackers*, homens e mulheres que conseguem entrar e alterar em sistemas informáticos supostamente seguros, estão agora na primeira linha do recrutamento para as atuais Agências Secretas. Já não são mais locais como West Point, Sandhurst ou Resende os viveiros preferenciais para encontrar um candidato a agente secreto. Os novos espiões começam a sua atividade na mais tenra adolescência, percorrendo em sua casa, no quarto, os caminhos mais obscuros do mundo virtual. Fazem-no às escondidas dos pais e da sociedade, não seguindo nenhum código de honra ou parâmetro moral. O seu único objetivo é poder descobrir o que está escondido na internet; o grande perigo para a sociedade é que tudo, literalmente tudo, de cada indivíduo, está na imensa *World Wide Web*. Se pensarmos bem, a nossa identidade, os nossos documentos, as nossas memórias, as nossas fotos e vídeos, a nossa família, a nossa morada, os nossos hábitos e rotinas, o nosso dinheiro, até a música que ouvimos no iPod; tudo está *on-line*.

Controlar e fiscalizar uma classe – se assim quisermos chamar aos agentes secretos – em que os seus profissionais são recrutados por serem os melhores... a fazer o pior, é uma tarefa complexa e às vezes impossível. Mas esse é o desafio do presente. Os jornais de todo o mundo encheram-se a partir da década de 90 do século XX, e de forma exponencial já no Novo Milênio, com dois novos tipos de histórias: os segredos das nações revelados por um outro tipo de justiceiros, os *hacktivistas*; ou então verdadeiras teorias da conspiração, dignas de Orwel e do seu *Big Brother*, nas quais os estados tentam controlar o mínimo detalhe do comportamento dos seus cidadãos. Wikileaks de um lado, onde *hackers* revelam ao mundo os segredos de Estado; o *Prism* de outro, quando os Estados Unidos, a maior potência mundial, implementa, em nome do combate ao terrorismo, um gigantesco sistema de gravação da voz e e-mails de milhões de insuspeitos cidadãos ou empresas em todo o mundo.

A Cortina de Ferro que, apesar de a dividir, ofereceu à Europa estabilidade política e crescimento econômico durante mais de quatro décadas, deu lugar a outra barreira, invisível e perigosa para as democracias e as economias modernas. A guerra da espionagem futura vai se decidir a favor de quem dominar os canais nos quais a informação circula, e já não a informação em si própria – esse é o paradigma que se altera. Quem controlar os novos canais da informação é quem escreverá a história.

Mas mesmo num futuro cibernético as nações não vão desistir de tirar vantagem da informação e chegar a ela em primeiro lugar. Sun Tzu, o sábio general chinês que viveu cinco séculos antes de Cristo, dizia que o que possibilita ao soberano inteligente conquistar o inimigo é o poder de previsão, e que esse conhecimento só pode ser adquirido por meio de homens que estejam a par de toda a movimentação do inimigo. Por isso, devem-se manter espiões por toda parte e tentar saber tudo. Era assim na vida real, assim é no mundo virtual. Afinal, nada muda.

José-Manuel Diogo
Julho de 2013

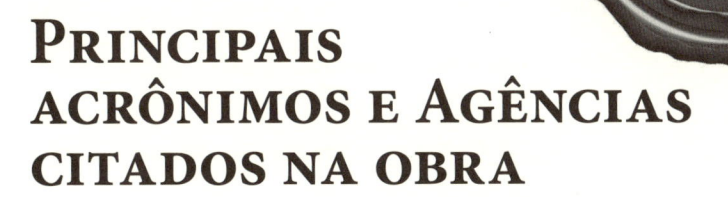

Principais acrônimos e Agências citados na obra

ABWEHR Serviços secretos do Exército nazista

AMAN *Agaf HaModi'in*, serviços secretos do Exército israelita

BCRA *Bureau Central de Renseignements et d'Action*, serviços secretos da França Livre

BMA *Bureau des Menées Antinationales*, serviços secretos do regime de Vichy

BND *Bundesnachrichtendienst*, serviços secretos da RFA

BOSS *Bureau of State Security*, antigos serviços secretos sul-africanos

BTLC *Bureau Technique de Liaison et de Coordination*, agência francesa coordenadora da espionagem aos expatriados indochineses

CEIB *Central Economic Intelligence Bureau*, serviços secretos indianos

CESID *Centro Superior de Información de la Defensa*, serviços secretos espanhóis

CHEKA *Komissio Chrezvicháinaya*, serviços secretos soviéticos

CIA *Central Intelligence Agency*, serviços secretos dos EUA

CID *Crime Investigation Department*, departamento de investigação da polícia britânica

CIG	*Central Intelligence Group*, serviços secretos dos EUA
CIG	*Centre d'Information Gouvernemental*, serviços secretos do regime de Vichy
CISMIL	Centro de Informações e Segurança Militares
DAE	*Directorate of Anti-Evasion*, serviços secretos indianos
DAI	*Directorate of Air Intelligence*, serviços secretos militares indianos
DCAS	Departamento Central dos Assuntos Sociais, serviços secretos do Partido Comunista Chinês
DCI	Departamento Central de Inteligência, serviços secretos do Partido Comunista Chinês
DEE	*Directorate of Economic Enforcement*, serviços secretos indianos
DGS	Direção-Geral de Segurança
DGSE	*Direction Générale de la Sécurité Extérieure*, serviços secretos franceses após 1982
DGSS	*Direction Générale de la Sécurité Spéciaux*, serviços secretos franceses
DIA	*Defense Intelligence Agency*, serviços secretos militares norte-americanos
DIMIL	Divisão de Informações Militares
DINFO	Divisão de Informações Militares
DIPAC	*Defense Image Processing and Analysis Centre*, serviços secretos indianos
DITI	*Directorate of Income Tax Investigation*, serviços secretos indianos
DMI	*Directorate of Military Intelligence*, serviços secretos militares indianos
DNI	*Directorate of Naval Intelligence*, serviços secretos militares indianos

DRI	*Directorate of Revenue Intelligence*, serviços secretos indianos
DSI	*Directorate of Signals Intelligence*, serviços secretos indianos
EIC	*Economic Intelligence Council*, serviços secretos indianos
ETA	*Euskadi ta Askatasuna*, organização terrorista basca
FATAH	*Harakat al-Tahrir al-Watani al-Filastini*, organização política e militar palestina
FBI	*Federal Bureau of Investigation*, serviços policiais do Departamento de Justiça dos EUA
FPLP	Frente Popular para a Libertação da Palestina, organização terrorista árabe
GESTAPO	*Geheime Staatspolizei*, polícia política secreta do Terceiro Reich
GPU	*Gosudarstvennoye Politicheskoye Upravlenie*, serviços secretos soviéticos
GRU	*Glavnoye Razvedyvatel'noye Upravleniye*, serviços secretos do Exército soviético
IB	*Intelligence Bureau*, primeiros serviços secretos indianos
IPI	*Indian Political Intelligence*, serviços secretos do *British Raj*
IPIO	*Indian Political Intelligence Office*, serviços secretos do *British Raj*
IRA	*Irish Republican Army*, organização terrorista irlandesa
ISI	*Inter-Services Intelligence*, serviços secretos paquistaneses
JCB	*Joint Cipher Bureau*, serviços secretos indianos
KEMPEITAI	Serviços secretos imperiais japoneses
KGB	*Komitet Gosudarstvennoy Bezopasnosti*, serviços secretos soviéticos
KHAD	*Khadamat-e Etela'at-e Dawlati*, serviços secretos do Afeganistão

KIDON	Força de elite da Mossad responsável por assassinatos
LEKEM	*Ha-Lishka le-Kishrei Mada*, antigos serviços de espionagem científica israelitas
MF	*Milice Française*, serviços secretos paramilitares do regime de Vichy
MGB	*Ministerstvo Gosudarstvennoy Bezopasnosti*, serviços secretos soviéticos
MI5	*Military Intelligence, Section 5*, serviços secretos britânicos no interior
MI6	*Military Intelligence, Section 6*, serviços secretos britânicos no exterior
MOSSAD	*Ha-Mosad le-Modi'in u-le-Tafqidim Meyuhadim*, serviços secretos israelitas
MSS	*Ministry of State Security*, serviços secretos chineses
MUKHABARAT	*Jihaz Al-Mukhabarat Al-A'ma*, serviços secretos iraquianos
NCB	*Narcotics Control Bureau*, serviços secretos indianos
NIA	*National Intelligence Authority*, tutela do CIG
NKVD	*Narodniy Komissariat Vnutrennikh Diel*, serviços secretos soviéticos
NSA	*National Security Agency*, agência de segurança dos EUA
NSC	*National Security Council*, tutela da CIA
NTRO	*National Technical Research Organization*, serviços secretos indianos
OGPU	*Ob'edinennoe Gosudarstvennoe Politicheskoe Upravlenie*, serviços secretos soviéticos
OKHRANA	*Okhrannoie Otdeleniie*, serviços secretos czaristas
OLP	Organização para a Libertação da Palestina
OSS	*Office of Strategic Services*, serviços secretos dos EUA durante a Segunda Guerra Mundial

Principais acrônimos e Agências citados na obra | 351

OVRA	*Organizzazione per la Vigilanza e la Repressione dell'Antifascismo*, a polícia política de Benito Mussolini
PCUS	Partido Comunista da URSS
PIDE	Polícia Internacional de Defesa do Estado
PVDE	Polícia de Vigilância e Defesa do Estado
RAW	*Research & Analysis Wing*, principais serviços secretos indianos
RSHA	*Reichssicherheitshauptamt*, serviços secretos das *Waffen-SS*
SAVAK	*Sazeman-e Ettela'at va Amniyat-e Keshvar*, serviços secretos iranianos
SDECE	*Service de Documentation Extérieure et de Contre-Espionnage*, serviços secretos franceses
SEH	*Service d'Études Historiques*, serviços secretos franceses para o *Viet Minh*
SHAI	*Sherut Yediot*, antigos serviços secretos israelitas
SHIN BET	*Sherut haBitachon haKlali*, serviços secretos israelitas no interior
SIED	Serviço de Informações Estratégicas de Defesa
SIEDM	Serviço de Informação Estratégica e de Defesa Militar
SIGURIMI	*Drejtoria e Sigurimit të Shtetit*, serviços secretos albaneses
SIM	Serviço de Informações Militares
SIPO	*Sicherheitspolizei*, força policial do RSHA nazista
SIRP	Sistema de Informações da República Portuguesa
SIS	*Secret Intelligence Service*, designação oficial do MI6
SIS	Serviço de Informações de Segurança
SLOTFOM	*Service de Liaison avec le Originaires des territoires Français d'Outremer*, serviços secretos franceses do ultramar
STASI	*Ministerium fur Staatssicherheit*, serviços secretos da RDA

GRÁFICA PAYM
Tel. (11) 4392-3344
paym@terra.com.br